Intro

Sie haben Ilona Scholl und Max Strohe vermutlich erkannt: Die Gastgeber aus dem wunderbaren Tulus Lotrek, sind in diesem Jahr unsere Covermodelle. Aus gutem Grund, den wir aber während des Shootings noch gar nicht wussten: Für ihre Corona-Initiative Kochen für Helden haben die beiden nun das Bundesverdienstkreuz bekommen. Eine wichtige Auszeichnung für eine Branche, die unter dem Lockdown vielleicht am meisten gelitten hat. Was das Bild nicht zeigt: Eine Kammer im Keller, in der die Dosen, Schachteln und Vakuumbeutel verstauben, die für das Take-away-Geschäft wichtig waren. Die „Kammer des Grauens", wie Ilona Scholl sie nennt. Weggesperrte Erinnerungen, was Sigmund Freud wohl dazu sagen würde.
Aber ja, Essen ist wieder in der Echtzeit angekommen. Und wieder gesellig. Und die diesjährige Speisekarte feiert diese Aufbruchstimmung. Eine Rückkehr zur Normalität, die doch eine ganz andere ist. Es geht jetzt viel mehr um Nachhaltigkeit, Achtsamkeit, um ein Gastgeben auf Augenhöhe. Klingt doch lecker ...

... guten Appetit

Clemens Niedenthal

Titelfoto: Saskia Uppenkamp/ Location: Tulus Lotrek; Illustration: Maggie Cowles

Inhalt

Illustration: Maggie Cowles

Stadt als Bühne

Tim-Oliver Langer, Sofi Bakery

Kurt Korthals und Eva Centurión mit Hund Conchita, La Cicala

Burkhard Austen, La Cicala

Simona Ignatova, La Cicala

Fredrika Frid, Sofi Bakery

Federico Benedetti, La Cicala

Mit diesen Heft (ver-)führen wir Sie zu unseren liebsten Neueröffnungen des vergangenen kulinarischen Jahres. Und weil ein Restaurant ja immer auch eine soziale Bühne ist, porträtieren wir hier die Menschen, ohne deren Entdeckungshunger diese Stadt langweiliger schmecken würde: die Gäste.

Fotos: F. Anthea Schaap

Franz Lohwasser und Martin Agosti, Aviv030

Ian Ozeroff, Terz

Beate Wutke und Elisabeth Kiderlen, Terz

Michel Saidah, Sofi Bakery

Jara Figalist, Terz

Valter Çoushaj, La Cicala

John und Elisabet Lenckos, Aviv030

Sarah Breitenbach, Aviv030

Matthew, Roberta und Russ Salton, Terz

Michael Johnson, Ailish Dumey, Matt Barnwell, Robin Hanna Marktokal

Lars Bullinger und Sandrine Sander, faelt

Marcel Ostertag , Hawker

Kerstin und Andreas Siebert, faelt

Iris Vollmer mit Pudel Eddie , Marktokal

Jesus Nacho und Laura Giesdorf, Hawker

Alina Leinweber und Johanna Pustoch Markt-lokal

Stefanie, Torben und Oke Höner, faelt

Lorenz Giesdorf , Hawker

Silke und Ulf Brüggemann, Ezsra

Ozgur Aydin und Ria Ideta, Nomu

Jascha Koepsel und Nicolas Knecht Marktokal

Nobuhiro Mitami , Nomu

Helge Eilers und Johanna Powers, Nomu

Agnes Konnerth und Sidney Meyer, Nomu

Joseph Timbs, Katherine, Pihl, Patrick McCarthy, Ezsra

Marlene Seefeldt und Ahnmed Omer-Ahmed , Nomu

Nora von Mangoldt , Hawker

Gastgeben

&

nehmen

„Wir brauchen eine neue Abendkultur." Sagt Victor Hausladen, Gastgeber im Neuköllner Ezsra, unserer liebsten Neueröffnung des gastronomischen Jahres. Und plädiert für eine „neue Ebenbürtigkeit" von Gast und Gastgeber:in. Warum wir, gerade nach dieser Pandemie, ein neues Miteinander brauchen, wieso Kellner:in ein stolzer Beruf ist und Augenhöhe zu den Tischmanieren zählt: über das Gast-Gastgeben-Verhältnis – und seine Verhältnisse

Ilona Scholl, Gastgeberin im Tulus Lotrek, Kreuzberg:

„Neulich war ich auf einer Preisverleihung, große Runde, viele bekannte Gesichter der Berliner Gastronomie. Wie ich denn meinen Beruf bezeichnen würde? Ich also: Kellnerin. Plötzlich herrschte helle Aufregung unter allen Anwesenden. Das könnte ich doch so nicht sagen. Ich sei doch so viel mehr. Mensch, genau da liegt doch das Problem. Unsere Branche hat ein Riesendilemma mit der Wertschätzung, uns läuft gerade massenweise der Nachwuchs weg, und da machen wir uns jetzt noch selbst klein und sprechen ganz verschämt über das, was wir machen. Lasst uns doch einfach mal stolz drauf sein, dass wird den Leuten das Glück an die Tische tragen."

Ein lauer Abend im letzten September vor der Pandemie. Ein Restaurant, ein anderer würde vielleicht eine Weinbar sagen. Ein Dinner, Weinbegleitung, Produkte aus der Nähe und manchmal auch von etwas weiter weg. Und ein Gast, der noch einen Wunsch hatte. Einen Portwein als sanfte Schleuse in die Nacht. Also beugte der Sommelier sich vor, so weit, dass sein sehr zeitgenössischer Bart auf der Höhe des skandinavischen Designerstuhls zum Halt kam, und sagte, tatsächlich, folgenden Satz: „So lange wir beide leben, wird das Thema Portwein nicht mehr interessant." Der Sommelier, das muss man wissen, war noch recht jung an Jahren.

Wann fing das also an, dass man sich plötzlich von Gastgeber:innen in der Hauptstadtgastronomie bevormunden lassen musste? Wortwörtlich geradezu. Dass man an einer Getränkebestellung scheitern konnte wie an der Tür des Berghain?

Oder, anders herum, wann hörte es auf, dass das Servicepersonal zumindest in der gehobenen Gastronomie vor allem ein dienendes war? Der Gast ist König, ach was: Kaiser. Auch wenn er, just so wie in „Des Kaisers neue Kleider", oft nicht einmal so richtig weiß, was er eigentlich will. Ein gutes Bild, werden manche sagen, kommen doch auch viele der angesagten Teller der Neuen Berliner Küche ziemlich nackt daher. Die Möhre im Mittelpunkt. Natürlich, es liegt ja auch sonst nichts auf dem Teller.

Apropos Erwartungshaltung: „Statusesser" hat der brutal lokale Wirt Billy Wagner aus dem Nobelhart & Schmutzig einmal jene Gäste genannt, die immer nur nach dem verlangen, was sie ohnehin schon kennen, was sie ohnehin immer essen. Damals ging es um Barolo, Bordeaux und Rinderfilet. „Statusesser" sitzen aber genauso vor der vegetarischen Bowl oder der fermentierten Bete mit minutiös aufgeführter Produktbiografie (samt jener des zugehörigen Landwirts).

Was in diesen Fällen offensichtlich abhanden gekommen ist: die Neugier. Der Blick über den Tellerrand.

Ein Abend im Restaurant lebt aber gerade davon, dass die Gäste ihre guten Vorsätze über Bord werfen. Und ihre vorformulierten Erwartungen. Dass sie sich etwas trauen, auch zutrauen. Und dass sie einem Restaurant und dessen Team vertrauen und den eigenen Gestaltungswillen auch mal abgeben wie den Mantel an der Garderobe.

Es ist ein Gewinn, dass sich das exzellente Essen von einigen Etiketten emanzipiert hat. Klar muss man sich Restaurantbesuche immer auch leisten können. Doch der gemeinsame Nenner aller Anwesenden in einem Berliner Sternerestaurant an einem Abend

Text: Clemens Niedenthal
Fotos: F. Anthea Schaap

im Herbst 2021 ist eben nicht mehr der Kontostand, der gesellschaftliche Status oder die Gesinnung. Der gemeinsame Nenner ist – ich hoffe es zumindest – der interessierte, auch forschende Geschmack.

Wenn wir lustvoll „aus dem Rohen das Gekochte machen", so hat es der französische Ethnologe Claude Lévi -Strauss einmal gesagt, „zelebrieren wir Genuss als Zivilisationsfortschritt". Und als Zivilisationsfortschritt sollten wir auch jene neue Egalität begreifen, die einen servilen Service genauso überwunden hat wie das Diktat jenes autoritären Sommeliers, der immer noch am besten weiß, wie es der Welt da draußen denn zu munden habe.

Früher war das einmal klar geregelt. Es gab die feine Küche und davor den Maître, der dem Gast die Serviette auf dem Schoß gefaltet hat. An diesen Erwartungen konnten sich alle festhalten. Bloß keine Überraschungen. Heute soll es Überraschungen geben. Und vielleicht ist dieser Paradigmenwechsel in der Atmosphäre noch einmal viel größer und prägender als jener auf den Tellern, um zu verorten, wie sich das gute Essen in den vergangenen Jahren verändert hat.

Rumflätzen auf Augenhöhe

Vor einiger Zeit in einem der eher teuren Restaurants der Stadt: Wir saßen zu zweit an einem Tisch mit drei Stühlen. Das wurde uns immer dann augenscheinlich,

wenn der Service kam. Und der Service kam ziemlich oft an diesem Abend. Er lehnte sich, beide Arme angewinkelt, betont lässig auf die Lehne des freien Stuhls. Setzte sich mit überschlagenen Beinen darauf. Rückte den Stuhl ein wenig weg, um sich mit lang ausgestreckten Beinen darauf zu flätzen. Sein offensichtliches Thema: Weinbegleitung auf Augenhöhe.

Was diese offensichtlich akkurat eingeübte Geste sagen sollte: Mann, sind wir hier lässig! Was diese offensichtlich akkurat eingeübte Geste tatsächlich gesagt hat: Wir wissen doch auch nicht, wie wir damit umgehen sollen, dass man uns die alten schützenden Rituale weggenommen hat.

Nun gibt es das beschriebene Restaurant bereits nicht mehr. Und genauso wenig wünschen wir uns den servilen Service zurück, wie er ja gerade eben noch so verbindlich zum vermeintlich feinen Essen gehört hat. Wir möchten Bedienung, keine Diener:innen. Aber ein Restaurantbesuch ist eben auch keine Party, bei der die eine dem anderen mal ein Bier vom Balkon mitbringt.

Dennoch, das Bild von der Party passt ganz gut. Spätestens ab 22 Uhr, die Küche schickt die letzten Teller, der Service füllt noch mal das Glas. Beziehungen sind gewachsen, Vertrauen ist entstand, Nähe wird gesucht und zugelassen. Das sind die Momente, für die wir in einer Metropole leben. Auch und gerade nach einer Pandemie.

Victor Hausladen,
Gastgeber im Ezsra, Neukölln:

„Es wird nach der Pandemie noch einige Zeit dauern, bis wir uns als Gastgeber:in und auch als Gäste wieder sicher fühlen; in unserem Umgang miteinander. Die Selbstverständlichkeiten sind dahin. Und wahrscheinlich ist das gut so. Es bedarf einer Wiedergeburt oder viel mehr einer Neugeburt der Verhältnisse. Das Ebenbürtige des privaten Gastgebens muss das hierarchische System des Öffentlichen ablösen. Der Kampf zwischen Gastgeber:in und Gast um die Dirigentenrolle des Abends muss befriedet werden. Reden wir doch von einer Beziehung, die nur symbiotisch funktionieren kann. Kurzum: Wir brauchen eine neue Abendkultur, um voranzukommen mit neuen Ideen zu Essen, Trinken und den dazugehörigen Produktionsbedingungen, die über unseren Umgang mit der Natur, ja mit der Welt sprechen. Wir benötigen dafür eine gewisse Strenge mit uns selbst, aber sie darf, nein sie muss, auch Freude bereiten. Es bedarf ohne Zweifel einer Klarheit und Bestimmtheit der Ideen, aber die Theaterhaftigkeit im Umgang mit der Präsentation von Menüs führt in eine Sackgasse der Lustlosigkeit. Wir sollten nicht als Lehrer:in, sondern als Verführer:in auftreten. Und uns dabei dem Tonfall des Gastes annähern, die richtige Sprache für den richtigen Moment. Das ist nicht anbiedernd, sondern zielführend, um die Kultur der Gastronomie weiterzuentwickeln, weg von der Lehrer und Schüler, Herr und Diener, hin zu Kommunikation, Austausch und Leidenschaft. Wir haben alle noch viel zu tun."

Giacomo Mannucci,
Gastgeber im To the Bone,
Mitte:

„Unser Ziel sollte es jeden Abend sein, eine besondere intime Atmosphäre zu den Gästen aufzubauen, eine Beziehung auf Zeit. Ich habe eine Metapher gefunden, die diesen Prozess ganz gut umschreibt. Wir sind die Flüssigkeit, der Gast ist das Gefäß. Nur können Gefäße ja ganz unterschiedlich geformt sein. Manche sind weit offen wie ein Sektkelch, manche groß wie eine Badewanne. Andere haben einen dünnen Flaschenhals, durch den die Flüssigkeit erst einmal hindurchkommen muss. Hin und wieder ist ein Gefäß auch verschlossen und wird es hoffentlich nicht den ganzen Abend sein. Die Beziehung zwischen Gastgeber:in und Gast bleibt dabei liquide, wandelbar. Es ist ein fortwährender Prozess."

Antonia Meifert,
Gastgeberin im Restaurant Diekmann,
Charlottenburg:

„Ich bin ja nun auch schon seit 15 Jahren in der Gastronomie, habe mit 13 tatsächlich als Spülerin im Biergarten angefangen. Was sich seitdem auf jeden Fall verändert hat: Die Schwelle, das Gefälle zwischen Gast und Gastgeber:in existiert in dieser Form nicht mehr. Wir erleben zunehmend einen Umgang auf Augenhöhe. Da braucht es ein Talent, intuitiv und spielerisch mit Situationen umzugehen. Gleichzeitig ermöglicht es aber eine intensivere, auch intimere Beziehung zu unseren Gästen. Tatsächlich habe ich auch die Hoffnung, dass sich innerhalb meiner Branche ein neues Selbstverständnis, eine neues Selbstbewusstsein etabliert. Neulich habe ich einen wirklich unflätigen Gast unserer Terrasse verwiesen und prompt gemerkt, wie befreit ich danach war. Vor einigen Jahren hätte ich den Frust vielleicht noch runtergeschluckt und nach außen weggelächelt."

DIE TOP 40 NEUERÖFFNUNGEN

Ein Jahr, so herausfordernd wie kaum ein anderes. Aber dennoch voller Hoffnung und Euphorie. Mit Menschen, die es trotz allem gewagt haben, ein neues Café, eine neue Bar oder ein neues Restaurant zu eröffnen. Und sie haben uns wieder zu Gästen gemacht, an langen Tafeln oder an schmalen Theken, in Gesellschaft oder allein mit uns und unseren Gedanken. Aber vor allem immer: glücklich. Unsere liebsten Neueröffnungen der vergangenen zwölf Monate.

Illustration: Maggie Cowles

TOP FÜNF

— morgens

Gutes Frühstück für alle! In Tegel, Neukölln und Mitte, auf Dänisch oder Französisch und vor allem: aus saftigem Sauerteig. Oder aus Blätterteig, gefüllt mit Pistaziencrème, Ricottawölkchen und sizilianischem Charme. Oder als großes Brunchkino auf kleinen Tellern. Da wachen wir gerne früher auf

eins

Sofi Bakery

MITTE Einige veritable Krisen dieser Welt haben ja mit dem Brot begonnen. Respektive mit dem Fehlen von diesem. Und so konnte es in den seltsamen Tagen der Pandemie durchaus tröstlich stimmen, dass es an gutem Brot in dieser Stadt immer weniger mangelt. Ja mehr noch, in den Sophie-Gips-Höfen, der smarten und zurückgelehnten Schwester der Hackeschen Höfe, hat ausgerechnet im Lockdown eine neue Bäckerei eröffnen. Just dort hatte die Backbuchberühmtheit Cynthia Barcomi ihr Café gehabt.

Es beschreibt den Paradigmenwechsel rund um das Gebackene indes recht gut, dass nach dem stets zuckrigen Barcomi's nun eine entschiedene Handwerksbäckerei in die Sophie-Gips-Höge gezogen ist. Sauerteig ist das neue Süß.

Sofi-Gründer Frederik Bille Brahe hatte als Fine-Dining-Gastronom in Kopenhagen begonnen, um irgendwann zu merken, dass das Essen, diese alltäglichste aller Tätigkeiten, eben auch in den Alltag gehört. Inzwischen betreibt er in der dänischen Hauptstadt ein Deli, ein Museumscafé und vor allem das Apollo Kantine & Bar. Allesamt lässige Orte einer neuen, unmittelbaren Handwerksküche. In diesem Sinne geht es bei Sofi erstmal ums Brot. Um Sauerteige aus alten Weizensorten, die mit verhältnismäßig viel Wasser zubereiten werden, die lange ruhen, um dann morgens gebacken und gleich verkauft zu werden. Was, so Frederik Bille Brahe, den schönen Nebeneffekt habe, dass niemand schon um Mitternacht in der Backstube stehen müsse. Kastenbrote mit vielen knusprigen Saaten sind darunter, noch immer eine Lücke in der längst so dichtbesiedelten Brotstadt Berlin.

In der offenen Backstube stehen dabei Bäcker:innen, die ihr Handwerk beispielsweise im Tartine in San Francisco verfeinert haben. Wohl die eine Bäckerei, auf die sich alle Vertreter:innen

Fotos: Stephanie von Becker; Robert Rieger

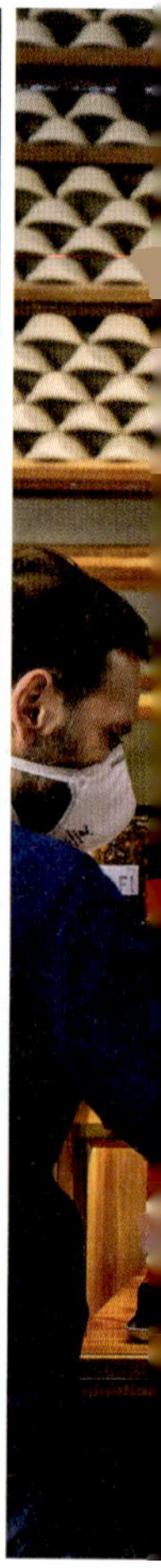

jener neuen Brotbewegung einigen können. Wir einigen uns derweil auf die Zitronen-Tahini-Cookies und den Schokoladen-Sauerteig-Kuchen. Auch weil bei eigentlich allem, was aus dem Sofi-Ofen kommt, die Süße immer ausbalanciert wird von Säure, Herzhaftigkeit – und gelegentlich einer kühnen Salzigkeit. *Clemens Niedenthal*

–

Sofi Bakery
Sophienstraße 21, im Hinterhof, Mitte,
Mo–Fr 7.30–18.30 Uhr,
Sa+So 8.30–17.30 Uhr,
www.sofiberlin.com

Fotos: Stephanie von Becker; ceeceecreative/ Merle Büttner (2)

zwei

Sorrel

NEUKÖLLN Sauerampfer ist ein unterschätztes Kraut. Der Frankfurter Grünen Sauce gibt er ihre charakteristische Frische – und in Neukölln hat das Team des Friedrichshainer Silo Coffee seinen neuen Laden nun eben Sorrel, also Sauerampfer, genannt. Im Gegensatz zum Sauerampfer wäre es aber vermessen, das Brunch- und Lunch-Lokal unterschätzt zu nennen.

Die regelmäßig wechselnde Karte des Hauses mit modern interpretierten Klassikern wie japanischer Schnitzelstulle oder Croque Madame, aber auch zeitgenössischen kleinen und meist gemüsegrünen Tellern, passt ganz wunderbar in den aktuellen Zeitgeist, der sich nach gehobener Wohlfühlküche sehnt. Auch die Qualität lässt keine Wünsche offen: saisonale, regionale Zutaten, nur minimal verarbeitet. Dazu gibt es Kaffee von der zur Familie gehörenden Rösterei Fjord Coffee aus Marzahn und eine kleine, fein kuratierte Auswahl an Naturweinen.

Für danach oder davor (etwa zum späten Frühstück) haben sich die Kardamom-Schnecken schnell in die Herzen der Neuköllner:innen geschlichen. Aber wir sind genauso neugierig auf den Labneh mit hausgemachtem Müsli und Beeren oder das Kamillen-Custard mit Erdbeer-Rhababer-Kompott und planen den nächsten Besuch vor.

Wenn wir denn einen Platz bekommen: In Rekordzeit hat sich das im letzten kurzen Sommer zwischen Lockdown 1 und Lockdown 2 eröffnete Lokal eine Fangemeinde erkocht. Doch unter der Woche und nachmittags ist es etwas ruhiger und bleibt doch genauso köstlich wie zur Peak-Zeit – was das helle, ansprechende Lokal zur perfekten Lunchadresse im Neuköllner Norden macht. *Aida Baghernejad*

–

Sorrel
Pannierstraße 40,
Neukölln,
So, Mo, Do 11–16 Uhr, Fr+Sa 11–23 Uhr,
www.sorrel.berlin

drei
Caffetteria Cicala

KREUZBERG Ein Stück Palermo in Berlin: die Caffetteria Cicala ist nur wenig größer als die namensgebende Zikade. Fast könnte man den letztes Jahr eröffneten Laden am Kopf des geschäftigen Kottbusser Damms übersehen, wäre da denn nicht die morgendliche Schlange aus müden Kreuzberger:innen, die sich vom typisch starken italienischen Kaffee aufwecken lassen wollen.

Aber nicht nur der Kaffee lohnt es, ein paar Minuten in der sich schnell bewegenden Schlange zu warten, denn das Team nutzt den minimalen Raum maximal effektiv, um ein Best-of sizilianischer Café- und Frühstückskultur anzubieten. Wunderbares Frühstücksgebäck wie Pistaziencrème- oder ricottagefüllte Cornetti, knusprige Sfogliatelle oder Bignè zum Beispiel, Paninis aller Art und süße Spezialitäten wie Cassata siciliana und Cannoli in jeglicher Größe von der Miniaturversion bis zur Torte fürs Familienfest. Mittags ist es ebenso empfehlenswert einzukehren und sich mit einem Arancino oder zwei (knusprig frittierte Bällchen aus Risotto und Füllung) aus der kleinen heißen Theke, verschiedensten gegrillten Panini und mehr für den restlichen Tag zu wappnen.

Sitzmöglichkeiten gibt es im kleinen Raum, der eigentlich nur aus Auslagen und Theken besteht, nicht. Dafür aber auf dem Trottoir, das die Sonne morgens dankbar anstrahlt. Und wenn man da so sitzt, mit einem Espresso, der auch Tote aufwecken könnte, und einem ricottagefüllten Hörnchen, ist es plötzlich sehr einfach, Berlin ans Mittelmeer zu verlegen. *Aida Baghernejad*

–

Caffetteria Cicala
Kottbusser Damm 1,
Kreuzberg,
Mo–Do 7–19 Uhr, Fr 7–19.30 Uhr,
Sa 7–20 Uhr, So 9–19 Uhr,
caffetteriacicala.com

vier
Gorilla Bäckerei

NEUKÖLLN Vermutlich hätten sich Frithjof Wodarg und Matteo Angioi Petia einen anderen Namen überlegt, wenn sie geahnt hätten, was da nur zwei, drei Monate nach ihrer Eröffnung auf diese Stadt buchstäblich zurollen sollte. Dabei hält diese handwerkliche Backstube doch ganz und gar nichts von Lieferdiensten. Der Name bezieht sich vielmehr auf jene raumgreifende Affenskulptur, die ihr Vormieter dereinst aufs Trottoir vor dem Ladenlokal gestellt hatte.

Dessen Elektrotrödel Batman Electronics war eine Ikone der Hermannstraße. Die Gorilla Bäckerei ist nun binnen weniger Wochen zu einer eben solche geworden. Vor allem, weil es ihr wie kaum einer anderen Handwerksbäckerei gelingt, den süßen Hype um alles Sauerteigige auch in der Nachbarschaft zu verankert. Die Klientel der Gorilla Bäckerei ist tatsächlich so divers wie ihr Kiez.

Wofür ganz unterschiedliche Menschen hier Schlange stehen: Für Sauerteigbrote, von denen uns die auf dem Papier exaltiert wirkenden Varianten fast am meisten begeistern. Das Weizensauerteigbrot mit Fenchel und Mohn zum Beispiel funktioniert mit Honig und sowieso mit allem Herzhaften. Genauso die nie nur süß intepretierte Patisserie – darf man eigentlich noch Plunder sagen? Dort liegen Pflaume, Feige und Ziegenkäse im frankophilen Blätterteig. Da wird aus der Chorizo von The Sausage Man Never Sleeps eine ganz wunderbare Wurstschnecke. Teilchen, mit denen man seine Mittagspause teilen mag, dabei gäbe es in der Gorilla Bäckerei auch blechweise gereichte Pizza, schließlich ist Matteo Angioi ja aus Rom. Aber, mit einem Abstecher in die Nordic Cuisine Kopenhagens, bereits seit gut zehn Jahren Berliner.

Mitgebracht aus der zeitgenössischen Gastronomie hat er ein Faible für Naturweine, das man nun auch in der Gorilla Bäckerei pflegt. Wenn der kommende Winter vorbei ist auch auf einer neuen, großen Terrasse. Dort wo früher einmal der Gorilla saß. *Clemens Niedenthal*

–

Gorilla
Hermannstraße 211,
Neukölln,
Mi–So 8–17 Uhr
www.gorilla-baeckerei.com

Fotos: Savannah van der Niet (2); La Cicala

fünf

Domberger Brotbrücke Tegel

TEGEL Im vergangenen Frühjahr war Florian Domberger, Bäcker aus Moabit, mit einer ausrangierten eidgenössischen Militärbäckerei durch Brandenburger Kleinstädte getuckert und hat überall dort handwerkliche Sauerteigbrote gebacken, wo es längst keine Handwerksbäckereien mehr gibt. In Oderberg oder Finowfurt etwa. Und Florian Dombergers Liste der brandenburgischen Brot-Diaspora wird länger und länger.

Auch die neue Domberger-Backstube in Tegel hat einen mobilen Charakter. Sie basiert auf einer so genannten Wechselbrücke, gewissermaßen die deutsche Variante des international gebräuchlichen Schiffscontainers – und Florian Domberger noch aus seiner Zeit als Speditionskaufmann und Logistiker vertraut.

Das Konzept hinter dieser „Brotbrücke": Ein solcher Container beherbergt eine komplette Bäckerei. Alles wird vor Ort frisch gebacken, wofür nur noch ein Wasser- und ein Stromanschluss nötig wären. Und ein Stellplatz. Im an Handwerksbäckereien ebenfalls armen Tegel stellt den eine der landeseigenen Wohnungsgenossenschaften. Kiezbelebung und Lebensmittelerziehung sozusagen, schon gibt es Überlegungen, um die Dombergersche Containerbäckerei herum auch einen Wochenmarkt zu etablieren.

Florian Domberger sieht sich in seinem Tegeler Experiment bestätigt: Interesse an gutem Brot gibt es auch jenseits der Food-Hipness von Kreuzberg, Mitte oder Neukölln. Deshalb würde er sein Konzept gerne in weitere Kieze tragen. Es braucht nicht mehr als Strom, Wasser – und Vorstellungskraft.

Clemens Niedenthal

–

Domberger Brotbrücke
Ziekowstraße 112/114,
Tegel,
Di–Fr 13–16 Uhr, Sa 10–13 Uhr,
www.domberger-brot-werk.com

Fotos: Marianne Rennella (2)

TOP ZEHN

— mittags

Wir haben Hunger. Auf lässigen Lunch, weltgewandt und dabei immer very Berlin. In spektakulären Räumen und gemütlicher Kiez-Atmosphäre. Aber immer geschmacksintensiv und aromenstark, ob nun als Stulle oder Steak Tartare, chilischarf oder gemüsegrün

eins

Terz

NEUKÖLLN Es ist uns Stulle, wie Berlin im Herbst 2021 schmeckt. Ein Sauerteigbrot mit langer Teigführung, gebacken von keinem Bäcker, sondern vom jungen Koch Maximilian Hühnergarth in einer Restaurantküche, die einmal zum Gemeindezentrum der Genezarethkirche auf dem Herrfurthplatz im Neuköllner Schillerkiez gehört hat. Belegt mit Roter Bete, mit gebeiztem Saibling von 25 Teichen aus dem Fläming. Und mit der gepoppten Haut der Lachsforelle, die dafür gebacken, getrocknet, dehydriert und noch einmal frittiert wird.

Ein Prozess, wie man ihn sich eigentlich nur im dezidierten Fine Dining leisten kann. Und denn man dort garantiert nich nur für belegte Brote macht.

Max Hühnergart macht sich diese Mühe. Überhaupt macht Max Hühnergart sehr, sehr viel. Sein Sauerteigbrot beispielsweise begleitet inzwischen auch das Menü im Michelin-besternten Tulus Lotrek in der Kreuzberger Fichtestraße. Und wenn der junge Küchenchef irgendwas mal nicht selbst macht, bleibt es doch in der Familie. Die wunderbaren Wurstwaren für die Jausenplatte kommen von seinem Vater. Der hat in Thüringen einen Fleischerei mit angeschlossenem Landgasthof.

Der Sohn kocht jetzt in einer Küche, die einmal zum Gemeindezentrum der Genezarethkirche auf dem Herrfurthplatz im Neuköllner Schillerkiez gehört hat. Jetzt ist der Kirchenanbau mit der Glasfassade also ein Restaurant, betrieben von zwei jungen Gastronomen, die sich um die Umnutzung von Sakralbauten verstehen. Daniel Kalthoff und Jeremias Stüer betreiben bereits das 21 Gramm in einer ehemaligen Friedhofskapelle auf dem St. Thomas-Kirchhof an der Hermannstraße.

Die Kirche bleibt im Dorf? Das Terz in der Genezarethkirche im Schillerkiez, mit Küchenchef Max Hühnergart (oben Mitte) und Restaurantleiterin Samar Abu-Fraiha (oben rechts)

Ist letzteres aber ein okayes Café mit spektakulärer Atmosphäre, ist das Terz ein Spektakel, dass mit einem sympathischen Drive durch den Tag und den Abend getragen wird, herausgehoben sei Restaurantleiterin Samar Abu-Fraiha. Ein Café-Deli-Lunch-Kneipen-Restaurant-Hybrid mit einer entschlossenen Handwerklichkeit und einem guten, ethisch integeren Wareneinsatz. Die Weine sind biologisch bis bio-dynamisch. Das Bier kommt aus dem Hahn und von Schultheis, auch das schmeckt irgendwie schlüssig in der sich (zu) rasant wandelnden Nachbarschaft.

Neu mit dem Herbst ist die Pause, die sich das Terz nun nimmt. Das Lunchcafé schließt um 16.30 Uhr, um ab 18 Uhr Restaurant sein zu können. Mit K Kimchi, Aal & Hollandaise. Und Kürbis, Kiefernzapfen & Hagebutte. Mit der größeren Bühne für einen tollen Koch. Bedenken, dass das Terz dabei seine niederschwellige Lässigkeit verlieren könnte, sind, wir haben schon mal vorgeschmeckt, ganz und gar unbegründet. *Clemens Niedenthal*

Fotos: Terz Berlin

Garnellen aus einer Biozucht in Madagaskar – und vom japanischen Holzkohlegrill.

–

Terz
Herrfurthplatz 14,
Neukölln,
Mo–So 9–16.30 Uhr,
Fr–Mo ab 18 Uhr,
www.terz.berlin

Fotos: Terz Berlin; Clemens Niedenthal (2); Zoe Spawton

zwei

Fish Klub

CHARLOTTENBURG Die Wilmersdorfer Arkaden heißen jetzt Wilma Shoppen. Kann man machen, muss man aber nicht. Was man hingegen unbedingt machen sollte: die Rolltreppe ins Kellergeschoss nehmen und sich von Francisco Hernandez, zuletzt Koch im Nobelhart & Schmutzig, die besten Garnelen dieser Stadt auf einen japanischen Holzkohlegrill legen lassen. Oder eine wahnsinnig intensive Scholle essen, in Beurre Blanc badend, mit Chili-Öl massiert, dazu Wilden Brokkoli.

So ein Teller ist selten in Berlin. Und wenn, dann kommen die Grundprodukte in den guten und besten Restaurants der Stadt immer öfter auch vom Fisch Klub, der vor fünf Jahren einmal als Oyster Klub gestartet war. Initiiert von Margaux Friocourt, die auch in ihrer Wahlheimat Berlin nicht auf französische Rituale und ein französisches Produktverständnis verzichten konnte. Seien es nun Moules Frites oder Steinbutt im Ganzen. Fangfrisch aus der Bretagne. Oder, wie besagte Scholle, von einer aus dem Geist der New Nordic Cuisine geborenen dänischen Hochseefischerei. An private Kund:innen verkauft der Fish Klub diese Exzellenz in der Kreuzberger Markthalle Neun – und nun auch in Charlottenburg. Nur dort allerdings wird auch so spektakulär gekocht.

Gut möglich, dass Friocourt und ihr Fish Klub bald auch eine bis weit in die Nacht reichende Seafood Bar eröffnen werden. Bis dahin aber findet man das beste Fischrestaurant der Stadt im Kellergeschoss eines Shoppingcenters. *Clemens Niedenthal*

–

Fish Klub
Wilmersdorfer Straße 46,
im Wilma Shoppen,
Charlottenburg,
Mo–Sa 10–20 Uhr,
www.fishklubberlin.com

drei
Aviv030

NEUKÖLLN Eher heimlich hat das oft gelobte Gordon im Schillerkiez die Berliner Gastroszene verlassen. Keine Sorge aber, es wurde als Aviv030 in Rixdorf wiedergeboren. Das neue israelische Lokal ist in die charmanten Räume des glücklosen Paulinski Palme gezogen und verspricht, das Lebensgefühl von Tel Aviv auf die Berliner Straßen zu holen.

Kebabs von der Blutwurstmanufaktur gleich um die Ecke, vegetarisches Sabich, Panko-ummantelter Blumenkohl oder frittierte Austernpilze werden im Pita oder als Tellergericht mit seidigem Hummus serviert. Dazu gibt es Naturweine, spritzige Drinks und regelmäßige DJ-Sets. Hier atmet das Aviv030 die Atmosphäre des Gordon, das ja nebenbei immer auch ein Plattenladen und zwischendurch sogar ein Friseursalon war. Auf keinen Fall die gezupfte Rinderbrust im Challah-Brioche verpassen!

Aida Baghernejad

–

Aviv030
Richardstraße 76,
Neukölln,
Mi–Sa 12–22 Uhr, So 12–18 Uhr,
www.aviv030.com

vier
Café Benjamine

CHARLOTTENBURG Essen ist Kultur. Dem dürfte niemand widersprechen. Wahr ist aber auch, dass man im kulturellen Betrieb dieser Stadt ausnehmend schlecht essen kann. Theaterkantinen, Museumscafés – das natürliche Habitat der Tiefkühltorten, schwitzender Käsescheiben und des Automatenkaffees.

Auftritt Benjamine. Denn Jasmin Hein und Markus Mahla (Foto) haben das Café im Georg Kolbe Museum nun nach dessen Ehefrau benannt. Was die beiden sonst neu gemacht haben? Vieles. Geblieben ist die nachbarschaftliche Wärme, die schon das Café K zu einem besonderen Ort im Westend und unter den Berliner Museumsgastronomien gemacht hatte.

Künftig arbeitet die kleine Küche ausschließlich mit Bio-Produkten. Oder holt das Gemüse und die Wildkräuter direkt vom Wochenmarkt. Es gibt viel Vegetarisches und Veganes – eine herrlich erbsige Stulle etwa, listig „Berliner Avocado" genannt. Cannellini-Bohnen geben den Kalbsbouletten derweil einen mediterranen Twist und verweisen auf Georg Kolbes Liebe zum Tessin. Die Backwaren sind ehrlich, und ehrlich gut. Der Kaffee rinnt nussbraun aus der Siebträgermaschine.

Pläne? Markus Mahla, der in Wien einer der Betreiber des nur mit offenem Feuer kochenden Dogenhofs ist, will das Benjamine auch als nachbarschaftliche (Natur-)Weinbar etablieren. Ein begehbarer Weinkeller ist geplant, in Georg Kolbes Garage. Und Jasmin Hein wird die Blumen ihrer Oma aus dem Wedding ins Westend bringen, dieser gehört die 125 Jahre alte Müllerstraßen-Institution Blumen Porz.

Und dann ist da ein goldenes Pissoir, das in einigen Wochen an eine Charlottenburger Lokalposse erinnern soll. Hatte sich die Eröffnung des Café Benjamine doch verzögert, weil CDU-Stadtrat Arne Herz die dortigen Unisex-Toiletten untersagt hatte. In Charlottenburg nämlich taugt Diversität noch zum Disput. *Clemens Niedenthal*

–

Café Benjamine
Sensburger Allee 26,
Charlottenburg,
tgl. 10–18 Uhr,
www.cafebenjamine.de

Fotos: Aida Baghernejad; aviv030; Clemens Niedenthal (2)

Foto: Wen Cheng Noodels

–

Wen Cheng
Schönhauser Allee 65,
Prenzlauer Berg,
Mo–Fr 17–21 Uhr, Sa+So 12–21 Uhr,
www.wenchengnoodles.de

fünf

Wen Cheng

PRENZLAUER BERG Biang-Biang-Nudeln nach Xi'an-Art – das sind dicke, zähe Teigstränge und als solche integrale Zutat der zentralchinesischen Küche. Handgemacht, also handgezogen, gab es sie in Berlin bisher höchsten auf wenigen unter vorgehaltener Hand umhergeraunten Pop-up-Veranstaltungen. Oder man machte sich eben selbst die Mühe. Während des Lockdowns hatte man ja Zeit für solche Sachen. Inzwischen gibt es wieder, nun ja, wichtigere Dinge zu tun. Vor allem aber gibt es endlich einen Laden, in dem Biang-Biang-Nudeln nach Xi'an-Art von Hand gezogen werden, und das nicht zu besonderen Anlässen, sondern jeden Tag: das Wen Cheng in der Schönhauser Allee, das der junge Gastronom Rui Gao (er betreibt mit einigen Freunden etwa auch das Han West im Neuköllner Schillerkiez), nach dem Heimatdorf seiner Mutter benannt hat.

Die Schärfe hingegen ist im Weng Cheng europäisch interpretiert. Wer seine Suppe – die obligatorische Lamm-Kreuzkümmel-Schüssel mit viel Knoblauch oder schön fleischig geschmortem Tofu und Shiitake in der vegetarischen Version – also schärfer mag, nicht masochistisch scharf, aber doch landestypisch, der sollte es dem freundlichen Team bei der Bestellung sagen. Wir versichern aus Erfahrung: Im Weng Cheng freut man sich darüber sehr.

Guter kleiner Laden, ob nun für den kleinen Hunger oder den großen Spaß.

Clemens Niedenthal

sechs

Brasserie Le Paris

CHARLOTTENBURG Man sollte diese Rezension damit beginnen, was dieses Le Paris am Kurfürstendamm – nicht zu verwechseln mit der Paris Bar eine Parallelstraße weiter – für ein humorbegabter Ort ist. Unbedingt. Wenn es nämlich nichts werde mit seiner Karriere als Gastronom, so Betreiber Vincent Garcia, würde er einfach wieder in seine Autowerkstatt zurückgehen. Und Marie Bézian, die Frau hinter der Bar, hätte ja noch ihr Tanzstudio. Man glaubt es kurz. Und wird darauf, mit einem weiteren Glas des sommerlich leichten Enzianlikörs Suze, herzlich umarmt. Nein, Garcia ist schon ein gestandener Hase der Berliner Gastronomie. Er war, vor fast 20 Jahren, für den Neustart des Ganymed am Schiffbauerdamm verantwortlich und führt heute noch das Pastis am Rüdesheimer Platz. Letzteres ist ein so gutes, lässiges und, ja, auch weltläufiges französisches Restaurant, dass man beinahe vergessen könnte, an einem der ruhigeren Ränder Wilmersdorfs zu sein.

Und wer das Pastis kennt, wird ebenfalls das Le Paris verstehen. Alle anderen aber auch. Was schon damit beginnt, dass diese sehr schön, aber auch hinreichend nonchalant gemachte Bar im Institut Français, Ku'damm Ecke Uhlandstraße, untergebracht ist. Zwischenzeitlich war hier ein Büro von Air France. Das hatte, zugegeben, auch etwas mit Frankreich zu tun. Aber eine Fluggesellschaft haben wir hierzulande auch. Auf die französische Esskultur jedoch müssen wir noch immer neidvoll blicken, nicht nur die sogenannte Hochküche betreffend. Klar, Frankreich ist die Heimat der Michelin-Sterne. Aber vor allem der immer leicht beschwipsten Alltagsküche aus sehr guten Grundprodukten. In diesem Sinne sollte der Abend im Le Paris mit ein paar Austern oder Schnecken beginnen. Oder mit der sehr handwerklichen Terrine vom Ibericoschwein.

Unter den Hauptgerichten sticht die gehobene französische Hausmannskost heraus. Auch, weil das Entrecôte bis auf Weiteres noch aus Übersee eingeflogen wird. Aus Lyon, zumindest dem Rezept nach, kommt die Blutwurst samt Röstzwiebeln, Apfel und Pommery-Senfsauce. Und die Cassoulet, ein nur auf den ersten Blick derber Eintopf mit Entenconfit, grober Wurst und weißen Bohnen, macht bereits Lust auf den Winter. Aber daran wollen wir jetzt nicht dran denken. Schöner, unaufgeregt weltläufiger Ort. *Clemens Niedenthal*

Brasserie Le Paris
Kurfürstendamm 211,
Charlottenburg,
Di–Sa 17–23 Uhr, So 14–22 Uhr,
www.brasserie-leparis.com

Fotos: White Kitchen; Clemens Niedenthal; Lee Edward (2)

sieben

Café Frank

PRENZLAUER BERG Dreifaltigkeit, sozusagen. Denn nach einem modern-mediterranen Restaurant und einer nicht nur räumlich eindrücklichen Bar haben Oliver Mansaray und Daniel Scheppan auf dem lauschigen Pfefferberggelände über der Schönhauser Allee einen weiteren unglaublich einladenden, stilsicher gestalteten kulinarischen Ort geschaffen.

Bar und Restaurant heißen dabei einfachheitshalber beide Kink. Das Café heißt nun nicht minder unkompliziert Frank, womöglich Fränk ausgesprochen, wobei sich da der Service selbst nicht so einig ist. Und dieses Frank sieht ein wenig so aus, als sei eine Friedhofsgärtnerei gleich in die Friedhofskapelle gezogen. Berliner Industrieklassizismus, darin ein Zimmerpflanzendschungel bis unter die gut sechs Meter hohe Decke.

Ohnehin ist es ja rückblickend ein Rätsel, dass einer der schönsten Berliner Gastro-Gärten so lange so sträflich vergessen worden war. Und in hedonistischeren Zeiten wären Kink und Frank wohl ein noch überbordenderes, selig-geselliges Spektakel. So ist es mindestens fair enough, dass zwei junge mutige Entrepreneure mit einem Händchen fürs Coole nun von einem pandemiefreundlichen Innenhof profitieren, den flauschige Decken mindestens herbsttauglich machen. Ohnehin wurden die Sessel und Bänke unter den alten Kastanien so wohnlich ausstaffiert, dass man meinen könnte, in einem Wohnzimmer (auf Ibiza) zu sitzen.

Das kulinarische Angebot ist so zeitgenössisch wie der Look: sehr guter Kaffee, belegte Sauerteigstullen und Patisserie im Stile von Albatross oder Du Bonheur. Der oft vegetarische Mittagsteller kommt aus der Küche des Kink und kostet um die zehn Euro. Very healthy: die Safttheke, an der die Grenze zwischen frisch gepresst und alkoholfreiem Cocktail fließend verläuft. Für die Mittagspausendekadenz stehen indes auch Mezcal, Gin oder Rum bereit.

Clemens Niedenthal

–

Frank Café
Schönhauser Allee176,
Prenzlauer Berg,
tgl. 8.30–18 Uhr,
www.frankcafe.de

acht
Larb Koi

FRIEDRICHSHAIN Thailändische Küche, das ist in Berlin mittlerweile so sehr Heimatküche wie ein Döner oder eine Currywurst. Kaum anders lässt sich die Begeisterung erklären, mit der Berliner:innen die zahlreichen thailändischen Restaurants der Stadt bevölkern. Und ganz besonders die Begeisterung, die bei der Eröffnung des Larb Koi ausbrach, in dessen Folge es kaum möglich war, abends ohne Reservierung einen Tisch im Friedrichshainer Lokal zu ergattern. Macht aber gar nichts, denn das Larb Koi öffnet seine Türen auch schon mittags und serviert die Gerichte der Woche als unkomplizierten Lunch mit viel Chili und noch mehr Geschmack. Die Currypasten sind selbstverständlich immer hausgemacht, Ehrensache, und schmecken so frisch und intensiv, wie man es in Berlin nur selten bekommen kann.

Koch und Gründer Monay Keawmali könnte man aus anderen gefeierten thailändischen Restaurants kennen, so stand er auch schon als Chefkoch in der Küche des Khwan. Das Larb Koi ist nun sein ganz eigenes Projekt, das vor allem thailändische Hausmannskost serviert. Auf Nachfrage aber, so erzählt er, gibt es auch andere, mal traditionellere, mal experimentellere Teller wie gesalzener und sonnengetrockneter Fisch oder Austern mit Nam-Jim-Dressing. Für uns nur ein Grund, eben öfter vorbeizukommen und unsere Mittagspause im Chiliparadies zu verbringen. *Aida Baghernejad*

–

Larb Koi Thai Home Cooking
Krossener Straße 15,
Friedrichshain,
Di–Sa 12–15 Uhr und 17–22 Uhr,
So 13–21 Uhr,
www.larb-koi.business.site

neun
Koempul

PRENZLAUER BERG Angesichts der Tatsache, dass Indonesien das viertbevölkerungsreichste Land der Welt ist, ist die indonesische Küche in Berlin erbärmlich unterrepräsentiert. Zuletzt haben zwar Street-Food-Stände wie der Tempeh-Hof oder das interdisziplinäre Kultur- und Kulinarikprojekt Soy Division das Interesse an den scharfen, nussigen und funkigen Gerichten geweckt, indonesische Restaurants aber bleiben an der Spree rar.

So kommt das Koempul also doppelt gelegen. Es adressiert gleichermaßen die indonesische Diaspora und jene Prenzlauer-Berger:innen, die indonesisches Essen allenfalls aus dem Yoga-Retreat kennen. Was sollen wir sagen: Diese wie jene werden glücklich mit diesem ziemlich besten indonesischen Restaurant der Stadt. An lauen Abenden steht auf jedem Tisch ein Liter Teh Botol, der karminrote Eistee. Dazu gibt es eine Portion Nasi Padang: Geschmortes Rindfleisch (oder gebratenes Tempeh), Grünkohl-Kokos-Eintopf, Jackfruchtstücke, Kartoffelpuffer, Gurke und Reis, alles in einem Bananenblatt verpackt und eingeschlagen in weißem Papier als Päckchen zum zeremoniellen Auspacken serviert. Oder einen Pempek Kapal Selam, einen mit Ei gefüllten, knusprigen Fischkuchen, der in Scheiben geschnitten und mit Reis und Glasnudeln in einer prickelnden süß-sauer-scharfen Sauce serviert wird. Latent rumpeliger Service, also etwas Zeit mitbringen, und eine entspannte Laune. *Jane Silver*

–

Koempul
Lychener Straße 6,
Prenzlauer Berg,
Mo–Fr 12–15 + 17–20 Uhr, Sa+So 12–20 Uhr,
www.facebook.com/koempulrestaurant

zehn
Kioski

KREUZBERG Wie ein kleines Designraumschiff ist das Kioski in Hof der Brillenmanufaktur Mykita gelandet. Für Fans sowjetischer Ästhetik ist das von Saša Mächtig entworfene Kioskmodul jede Reise wert – immerhin hat das New Yorker Museum of Modern Art auch ein Exemplar in seine Sammlung aufgenommen.
In Berlin bespielt Ann-Marie von Löw, Schauspielerin und autodidaktische Köchin, einen der mittlerweile seltenen quietschgelben Kästen, liebevoll restauriert, mit runden Ecken als eine Art Kantinchen für alle, die den Weg in die Reichenberger Straße finden.
Die deutsch-finnische Miniatur-Gastronomin verbindet hier das Prinzip Mittagskantine mit italienischer Espresso- und Aperitivokultur. Finn:innen kommen für hausgebackene Korvapuusti, also Zimtschnecken, und karelische Piroggen, die mit herzhaftem Milchreis gefüllt und Eibutter serviert werden. Daneben stehen noch süddeutsche Spezialitäten (fränkischer Leberkäse! Butterbrezeln!), italienische Paninis und ein Best-of der guten Mittagsküche mit gegrillten Stullen, wechselnden Tagessuppen und warmen Gerichten. Der Kaffee kommt aus Italien und wird gerne stilecht stehend und plauschend an der Bar getrunken, abends klingt der Tag manchmal noch mit Musik und Drinks aus. Eine Oase der guten Laune im grauen Großstadtdschungel. *Aida Baghernejad*

–

Kioski
Ritterstraße 9 (im Hof des Mykita-Hauses)
Kreuzberg,
Mo&Do 9–17 Uhr, Di&Mi 9–15 Uhr, Fr 12–20 Uhr,
www.kioski.berlin

Fotos: Aida Baghernejad; Koempul; Volker Kreidler / Instagram @kioski_67

Nudelsalat in der Sterneküche, Halloumi aus dem Urstromtal. Ein junges Paar, das im Wedding alles ganz alleine macht. Die Rückkehr des Wirtshauses als Generationen und Schichten übergreifende Institution. So schmeckt Berlin im Herbst 2021

eins

Ezsra

NEUKÖLLN Wild Food. Wild Wine. Wild Times. So verheißt es der Instagram-Account dieses mit unauffälliger Eleganz gestalteten Restaurants. Abgetöntes Weiß, lebendiges Holz, eine offene Küche. Und eine gleichberechtigte Bar, so wie sich die Teller und die Gläser auch auf Augenhöhe begegnen. Der charmante Nebeneffekt: Das Ezsra ist ein Lokal mit vielen Tresenplätzen.

Wild Wines. Wild Food. Wild Times. Aber dieser Slogan war auch der Notwendigkeit geschuldet, schon mal eine Ahnung vom großen Glück in kleineren Portionen (Teller von 8 bis 12 Euro) zu geben, das da nach dem Lockdown seine bodentief verglasten Türen öffnen sollte. Nach einem Abend in der Schönstedtstraße – einmal zu dritt die ganze Karte und vom Wildschweinköfte eine doppelte Portion – müsste der Slogan heißen: aufmerksames Essen, aufmerksame Weine, aufmerksame Menschen.

Wie das Ezsra nun schmeckt? Nach mit Honig und Hollunderblüten mariniertem Halumi. Wobei die um Halumi nie verlegene Sonnenallee in diesem Fall bis ins brandenburgische Schöbendorf führt, wo Paul Thomas und Yule Seifert, alias Urstrom Käse, nur für das Ezsra jenen Grillkäse aus der Milch von Jerseykühen käsen. Nach mit Erbsen gefüllten Manti mit Labneh und wildem Thymian. Eine Neuköllner Regionalküche, darum geht es. Und um das Lösen eines gordischen Knotens: das Überbordende, Vollmundige und das Bedachte, Nachhaltige gemeinsam zu denken, gemeinsam zu servieren.

Auch das im Kürbis-Brioche aufgetischte Wildschweinköfte (ganz bewusst der einzige Fleisch- oder Fischgang des ersten Menüs) verneigt sich gleichsam vor den Aromen Brandenburgs wie jenen Neuköllns. Wo es aber selbst in feineren Läden gerade en vogue ist, Berliner Küche vom Döner bis zur „Jurkensuppe" mit ironischer Arroganz zu zitieren, plädiert Victor Hausladen, der Gastgeber im dunkelblauen Arbeitskittel, für aufrichtiges Interesse und, Hausladen ist studierter Kunsthistoriker, eine durchaus diskursive Kulinarik. Wobei es der stets nordisch grundierten Neuberliner Kulinarik ja nebenbei bemerkt gut tut, mit dem (Röst-) Aromenverständnis des östlichen Mittelmeerraums konfrontiert zu werden.

Den undogmatischen Entdeckungsdurst von Victor Hausladen könnte man dabei noch aus dem frittierfreudigen St. Bart im Graefekiez kennen. Nun landet sein dezidiertes (und dezidiert ethisches) Produktverständnis nicht nur im Glas auch auf den vom Gastgeber zudem selbstgetöpferten Tellern. Und gebe es die Rede vom Auto-

Fotos: Katharina Woll

Fotos: Marc Nickol; John Brömstrup/ Food & Stories; Marktlokal

renrestaurant, man sollte über das Ezsra als ein solches sprechen.

Vom Sauerteigeis – Vortagsbrot der Albatross-Bäckerei wird fast schwarz verbrannt und mit sehr fetthaltiger Brandenburger Sahne, Sesam und Feigenöl zu etwas unfassbar Köstlichem vereint – haben wir jeder eine eigene Portion bestellt. Dazu ein Enzianschnaps vom Schliersee, der anderen Heimat von Victor Hausladen. *Clemens Niedenthal*

–

Ezsra
Schönstedtstraße 14,
Neukölln,
ezsra-berlin.com

zwei

Marktlokal

KREUZBERG Ein sehr lustiges Foto, frisches Grün, Zimmerpflanzen, eine raumgreifende Herzlichkeit. Ansonsten hat sich nicht viel verändert im Restaurant der Markthalle Neun. Warum auch? Schließlich ist der getäfelte Raum mit dem hundert Jahre alten Tresen einer der schönsten Gasträume der Stadt. Entsprechend groß waren die Begehrlichkeiten, als es eine neue Bewirtschaftung suchte, auch Sterneköche waren vorstellig geworden.

Den Zuschlag gab die Markthalle einem jungen Team um Niklas Krasenbrink, vor einem guten Jahr noch Gemüseverkäufer auf dem dortigen Wochenmarkt. Auch den Koch könnte man kennen: Björn Persson war Küchenchef im verblichenen Zum Mond ums Eck in der Köpenicker Straße. Sein erstes Signatur-Dish hat er noch während des Lockdowns kreiert: Die tatsächlich besten Fish'n'Chips der Stadt (mit Kabeljau vom Fish Klub), die es seitdem immer samstags zum Lunch gibt.

An den Abenden wechselt die Karte saisonal. Kleine, lokale Produzenten zumeist, die es – entgegen des kulinarischen Zeitgeists der Stadt – auf durchaus große Teller schaffen. Oder sich zu solchen kombinieren lassen. Die Bamberger Hörnchen, serviert als Ofenkartoffeln in Salzkruste, passen etwa herrlich zum wildkräutrigen, handgeschabten (!) Kalbstatar. Während das Rösti mit Saiblingskaviar, Senfgurken, Schmand und Dill die schwedischen Wurzeln des Küchenchefs genauso auf die Zunge bringt wie jene des Marktlokals in den Ackerfurchen Brandenburgs.

Wir feiern dieses junge Team dafür, die Idee des Wirtshauses als Generationen, Milieus und Lebenstile übergreifende Institution mit einer regional-saisonalen Produktethik versöhnt zu haben. Das Marktlokal ist ein unangestrengter, herzlicher und gleichsam aufrichtiger Ort. Darauf eine Molle (vom Markthallen-Brauer Johannes Heidenpeter) und einen Münsterländer Korn. *Clemens Niedenthal*

–

Marktlokal
Pücklerstraße 34,
Kreuzberg,
Mi–Fr 15–22 Uhr, Sa 12–22 Uhr, Di ab 18 Uhr Bar
www.marktlokal.berlin

drei

Faelt

SCHÖNEBERG Nudelsalat? Nein, wir haben uns nicht in der Hausnummer geirrt. Tatsächlich handelt es sich auch bei diesem Partykeller-Evergreen um ein herausragendes Detail eines grandiosen Menüs im Restaurant Faelt, das im vergangenen März ja bereits einen Michelin-Stern erhalten hatte. Nach einigen wenigen offenen Wochen im Herbst 2020.

Nudelsalat also. Es ist gerade dieses neckische Augenzwinkern, das auch uns ein Lächeln in Gesicht zeichnet. Björn Swanson nennt sein Konzept „reduziert auf das Wesentliche". Vor allem verbindet er herausragende Produktqualität sowie inspirierte und präzise Küchenkunst mit einer sympathischen Heiterkeit.

Swanson ist den Berliner:innen kein Unbekannter. Im Golvet am Potsdamer Platz hielt er bereits einen Stern. Nun gründete er im Schöneberger Akazien-Kiez sein eigenes kulinarisches Projekt. Der Name Faelt verweist auf seine skandinavischen Wurzeln. Das Wirkungs-Feld besteht aus einer offenen Küche in einem hübschen Altbau im beschaulich-geselligen Viertel rings um die Apostel-Paulus-Kirche mit Platz für knapp 20 Gäste.

Der Speiseplan ist rasch geklärt, denn es gibt nur dieses eine, vorerst monatlich wechselnde Neun-Gang-Menü zu 89 Euro. Los geht es mit Sauerampfer-Sorbet mit grünem-Tomaten-Sud. Herrlich. Gleich danach bietet die Regenbogenforelle mit Granny Smith, Miso und Dill eine sommerliche Erfrischung. Dazu ein junger Auxerrois von Aufricht vom Bodensee, der die Streuobstnoten vom Teller ideal aufgreift.

Es folgt das überregional stets missverständliche Konzept von Pfannkuchen/Krapfen/Berliner mit einer ziemlich genialen Schmorzwiebel-Creme. Dazu empfiehlt der Service den „Smoky Swan", ein dezentes Rauchbier, eigens von Swanson mit der Brewdog Brauerei in Mariendorf entwickelt. Und die Gäste grinsen über die vermutlich beste Zwiebel-Stulle mit Molle, die sie je hatten.

Die kleine Form, ein starkes Team, Spielfreude und eine tatsächliche Gelassenheit: Es ist bekanntermaßen nicht immer die beste Idee, wenn ein sehr guter Koch alles ganz alleine machen will. Im Faelt aber gefällt Björn Swanson nicht nur, er glänzt. Und lässt vor allem auch seine Küche glänzen.

Peter Eichhorn

–

Faelt
Vorbergstraße 10a, Schöneberg, Di–So 17.30–22 Uhr, www.faelt.de

Fotos: Lily Roggemann, 2021; Lukas Kirchgasser (2)

HIER SCHNABULIERT BERLIN

Im Herbst punktet der Foodmarket von BIKINI BERLIN mal wieder mit kulinarischer Vielfalt. Ob internationale oder regionale Anbieter – im KANTINI ist für jeden Geschmack etwas dabei. Das erste Obergeschoss der Concept Shopping Mall BIKINI BERLIN ist eine Oase unterschiedlichster Gewürze und Aromen und lädt zum gemütlichen Verweilen und Schnabulieren ein. Dort findet man mexikanische Leckereien neben süßen Shakes und koreanischen Kreationen. Eines hat dabei Priorität: Genuss in entspannter Atmosphäre und nachhaltige Produktion.

Wer Lust auf einen Ausflug in die mexikanische Küche hat, ist bei CHAPARRO genau richtig. Im Flair eines Streetfood-Stands werden dort Burritos, Quesadillas, Tacos und andere Spezialitäten angeboten. Am Stand von MADRIDO kann man Tapas aus aller Welt mit indischer Note durchprobieren. Liebhaber von asiatischem Essen werden bei ROYALS & RICE, BIBIMIX und YUZU RAMEN in den siebten Food-Himmel entführt. Sushi und Bento Boxen findet man bei BONSAIN'BENTO, israelische Leckereien wie Halloumis und Kebabs bei DJIMALAYA. SONS OF MANA bietet Hawaiianische Poké Bowls mit japanischem Einfluss an. Für jeden, dem bei Wraps das Wasser im Mund zusammenläuft, ist WRAPUBLIC die perfekte Anlaufstelle. Veganer können ihren Heißhunger mit leckeren Burgern von VEDANG stillen. Für Fleischliebhaber sind die Burger von LE PETIT PROSPER die richtige Wahl. Und das Eis, die Freak Shakes und Cream Bowls von COPPER & FLINT lassen die Herzen der bekennenden Naschkatzen mit Sicherheit höherschlagen.

Ein Besuch im KANTINI ist aber nicht nur eine Gaumenfreude, sondern auch ein echter Augenschmaus. Das Designstudio Aisslinger unter der Federführung des Designers Werner Asslinger hat den 1.800 Quadratmeter großen Foodmarket geplant und dabei großen Wert auf ein gemütliches und stylisches Ambiente gelegt. So bietet die Loggia des KANTINI beispielsweise einen wunderschönen Blick auf die Vogelvoliere des Berliner Zoos.

Das bekannte Pop-up-Konzept der Concept Shopping Mall kommt auch beim Foodmarket zum Einsatz. Um möglichst vielen Betreibern die Chance zu geben, ihr kulinarisches Angebot zu präsentieren, werden die Boxen von Zeit zu Zeit neu vermietet. Für alle Foodlover heißt das: Es gibt immer wieder neue, spannende Leckereien zu entdecken. Denn im BIKINI BERLIN wird Genuss und Vielfalt großgeschrieben.

vier

UUU

WEDDING „Wir sind einfach zu klein für Lieferanten", erzählt die Köchin Yuhang Wu. Und so ist das Chili-Öl mit schwarzen Bohnen heute mit frischen, noch grünen Koriandersamen abgeschmeckt. Nächste Woche sind es die Blüten, später dann getrocknete Samen. Radikal saisonal könnte man das nennen. Es ist aber vor allem intuitiv und persönlich, wie es überhaupt die Küche der jungen Gastronomin ist, die gemeinsam mit ihrem Lebensgefähren Jonas Borchers das acht Plätze kleine chinesische DIY-Lokal UUU im Sprengelkiez eröffnet hat.

Ein Menü (129 Euro inklusive nichtalkoholischer Begleitung) könnte etwa mit zwei hauchdünnen, knusprigen Waffeln, gefüllt mit Salzzitrone und Aubergine, beginnen. Begleitet von selbstfermentierten Kombuchas, die bewusst auf den Zusatz von Fruchtsäften oder Gewürzen verzichten und ganz den Aromen der Basistees vertrauen.

In ruhiger Reihe folgen dann verschiedenste Teller. Mal ganz reduzierter Affenkopfpilz, mit fermentierter Tomate geschmort und intensiv-kräutrigem Sellerieöl serviert. Mal ein berauschend schöner Gang mit hauchdünnen Scheiben roter Bete mit Chilischaum, darunter wunderbar cremiges Eigelb, Spargelsalat und Kürbis. Morgen vielleicht wird die Bete schon gegen Kohlrabi getauscht.

Das Highlight aber: Aus hausgemachter Sojamilch wird frischer Tofubruch, Dòuhuā auf chinesisch, gemacht und mit dem eingangs erwähnten Chiliöl, Reis und der dazugehörigen Molke serviert. Ein großes kulinarisches Erlebnis, ohne Allüren und Zwang. *Aida Baghernejad*

–
UUU
Sprengelstraße 15, Wedding, Do–Sa 19.30–23 Uhr, www.uuu-berlin.de

fünf

Sathutu

PRENZLAUER BERG Vor vier Jahren reiste ich einen knappen Monat durch Sri Lanka und lernte die kulinarische Vielfalt der Insel zu schätzen: Knusprige Hoppers – schüsselförmige Pfannkuchen aus fermentiertem Reisteig – mit Curry. Frittierte Teigbällchen mit Garnelen oder ohne als Proviant im Zug. In Bananenblatt gewickelter Lampreis als kulinarisches Überbleibsel der niederländischer Kolonialbestrebungen. Kottu Roti, die Fladenbrot-basierte Antwort Sri Lankas auf den gebratenen Reis ostasiatischer Küche – die kulinarischen Traditionen der Insel sind so einzigartig wie köstlich.

Das aus einem Supperclub hervorgegangene Sathutu interpretiert die Geschmackswelten des multiethnischen Inselstaats nun ganz und gar zeitgenössisch: zurückgenommener Minimalismus, lokale, saisonale Produkte, eine kleine, stetig wechselnde Karte – und natürlich die allgegenwärtigen kleinen Teller zum Teilen. Damit zitiert das Team um Deutsch-Sri-Lankerin Lisa Baladurage und Chefköchin Jana Wegner aber auch die in Sri Lanka allgegenwärtigen „Short Eats“: geschmacksintensive kleine bis große Snacks für alle Lebenslagen – und die sich sanft modernisierende Küche von Cafés und Restaurants in Großstädten wie Galle und Colombo, die Brücken schlagen zwischen Althergebrachtem und neuen Einflüssen aus Australien, Asien und dem Rest der Welt. Konkret in Teller übersetzt sind das etwa wunderbar zum Aperitif passende Cashewnüsse mit Knoblauch und Curryblättern, ein frisch frittiertes Batura-Brot, das mit einem Belag aus traditionell gewürzter Aubergine und sahniger Burrata fast verschmitzt eine Pizza zitiert, zartes Sashimi, frittiertes Hühnchen mit frischen Curryblättern oder ein knackig frischer Salat aus bitterem Rettich, süßer Birne und Haselnüssen.

Der (un)heimliche Star des Abends sind aber die fleischigen Gambas mit Joghurtdip und einer auf dem Grill karamellisierten Limettenhälfte, für die man das Besteck und jegliche Allüren weglegen und sich von der Rykestraße an einen weit entfernten Strand träumen sollte. Eine gut kuratierte (Natur-)Weinkarte, Drinks, die Hunger auf Ferne machen, und ein Käsekuchen, den man nicht verpassen sollte, runden den Abend ab. Wochenends lädt das Sathutu übrigens zum Brunch, mit Pancakes für das Prenzlauer-Berg-Klischee und zum traditionellen Inselfrühstück Egg Hopper mit Dhal für alle mit Lust auf kulinarische Abenteuerreisen.

Aida Baghernejad

–

Sathutu
Rykestraße 15,
Prenzlauer Berg,
Di–Sa 17.45–22 Uhr,
www.sathutu.berlin

Fotos: Aida Baghernejad (3); JanaWegner/ Lisa Baladurage; JulianBächle

sechs
Lila

KREUZBERG Stühlerücken am Paul-Lincke-Ufer. La Lucha und Chan haben die Türen geschlossen. Ein Haus weiter ist die Kuppelofenpizzeria Zola aus dem Hinterhof an die Promenade vorgerückt. Und so ist dort, wo das Zola Platz gemacht hat, das lässige Lila eingezogen, ein peruanisches Seafood-Restaurant. Wobei Küchenchef Omar Ben-Hammou sogleich betont, dass man das mit dem peruanisch und dem Seafood-Restaurant so ausschließlich nicht nimmt.

Wo ein Restaurantbesuch in dieser Stadt ja zuletzt oft etwas Seminarhaftes hatte, jeder Teller ein Erklärstück, erinnert uns dieser Koch mit peruanisch-marokkanischen Wurzeln und New Yorker Biografie (Ben-Hammou kommt aus der Sterneküche des dortigen Le Bernadin) daran, dass gutes Essen auch immer etwas Intuitives sein sollte. Die Schwertmuscheln etwa bekamen vom japanischen Holzkohlegrill rauchige Bauchtöne einmassiert. Beim Tatar vom Thunfisch war es ein Hühnerfond, der die oft intensive Säure peruanischer Küche tiefenentspannt gekontert hat. Und die getrüffelten Spaghetti samt iranischem Kaviar sind ein so universeller Gang, dass wir ihm auch die nicht frisch gemachte Pasta verzeihen. Was an allen Tellern auffiel: eine Souveränität, die niemals zur bloßen Routine verkommt.

Kurzum: ein Restaurant so stilsicher und weltgewandt, wie es in Berlin noch immer nicht alltäglich ist. *Clemens Niedenthal*

–
Lila
Paul-Lincke-Ufer 39,
Kreuzberg,
Di–So 18.30–23 Uhr,
www.lilarestaurant.com

sieben
Tante Fichte

KREUZBERG Die Weinkompetenz von Michael Köhle könnte man aus dem Herz & Niere kennen, Berlins entschlossenstem Nose-to-Tail-Restaurant. Nun ist das mit der Entschlossenheit aber so eine Sache. Und so war es Köhle, bei gleichbleibender Produktethik und Expertise, nach einem offeneren, spielerischen Konzept.

So wurde aus dem Herz & Niere also das Tante Fichte. Mit einem neuen, jungen Küchenchef. Ausgebildet im Bayerischen Hof in München. Später in Berlin im Fischers Fritz bei Christian Lohse und zuletzt im bereits geschlossenen Savu am Kurfürstendamm. Besternte Adressen allesamt.

Dominik Matokanovic, Krefelder mit kroatischen Wurzeln, versteht also sein Handwerk, jedwede verkünstelte Attitüde aber ist ihm fremd. Exemplarisch der Heilbutt, ein beinahe zu typisches Produkt der Hochküche, das Matokanovic mit seiner Interpretation (und keiner Dekonstruktion) des kroatischen Paprikaeintopfs Sataraš kombiniert. Ein vollmundiger, gleichzeitig sehr mediterraner und doch leichter Gang. Oder die verschiedenen Spargel an einem Püree aus vierfach geläuterter Zitronenzeste und ein wenig Kartoffel (für den Schlonz) – so wohlig hat Säure selten geschmeckt.

Wer mag, kann aus diesen Tellern (fünf Gänge 84 Euro) die Biografie ihres Koches lesen. Die mediterranen, immer intensiven Aromen der kroatischen Küche. Die Ausbildung im frankophil grundierten Fine Dining, das Wissen und das Können um Fonds und Saucen, diesem Kit des guten Geschmacks. Oder man isst sich selig durch Kombinationen, die imner auch bauchgefühlig lecker sind.

Zu den Weinen und allem, was ins Glas kommt, sei nur kurz gesagt: Michael Köhle ist auch unter neuem Namen einer der umfänglich interessiertesten und sortiertesten Sommeliers der Stadt. Es wäre ein Frevel, sich nicht auf den kleinen Luxus seiner Weinbegleitung einzulassen. *Clemens Niedenthal*

–
Tante Fichte
Fichtestraße 31,
Kreuzberg,
Mi–Sa 18–22 Uhr,
www.tantefichte.de

Fotos: Restaurant Lila; Mischa Fanghaenel; Manuel Krug

acht

Jaja

NEUKÖLLN So richtig wissen es Claudia Schötz und Hannes Broecker selbst nicht, seit wann sie eigentlich Gastronom:innen sind. Und nicht mehr bildende Künstler:innen. Dass sie letzteres aber eh immer bleiben, davon erzählt das neue Logo ihrer Naturweinbar: ein ziemlich niedliches Bilderbuchgespenst, das in seinen Armen, die auch ein Lächeln sein könnten, ein Weinglas hält.

Gekocht hatte Hannes Broecker schon in seinen Kunstprojekten. Später dann in der Küche des Lode & Stijn. Jetzt, im Jaja (gesprochen „ChaCha") spendiert er einer Zucchini entschlossene Röstaromen und kombiniert sie mit Chipotle-Mayonnaise und allerlei Grün aus dem eigenen Garten (10 Euro). Oder er serviert den nur kurz gebeizten Saibling mit Zitrone und minziger Shiso (14 Euro). Solche Teller schmecken durchaus aufregend, behaupten aber nie, aufregend zu sein – überhaupt ist das neue Jaja ein Ort abseits überspannter Hipsterigkeit. Dazu passt es, dass auch die spannenden Weine bezahlbar bleiben. Diesbezüglich bleibt der Laden jene Naturweinbar, als die er 2015 von Etienne Dodet und Julia Giese gegründet worden war, mit wechselnden kulinarischen Ambitionen.

Claudia Schötz, die auf einem Selbstversorgerhof im Spreewald aufgewachsen ist und dort noch immer gärtnert, und Hannes Broecker haben aus einem rückblickend prägenden Bar der neuen Berliner Esskultur ein saisonal-lokales Restaurant gemacht, das in seiner Achtsamkeit, seiner Neugier und seinem weltoffenen Lokalkolorit ziemlich gut auf den Punkt bringt, worum es Gastronomie in diesen (hoffentlich) postpandemischen Tagen gehen sollte: um neue Nähe und eine aufrichtige Herzlichkeit.

Clemens Niedenthal

–
Jaja
Weichselstraße 7, Neukölln, Mi–Sa 18–23.55 Uhr, jajawein.de

Foto: Clemens Niedenthal

neun
Taqueria el Oso

PRENZLAUER BERG Wenn man schon mit Fug und Recht behauptet kann, dass um den Taco gerade ein ziemliches Gewese gemacht wird – Hundertmeterschlangen vor jeder Neueröffnung, von denen es in diesem postpandemischen Sommer ja einige gab –, so ist doch auch richtig: Die als Pop-up gestartete Taqueria el Oso hat das Zeug zum Lieblingsladen jenseits der üblichen Hype-Halbwertszeiten. Was an durchweg guten Grundprodukten liegt. Vor allem aber liegt es am Ernst und der Emphase, mit der Michael Michael Heiden, Pablo Vasquez und Jesus García ihren Taco-Traum leben.

Wir empfehlen den Taco al Pastor, bei dem das Schweinefleisch (auch in Mexico übrigens) von einer Art Dönerspieß gehobelt wird, sehr saftig und mit köstlicher Röstaromatik. Dazu Ananas, eine Salsa Verde oder eine fordernd scharfe, aber auch süß-sauer-intensive Habanero-Mayonnaise. Und einen der glasweise ausgeschenkten Naturweine von Vallo Vino, wie die Taqueria el Oso einer der Mieter der neu eröffneten, leider ein wenig zu steril geratenen Markthalle Pfefferberg. Letzteres kann ja noch werden, diese Tacos hingegen sind es schon.

Clemens Niedenthal

–

Taquería el Oso
Schönhauser Allee 176c, in der Markthalle Pfefferberg,
Prenzlauer Berg,
Di–So 12–22 Uhr,
bei Instagram: taqueria_el_oso_berlin

zehn
Brikz

CHARLOTTENBURG Arne Anker, bekannt als detailversessener Küchenchef aus dem Pauly Saal, hatte sich nicht den besten Zeitpunkt ausgesucht für sein erstes eigenes Lokal. Mitten in der Pandemie eröffnete er in Charlottenburg das Brikz, anfangs mit einem anspruchsvollen Take-Away-Konzept, doch fährt er längst das volle Programm. Brikz, das steht für Backstein, und so wird – ganz im alten Charme Kreuzköllner oder eben Charlottenburger Kiezkneipen – die Optik des Lokals von unverputzten, roten Backsteinwänden bestimmt.

Anker verweigert sich den Trends zum tischweisen Teilen und setzt, das ist er seiner Kinderstube in den guten und sehr, sehr guten Häusern schuldig, auf ständig wechselnde, saisonal ausgerichtete Menüs. Für die vier Gänge plus Amuse Bouche, Petit Four und Wasser werden bereits bei der Online-Reservierung 80 Euro fällig. Eine nachvollziehbare Reaktion auf die zunehmenden „No-Shows", die gerade für inhabergeführte Läden existenzbedrohend werden können.

Auf dem Teller zeigt sich der bekannte Anker-Stil: international mit Einflüssen unterschiedlicher Küchenrichtungen, produktbezogen, modern, aber immer auf Grundlage klassischer und handwerklich präziser Kochkunst. Heraus kommen anheimelnde Gerichte wie der Iberico-Schweinenacken mit Gelber und Roter Bete oder das pochierte Ei mit Bärlauchschaum, gepuffter Schweineschwarte und Fenchel, die geschmacklich überzeugen und immer auch etwas fürs Auge bieten.

Einem der technisch und handwerklich versiertesten Köche dieser Stadt gelingt es auf kleiner Bühne, seiner immer auch groß gedachte Küche einen neuen, intimeren Rahmen zu geben.

Manuela Blisse

–

Brikz
Grolmanstraße 53/54,
Charlottenburg,
Di–Sa 16–21 Uhr,
www.restaurantbrikz.com

Fotos: Clemens Niedenthal; Sabine Panzer (2)

Foto: Julius Berlin

elf

Julius

WEDDING Ein Abend im Julius, dem Geschwisterkind von Dylan Watson-Brawns fokussiertem Produktküchenrestaurant Ernst, muss als Narrativ verstanden werden, kapitelweise vorgetragen mit süßem Epilog. Beginnend mit dem ersten Teller Crudités steigert sich die Raffinesse der Erzählung mit jeder Komponente.Da wäre das Sashimi vom Thunfisch, eine tomatenrote Muschelsuppe, Gnocchi mit Algenbutter, gewürzt mit gesalzenen Fischrogen und schwarzem Yuzu, und ein perfekter Seelachs mit Selleriepüree.

Hinter diesen Wundern der französischen Atlantikküste steckt Shunsuke Naogoka, in Kyoto ausgebildet und zwei Jahre lang Koch im Michelin-besternten Ernst. Nun hat er die Straßenseite gewechselt, um das Menü des neuen, unter „casual Dining“ laufenden Projekts zu verantworten. Naogokas wechselnde Menüs sind nicht nur von Fisch geprägt, sondern auch von japanisch-inspirierten Geschmacksprofilen und Zutaten: Shisoblätter, Shoyu, Umeboshi, Yuzu. Zum Frühstück gibt es „japanisches Brioche“ und Matchakuchen, das Julius ist auch Café und Bar, wo Barista und Mitbesitzer Shogi Hara eine der wohl exquisitesten handgefilterten Tassen Kaffee im Wedding serviert.

Sommelier Sumiya Omori kommt ebenso aus Japan, die Weine sind vor allem französisch und biodynamisch. Zudem gibt es nichtalkoholische Alternativen wie Pflaumen-Essig-Soda oder Kombucha mit Apfel, Nashibirne und Molke. *Nadja Vancauwenberghe*

–

Julius
Gerichtstraße 31, Wedding, Mi 10–18 Uhr, Do–So 10–0 Uhr, bei Instagram: julius.ernstberlin

zwölf

Zum heiligen Teufel

KREUZBERG „Al santo diavolo“ könnte auf der roten Markise in der Lübbener Straße stehen. Die Gerichte nämlich lassen keinen Zweifel daran, dass es sich bei diesem Heiligen Teufel um wahre Cucina Italiana handelt. Dass man diese Speisen im Kreuzberger Wrangelkiez zu sich nimmt, aber auch nicht: Auf Omas altem (und zusammengewürfeltem) Geschirr werden zumindest die Vorspeisen serviert. Danach wird's feiner, aber zum Glück nicht komplizierter. Stracciatella und Vitello Tonnato von einer anderen Welt gibt es für zehn Euro. Dass es noch etwas Besseres oder ähnlich Gutes auf der Karte geben kann, scheint danach jedenfalls fraglich.

Die selbstgemachte Pasta braucht ihre Zeit, hält aber das Niveau. Bemerkenswert, dass für die zehn bis 13 Euro dann tatsächlich auch eine richtige Portion Pasta serviert wird und nicht die zwischenzeitlich in Mode gekommenen drei Amuse-Gueule-Ravioli. Wem die Portion nicht ausreicht, der kann in der Küche nach Fisch oder Fleisch (18 Euro) fragen lassen oder gleich das Drei-Gang-Menü wählen. Den passenden Wein (wir empfehlen einen unkomplizierten, doch charakterstarken Lambrusco) sucht Nicolas Avolos aus.

Eröffnet hatte das Restaurant kurz vor der Pandemie. Als Andenken an den unheiligen Lockdown wird hoffentlich der Onlineshop bleiben. Bolognese, Salsiccia und ganze Kochboxen werden auch weiterhin nach Hause geliefert. Wer diese himmlische Parmigiana con Melanzane (14 Euro) jedoch lieber auf dem Sofa verspeist als unter alten Bäumen (oder im charmanten Gastraum) im Wrangelkiez, dem ist auch nicht mehr zu helfen.

Kurzum: Zeitgenössisches Update eines nachbarschaftlichen Kiezitalieners, dessen herausragendes Produktverständnis vor allem in den pointiert vorgetragenen Vorspeisen geschmeckt werden kann. *Franz Thies*

–

Zum Heiligen Teufel
Lübbener Straße 23,
Kreuzberg,
Di–Fr 12–22 Uhr, Mo+Sa 18–22 Uhr,
zumheiligenteufel.de

Fotos: Zum Heiligen Teufel

dreizehn

Capvin

MITTE Braucht es den drölfzilligsten ambitionierten Pizzaladen in Berlin? Einen, der nebenbei auch noch in Bielefeld eröffnet, dieser Stadt, wir erinnern uns, die es doch eigentlich gar nicht gibt? Dabei ist die Pizzalandschaft der Hauptstadt doch längst ein köstlicher Traum aus Teig, Tomaten und Büffelmilchkäse.

Das Capvin meint dennoch: ja. Und bringt neapolitanische Glaubwürdigkeit mit ins Spiel. Der Name leitet sich nämlich von Vincenzo Capuano ab, in vierter Generation neapolitanischer Pizzaiolo und in Italien als Pizzarevolutionär mit ganz eigenem Stil bekannt: eine Pizza wie ein Wölkchen – trotz ganzen 300 Gramm Teig! Mit einem extrem hohen, luftigen Rand, der auch mal mit Ricotta gefüllt wird. Gebacken wird die Schönheit bei 370 Grad, also fast 100 Grad weniger als bei der traditionellen neapolitanischen Pizza, und deswegen auch doppelt so lang, also zwei Minuten.

Foto: Clemens Niedenthal

Auf dem Menü stehen die Klassiker – Margherita, Napoli, Tartufo – aber auch eigene Kreationen etwa mit Fleischbällchen und Ricotta-gefülltem Rand, oder ein Special mit frischen gelben Tomaten und Tarallikeks-Krümel. Die Weinkarte vereint einige der aktuell beliebtesten Naturweine, etwa von Pauline Baumberger oder Sven Leiner, und das Design für den Laden mit den auffälligen gelben Kacheln kommt von den Lokalhelden ett la benn. Würde ein derart ambitionierter Laden im kiezigen Kreuzberg, Neukölln oder Wedding funktionieren? Vermutlich nicht. Ist er am Weinbergsweg genau richtig? Aber sowas von.

Aida Baghernejad

–

Capvin
Weinbergsweg 24,
Mitte,
Mo–Do 12–23 Uhr, Fr+Sa 12–0 Uhr,
www.capvin.de

vierzehn
Mamida

PRENZLAUER BERG Das vorneweg: Wer der zugegeben auch in Italien populären Meinung ist, dass eine Ananas auf einer Pizza nun wirklich nichts zu suchen habe, sollte das Mamida meiden. Zwar beginnt auch hier der Spaß mit einer Margherita und einer Marinara, darüber hinaus aber darf es durchaus experimenteller werden: eingelegte Birnen, zerbröckelte Mandeln, Pulled Pork mit Ananas-Ketchup. Schuld ist der ehemalige Chefkoch aus dem schwer angesagten und noch immer empfehlenswerten Gazzo, Mikel Plasari, der auch mit seinem neuen Projekt auf eine zeitgenössische wie weltläufige Atmosphäre setzt und betont, dass seine Pizzen „nicht nur neapolitanisch" seien.

Da wäre etwa die dominante Kruste: ein Sauerteig, dessen Rezeptur mit Hilfe eines Chemikers entwickelt worden ist. Auch die Kombination von Sellerie Velouté, Bärlauchpesto und Trüffelöl oder jene aus püriertem Spargel, lila Kartoffelchips und Speckaufstrich (vom wunderbaren The Sausage Man Never Sleeps) hatte etwas alchemistisch Leckeres. Unter den stündlich neuen Pizzerien dieser Stadt tatsächlich eine besondere – und besonders gute. *Jane Silver*

–

Mamida
Dunckerstraße 80,
Prenzlauer Berg,
Di–So 17–22 Uhr,
www.mamidaberlin.com

fünfzehn
Bangkok Bites

PRENZLAUER BERG Eigentlich war Xiaofen Fan ja mal zum Informatikstudium aus Shanghai nach Berlin gekommen. Doch anstatt Codes zu programmieren hat sie ganz offensichtlich den kulinarischen Code der Stadt geknackt. Mit dem Akemi in der Rykestraße gelingt ihr seit 2014 der Dreiklang aus Atmosphäre, Kiezgefühl und einer handwerklichen panasiatischen Küche. Und ihre Nudelsuppenbar Ramen X Ramen in Friedrichshain beherbergt zudem eine japanische Bäckerei.

Nun also Thailand. Im zweiten Anlauf. Denn nach dem ersten Lockdown hatte das Bangkok Bites zunächst an der zugigen Schönhauser Allee eröffnet, sich dort aber nur als Lunch-Location etabliert. Der neue Standort vis-a-vis des Wasserturms bietet nun auch atmosphärisch jene Muße, die den am besten tischweise geteilten Köstlichkeiten angemessen ist. Im ganzen zubereitete Fische etwa, die Makrele gegrillt, die Forelle gedämpft, ein ziemlich perfektes Gericht. Als Begleitung empfiehlt sich der Papayasalat mit einer authentischen Schärfe. Oder ein Teller Wasserspinat, der das Produkt angenehm in den Vordergrund stellt. Überhaupt, die Produkte: Der entschiedene Wareneinsatz emanzipiert auch die Currys von der (in dieser Nachbarschaft) üblichen Lunch-Qualität, was die höheren Preise mehr als rechtfertigt. Muss man aber nicht sagen, weil man es sowieso schmeckt. Passende, vor allem deutsche Weine. *Clemens Niedenthal*

–

Bangkok Bites
Knaackstraße 22,
Prenzlauer Berg,
tgl. 12–23 Uhr
bei Instagram: Bangkok Bites Berlin

Fotos: Mamida; Clemens Niedenthal

sechzehn
12seasons

CHARLOTTENBURG Im Warschauer Sternerestaurant Studio Amaro wechselte Küchenchef Wojciech Modest Amaro jede Woche die Karte, 52 Mal total saisonal. Ganz so weit treibt es die Lockdown-Neueröffnung 12seasons nicht. Aber immerhin jeden Monat serviert Küchenchef Kamel Haddad eine neu konzipierte Karte. Gegessen werden kann à la Carte, alternativ wird ein Menü mit vier (55 Euro) oder sechs Gängen (75 Euro) aus der offenen Küche geschickt. „Modern europäisch" – das trifft es ganz gut. Der September zeigte sich bereits herbstlich, Makrele mit Blumenkohl, Auster und Bete als gelungener Menüeinstieg gefolgt von der mit Pilzen, Kohlrabi und Pecanuss gut ausbalancierten Nektarine. Als Hauptgang überzeugte das Rinderfilet mit Aubergine und Kreuzkümmel in (regionaler) Fleischqualität und Garpunkt.

Derart gesättigt, muss noch über das weltläufig-glamouröse, spätestens hier im Westen Charlottenburgs überraschende Interieur geredet werden. Ein Hingucker ist es, das 12seasons. Mit Tim Hansen und Vitali Müller, beide kommen aus der Hotellerie, hat es zwei herzliche Gastgeber. *Manuela Blisse*

–

12seasons
Giesebrechtstraße 3,
Charlottenburg,
Di–Sa ab 18 Uhr,
www.12seasons.berlin

Fotos: Roland Justynowicz; Crazy Bastards Kitchen

siebzehn
Crazy Bastard Kitchen

NEUKÖLLN Essen sei einfach seine Passion, erzählt John O'Reilly. Neben der Liebe zum Scharfen natürlich – ist er doch der Kopf hinter der Berliner Manufaktur „Crazy Bastard Sauce", die für ihre scharfen Saucen ohne Zucker und Zusatzstoffe bekannt geworden ist und sogar international Preise abgeräumt hat. Im Ladenlokal auf der Weserstraße probierte sich das Team immer mal wieder mit Pop-ups durch die verschiedenen Küchen der Welt: Tacos, die Cajun-Küche des US-amerikanischen Südens, jamaikanisches Jerk-BBQ und so weiter. Der gemeinsame Nenner: Immer servierte man Essen, zu dem man gut Chilisaucen, natürlich die hauseigenen, kombinieren kann. Wobei O'Reilly ja davon überzeugt ist, dass das eigentlich mit jeder Küche funktioniert.

Seit einigen Monaten gibt es nun direkt neben dem bisherigen Laden ganz offiziell das „Crazy Bastard Kitchen", mit dem sich der Pop-up-Rummel zu einem täglich geöffneten Restaurant verstetigt hat. Die Küchenrichtung wechselt wöchentlich (wir empfehlen insbesondere die britischen Wochen mit Salt Beef Bagel, venezolanische Arepas und Cajun Soulfood aus dem US-amerikanischen Süden). Auf der Webseite steht immer das aktuelle Menü. Ziemlich hemdsärmelig und gut ist es eigentlich immer. Was an der ernsthaften Recherche liegen könnt, die sich das Crazy Bastard Kitchen für jeden Küchenstil vornimmt. Und an der Leidenschaft, mit der an die Sache gegangen wird. Scharfe Sauce gibt es natürlich satt, ist ja Ehrensache. *Aida Baghernejad*

–

Crazy Bastard Kitchen
Weserstraße 168,
Neukölln,
tgl. 17–22 Uhr,
www.crazybkitchen.com

achtzehn

Melt

FRIEDRICHSHAIN Wenn es also stimmt, dass uns nach Corona vor allem nach einer vollmundigen, ehrlichen Wohlfühlküche ist, dann hat Catherine Le Corre vieles richtig gemacht. Mitten in der Krise nämlich ist die Französin zwei Häuser weitergezogen und hat neben ihrer florierenden Crêperie Melt an der chronisch turbulenten Grünberger Straße zudem ein klassisches französisches Bistro eröffnet.

Womit wir also zum Wesentlichen kommen, und das sind im Melt Bistro ganz wesentlich die Aromen: Teller, die uns mit dem ersten Bissen auf einen französischen Marktplatz imaginieren, in der Provence etwa oder an der Loire. Ein Boeuf Bourguignon, so lange geschmort, dass es keines Messers mehr bedarf, ja nicht einmal der Zähne. Und die kross gebratene Dorade am intensiven Muschelsud erzählt uns ziemlich gut, dass wir Frankreich vielleicht nicht mehr um seine Hochküche beneiden müssen – wohl aber um solche alltägliche, von Muse und Handwerk geprägte Gastlichkeit. Apropos: Drei Gänge kosten faire 35 Euro, die gefällige und spätestens zum Dessert auch überraschende Weinbegleitung einen Zehner extra. Wir finden dieses angenehm hemdsämelige Lokal nonchalant et trés bien. *Clemens Niedenthal*

–

Melt Bistro
Grünberger Straße 40, Friedrichshain,
Fr–So 12-15 Uhr, Mi–So 18–22 Uhr, Fr bis 23 Uhr,
www.creperiemeltberlin.com

neunzehn

AV Restaurant

PRENZLAUER BERG Mit Vergleichen ist es ja so eine Sache. Dem AV Restaurant aber kann man durchaus eine kulinarische Nähe zu den auch geografisch nahen Restaurants Otto oder Mrs Robinson's attestieren. Und hat damit schon mal viel über die regional-saisonale From-Farm-to-Table-Küche gesagt, über die feine, vorwiegend mediterrane Auswahl an Naturweinen, die natürlich hausgemachten Kombuchas und den kompetent ausgelebten Hang zur Fermentation.

Und von kleinen Tellern, die zumeist ein Produkt in den Mittelpunkt stellen. Die hausgemachte Salciccia vom iberischen Schwein. Die auf dem Holzkohlegrill bereitete BBQ-Karotte. Rote Bete mit fermentierter Rose und Liebstöckel. Eine saisonale, hausgemachte Pasta. Letztlich nämlich ist dieses naturweinbarige Produktküchenrestaurant irgendwie auch ein Italiener. Antonio Vinciguerra heißt der Küchenchef und Inhaber – der jedoch betont, dass ein Restaurant immer eine Mannschaftsleistung sei. Das Gefühl hat auch der Gast, hier lebt ein Team den Laden.

Ebenso wie das Otto öffnet das AV auch zum Lunch, abends werden kleinere und größere Teller im Menü gereicht, wobei uns die Snacks, von den selbstgemachten Marshmallows bis zu den gegrillten Muscheln besonders gut gefallen haben. Das Menü gibt es in drei (35 Euro) oder bis zu acht Gängen (65 Euro). Die Zutaten kommen mal aus Italien und oft aus der Region, aus der Permagärtnerei des ehemaligen Le-Faubourg-Küchenchefs Sebastian Leyer etwa. Tiere werden im Ganzen gekauft und verarbeitet. Und was die Küche im Abendservice nicht verarbeiten kann, landet auf der separaten Barkarte. Ein guter Kommentar zur Lebensmittelmüllvermeidung.

Ein kleiner, (auch architektonisch) cooler Laden mit einem ambitionierten Team, das den Zeitgeist schon einmal auf seiner Seite hat. *Clemens Niedenthal*

–

AV Restaurant
Schönhauser Allee 44,
Prenzlauer Berg,
Di–Fr 12–15 u. 17–22 Uhr, Sa ab 12 Uhr durchgehend,
www.avrestaurantberlin.com

Fotos: Clemens Niedenthal; AV Restaurant

zwanzig

Zenner

TREPTOW Man könnte sie kennen: Tony Ettelt und Sebastian Heil waren bis dato in der Techno-Szene unterwegs, Partynächte in der Friedrichshainer Wilden Renate, Afterhour-Sonntage im benachbarten Open-Air-Club Else – das waren ihre Läden. Aber die Technoszene wird erwachsen und so auch die Köpfe hinter ihr. Seit dem vergangenen Sommer haben Ettelt und Heil deshalb einen neuen Sound: Sie haben das Zenner am Treptower Hafen wachgeküsst, Biergarten, Tanztee-Ikone, ein Mythos einer Altberliner Ausflugslokalität.

Und sie haben das richtig gut gemacht. Mit Bio-Eisdiele, eigenem Bier, angenehm offener Atmosphäre. Und einem separaten Weingarten mit handwerklicher süddeutscher Küche, den Thomas Kos verantwortet, den man noch aus dem Habe die Ehre in der Arminiusmarkthalle kennen könnte. Und dann ist da noch dieser spektakuläre Saal, der nur darauf wartet, wachgeküsst zu werden. Als Verantstaltungfläche und als Restaurant. Bis dahin aber ist der Winter ja auch Draußen schön. *Clemens Niedenthal*

–
Zenner
Alt-Treptow 14-17, Treptow, Mo–Fr 12–22 Uhr, Sa+So 10–22 Uhr, Weingarten ab 16 Uhr, www.zenner.berlin

Fotos: PERAMET Anlagentechnik GmbH; Janek Grahmann

TOP FÜNF

— nachts

Dunkel war die Nacht in den Monaten der Pandemie. Und an den Tresen wurde es zappenduster. Langsam aber eröffnen neue Orte, an denen sich vielleicht nichts schöntrinken, aber wo es sich richtig schön trinken lässt. Sake, Craft Beer, Whisky ...

eins

Nomu

WILMERSDORF Mit japanischem Understatement bezeichnet sich das Nomu als Sake-Bar und Izakaya (das ist sozusagen die japanische Spielart des Gastro-Pubs) und rückt somit das entspannte Trinken in den Vordergrund. Tatsächlich aber verbirgt sich hinter dem unscheinbaren Rundbogen einer Wilmersdorfer Altbau-Fassade einer der schönsten, stilvollsten und konzeptionell überzeugendsten Orte japanischer Kulinarik in Berlin.

Frisch und gleichzeitig traditionell orientieren sich die Speisen an der Jahreszeit. Köstlich das Dreierlei vom Aal und rar der Kaltwasser-Seeigel an Lachskaviar und Reis. Auch kleine Teller überraschen mit Dashi, Wasabi und Fermentierungstechniken mit opulenten, immer aber in sich schlüssigen Aromen.

Nur ein Dutzend Plätze bieten die massiven Holztische unter einem Himmel aus fast 1.000 hölzernen Sake-Kästchen. Wohlüberlegt alle Materialien, gedeckten Farben, akzentuiertes Licht. Jede der vogelförmigen Leuchten scheint dabei einen Gast zu symbolisieren. Mit einem Nest über dem Fenster. Doch die Gäste nisten sich mit Vorliebe am Tresen ein und blicken erwartungsfroh zu jener Nische, aus der der charmante Service den nächsten aufregenden Teller oder den nächsten Sake serviert. Auch japanischer Whisky und japanisches Craft-Bier sind im Angebot. Bemerkenswert ist das deshalb, weil die japanischen Biere in Berlin zumeist in Europa gebraute Lizenzen bekannter Großbrauereien sind.

Produktqualität und Zubereitung haben ihren Preis und dennoch bereitet das Omakase-Menü zu 105 Euro größtes Vergnügen. Die Sake-Kompetenz, und auch die Auswahl an kleinen und besonderen Produzenten, sucht ihresgleichen – weshalb die Sake-Begleitung zu 40 Euro ebenfalls angeraten ist. *Peter Eichhorn*

–

Nomu

Ludwigkirchstraße 3,
Wilmersdorf,
Mi–So 18–22 Uhr,
www.nomusakebar.de

Fotos: rene riis

zwei
Kaschk by BRLO

MITTE Freundliche Übernahme in der Linien-, Ecke Rosa-Luxemburg-Straße. Das Kaschk, die auch als Tagescafé populäre Craft-Beer-Bar mit den Shuffleboards im Keller (eine Art Brettspielvariante des Eisstockschießens), hätte den Lockdown nicht überlebt. Also ist die Berliner Brauerei BRLO eingestiegen, hat einmal kurz durchgewischt (de facto also sechs Wochen hart renoviert) und führt den Laden mit altem Team genauso weiter. Ziemlich anders, aber irgendwie auch gut.

Jetzt kann man nämlich auch gut essen. Bei Lust oder Knast bis morgens um vier. BRLO-Brwhouse-Chef Ben Pommer hat aus der Not eine Tugend gemacht (das Kaschk hat keine Küche) und bereitet im Brwhouse vor, was man als Kneipenküche 4.0 bezeichnen könnte. Spektakulär die vegane Platte, mit im Salzteig gebackenem Sellerie, Rillet von der Jackfruit und Kürbis-Paté. Köstlich die Käseauswahl von Fritz Blomeyer, von dem auch die Bergkäse fürs Grilled-Cheese-Sandwich sind. Croissants und Kardamonschnecken kommen von Zeit für Brot – wir würden dennoch zum sündig-saftigen Bananenkuchen aus der BRLO-Küche greifen.

Zur Eröffnung im September hingen nur Berliner Biere, von BRLO, aber genauso von Vagabund, Motel oder Schneeeule, an den zwölf Hähnen. Ein sympathisches Signal an die Berliner Bierszene. *Clemens Niedenthal*

–
Kaschk by BRLO
Linienstraße 40,
Mitte,
Mo–Do 8–2 Uhr Fr 8–4 Uhr, Sa 10–4 Uhr, So 10–2 Uhr
www.kaschk.de

drei
Hawker

CHARLOTTENBURG Galerie oder Bar? Vielmehr ein hervorragendes Diner mit amerikanischem Comfort Food zu filigranen Cocktails. Tatsächlich kommt Patricia Strickland aus der Kunstszene und wollte hier im Herzland Charlottenburgs zunächst eine Galerie eröffnen. Einige ihrer Werke zieren auch die Wände, die zackigen Strukturen metallgewordener Ton-Dateien etwa. So schön können Beethovens „Ode an die Freude", der Soundtrack des dystopischen Sience-Fiction-Klassikers „Blade Runner" oder „Heroes" von David Bowie also einen Raum schmücken. Gemütliche Tische und dezente Beleuchtung inszeniert den melancholischen Abend am Tresen genauso wie ein knisterndes Rendezvous. Drei Räume und ein hübscher Außenbereich sorgen für Abwechslung und Diskretion.

Die Küche macht es sich einfach und dabei vieles richtig – mit einem Old School Garnelen-Cocktail etwa und einem hervorragenden Burger. Augenzwinkernd wurden darüber hinaus alte Klassiker modern interpretiert, wie der Waldorf Salat und die Mac & Cheese. Sie lesen es aus diesem Zeilen heraus: New York könnte als kulinarischer Kursgeber über dem Hawker stehen. Snacks und Sandwiches werden bis in die Nacht serviert.

Dazu eine wohlsortierte, zurückgelehnte Champagner- und Weinauswahl und Cocktails von kreativ bis klassisch. Betörend der Haus-Cocktail „Schlüter 75" mit Gin, Champagner, Sherry, Gurke und Basilikum. Schmackhaft auch die „Shady Lady" mit Gin, Veilchenlikör und Zitrone.

Ein anfangs geheimnisvoller, später herzlich-gemütlicher neuer Ort für Charlottenburg, der in seiner Rückbesinnung auf klassische Drinks, US-amerikanische Wohlfühlküche und in seiner dezent melancholisch grundierten Stimmung ganz gut in eine Gegenwart passt, die mal eine Pause braucht vom permanenten Zwang der Innovation. *Peter Eichhorn*

–
Hawker Bar & Diner
Schlüterstraße 75,
Charlottenburg,
Di–Sa 18–0 Uhr,
hawkerbarandkitchen.de

Fotos: Bar Franzotti; stilbrand/ Carsten Siebke; kaanturanphotography.

vier
Bar Franzotti

KREUZBERG Messing, Leder, Holz und Patina. Dazu ein dezentes Lichtdesign und Regale, die über und über mit Flaschen gefüllt sind. Selbst seltene und kuriose Destillate können abwechslungsreich verkostet werden. So muss Bar sein. Und so ist diese Bar ja auch schon eine Weile gewesen.

Eine alter Bekannte erfindet sich neu. Denn die hübsche Trinkstätte am Fuße des Kreuzbergs war in der Nachbarschaft bereits beliebt und zwischenzeitlich unter dem kühnen Namen „Wagemut" auch eine weitere Anreise wert. Der neue Besitzer Uwe Wagmüller fokussiert das Konzept nun auf anspruchsvolle Cocktailkultur und eine spannende Whiskyauswahl. Das überrascht kaum, ist Wagmüller doch Mitorganisator des jährlichen Whisky-Herbstes in der Malzfabrik und Betreiber des Charlottenburger „Union Jack", Berlins bekanntester Whisky-Bar.

Durch den Umbau wurde insbesondere der hintere Raum richtig gemütlich und verlor seine kerkerhafte Strenge. Vorne am Tresen verantwortet mit Julian Kunzmann einer der kreativsten Barkeeper Berlins Shaker und Rührglas. Er beherrscht die Klassiker und wird nie müde, neue, spannende Drinks auszutüfteln. Im Sommer gehen die Fenster weit auf, ein kleiner Terrassenbereich lädt die Flaneure ein. *Peter Eichhorn*

–

Bar Franzotti
Kreuzbergstraße 71,
Kreuzberg,
Di-So 18-1 Uhr, Fr-Sa bis 2 Uhr,
www.barfranzotti.de

fünf
Schneeeule Salon

WEDDING Sie war schon fast tot, die Berliner Weiße. 2003 strich der Brauerbund den Bierstil aus der offiziellen Statistik, war er doch zu einer Sirup-lastigen Touristenplörre verkommen. Die aktuelle quirlige Berliner Bierszene hat den erfrischenden und säurebetonten Bierstil indes neu entdeckt und begeistert mit aufregenden Neuinterpretationen mit Blüten, Gewürzen, Holzfassreifung oder lange gelagerten und somit hochkomplexen Qualitäten, manchmal sogar in klassischer Flaschengärung wie ein Champagner gereift. Als Grand Dame der neuen Weiße-Kultur mag getrost Ulrike Genz mit ihrer Schneeeule-Brauerei gelten, die als Pionierin mit Leidenschaft und Einsatz auch andere Brauer animierte, den Ur-Berliner Bierstil mit neuem Leben zu füllen.

Endlich bietet Genz Berliner:innen auch einen gemütlichen Ort um (nicht nur) ihre Biere zu verkosten. Ihr Salon ist eine gemütliche Einkehr, mit großem Tresenbereich samt Zapfanlage und Vintage-Tischchen im tiefsten Wedding. Blickfang sind die großen Kühlschränke, gefüllt mit den flüssigen Kostbarkeiten aus dem Hause Schneeeule selbst, aber auch mit vielseitigen Braustilen von Stout bis Pils anderer Brauereien. Regelmäßig kulinarische Gäste. *Peter Eichhorn*

–

Schneeeule Salon
Ofener Straße 1,
Wedding,
Do 18-23 Uhr, Fr 18–0 Uhr, Sa 15–0 Uhr, So 15–22 Uhr,
www.schneeeule.berlin

Fotos: Clemens Niedenthal; Hawker Bar

Top 40

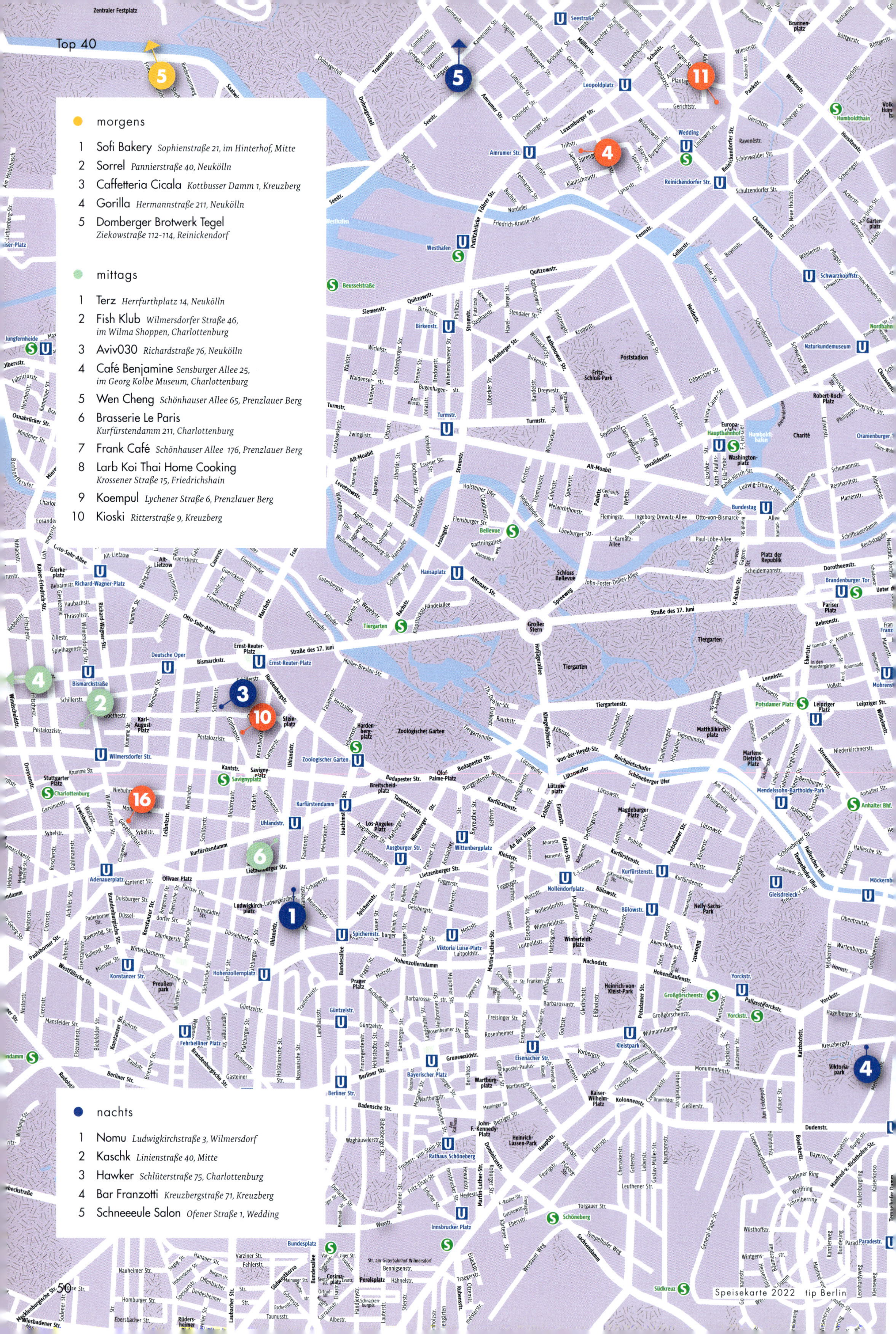

● morgens

1 Sofi Bakery *Sophienstraße 21, im Hinterhof, Mitte*
2 Sorrel *Pannierstraße 40, Neukölln*
3 Caffetteria Cicala *Kottbusser Damm 1, Kreuzberg*
4 Gorilla *Hermannstraße 211, Neukölln*
5 Domberger Brotwerk Tegel *Ziekowstraße 112-114, Reinickendorf*

● mittags

1 Terz *Herrfurthplatz 14, Neukölln*
2 Fish Klub *Wilmersdorfer Straße 46, im Wilma Shoppen, Charlottenburg*
3 Aviv030 *Richardstraße 76, Neukölln*
4 Café Benjamine *Sensburger Allee 25, im Georg Kolbe Museum, Charlottenburg*
5 Wen Cheng *Schönhauser Allee 65, Prenzlauer Berg*
6 Brasserie Le Paris *Kurfürstendamm 211, Charlottenburg*
7 Frank Café *Schönhauser Allee 176, Prenzlauer Berg*
8 Larb Koi Thai Home Cooking *Krossener Straße 15, Friedrichshain*
9 Koempul *Lychener Straße 6, Prenzlauer Berg*
10 Kioski *Ritterstraße 9, Kreuzberg*

● nachts

1 Nomu *Ludwigkirchstraße 3, Wilmersdorf*
2 Kaschk *Linienstraße 40, Mitte*
3 Hawker *Schlüterstraße 75, Charlottenburg*
4 Bar Franzotti *Kreuzbergstraße 71, Kreuzberg*
5 Schneeeule Salon *Ofener Straße 1, Wedding*

abends

1 Ezsra *Schönstedtstraße 14, Neukölln*
2 Marktlokal *Pücklerstraße 34, Kreuzberg*
3 Faelt *Vorbergstraße 10a, Schöneberg*
4 UUU *Sprengelstraße 15, Wedding*
5 Sathutu *Rykestraße 15, Prenzlauer Berg*
6 Lila *Paul-Lincke-Ufer 39, Kreuzberg*
7 Tante Fichte *Fichtestraße 31, Kreuzberg*
8 Jaja *Weichselstraße 7, Neukölln*
9 Taquería El Oso *Schönhauser Allee 176c, in der Markthalle Pfefferberg, Prenzlauer Berg*
10 Brikz *Grolmanstraße 53/54, Charlottenburg*
11 Julius *Gerichtstraße 31, Wedding*
12 Zum Heiligen Teufel *Lübbener Straße 23, Kreuzberg*
13 Capvin *Weinbergsweg 24, Mitte*
14 Mamida *Dunckerstraße 80, Prenzlauer Berg*
15 Bangkok Bites *Knaackstraße 22, Prenzlauer Berg*
16 12seasons *Giesebrechtstraße 3, Charlottenburg*
17 Crazy Bastard Kitchen *Weserstraße 168, Neukölln*
18 Melt Bistro *Grünberger Straße 40, Friedrichshain*
19 AV Restaurant *Schönhauser Allee 44, Prenzlauer Berg*
20 Zenner *Alt-Treptow 14-17, Treptow*

KULINARISCHE

BERLIN

GESCHICHTEN

Wie schmeckt die Stadt?
Dieser Frage kann man sich aus vielen Richtungen nähern. Als Reisereportage durch den Bauch der Stadt. In Tischgesprächen mit dem gastronomischen Personal. In klugen Beobachtungen und entdeckungshungrigen Essays. Mit einem guten, wachen Blick, den wir in diesem Fall auf die Berliner Keramikszene geworfen haben. Viel Spaß beim Entdecken.

Illustration: Maggie Cowles

Über

den Tellerrand

Lange Zeit sollte in der gehobenen Gastronomie nichts von den Speisen ablenken. Auf dem Tisch dominierte der weiße Teller. Dieser Trend scheint gebrochen, zumindest in Berlin. Hauptstadtwirt:innen wagen was – und finden ihre Verbündeten in der örtlichen Keramikszene

Text: Jochen Overbeck Fotos: F. Anthea Schaap

Eigentlich zu schön, um sein Abendessen draufzulegen: Keramik von Dirk Aleksic (linke Seite), Jinok Kim (l.o.); Claudia Schoemig (l.u.), Helka Ceramics (r.o.) und Stefanie Hering (r.u.)

Dirk Aleksic lebte lange in einem Zen-Kloster in Japan. Ganz so weit weg ist er nun nicht verschwunden, nur bis in den Oderbruch

Brandenburg liegt an diesem Spätsommertag da wie eine Postkarte, die Berge der Märkischen Schweiz sind kleine Hügel, die nur spielen wollen. 27 Kilometer muss der Journalist ab Bahnhof Strausberg auf dem Fahrrad zurücklegen, alle Busverbindungen sind Zumutungen. Ab und zu streift ihn der Blick einer Kuh, drei, vier Mal der von Bauarbeitern, die alte Hofstellen renovieren. Aber eigentlich: alles ruhig hier, und das passt. In Bliesdorf, wo Dirk Aleksic wohnt, ist es flach, ziemlich genau hier beginnt der Oderbruch. Aleksic hat sich einen Hof renoviert. Die Sonne scheint durch große Fensterflächen, die dort eingezogen wurden, wo mal Fachwerk war, sie scheint über zwei Ebenen. Unten: Sofa, grober Holztisch, Stühle. Oben: ein Eames Chair, dem man seine Vergangenheit ansieht, dunkle Regale mit Aleksics Stücken. Alles wirkt aufgeräumt. So ruhig wie die Landschaft. Nichts wirkt steril. Nichts wie Design, auch wenn sich das so lesen mag.

Aleksic lebte lange in Japan, wurde im Zen-Kloster Hosshinji zum buddhistischen Mönch ordiniert. Neun Jahre verbrachte er in der Ordensgemeinschaft. In dem Land entwickelte er seine Liebe zur Keramik – „das 50fache wie hier", so schätzt er, gäbe es dort alleine in dem Bereich, der ihn interessiere. Als er nach seiner Zeit in Deutschland zurückkehrte, hatte er kurz die Idee eines eigenen Restaurants mit handgemachten Soba-Nudeln. Dass dieser Plan scheiterte, war ein Glücksfall. Denn Aleksic entschied sich, Keramiker zu werden. Als Autodidakt mietete er sich zunächst in ein Gemeinschaftsstudio mit Brennofen und Töpferscheibe ein. Die Idee, an die Gastronomie zu liefern, hatte er eigentlich nicht. Aber einer der ersten Kunden an seinem Stand auf dem Mauerpark-Flohmarkt war einer der Hauptverantwortlichen für Gastronomie des Adlon-Hotels.

Eines der konservativsten Restaurants der Stadt bringt man mit den Arbeiten Aleksics nicht so recht zusammen. Und doch bestellten die Herrschaften vom Pariser Platz Wasserbecher. Dass kurz später Billy Wagner vorbeikam, damals Geschäftsführer beim Rutz, scheint schon logischer. Wagner lud Aleksic und seine Frau zum Essen ein – die beiden fanden rasch zusammen. „Ich war mit meiner Entwicklung damals noch am Anfang. Ich habe Teller für die gemacht und das gleichzeitig gelernt. Das war viel Trial and Error, viel, das schiefging", sagt er und lacht.

Ein Quereinsteiger, der plötzlich für die Spitzengastronomie arbeitet: Hilft bei so etwas die buddhistische Vorbildung? Begegnet man Fehlern gnädiger? Aleksic winkt ab. Der Zen-Buddhismus, so sagt er selber, sei das Gegenteil einer Religion. Jede religiöse Vorstellung wurde aufgelöst. Das passt, denn seine Keramik ist auf eine eigenartige Art Nicht-Design. Ein bisschen wie beim Bauhaus, dessen „Form folgt Funktion" hier allerdings jedes industriellen Wesenszuges beraubt wird. Es geht bei Aleksic um die reine Handarbeit, das wird sofort klar, wenn man einen Blick in sein Regal wirft. Es sind Stücke, die die reine Form nicht zaghaft, aber immer mit der gebotenen Vorsicht brechen. Die auf Farbigkeit verzichten, ihre Effekte aus Strukturellem holen. Die organischen Formen verfolgen, ohne perfektionistisch zu sein. Deren Glasuren eher matt sind, ohne Spiegeleffekte, die den Teller, aber nicht das Essen zum

Claudia Schoemig in ihrem Atelier: Ihre Tassen und Teller wollen sich nicht unter den Speisen wegducken, sondern subtil mitspielen

Glänzen bringen. Kurzum: Die sich Charakter gestatten, aber auf eine Art und Weise, auf die sich auch eine gute Küche Charakter gestattet. Das Restaurant Otto steht heute auf Aleksics Kundenliste, das Forsthaus Strelitz, natürlich auch Wagners Nobelhart & Schmutzig. Die krummen Gurken im Nobelhart und der sehr regionale Anspruch im Forsthaus, das sei schon sehr nah an ihm.

Wir haben es also mit einem Zusammenspiel verschiedener Kunstdisziplinen zu tun. Mit einem Spiel zwischen Teller und Gericht, das nicht ohne Konflikte abläuft. Matte Glasuren sind etwa lauter, nicht jeder Wirt mag es, wenn man das Messer hört. Und: Manche der Stücke entwickeln Patina und Bruchstellen.

Am Anfang war das Weiß

Für die Akzeptanz dieses neuen Looks waren vor allem die Skandinavier verantwortlich – etwa Kasper Würtz' mit seiner Kollektion für das Noma. Davor herrschte überall, wo gediegen gegessen wurde, der zarte, meist reinweiße Teller. Wer sich hier auskennt, ist Stefanie Hering. Über 600 Spitzenrestaurants beliefert die Berlinerin mit ihrer Manufaktur weltweit. In Berlin begegnet man ihrer fein ausgearbeiteten Porzellanware unter anderem im Stue und im Adlon, komplett auf ihr Ge schirr vertrauen das Facil, das Prism oder das Frühsamer Restaurant. Fragt man die Designerin nach ihrer Arbeitsweise, verweist sie auf den japanischen Keramiker Kitaoji Rosajin. Das Geschirr sei Kleid für das Essen, habe der einmal gesagt: „Mein Verständnis für Tischkultur war schon immer, Porzellan diese wichtige Rolle bei Tisch zuzugestehen – ich experimentiere in meinen Kreationen damit. So kam es, dass sich Köche bei mir melden, wenn Ihnen eine ganz neue, richtungsweisende kulinarische Kreation vorschwebt, und es noch kein „passendes Kleid" dafür gibt. Das kreiere ich dann mitunter neu – so entstehen die schönsten Arbeits-Symbiosen – das ist das größte Kompliment.

Bei Claudia Schoemig ist das anders, so wie ihr gesamter Ansatz ein anderer zu sein scheint. Nicht nur hat sie ihr Handwerk von der Pike auf gelernt, eine Ausbildung zur Keramikerin gemacht und in einer zweiten Firma lange auch „auf Serie" gearbeitet und anschließend noch Kunst studiert. Ihre Tischware wirkt, das mag auch in der Natur ihres bevorzugten Werkstoffes Porzellan liegen, klassischer, filigraner – aber nicht konservativer. Schoemig stammt aus Franken, einem

Stefanie Hering ist die Grand Dame der Berliner Keramik-Couture, zuhause in den Sterneküchen, schon lange nicht nur in Berlin

Landstrich, in dem Restaurants auch schon früher mit Keramikern zusammenarbeiteten. „Aber der Hype ist erst einige Jahre alt, das stimmt sicher", sagt sie. „Restaurants suchen heute Geschirr, das handwerklich auf einem guten Level gefertigt ist."

Zu den ersten aus der Gastronomie, die ihre Geschirr abnahmen, gehörte das regional-saisonale Gourmetrestaurant einsunternull: „Die kamen 2015 auf mich zu, wollten eigentlich von zehn verschiedenen Keramiker:innen jeweils 40 Teller, ich war eine davon. Irgendwann entschieden sie sich aber dafür, alles von mir zu nehmen."

Für den feinen Gebrauch

Aber was passiert dann? Kommt ein Restaurant mit einer Checkliste? Gibt es bestimmte Voraussetzungen, die so ein Geschirr erfüllen muss, um den harten Gastro-Alltag zu bestehen? „In den Fine-Dining-Restaurants ist es schon so, dass die Angestellten etwas vorsichtiger sind", sagt Schoemig. „Von daher kann ich sehr nah an dem arbeiten, was mir liegt. Wenn etwas für den groben Gebrauch wäre, würde ich vielleicht die Ränder verstärken. Aber Porzellan ist ein robustes Material."

Zehn Gänge, zehn Teller. Dazu Kleinigkeiten wie Espressotassen. All das entwickelte sie für das einsunternull in einer Zeit, in der die einzelnen Gerichte noch nicht einmal definiert waren. Insgesamt 700 Stücke schob sie in den Brennofen, fünf Monate dauerte das. „Dann dort Essen zu gehen, war toll. Es ist für mich ein Fest zu sehen, wie die Feinheit der Speisen mit dem Porzellan zusammengeht!" Wer Schoemigs Porzellan in Aktion sehen möchte, muss übrigens nicht unbedingt essen gehen: Ein Kochbuch von Sebastian Frank, Inhaber und Küchenchef des Schoemig-Kunden Horvath, verließ sich ausschließlich auf ihren Teller „Silhouet", der ziemlich gut aufzeigt, wie Schoemig arbeitet: Der Rand, sonst eben nur der Rand, ist hier das gestalterische Element. Er bildet so eine Art Brandmauer, die nicht nur die Speise, sondern auch deren direkte Umgebung vor den Zumutungen des Alltags schützt. Das begeistert übrigens immer mehr Berliner Betriebe: Zu den neusten Kunden Schoemigs gehören die Chinese-Dining-Aufsteiger UUU. „Da schwelg' ich dann immer", sagt sie und lacht. Ein Blick auf die Teller des Weddinger Restaurants legt nahe, dass der geneigte Esser das auch tun wird.

Wobei: Kann es eigentlich sein, dass diese Schönheit durchaus einen Zweck jenseits der Befriedigung von Wirt wie Gast erfüllt? Der schöne Teller wird heute schließlich fotografiert, bei Instagram hochgeladen, geteilt. Er steigert im Zweifelsfall die Bekanntheit eines Restaurants, ist also auch Promotiontool. Lisa Kosac lacht, wenn man das sagt, erwidert, dass sie das schade fände. „Vielleicht ist das naiv. Aber ich habe eher den Eindruck, dass Restaurants heute das Gesamtpaket wichtig ist, dass sie nicht nur bei den Speisen auf Qualität und Individualität setzen."

Sie kam vor einigen Jahren aus Belgien nach Berlin und sitzt heute in Neukölln. Wie Aleksic ist sie Quereinsteigerin, arbeitete zunächst als Übersetzerin. „Ich habe keine formale Ausbildung. Es war im Prinzip Learning by Doing", erzählt sie. Heute finden sich die Produkte ihrer Marke Helka Ceramics in Restaurants wie dem immer interessanten Thai-Restaurant Kin Dee, dem hippen Jaja in der Neuköllner Weichselstraße oder dem recht neuen AV an der Schönhauser Allee. Ihr Stil ist eklektisch, was vielleicht auch ein bisschen etwas damit zu tun hat, dass sie noch nicht so lange im Geschäft ist. Er lässt sich aber auf eine Sache herunter brechen: Zwar arbeitet sie durchaus mit Farben, setzt diese aber immer vorsichtig ein. Sie kommen in Flecken und sind im Fluss, vereinigen sich, verblassen. Was sie niemals tun, ist angeben oder den Konflikt suchen. Dass eine Arbeit wie die ihre schon alleine aufgrund der technischen Gegebenheiten Zeit benötigt, wissen übrigens die Gastronom:innen für gewöhnlich. Laien können bei ihr übrigens lernen, dass Gut Ding Weile haben will: Zusammen mit ihrer Studiopartnerin bietet sie auch Keramikkurse an.

Tausend Wege zum Teller

Es sind tausend Wege, die zum Teller führen. Jeder von ihnen ist richtig. Ein einheitliches Bild der Protagonist:innen dieser Geschichte lässt sich nicht zeichnen. Jede:r von ihnen macht es ganz genau so, wie er oder sie es möchte, und in allen Fällen begeistern die Ergebnisse. Am Ende dieser Geschichte besuchen wir noch eine ganz besondere Frau: Jinok Kim wird bald 70, kam eigentlich als Sängerin nach Deutschland. Sie betreibt das NaNum direkt gegenüber vom Jüdischen Museum. Es ist ein Restaurant, in dem koreanische Küche gekocht wird, aber auf Jinok-Kim-Art. Es ist eine Ladengalerie, in der Keramik verkauft wird, gefertigt von der Chefin selbst, und auf genau dieser Keramik werden auch die Speisen serviert.

Jinok Kim arbeitet ohne Drehscheibe, bei manchen Stücken erstaunt diese Information, denn sie besitzen eine beruhigende Regelmäßigkeit. Andere wiederum sehen so aus, als hätten sich irgendwo im Weltraum verschiedene Materialitäten vereint. Verschiedene Stile und Techniken treffen da aufeinander, Farben ohnehin, eingearbeitet werden hunderte Jahre nicht nur koreanischer Keramikgeschichte und eine große Liebe zum Detail. „Ich durfte alle Fehler machen. Fehler machen ist nicht schlimm", sagt sie über ihre Anfänge vor 13 Jahren, später wird sie ihre allererste Arbeit zeigen, eine für eine erste Arbeit eigentlich viel zu große Schale. Anfangs experimentierte sie, arbeitete eher am abstrakten Objekt. Nur ab und an verkaufte sie etwas, erst mit dem NaNum geriet die Keramik in den Mittelpunkt.

Neuköllner Teller für die neue Neuköllner Küche: Lisa Kosac töpfert für das Jaja oder das Kin Dee in Tiergarten

„Eigentlich war der Laden eher als Café geplant, nur mit ein paar koreanischen Mittagsgerichten", erzählt sie. Die Gäste machten ihr einen Strich durch die Rechnung, und so ist dies heute das wohl einzige hochklassige Restaurant in Berlin, wo Teller und Speise aus einer Hand stammen. Was macht das mit einer Mahlzeit? Und wie spielen die beiden Komponenten zusammen? „Wenn ich ein Menü entwickelt habe, suche ich sehr genau aus, was für ein Teller dazu passt. Aber manchmal ist es auch umgekehrt: Mir fällt eine neue Speise für einen neuen Teller ein. Es ist ein Wechselspiel, das zu sehr vielen neuen Formen führt." Das weckt übrigens durchaus Begehrlichkeiten. Manchmal kommen Kolleg:innen vorbei. Welche, möchte sie nicht sagen, es seien aber Nobelrestaurants gewesen. Die fragen dann vorsichtig nach, ob sie sich nicht vorstellen könne, etwas für sie anzufertigen. Jinok Kim lacht, sagt, dafür habe sie doch gar keine Zeit. Außerdem müsse sie dann in Serie produzieren. Privat gerne, aber Gastronomie, also gleiche Größe, gleiches Maß, darauf habe sie wirklich keine Lust.

Handarbeit, in einem sehr ausschließlichen Sinne:
Jinok Kim in ihrem NaNum, Restaurant und Keramikatelier

Tasse und Teller

Falls Sie nun Lust haben, ihren Tisch künftig ein wenig eleganter, ausdrucksvoller, auf jeden Fall aber handwerklicher einzudecken:

Dirk Aleksic
Lindenstraße 26
16269 Bliesdorf, OT Metzdorf
Termine nach Vereinbarung
www. www.dirkaleksic.de

Stefanie Hering
Flagshipstore:
Potsdamer Straße 98,
Tiergarten,
Di + Do 11-17 Uhr, und
nach Vereinbarung
www.heringberlin.com

Claudia Schoemig
Raumerstraße 35,
Prenzlauer Berg,
Do + Fr 12–19 Uhr, Sa 12–17 Uhr
www.schoemig-porzellan.de

Helka Ceramics
im Studio Agile
Warthestraße 68, Neukölln
Termine (und auch Töpferkurse)
nach Vereinbahrung
www.helkaceramics.com

Jinok Kim
im NaNum, Atelier und
koreanisches Restaurant
Lindenstraße 90,
Kreuzberg,
Verkauf der Keramik zu d
en Restaurantöffnungszeiten,
darüber hinaus Termine
nach Vereinbarung
www.nanumberlin.com

Smartes Pflaster

Auch das ist eine Erkenntnis nach eineinhalb Jahren Pandemie: Gerade die besten Restaurants an der Spree sind mehr denn je Berliner Eigengewächse. Über den Geschmack einer Stadt

Text: Clemens Niedenthal

Wie Sie sehen, sehen sie nichts: Innen- und Außenansicht des 893 Ryotei in einer ehemaligen Schlecker-Filiale

Eigentlich wollte ich diesen Text schon seit gut einem Jahr schreiben. Ich saß, damals war gerade mal kurz kein Lockdown, auf der sehr schönen Terrasse des Restaurants Rutz in der Chausseestraße, um mit Marco Müller über die Berliner Küche zu reden. Im Frühjahr erst hatten das Rutz und sein Küchenchef ihren dritten Michelin-Stern bekommen. Drei Sterne – das gab es noch nie in Berlin. Ob es Marco Müller, in der Mark geboren und bis ins Mark am sogenannten Regionalen, ach was, Lokalen interessiert, also um eine Verfeinerung der Berliner Küche ginge?

Von wegen, sagte der Dreisternekoch, eine Berliner Küche gebe es doch gar nicht: „Die Leute denken dann an Wiener Schnitzel und an Königsberger Klopse und an Garmethoden und Zubereitungsformen, die es genauso in Masuren, in Ungarn oder meinetwegen in Tokio gab und gibt." Worum es Müller im Eigentlichen gehe, sei im Gegenteil „eine Emanzipation der Berliner Küche, das Suchen nach etwas Eigenem."

Viel investieren, ohne Investoren

Das passt, dachte ich. Und musste an ein Gespräch mit Max Strohe und Ilona Scholl aus dem Tulus Lotrek denken, die ihre kühne Idee, ohne Investoren in der Hinterhand einfach mal eines der besten Restaurants der Stadt auf die Beine zu stellen, vor gut sechs Jahren in der Kreuzberger Fichtestraße realisiert haben. Ilona Scholl: „Berlin ist noch immer ein Mekka für Leute, die vielleicht noch nicht wahnsinnig viel haben, aber wahnsinnig viel werden wollen. Diese Freiheit, einen Fine-Dining-Laden aufzumachen und nicht erstmal 200.000 Euro in Tischdecken, Toiletten, kurz den ganzen Habitus investieren zu müssen, die kenne ich nur aus Berlin."

Oder Lode von Zuylen und Stijn Remi, die sich bereits seit ihrer Ausbildung kannten und, 2016, das Lode & Stijn aufgemacht haben. Nach Wanderjahren durch die europäische Sternegastronomie. „Unser Startkapital", so Lode van Zuylen, „hätte in Stockholm, wo ich zuletzt gekocht hatte, vielleicht für ein Loch in der Wand gereicht, mit einer Espressomaschine dahinter.

Sternerestaurants dieser Stadt, die ungefähr genauso entstanden sind: Das zunächst als Weinbar gestartete Cordo in Mitte. Das Richard in der Köpenicker Straße; Koch und Gastgeber Hans Richard hat einmal Bildende Kunst studiert. Das nahöstliche Prism

Fotos: 893 Ryotei Berlin; Architekten: ALLEN KAUFMANN Architekten (Partnerschaft mbB)/Fotografin: Ann Katrin Warter

von Gal Ben Moshe in Charlottenburg. Das Dessert Restaurant Coda (zwei Sterne) von René Frank. Und – natürlich – Billy Wagners brutal lokales Nobelhart & Schmutzig in der Friedrichstraße.

Und wenn doch einmal ein großer Name scheitert, zuletzt etwa der von den Grill-Royal-Machern Stefan Landwehr und Boris Radczun geführte Pauly Saal –, dann sichert sich eben kein norwegischer Hedge Fond oder ein Fine-Dining-Concept aus Barcelona diese unbedingt beeindruckende Immobilie in der Auguststraße. Sondern Shaul Margulies, der gleich ums Eck neben dem Friedrichstadtpalast bereits das japanische Omakase-Restaurant Zenkichi und den Zimmerpflanzenfrühstücksladen House of Small Wonders betreibt.

Internationale Fine-Dining-Konzepte, die in den vergangenen Jahren in Berlin hingegen gescheitert sind: Das Cinco by Paco Pérez im Hotel Das Stue im Tiergarten (Küchenhef Andreas Rehberger kocht inzwischen auf einer Burg bei Coburg entschlossen regional). Das Les Solistes by Pierre Gagnaire im Waldorf Astoria am Zoo. Das The Cell in der Uhlandstraße mit dem russischen Sternekoch Evgeny Vikentev. Auch im inzwischen neu aufgestellten The NoName in den Heckmannhöfen legte ein zugereister Tim-Raue-Epigone, der Dortmunder David Kikillus, einen klassischen Fehlstart hin.

Dinner im Drogeriemarkt

Vielleicht aber, sagt Jonathan Kartenberg, Gastgeber im Eins44 und im Irma la Douce, fühlt sich diese Stadt auch deshalb in dieser spezifisch berlinerischen Form des feinen Restaurants so wohl, weil Berlin eben noch nicht allzu lange eine kulinarische Metropole ist – und es uns deshalb zu Köch:innen und Gastgeber:innen zieht, die diese Unerfahrenheit vermeintlich mit uns teilen. An Orten am besten, die, wie das Horváth am Paul-Lincke-Ufer oder das Tulus Lotrek in der Fichtestraße, bis eben selbst noch eine Kneipe oder zumindest ein Wirtshaus waren. Oder, wie Duc Ngos 893 Ryotei, eine Schlecker-Filiale.

Aus denselben Gründen vermutlich hält sich ja auch der Mythos so hartnäckig, Tim Raue sei mal ein ganz harter Kreuzberger Junge gewesen.

Dass aber das gastfreundliche, Restaurant Pots im Ritz Carlton am Potsdamer Platz ein „by Dieter Müller“ im Namen trägt, was auf eine mindestens symbolische Partnerschaft mit einem der großen deutschen Drei-Sterne-Köche verweist, dessen Wirkungsstätten vor allem Bergisch-Gladbach und Sylt waren – das mag ältere Hotelgäste bezirzen. Berlin ist sowas ziemlich egal.

Adressen

Restaurant Rutz
Chausseestraße 8, Mitte, Di–Sa 18–23 Uhr, www.rutz-restaurant.de

Horváth
Paul-Lincke-Ufer 44a, Kreuzberg, Di–Sa 18.30–22 Uhr, www.restaurant-horvath.de

Eins44
Elbestraße 28/29, Neukölln, Di–Sa 18–23 Uhr, www.eins44.com

Tulus Lotrek
Fichtestraße 24, Kreuzberg, Do–Mo 18–23 Uhr, www.tuluslotrek.com

Lode & Stijn
Lausitzer Straße 25, Kreuzberg, Mi–Sa 18–22.30 Uhr, www.lode-stijn.de

Nobelhart & Schmutzig
Friedrichstraße 218, Kreuzberg, Di–Sa 18.30–22.30 Uhr, www.nobelhartundschmutzig.com

893 Ryotei
Kantstraße 135/136, Charlottenburg, Di–So 18–0 Uhr, www.893ryotei.de

Richard
Köpenicker Straße 174, Kreuzberg, Di–Sa 19–0 Uhr, www.restaurant-richard.de

Cordo
Große Hamburger Straße 32, Mitte, Mi–Sa 18–22 Uhr, So 12–17 Uhr, www.cordo.berlin

Coda
Friedelstraße 47, Neukölln, Mi–Sa 18–22 Uhr, So 12–17 Uhr, www.cordo.berlin

Wohin, wenn die rote Sonne über Berlin versinkt? Unser Autor Peter Eichhorn macht sich auf in eine japanische Nacht. Und wurde so köstlich fündig, dass er seinen kulinarischen Reisebericht zur besseren Bekömmlichkeit nach den unterschiedlichen japanischen Küchen- und Restaurantstilen gegliedert hat.

IN HAPPEN

Foto: Boaz Arad

Hingabe, Präzision und Tradition prägen die Mentalität Japans, zumal bei jedem küchentechnischen Handgriff und allen Ritualen rund um das Kulinarische. Wer Japan besucht, erlebt die zahlreichen großartigen Restaurants, die sich oft auf nur eine Spezialität konzentrieren und ihre Speisen und ihre Menüs rings um dieses eine Produkt präsentieren. Sei es Tofu, Aal, Soba-Nudeln, Tempura oder ein Kaiseki-Menü, das optisch und sensorisch von der aktuellen Jahreszeit geprägt ist.

Vor gar nicht allzu langer Zeit bedeutete japanische Küche in Berlin indes vorwiegend Sushi und an besonderen Tagen womöglich noch das kunstvoll zubereitete Teppanyaki, bei dem der Koch auf einer heißen Stahlplatte unmittelbar am Tisch gearbeitet hat. Doch diese kulinarische Signatur ist längst vielfältiger geworden. Japanische Backwaren, Calpis oder Calpico genannte Erfrischungsgetränke auf Milchbasis und Tee-Zeremonien begleiten den Tag. Wir aber beabsichtigen in die köstlichen japanischen Nächte einzutauchen und die Spezialitäten rings um jene mysteriöse Geschmacksrichtung „Umami" erkunden, die so eng mit der japanischen Küche verbunden ist. Ein Professor der Chemie, Kikunae Ikeda, hatte sie bereits 1908 erkundet, als er die Kombu-Alge reproduzierbar machte und mit dem japanischen Begriff für „köstlich, wohlschmeckend" taufte: umami.

Von Peter Eichhorn

Ramen

Die Nudelsuppe ist Trumpf, jene köstliche Brühe mit – im Idealfall hausgemachten – Weizennudeln im Soba-, Somen- oder Udon-Stil. Gerne serviert in der Tantan-Variante mit Gemüse und Hackfleisch oder mit pikantem Huhn und Miso. Wundervolle Varianten, auch in vegetarisch und vegan, bietet das Takumi Nine in Prenzlauer Berg oder die Zweitadresse an der Chausseestraße. An schlichten Tischen und Tafeln wird geschlürft und gelächelt.

Das Urgestein der Ramen-Kultur in Berlin versteckt sich ein wenig in der Gipsstraße in Mitte. Das Cocolo Ramen ging aus einem kultigen Projekt der Neunziger hervor. Vor allem im Berliner Kunst- und Kulturbetrieb erinnert man sich noch an die mobile Ramen-Bar, die am Wochenende meist im Schwarzenraben in der Neuen Schönhauser zu finden war. Der Designer Oliver Prestele hatte damals akribisch die japanische Ramen-Kultur studiert und sie auf das hohe Niveau gehoben, das er bis heute hält. Unter Kaffeefiltern als Lampenschirme blicken die Gäste auf die geschickten Handgriffe der Köche, wenn diese die Nudeln frisch portionieren und dann den knusprigen Schweinebauch auf die köstliche Brühe geben. Zweitladen im Graefekiez.

Kushiage

Diese Restaurant-Gattung ist in Europa außergewöhnlich und ist in Berlin auf hoher Qualität nur im Kushinoya in Charlottenburg zu finden. Ideal ist ein Platz am Tresen, hier kann man dem Küchenchef bei seinen geschickten Handgriffen beobachten, wenn er die verschiedensten Spieße kunstvoll und kurz durch eine Drehbewegung frittiert. Abgelegt werden die Spieße dann auf einer Ablage mit mehreren Fächern, die den Teller der Gäste spiegelt und die passende Soße empfiehlt. Seit 2002 ist das sympathische Familienunternehmen eine Institution, und je nach Laune und Appetit dürfen es mal 10, mal 30 oder noch mehr Spieße sein. Fisch, Gemüse, Fleisch, stets abgestimmte Saucen – die Auswahl und Aromenvielfalt ist bemerkenswert

Foto: Sahand Zamani

Bento

Die japanische Variante einer Lunchbox. Bereits im 5. Jahrhundert wurden Bambus-Behältnisse mit verschiedenen Kleinigkeiten gefüllt und zur Feldarbeit mitgenommen. Seit dem 15. Jahrhundert nimmt die feine Gesellschaft die Kästchen mit ins Theater oder zur Teezeremonie. Oft serviert in jenen bekannten schwarz und rot lackierten Schachteln mit mehreren Abteilen, in denen kompakte Kleinigkeiten kunstvoll drapiert werden. Reisbällchen, eingelegtes Gemüse, Teigtaschen oder Omelette – die Varianten sind reichlich, nahrhaft und gesund. Die Befüllung folgt dem Wakoshu-Prinzip, das besagt: vier Teile Kohlenhydrate, zwei Teile Protein und ein Teil Gemüse. Das Go Bento im Prenzlauer Berg trägt die legendäre Box bereits im Namen und befüllt sie abwechslungsreich vom Frühstück bis zum Abendessen.

Sukiyaki & Shabu-Shabu

Das Udagawa in Steglitz besteht seit 1987 und ist dennoch noch immer ein Geheimtipp. Die womöglich beste traditionelle japanische Küche Berlins reicht in schlichtem Ambiente herrliche Thunfischbauch Sushi und großartigen Agedashi-Tofu. Das schönste kulinarische Erlebnis bieten aber die Eintöpfe, die am Tisch selbst zubereitet werden. Im Idealfall an einem der beiden Tische, die mit Tatami-Matten die Schuh-befreite niedrige japanische Sitzhaltung aufgreifen.

Shabu-Shabu bietet dabei eine Art Brüh-Fondue. Der Name beschreibt das Geräusch des hauchdünn geschnittenen Fleisches, wenn es in die Brühe getunkt wird. Ähnlich das Sukiyaki, bei dem das zarte Rindfleisch mit Pilzen, Tofu und Gemüse in einer dunklen Soße auf Sojabasis gegart wird, um es danach durch ein gequirltes Eigelb zu ziehen.

Yakiniku

Der Begriff bedeutet schlicht: gegrilltes Fleisch und meint damit ein japanisches BBQ. Im Restaurant Ushido verfügt jeder Tisch über einen speziellen Grill, auf dem Gemüse und Fleisch, die in kleinen Happen roh angerichtet sind, dann selbst gegrillt werden.

Die Fleischqualität ist bewusst nachhaltig gewählt. Artgerechte und Antibiotika-freie Haltung trifft auf den Verzicht auf Edelstücke wie Rib-Eye und Filet. Stattdessen setzt das Ushido-Team auf die „Secondary Cuts“, um das Rind respektvoll zu verwerten. Die Qualität von Wagyu und Black Angus tritt dabei köstlich hervor. Die Atmosphäre ist authentisch und die Technik sorgt für wenig Dämpfe und hohes Vergnügen.

Nikkei Küche

Nein, es geht nicht um den asiatischen Aktienindex, vielmehr bezeichnet die Nikkei-Küche jene aufregende Kombination, die ihre Existenz einer Auswanderer-Welle von Japan nach Peru Ende des 19. Jahrhunderts verdankt. Jene Gastarbeiter sorgten für eine Vermählung beider Küchen und legten den Grundstein für einen internationalen Mega-Küchentrend ein Jahrhundert später. Sushi trifft Ceviche, Taco trifft Tempura. Diese Fusion-Küche kommt ideal im 893 Ryotei des umtriebigen Kantstraßen-Gastronomen The Duc Ngo zur Geltung. Hinter den gescratchten Fensterscheiben einer ehemaligen Schlecker-Filiale wartet eines der stimmungsvollsten, coolsten und zugleich intimsten Restaurants auf die illustren Gäste, die sich in diskreten Nischen oder am quirligen Tresen vor der Küche versammeln. Miso Cod, extravagante Maki-Rollen, Thunfisch Tataki oder Geldschwanzmakrele mit Salsa sorgen für Abwechslung. Dazu reichlich Sushi und Grillgerichte und Cocktails. Endlich spielt ein Berliner Restaurant in der Liga von London und New York.

Fotos: Sahand Zamani; Augusta Leigh Photography

Takoyaki

Streetfood aus Osaka in Charlottenburg. Das niedliche Momiji verschreibt sich der beliebten, stets vollmundigen Imbisskost mit kleinen Oktopus-Stückchen in Teig. Geschickt und in Windeseile wendet der Koch die kleinen Bällchen in dem Muldeneisen, das an die Zubereitung von Poffertjes erinnert. Dazu gibt es je nach Wunsch Frühlingszwiebeln, Ponzu, Knoblauch- oder Worcestershire-Soße. Salate, Hauptgänge, Kaltnudel-Gerichte und Donburi-Schalen erweitern das Hausmannskost-Konzept. Herrlich auch der hausgemachte Reiskuchen zum Dessert.

Von Omakase bis Kaiseki

Die besondere Aura und Ausgestaltung der Räume japanischer Restaurants übt eine besondere Faszination aus. Wenn handgefertigte Tonschalen und große Holzblöcke als Tisch auf köstliche Gerichte, optisch herausragend dargeboten, treffen, so ist ein bezaubernder Abend garantiert, der die Gäste für ein paar Stunden vollends aus dem Alltagstrott entführt.

Vor fünf Jahren brachte das wundervolle Shiori den Berliner:innen ein solches Menü-Raum-Konzept erstmals nahe. Maximal zehn Gäste können pro Abend in die Welt eines zwölfgängigen Kaiseki-Menüs eintauchen und den Zauber des japanischen Jahreszeiten-Menüs genießen.

Für ein ähnliches Konzept lohnt unbedingt der Weg nach Köpenick ins Kumami. Herrlich die Obanzai-Häppchen aus tagesfrischen Kleinigkeiten. Herrlich die Forelle in Salzkruste mit der typischen Zitrus-basierten Ponzu-Soße. Das Raumgefühl rundet das Erlebnis ab, wenn die zwölf Gäste an dem massiven Holztisch Platz nehmen, durch den ein Fluss von Korken zu fließen scheint.

Im Yuumi im Lichtenberger Weitlingkiez gilt das Omakase-Konzept. Das bedeutet: Ich begebe mich in deine Hände. So vertraut der Gast sich der Küche an und wird kreativ überrascht mit einem Yōshoku-Menü, also einem Konzept mit westlichen, regionalen Einflüssen. Das deutsch-japanische Gastgeberpaar sorgt dabei für einen charmanten Abend mit köstlichen sieben Gängen.

Hausmannskost aus dem Süden Japans bietet das Ichi in Mitte. Chef Shunichi Nagamine kommt aus Miyazaki und möchte jeweils zehn Berlinern das Essen seiner Heimat nahebringen. Schön und rustikal fühlt sich der Raum an mit den nackten Backsteinwänden und den schlichten Sitzkissen. Dafür gilt der Blick den Gerichten, wie dem frittierten Lachs mit Pilzen und Shiso-Kräutern ummantelt. Die Spezialität ist das zarte Naban-Hähnchen mit einer Tartar-Soße auf Eierbasis.

Einen Hauch des geheimnisvollen Kyoto oder Tokio verströmt das Zenkichi in Mitte. Bambusrohre entlang der Gänge, intime und abgetrennte Sitzabteile und eine kontemplative Stimmung entführen die Gäste fort von den Touristenströmen der Umgebung. Neben Sushi, Sashimi und Donburi-Bowls gilt ein Hauptaugenmerk dem Sake. Aktuelle Baumaßnahmen am Gebäude erschweren zu Redaktionsschluss den Restaurantbetrieb.

Wer die Kunst der Fermentation in einem japanischen Kontext betrachten möchte, begibt sich nach Moabit zu mimi ferments. Markus Shimizu produziert und verkauft hier Miso, Mirin und Sojasoße, hochgeschätzt von bekannten Küchenchefs. Darüber hinaus bietet er Kurse und Veranstaltungen für Wissbegierige rings um Fermentation, Essen und Kunst an.

Fotos: Sasha Kharchenko; imago images/ Gary A. Conner; Yuumi; Augusta Leigh Photography

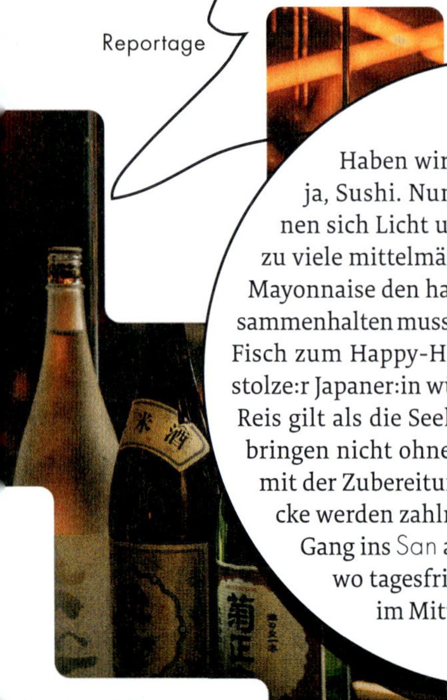

Sushi

Haben wir etwas vergessen? Ach ja, Sushi. Nun, bei dem Thema begegnen sich Licht und Schatten. Es gibt einfach zu viele mittelmäßige Etablissements, in denen Mayonnaise den halbherzig verarbeiteten Reis zusammenhalten muss, um dann ein räudiges Stückchen Fisch zum Happy-Hour-Tarif draufzupacken. Kein:e stolze:r Japaner:in würde jemals diese Läden betreten. Reis gilt als die Seele Japans, und Sushi-Köche verbringen nicht ohne Grund zwei Ausbildungsjahre mit der Zubereitung von Reis. Doch die Lichtblicke werden zahlreicher. So empfiehlt sich der Gang ins San am Rosa-Luxemburg-Platz, wo tagesfrische Fischspezialitäten im Mittelpunkt stehen.

Izakaya & Sake

Statt „Guten Appetit" gilt in Japan vor dem Essen der Ausspruch „Itadakimasu", was so viel bedeutet, wie „Ich empfange das Essen mit großer Dankbarkeit". Allmählich muss aber auch das Kampei hinzukommen, also das „Prost!"

Und das hört man in Japan gerne in den zahllosen Izakaya-Kneipen. Ein Imbiss gehört stets zum Verweilen dazu, doch steht hier das Trinken im Vordergrund. In Japan gilt es als berüchtigte Verpflichtung, mit den Arbeitskollegen nach der Arbeit noch trinken zu gehen. Dabei zählt jedes Detail wie wessen Glas beim Anstoßen niedriger, also unterwürfiger gehalten wird. Auch gilt es, gemeinsam zu trinken. Damit rasch alle die erste Runde in Händen halten, wird meist ein Bier oder ein „Highball", also Whisky-Soda, bestellt. Leere Gläser werden rasch wieder befüllt, und so ist es oft fraglich, ob man die letzte Bahn in die Tokioter Vororte noch erreicht oder in einem der Kapsel-Hotels übernachten muss.

Jedenfalls sollen Izakayas fröhliche Orte sein. Dies gilt definitiv für das Life in Neukölln. Schlicht und freundlich gibt es Ramen-Suppen, Gyoza-Teigtaschen und eine köstliche Miso-basierte Haus-Soße. Dazu Bier, Highballs und ein paar kuriose Cocktails. Als Neuzugang lohnt die Nomu Sake Bar in Wilmersdorf. Das Design ist fast zu schön für ein Izakaya, aber das Dreierlei vom Aal oder der Seeigel-Donburi unterstreichen den kulinarischen Anspruch. Die Getränke repräsentieren Japan allumfassend und bieten nicht nur Sake, japanische Whiskys und Gins, sondern auch einige Beispiele der lebendigen Craft-Bier-Szene und Spezialitäten wie Shochu oder Okinawas Nationalgetränk Awamori.

Komm, lass uns gehen
Schnee schauen, Sake trinken
Taumeln wie Flocken

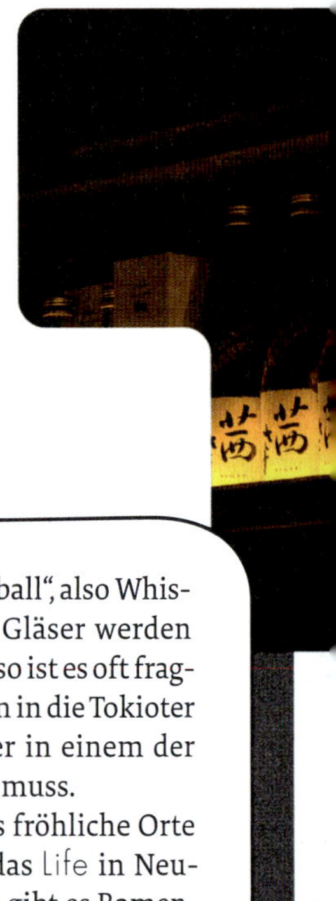

Adressen

Takumi Nine
Pappelallee 19, Prenzlauer Berg
www.takumininеberlin.de

Cocolo Ramen
Gipsstraße 3, 10119 Berlin
https://kuchi.de/restaurant/cocolo-ramen

Kushinoya
Bleibtreustraße 6, Charlottenburg
www.kushinoya.de

Go Bento
Stubbenkammerstraße 5, Prenzlauer Berg
Facebook: gobentoberlin

Udagawa
Feuerbachstraße 24, Steglitz
www.restaurant-udagawa.jimdofree.com

Ushido
Lychener Straße 18, Prenzlauer Berg,
www.ushido-bbq.com

893 Ryotei
Kantstraße 135/136, Charlottenburg,
wwww.893ryotei.de

Momiji
Bleibtreustraße 52, Charlottenburg,
www.mo-mi-ji.com

Shiori
Max-Beer-Straße 13, Mitte,
www.shioriberlin.com

Kumami
Kietzer Straße 3, Köpenick,
www.kumamiberlin.com

Yuumi
Emanuelstraße 1, Lichtenberg,
www.restaurantyuumi.com

Ichi
Straßburger Straße 60, Prenzlauer Berg
www.ichi-berlin.de

Zenkichi
Johannisstraße 20, Mitte,
www.zenkichi.de

mimi ferments
Stephanstraße 24, Wedding,
www.mimiferments.com

San
Weydingerstraße 22, Mitte
www.3berlin.com

Life
Maybachufer 39, Neukölln,
bei facebook: lifeberlinlife

Nomu Sake Bar
Ludwigkirchstraße 3, Wilmersdorf,
www.nomusakebar.de

Fotos: Augusta Leigh Photography; Sahand Zamani; rene rüs;

Wem gehört die Pho

„Kulturelle Aneignung" – ein Kampfbegriff sorgt aktuell für Diskussionen. Die einen fragen sich, ob sie noch Gerichte aus anderen Kulturen kochen „dürfen", andere sehen ihre kulturelle Identität ausgebeutet. Die Wahrheit? Liegt wie so oft dazwischen

Text: Aida Baghernejad Illustration: Anna Gusella

Hähnchen und Reis: Es wirkt wie ein geradezu banales Gericht. Eine Portion pochiertes Hühnchen, ein kleiner Reiskegel, eine Schüssel Brühe, zwei kleine Schüsseln mit Saucen. Und doch bedeutet dieses Tablett mit den vielen großen und kleinen bunten Tellern, wie es Daeng Khamlao im ihrem Lunchlokal The Panda Noodle in Kreuzberg serviert, so viel mehr: Es schmeckt nach Heimat, nach Zuhause, nach Zugehörigkeit.

Wem gehört dieses Gericht? Wem gehört kulinarische Identität? Die Antwort ist komplex – und wird dieser Tage mit Verve diskutiert: Für Khamlao ist der Diskurs um kulturelle Identität in der Kulinarik zum Herzensthema geworden. Auch, weil sie am Anfang ihrer Karriere selbst mit Klischees, Zuschreibungen und strukturellen Barrieren zu kämpfen hatte. Seit fünf Jahren betreibt Daeng Khamlao am Lausitzer Platz ihr Lunchlokal – mit einigem Erfolg. Mittags sind oft alle Plätze belegt, an den Tischen glückliche Gesichter, die scharfe Dan Dan Nudeln schlürfen, cremiges Curry löffeln oder eben ein Tablett duftender Reis und zartes Hühnchen vor sich stehen haben.

Ihre Küche ist auch ein Spiegel von Khamlaos Weg zu sich selbst: in Thailand geboren, in Hessen aufgewachsen, in Berlin über die Mode zur Gastronomie gekommen. Erst fokussierte sie sich bei The Panda Noodle auf hausgemachte asiatische Nudeln, über die Jahre entwickelte sich ihr Menü aber immer näher an ihre eigene Vita heran. „Ich wollte den chinesischen Teil meiner Familie auch zeigen", erzählt sie, so baute sie auch Gerichte wie hausgemachte Nudeln mit Dan Dan oder Szechuan Sauce in ihr Menü ein.

Was heißt hier …

„Außerhalb unseres Kiezes hat sich zunächst niemand für uns interessiert", erinnert sie sich an die Anfänge von The Panda Noodle – sie sei für viele eben auch nur eine weitere thailändische Frau gewesen, die gekocht habe. Vermeintlich nichts Besonderes, ein Klischee. Wer aber aufmerksam wurde: andere Gastronomen ohne den familiären Bezug zur Thaiküche, die versuchten, ihre Mitarbeiter:innen abzuwerben oder ihre Expertise zu nutzen. Und es waren dann eben diese Männer, die dann in Blogs und Presse für ihre vermeintlich „authentische" Thaiküche gefeiert wurden – womit wir also beim Kern des Problems wären: was soll Authentizität überhaupt heißen?

Authentizität ist a priori die Perspektive Außenstehender, die in einen Kulturraum hineinblicken und ihn anhand einer unsichtbaren Skala bewerten, einer Skala, die festhält an exotisierenden Narrativen über Kulturen, die möglichst „ursprünglich" und „wahrhaftig" bleiben sollen. Bizarr wird es aber, wenn diese Narrative von Menschen übernommen werden, die eben keine familiären oder kulturellen Bande zu der betreffenden Küche aufweisen – und sich gerade dadurch abgrenzen wollen von jenen Asialokalen, die vietnamesische und chinesische Küche ebenso anbieten wie Sushi, den Lokalen der „Elterngeneration", wie es Khamlao ausdrückt, die sich eben an die Bedürfnisse des Marktes und den Wünschen der Kundschaft angepasst hatten.

Mit wachsendem Wohlstand und damit weiter verbreiteten Fernreisen änderte sich der Geschmack des Publikums, und die Asiaimbisse von einst waren nicht mehr, nun ja, gut genug. An ihrer statt traten immer öfter Gastronom:innen, die versprachen, die Küchen ferner Länder besonders „authentisch" und vor allem „authentischer" als der Thai-Imbiss um die Ecke zu präsentieren und deren Arbeit abzuwerten.

„Ich sehe in den Pressetexten dieser, nun ja, hauptsächlich weißen Männer immer wieder sich wiederholende Phrasen, wie zum Beispiel ‚das beste thailändische Essen außerhalb Thailands'", erzählt Khamlao, „sie kreieren eine Aura des Wissens um sich herum. Dabei benutzen sie oft Methoden, die gerade im Trend sind, wie ‚brining' oder ‚sous-vide' – wobei kein Thai so kocht. Wenn du alleine einen Marktstand hast, hast du keine Zeit, 24 Stunden lang ein Hähnchen vorzubereiten, bevor es verkauft wird."

Essen ist ein emotionales Thema, und für Menschen mit familiärer Migrationserfahrung ganz besonders, da sie oft damit aufgewachsen sind, dass über ihr Essen die Nase gerümpft wurde: „Als Immigrantenkind bist du ganz viel Lebenszeit damit beschäftigt, dich anzupassen. Aber du kommst nie hinterher, man erreicht nie das Ziel." Da ist es besonders verletzend, wenn andere genau dieses Essen, das so stark mit den eigenen Erfahrungen von Identität verflochten ist, für den eigenen Profit nutzen – kulturelle Aneignung eben. „Der Mensch, der sich etwas aneignet", sagt Khamlao, „hat ja die Wahl, sich die Rosinen aus einer Kultur zu picken."

Eine Person, der man dies vorwerfen könnte, ist John O'Reilly. Wenn man sich die Dinge denn einfach machen wollte. Eigentlich ist O'Reilly gar kein Gastronom – das ist eher so passiert. Man könnte ihn als „Crazy Bastard" kennen, denn er ist der Mann hinter „Crazy Bastard Sauce", der vielleicht erfolgreichsten Manufaktur für scharfe Saucen in Berlin. Um sich die Miete für das Ladenlokal auf der Neuköllner Weserstraße leisten zu können, begann er, regelmäßige Popups zu veranstalten. Mittlerweile haben sich diese derart verstetigt, dass sie das Ladenlokal nebenan ebenfalls übernommen haben und nun als „Crazy Bastard Kitchen" betreiben. Jetzt werden jede Woche Gerichte aus einer anderen Ecke der Welt zubereitet, mal wird die „Brazilian Week" ausgerufen, worauf die „Manchester Curry Mile" folgen könnte, eine „Burger Week" und danach eine Woche jamaikanisches Jerk-Chicken – und ja, auch mal Gerichte aus O'Reillys schottischer Heimat mit Haggis, Fritten und Fisch in Backteig.

… eigentlich authentisch?

Essen ist auch für ihn Herzensthema, und es ist ihm wichtig, den verschiedenen kulinarischen Kulturen gerecht zu werden, sein sehr diverses Küchenteam nimmt sich viel Zeit für die Recherche, stellt auch gegebenenfalls jemanden zur Beratung an, der sich in der betreffenden Küche auskennt. Hat er keine Sorge, dass ihm und dem Laden kulturelle Aneignung vorgeworfen wird? „Menschen freuen sich, wenn andere an ihrer Küche und Kultur Interesse zeigen – so lange es aufrichtiges Interesse ist." Der Begriff der Authentizität, so O'Reilly, wäre problematisch: In Jamaika beispielsweise habe doch jede Familie ein eigenes Rezept für Jerkmarinade. Was sei also schon authentisch? Bei Crazy Bastard Kitchen würden sie nie behaupten, „authentisch" zu kochen. Bislang, so berichtet er, habe es auch nur einmal Kritik gegeben – und mit dieser Person habe er sich persönlich in Kontakt gesetzt und sich ausgesprochen. „Ich kann's verstehen, Essen ist eine emotionale Sache", sagt er, „aber die Leute merken, dass wir mit Respekt und Neugierde dabei sind."

Auch Khamlao ist der Diskussion müde: „Mich stört die Abwesenheit von Anerkennung für die, von denen man gelernt hat", sie will lieber Wege finden, wie man Anerkennung zollen und Respekt erweisen kann. O'Reilly hat für seinen Betrieb einen Weg gefunden: Mehrmals haben sie schon ihren Mitarbeiter:innen selbst vom Erlös das durchschnittliche Trinkgeld bezahlt und die Gäste stattdessen dazu aufgefordert, das, was sie als Trinkgeld geben würden, in ein Spendenglas zu tun. Der Gesamtbetrag ging dann an einen Verein oder eine Organisation, die sich im Land, dessen Küche diese Woche auf dem Menü steht, engagiert. „Wir würden das gerne öfter machen. Vielleicht sollten wir."

–

The Panda Noodle
Lausitzer Platz. 12,
Kreuzberg,
Facebook: ThePandaNoodle

–

Crazy Bastard Kitchen
Weserstraße 168,
Neukölln,
www.crazybkitchen.com

Wein +

Foto: Kellice Chug on Unsplash

Wahrheit

Die Weine sind im Wandel. Und mit ihnen die Gesellschaft, in der man sie trinkt. Berichte aus dem berauschten Berlin

Fragen: Clemens Niedenthal Illustration: Jonas Schulte

KERRY WETSHEAD hat gemeinsam mit Daniel Remers und Neil Paterson das Barra im Neuköllner Schillerkiez gegründet. Eines der aufmerksamsten Restaurants der Stadt, im Glas und auf dem Teller

www.barraberlin.com

● **Kerry Westhead, Gastgeberin, Barra**

Rebsorte oder Terroir?
Ohne die richtigen Rahmenbedingen – das Klima, der Boden, Wind, Sonne, Regen – ist es schwierig bis unmöglich, überhaupt Trauben zu produzieren. Das Terroir und der Boden sind also das Fundament jedes guten Weins. Natürlich gedeihen bestimmte Trauben auf bestimmten Böden besser. Das hat diese gewisse Demut: einen Wein kann man nicht erzwingen.

Ist Pet-Nat the new Champagner? Oder allgemeiner gefragt: Führt der Hype um Naturwein zu einer neuen Weinkultur?
Beides hat seine Zeit und seinen Ort! Pet-Nats, also spontanvergorene, natürlich perlende Naturweine, sind längst nicht nur diese wilden, ungestümen Sachen, als die sie gegenwärtig eben geliebt oder gehasst werden. Es gibt großartige, komplexe und strukturierte Pet-Nats. Champagner wiederum geht eigentlich immer. Er ist damit auch ein gutes Bild für Traditionen und Kontinuitäten im Wein, die eine neue, junge Generation nicht einfach so wegwischen sollte.

Was ist der richtige Einstieg in das Thema Wein?
Schmecken! Gehen Sie in Ihrem Kiez in einen Weinladen, gehen Sie in eine Bar oder ein Restaurant. Die Menschen dort werden Ihnen helfen, Ihre Vorstellungen und Wünsche zu fokussieren. Vor allem: Haben Sie keine Schwellenangst. Es gibt zudem längst auch Weinmessen, die sich, auch in ihrer Sprache, nicht nur an ein Fachpublikum wenden. „Wine Rush“ hier in Berlin ist eine davon.

Ein guter Einstieg für überzeugte Naturweinskeptiker?
Sich bestimmte Regionen ansehen, in denen die naturnahen, biodynamischen Betriebe elegant und eher „gerade“ arbeiten. Zum Beispiel gibt es im Elsass eine Fülle von Winzern mit geringen Eingriffen, die superfeine Weine herstellen. Dort werden so viele verschiedene, aber bekannte Rebsorten auf verschiedenen Bodenarten angebaut, dass die Weine wirklich ein Gefühl von Ort ausdrücken. Besonders interessant sind die Weißweine mit Hautkontakt aus dem Elsass. Einer unserer Favoriten auf der Liste bei Barra ist derzeit ein mazerierter Silvaner „L'Indigene“ 2019 von Domaine Bohn, der von Soma Vines nach Berlin importiert wird. Alle Weine, die ich von Bohn probiert habe, haben eine Eleganz und Komplexität, die auch Skeptiker überzeugen könnten.

Ist die Weinwelt in den vergangenen Jahren femininer geworden?
Meines Erachtens war die Welt des Weins schon immer voller inspirierender und talentierter Frauen. Aber ich denke definitiv, dass Frauen, die mit Wein arbeiten, in den vergangenen Jahren endlich die wohlverdiente Anerkennung bekommen haben. Nicht nur die Winzerinnen und Produzentin oder die Sommelière, sondern auch Händlerinnen, Weinjournalistinnen, überhaupt Frauen, die im Universum Wein stattfinden.

● **Holger Schwarz, Weinhändler, Viniculture**

HOLGER SCHWARZ hatte Naturwein nach Berlin gebracht. Seit 2006 bereits handelt er in s einer Weinhandlung Viniculture am Savignyplatz mit ungeschwefelten, spontanvergorenen, kurz naturnahesten Weinen

www.viniculture.de

Ist Wein femininer geworden?
Das hatte ich definitiv vor vier, fünf Jahren so empfunden, als das Thema Naturwein auch in Berlin bei den Konsument:innen angekommen war. Plötzlich hatten wir deutlich mehr Kundinnen bei uns im Laden. Frauen tun sich generell leichter damit, einen neuen Geschmacks- oder Weinstil zuzulassen. Für sie ist Weinwissen viel weniger Fetisch als für Männer. Natürlich gibt es noch immer diese Connoisseur-Weinbruderschaften, aber diese Welt war mir schon immer fremd.

Das Reden über Wein und erst recht das Trinken hat sich also demokratisiert?
Wein ist aus dieser Kennerblase herausgetreten – umgekehrt aber auch bis zu einem gewissen Grad zu einem Modeprodukt geworden. Auf jeden Fall ist die Deutungshoheit nicht mehr einer Gruppe vorbehalten, es sind nun mehrere Gruppen, darunter auch junge

Leute, die wiederum eine eigene andere Sprache entwickelt haben. Darauf hat der Handel, auch wir, reagiert.

Also: Wie spricht man heute über Wein?
Die alten Weinfloskeln sind passé. Kein Moselriesling heißt heute mehr „Himmlisches Tröpfchen", und wo ein Wein früher als „lieblich, feminin, im Abgang Rosenblüte" beschrieben wurde, muss es heute krachen. Das riecht dann nach „Bauernhof" und „Kuhmist", auch „Geschmack von Hafenbecken" – sowas darf, besser soll man heute sagen.

Bleibt Naturwein also ein auf Krawall gebürstetes oder zumindest immer auf Distanz zur Elterngeneration bedachtes Thema?
Im Gegenteil. Es findet sogar gerade eine merkliche Hinwendung zur Eleganz statt, in den Weinstilen, aber auch in der Ausstattung, den Etiketten und so weiter. Naturwein ist herausgetreten aus dem nur Revolutionären. Man hört zunehmend den Vätern und Großvätern zu, besinnt sich auf Traditionen. Das finde ich eine sehr erfreuliche Entwicklung.

Ist der Umgang mit Wein generell lässiger geworden, entspannter?
Lässiger ja, aber entspannter? Wein taugt wohl auf ewig als Distinktionsmoment. Es wird also noch immer auf Details Wert gelegt, nur sind die Details heute eben anders. Im zeitgenössischen Restaurant hast du vielleicht nicht mehr dieses Arsenal aus Riedel-Gläsern, für jeden Wein eine spezielle Form. Aber du hast das eine universelle Glas, das dann auch wieder dieses ganz bestimmte sein muss. Das ist wie mit den Turnschuhen des Servicepersonals. Man trägt heute vielleicht keine polierten Lederschuhe mehr, aber einfach zu Deichmann zu gehen und sich ein Paar weiße Sneakers zu kaufen, reicht eben auch nicht.

● Paul Truszkowksi, Weinhändler, Suff

Ist Wein demokratisch?
Ja! Wein bringt Menschen zusammen und fördert den manchmal auch kontroversen Austausch - und ohne Austausch keine Demokratie.

Rebsorte oder Terroir?
Ohne Terroir keine Rebe: Bei uns wird Terroir aber meistens falsch als „Boden" verstanden. In der Terroir-Heimat Frankreich schließt Terroir den Boden, die Klimata und vor allem auch die Hand des Winzers, sprich die Kultur der jeweiligen Region, ein. Ergo: Ohne Terroir keine Rebe und ohne Rebe kein Wein.

PAUL TRUSZKOWSKI
mag es einsilbig. Er ist einer der Herausgeber des angenehm anderen Weinmagazins „Schluck" und darüber hinaus inzwischen in der Kreuzberger Weinhandlung Suff heimisch geworden.

www.suffberlin.de

Kommt es aufs Glas an?
Immer: Es sollte befüllt sein.

Kann man beim Thema Wein grundsätzlich etwas falsch machen?
Oh ja. In langweiliger oder gar schlechter Gesellschaft Wein trinken.

Worauf sollten wir mehr wert legen?
Es sollte, gerade nach diesen beiden seltsamen Jahren, grundsätzlich mehr angestoßen werden - am besten mit biologisch gemachtem Natur-Champagner wie dem Latitude von Champagne Larmandier.

Hilft der Zeitgeist der Weinlandschaft oder schadet er eher?
Ja und nein: Der Trend zum Naturwein hat dazu geführt, dass jüngere Menschen ihren Weg zum Wein gefunden haben – sicher hin und wieder auch aus der Motivation heraus „gegen das Establishment" anzutrinken. Der Trend zu alkoholfreien Weinen ist allerdings absurd: Da macht sich der Winzer enorme Mühe, möglichst schonend die perfekten Trauben zu verarbeiten und dann wird durch brachiale, mechanische Methoden der Alkohol wieder aus dem Wein gepresst. Da sollte man als Konsument:in doch lieber direkt zu spannenden Alternativen wie alkoholfreien handwerklichen Fruchtsäften, prickelnden Tees oder Kombuchas greifen.

Klimaneutralität und Wein? Geht das was?
Schon heute sind einige Betriebe klimaneutral oder sogar klimapositiv. Durch die Anbauweise, die Pflege der Böden und einer aufmerksamen und sparsamen Verwaltung von Energie und Materialen schaffen sie eine negative Jahresbilanz im Ausstoß von Kohlendioxid. Sie schließen stattdessen Kohlendioxid im Boden ein. Gute Winzer sind ja in erster Linie Landwirte: Sie denken und handeln für Generationen. Ihr grundlegendes Interesse ist, dass ihre Böden gesund und lebendig sind, und das geht nur mit lebendiger Flora und Fauna. Leider spüren wir bereits seit den 1990er-Jahren die Auswirkungen der Klimaerwärmung: Grundsätzlich veränderte Wettersituationen sowie Extrem-Wetterereignisse wie Hagel, Fröste oder Fluten gefährden die Existenzgrundlage vieler Winzer:innen, nicht nur die von gutem Wein.

Korken? Kapsel? Schraubverschluss?
Alles lieber als ein Stück Rinde.

● Cate Gowers, Restaurantleitung, Otto

Wein war lange ein Getränk , das vielen Regeln zu folgen hatte, einer Etikette. Gilt das heute noch?
Da muss ich gleich mal fundamental werden: Beim Wein geht es doch um Spaß, ums Vergnügen. Wenn du etwas machen willst, mach es. Und werfe die alten Behauptungen, das sogenannte „Weinwissen" über Bord. Um ein konkretes Beispiel zu nennen: Gerade hierzulande, aber auch in Frankreich, gab es einmal diese Regel: Schaumweine dürfen nicht rot sein. Da ist nun wirklich das Gegenteil bewiesen, schauen wir uns nur die ganzen spannenden Lambrusco an.

CATE GOWERS kam aus London nach Berlin, wo sie etwa in der Nose-to-Tail-Institution St. John gearbeitet hatte. Seit der Eröffnung im Herbst 2019 ist sie Restaurantleiterin im Restaurant Otto des jungen Kochs Vadim Otto Ursus. Beide waren im vergangenen Jahr auf dem Titel unserer Speisekarte

www.otto-berlin.net

Wie teuer darf ein Wein sein?
Auch das ist relativ. Wenn es dir die Erfahrung Wert ist, dann bezahle sie. Aber natürlich schlackern mir auch die Ohren, wenn ich manche Preise sehe, am Ende ist es doch nur Traubensaft. Was ich am wichtigsten finde ist, dass man sich immer bewusst macht, da gerade einen luxuriösen Moment zu erleben. Weine einfach nach deren Status zu kaufen oder weil man es sich eh leisten kann, das ist unsexy und unsinnlich.

Sie haben auch in London gearbeitet, in Fergus Hendersons legendärem Gastro-Pub St. John. Wie neugierig und wie „weinwissend" ist im Vergleich das Berliner Publikum?
Ich erlebe es als ungeheuer neugierig, mindesten bei uns hier im Otto. Die einen halten vielleicht erstmal nur den großen Zeh in eine neue Weinerfahrung, andere springen gleich kopfüber hinein. Was ich aber definitiv selten erlebe, ist eine ausgeprägte Skepsis, ein Beharren auf alten Gewohnheiten. Dabei macht es doch gerade großen Spaß, mit diesen Gästen zu arbeiten, sie bei ihrem gewohnten Geschmack abzuholen und dann zart zu öffnen. Mein liebster Moment ist eigentlich, wenn jemand sagt: „Ich mag aber gar keinen Naturwein."

Gibt es einen typischen Berliner Geschmack?
Oh ja. Die Leute stehen auf den „funky Stuff". Auf wilde Weine, mit grellen, auch widersprüchlichen Aromen. Auf jeden Fall auf Sachen mit einem deutlichen Geschmack. Ich habe lange selbst nicht verstanden warum und glaube inzwischen, dass es daran liegt, dass viele unserer Gäste bis dato gar keinen Wein getrunken haben. Sie kommen vielleicht von Softdrinks, also von vordergründigeren Aromen. Was viele auch festgestellt haben: Naturwein macht keinen Kater. Das ist gerade für jüngere Gäste ein echtes Argument.

Naturwein macht keinen Kater?
Zumindest nicht so leicht. Er ist das natürlichere, lebendigere, das weniger in ein Korsett gezwängte Produkt. Das merkt auch unser Körper, unser Kopf.

Tischgespräche

Adik Sihite,
Gastgeber*in in Adiks Stehcafé

Nur zehn Minuten habe sie* sich heute Morgen geschminkt, und sowieso unsere Verabredung vergessen. Das Adik Sihite aber ohnehin fotogen ist, lassen schon die Modelbilder erahnen, die in ihrem Stehcafe am S-Bahnhof Heerstraße hängen. Bevor Adik nämlich in Kleid, Pelz und im spießbürgerlichen Westend meiner Kindheit ihre Fotos an die Café-Wand nageln konnte, war sie viel herumgekommen. 1966 in Jakarta, Indonesien, geboren landete sie über mehrere Zwischenstopps in Myanmar, Thailand und Singapur – der Vater war Diplomat – in Bonn.

Von dort ging es in die nächste Metropole: Gummersbach. In der 50.000-Einwohner-Stadt studierte sie auf Wunsch des Vaters Wirtschaftsinformatik – anstatt Modedesign. Adik verliebte sich in ihren zukünftigen Mann, einen gewesenen Schornsteinfeger, der gerade am Ku'damm die Eisdiele Harveys eröffnet hatte und landete so in West-Berlin. 1994 entdeckte ihr Mann beim Joggen dann den leerstehenden Edeka-Markt an der Heerstraße und so zogen sie mit der Eisdiele dorthin um. Adik leitete von nun an den Laden und entwickelte ihn mit ihrem vor allem indonesischen Team zu einer sehr universellen Lieblings-Institution vieler Westender:innen. Neben Eis findet man hier gutes deutsch-indonesisches Mittagessen, Marmelade, Kuchen, isotonischen Weizenbier für die Rennradgruppen und Wein.

Die Trauer kann man Adik immer noch anmerken, als wir über ihren vor drei Jahren verstorben Mann reden, mit dem sie mehr als 30 Jahren zusammen und schließlich auch, viel zu kurz, verheiratet war. Nicht-heterosexuelle Paare durften in Deutschland ja erst seit 2017 heiraten. Doch Adik versichert, dass sie auch ohne ihren Mann und der nach dessen Tod verdoppelten Miete, elegant wie immer, im Harveys stehen wird.

—

Harveys/Adiks Stehcafe
Soldauer Allee 22A,
Charlottenburg
Mo-Sa 7-20 Uhr, So 8-20 Uhr

Die gastronomische Landschaft Berlins ist so divers wie die Stadt selbst, mindestens. Davon erzählen gerade die Restaurants und Lokale, die vielleicht nicht den nächsten großen Food-Hype auf ihrer Seite haben. Vier Ortstermine in einer kochenden Stadt

Texte: Franz Thieß
Fotos F. Anthea Schaap

Ali Abus Abas, Geschäftsführer im Renger-Patzsch

In der Küche des Renger-Patzsch kann man jemanden deutsche Schlager singen hören. Nicht wirklich textsicher, aber überzeugend singt Ali Abus Abas die Hits der Siebziger, während er den Teig in einer ähnlich alten Knetmaschine vorbereitet.

Er ist der Flammkuchenbäcker und auch Geschäftsführer des süddeutsch-frankophilen und vor allem sehr Schönberger Restaurants Renger-Patzsch, und das schon seit gut 25 Jahren. Jeden Abend, ohne eine Ausnahme, steht Ali vor dem 300 Grad heißen Ofen und formt die vielleicht besten Flammkuchen nordöstlich des Elsass. Vor mehr als 30 Jahren, am 1.1.1990, ist Ali aus dem Libanon nach Deutschland gekommen und längst ein Berliner durch und durch. Das wird hier aber keine Schnulzengeschichte über eine ach so gelungene Integration, sondern eine Geschichte voller Bewunderung über einen, der seine Gelegenheiten beim Schopfe packt.

Seine Frau hätte ihm eine Diät verschrieben, sagt Ali. Also esse ich alleine, während er mir von seinen Träumen erzählt. Traum eins: ein Schrebergarten. Traum zwei: ein eigenes libanesisches Restaurant. Beides ist schwer zu finden bzw. zu eröffnen (haben Sie zufällig einen Schrebergarten übrig? Bitte melden Sie sich beim tipBerlin Magazin).

Ali kennt Schöneberg nun seit 30 Jahren. Er hat gesehen, wie sich der Kiez verändert hat, die Klamotten, die Essgewohnheiten und die Menschen. Dabei erweckt er aber nicht den Anschein, irgendetwas von dem zu verurteilen. Selbst die Nazis, mit denen er in seinem Leben immer wieder zu tun haben musste, bekommen nur sein Mitleid für ihre Gesinnung.

Essen kann er seine köstlichen Flammkuchen nicht, wegen dem Schweinespeck, der da zumeist drauf ist. Denn Ali hält sich strikt an seine muslimischen Gebote und geht selbst auch nirgends essen, wo es Alkohol gibt, obwohl er gerade selbst den süßen, flambierten Flammkuchen mit Schnaps begießt. Verlogen, denken Sie? Pragmatisch in einer Welt, wo die meisten eben für ihr Geld arbeiten müssen. Ich hoffe kurz, dass ich Ali eines Tages in seinem libanesischen Restaurant dabei zuzuschauen kann, wie er meinen Halal-Flammkuchen zubereitet – und denke dann, dass er und das Renger-Patzsch doch auch ein perfektes Doppel sind.

—

Restaurant
Renger-Patzsch
Wartburgerstr. 54, Schöneberg,
Mo-Sa 18-23 Uhr
www.renger-patzsch.com

Pietr und Rita Piredda,
Gastgeber im Il Porto

Sitzt man erstmal im Il Porto von Rita Benedetti und ihrem Mann Pietro Piredda, vergisst man den traurigen Anblick des seit 30 Jahren verwahrlosten Hallenbads und die zu Parkplätzen umfunktionierten Tennisplätze. Ja, er hatte schon bessere Tage, der Werner-Düttmann-Bau an der Heerstraße. Der graue Koloss hat seinen Glamour längst verloren, der Hertha-Spieler und andere Stars und Sternchen einst so magisch anzog. Nur das Il Porto ist seit 47 Jahren unverändert belebt geblieben.

Pietro Piredda, dem überaus stolzen Sarden, merkt man an seiner höflichen Art noch an, dass er einst in den prunkvollsten Hotels der Schweiz gekellnert hat. Bereits nach der fünften Klasse hatte er angefangen, in der Gastronomie zu arbeiten. Und so verschlug es ihn aus einem sardischen Dorf in das eingemauerte Berlin der 1970er-Jahre . Im damals so aufregenden Europacenter ergatterte er den begehrten Job als Kellner im Hotel Palace. Seine damals schwangere Frau Rita Benedetti folgte ihm nach Berlin. Auch sie hatte bereits mit zwölf Jahren in der Schweiz in einer Hotelwäscherei gearbeitet. Während Piredda also den reichen Hotelbesucher:innen den Hummer servierte, putzte Benedetti die goldenen Wasserhähne blank –ohne das einer von ihnen annähernd gut verdiente.

Die neue Waschbeton-Siedlung kurz vor den Toren Spandaus kam gerade richtig für die beiden. 1974 eröffnete das junge Ehepaar darin ihr Il Porto und es hat damit vermutlich den Anspruch, eines der ältesten noch von den Gründer:innen geführte italienische Restaurant der Stadt zu sein.

Von ihrer Maisonettewohnung im 13. Stock des Düttmann-Hochhauses hatten sie ihr Restaurant dabei immer im Blick , wahrscheinlich zu sehr im Blick, so dass sie inzwischen ans andere Ende Spandaus gezogen sind, ins Eigenheim in Staaken. Den 73-jährigen Piredda, der vermutlich mehr Zeit in seinem Restaurant verbracht hat als bei sich zu Hause, zieht es dennoch jeden Tag in die Heerstraße – auch während des Lockdowns und trotz des Rentenalters, in dem er längst ist, wie seine Frau Rita Benedetti seufzend erzählt.

Doch wer einmal im Il Porto gesehen hat, wie die Trüffelpasta am Tisch der entzückten Gäste im ausgehöhlten Parmesanrad von Pietro und seinem Neffen zubereitet wird, wer dabei die vergilbten Fotos und Zeitungsartikel, die einen Großteil der Wände bedecken, studiert hat, wer die auf bunten Plastikstäbchen aufgespießten Oliven mit einem solchen „prego“ serviert bekommt – wird Piredda und diesen sehr besonderen, sehr italienischen Charme verstehen.

—
Il Porto
Angerburger Allee 45,
Charlottenburg,
Di-Sa 16– 22 Uhr, So 12–22 Uhr
www.il-porto.de

Hubert Kupferklang, Küchenhilfe im Restaurant Pinelli

Hubert Kupferklangs Augen leuchten, als er mit fuchtelnden Armen und vollem Beineinsatz ganz im Song „Streetstuff" ist, der gerade über die Soundanlage des Restaurants Pinelli tönt. Es ist sein Song. Denn Hubert ist Musiker, danach kommt erst das Kochen.

Mit mehreren Unterbrechungen arbeitet der gebürtige Rheinländer seit 2001 in der Küche des Pinelli vom sozialen Träger Pinel, welcher Menschen mit psychischen Erkrankungen Betreuung und Arbeit zugleich bietet. Das Restaurant am S-Bahnhof Schöneberg bot während des Lockdowns zwar noch Takeaway an, doch Trinkgeld, Arbeit und vor allem die Gäste fehlten Hubert Kupferklang. Dabei lebt der 63-Jährige auch mit Trinkgeld schon am Existenzminimum, wenn nicht drunter. All das scheint ihn nicht davon abzuhalten, zumindest in diesem Moment mit einem Grinsen im Gesicht durchs Pinelli zu schweifen: Schuld daran seien sein Arbeitgeber Pinel und die Kolleg:innen die „fast wie eine Familie" für ihn seien. Und der Entschluss, den Künstler Hubert Kupferklang in die Öffentlichkeit zu bringen, genauer gesagt auf Youtube. Dort veröffentlicht er seit Beginn der Pandemie neue und alte Songs, teilweise noch aus den Siebzigern.

Zum Kochen war er des Geldes, nicht aus Leidenschaft gekommen. Nach einigen Jahren in metallverarbeitenden Berufen, nach diversen Gigs mit seiner Band Gizzmo, brauchte Kupferklang Geld und fand einen Job als Küchenhilfe im Hotel am Lietzensee. Das muss ihn wohl so beeindruckt haben, dass er auch 30 Jahre später am liebsten das Spülen übernimmt. Warum Kupferklang im Pinelli gelandet ist, tut nichts zur Sache. Geblieben sei er wegen dem menschlichen Umgang auf Augenhöhe. Hubert Kupferklang zeigt damit beispielhaft wie wichtig solch inklusive Konzepte sind, die nebenbei den Ruf der oft miserablen Arbeitsbedingungen in der Gastronomie ganz schön aufpolieren.

—
Restaurant Pinelli
Eberstraße 67,
Schöneberg,
Di-Fr 11:30-23 Uhr
www.pinel.de

UNSERE 950 EMPFEHLUNGEN

Wir gehen wieder aus,
wir sind wieder zu Gast.
Und bringen Hunger auf neue Teller, neue Begegnungen und neue Geschichten mit.
In 950 Adressen reisen wir durch die Küchen der Welt, von Brandenburg nach Beijing, von Mitte nach Montevideo und wieder zurück. Berlin im Bauch und offen für die Welt

Preise:
€ bis 10 Euro
€€ bis 30 Euro
€€€ bis 60
€€€€ über 60 Euro

barrierefrei
kinderfreundlich
keine Kartenzahlung
freies WLAN

Illustration: Maggie Cowles

Unsere Lieblingslisten

CHARLOTTEN BURG

Der alte Westen erfindet sich immer wieder neu. Zwischen mondän und Straße, Weltläufigkeit und gemütliche Kiezstimmung passen immer noch ein paar Kugeln Eis bei Gimme Gelato, eine Portion Chili-Wantan bei Lon Men's oder ein Dutzend Austern im Diekmann. Zum Schluss treffen wir uns auf einen Absacker in der Bar Zentral und lassen es aber doch nie bei einem letzten Glas bleiben.

Nudeln satt: Mittagspause in Taiwan gefällig? Mit Nudelgerichten, Wantan und auch ausgefallenen Spezialitäten wie Schweineohren und Rinderpansen → *Lon Men's, S. 88*

Ein Stück Frankreich: Wir lieben die Lamazère Brasserie für ihre französische Bistroküche. Und den Milchreis, der sich wohlig nach Zuhause anfühlt → *Lamazère Brasserie, S. 88*

Traditionslokal trifft Austernbar: das Diekmann erfindet sich neu → *Diekmann, S. 86*

Eis, Eis, Baby: ganzjährige Eisträume bei Gimme Gelato → *Gimme Gelato, S. 93*

Charlottenburger Barkultur: Lange Nächte verbringen wir am liebsten in der Bar Zentral am Bahnhof Zoo, mit viel Stil und noch mehr Schwips → *Bar Zentral, S. 92*

Fotos: F. Anthea Schaap (2); Sarah Schlopsnies; Restaurant Diekmann; Kasper Jensen

Vom Il Calice aus träumen wir uns den Walter-Benjamin-Platz mit Antipasti, Pasta und Secondi gleich nach Italien. Nicht ohne Grund eine unserer Lieblingsadressen in Berlin → *Il Calice, S. 87*

Deutschland ist ja die Heimat der US-amerikanischen Delikultur. Und das Rogacki bewahrt diese verlorene Geschichte auf das Köstlichste → *Rogacki, S. 118*

Die Küche der Levante ist mittlerweile eine der großen Heimatküchen Berlins. Und in Gal Ben Moshes Prism als lässig spektakuläres Fine Dining-Erlebnis interpretiert. Der Guide Michelin stimmt zu → *Prism, S. 89*

RESTAURANTS

12seasons NEU

2022: TOP 20 ABENDS, PLATZ 16

EUROPÄISCH Besprechung siehe Seite 43

Giesebrechtstraße 3, Di–Sa ab 18 Uhr, Tel. 0177-295 13 45, www.12seasons.berlin
€€€€

893 Ryotei

JAPANISCH, PERUANISCH Hinter den verspiegelten, mit Graffiti besprühten Scheiben einer ehemaligen Schlecker-Filiale hat The Duc Ngo vom Kuchi-Imperium sein bis dato kulinarisch ambitioniertestes Restaurant eröffnet. Die Speisekarte im 893 Ryotei ist ungewöhnlich lang und die Gäste hin und wieder bemerkenswert illuster. Ein Gesellschaftslokal könnte man das 893 Ryotei also nennen, aber eines, das sich tief durch die Aromen Asiens schmeckt. Überzeugend etwa die Aneignungen der Nikkei-Küche, wie sie die japanischen Einwanderer Perus geprägt haben.

Kantstraße 135, Di–Sa 18.30–23 Uhr, Tel. 91 70 31 21, www.893ryotei.de
€€€ ♿

Aida

ITALIENISCH In elegantem Ambiente wird eine angenehm klassische italienische Küche serviert. Hervorzuheben sind die Fische und Meeresfrüchte, die im Ganzen gegrillte Dorade etwa, sowie die Sommerterrasse, an der das alte und neue Charlottenburg vorbeiflaniert. Ein stoisches Stück beinahe nostalgischer italienischer Restaurantkultur.

Knesebeckstraße 83, tgl. 15–0 Uhr, Tel. 31 80 67 50, www.aida-restaurant.de
€€€ ♿ WLAN

anabelas Kitchen

PORTUGIESISCH Anabela Campos-Neves ist eine Pionierin der neuen Berliner Gastlichkeit. Und das gleich in doppelter Hinsicht: Ihr intimes Lokal war eines der ersten, das, zumal im alten Westen, auf eine kleine, klar fokussierte Menükarte setzte. Eine Autorinnenküche gewissermaßen. Darüber hinaus war die gebürtige Portugiesin eine der ersten Frauen, die sich mit einem Abendlokal selbstständig gemacht hat. Ihre Küche: mediterran, handwerklich, manchmal nostalgisch und immer produktfokussiert.

Pestalozzistraße 3, Di–Sa 18–23.30 Uhr außer feiertags, Tel. 28 70 12 24, www.anabelas-kitchen.de
€€€ WLAN

Anouki Brasserie

2021: TOP 10 MITTAGS, PLATZ 4

FRANZÖSISCH Eine Brasserie mit Café und Frühstück, die ihre DNA als „cozy Kitchen & Style" definiert. Eine richtig gute Casual-Dining-Küche, in Szene gesetzt von Küchenchef Christian Hoffmann und aus der Ferne dirigiert von einem großen Namen: Sascha Lissowsky, Küchenchef im leider geschlossenen Osnabrücker 3-Sterne-Restaurant La Vie. Die südfranzösisch fokussierte Weinkarte setzt genauso auf bekannte Namen wie die Küche: Steak Tatar, Steak frites, Bouillabaisse, an den Klassikern wird nicht gerüttelt. Obligatorisch ist sogar der halbe Hummer.

Gerviniusstraße 43, Mo–Sa 8–22 Uhr, www.anouki-brasserie.de
€€€ ♿

Aroma

CHINESISCH Dass dieser Teil der Kantstraße gerne auch als „Chinatown" bezeichnet wird, hängt mindestens mit dem Aroma zusammen. Bis spät in der Nacht essen hier Gäste aus aller Welt, darunter viele Asiat*innen. Und je später der Abend, desto mehr Köche der umliegenden asiatischen Restaurants tauchen im Aroma auf. Legendär sind die gut geölten Arbeitsabläufe: An großen Tischen mit Drehplatten isst man neben gebratenen und gedämpften Dim Sum, der Spezialität des Hauses, auch schon mal Hühnerfüße und tausendjährige Eier.

Kantstraße 35, tgl. 12–3 Uhr, Tel. 37 59 16 28
€€ ♿

Aufwind NEU

PANEUROPÄISCH In der City-West weht im ehemaligen Gourmetrestaurant Alt Luxemburg mit dem Casual-Dining-Restaurant von Wenzel Büchold und Sommelier Vedad Hadziabdic ein neuer, feiner und frischer Wind mit einer genüsslichen Leichtigkeit aus Gemüse, Fisch und Meeresfrüchten. Zu den Gaumenreisen offeriert Hadziabdic Weine vor allem aus Italien und dem Champagner-Land Frankreich. Dafür gibt sich das Interieur mit einer puristischen Ästhetik in Grau zurückhaltend. Cosy ist es auf der gemütlichen Holzterrasse auf dem Bürgersteig und im entzückenden Innenhof.

Windscheidstraße 31, Di–Sa 16–22 Uhr, Tel. 54 71 08 00, aufwind.berlin
€€€€ ♿ WLAN

Bar Brass

2020: TOP 15 ABENDS, PLATZ 13

FRANZÖSISCH Die Bildgießerei Noack darf mit Recht eine Institution der Berliner Kulturlandschaft genannt werden. Im betonrohen Neubau werden hier im Norden Charlottenburgs nicht nur die Bronzen von Georg Baselitz oder Neo Rauch gegossen, sondern etwa auch die Berlinale-Bären. Seit Anfang 2019 gibt es zudem eine tatsächlich fast rund um die Uhr geöffnete Brasserie. Wir kommen zum Muschelessen, für Steak Frites und das kulinarisch wie atmosphärisch gelungene Lunch. Unbedingt erwähnt werden muss aber auch der Umgang der Küche mit allem Gemüsigen. Toll kuratierte Wein- und Getränkekarte.

Am Spreebord 9, in der Bildgießerei Noack, tgl. 10–23 Uhr, Tel. 38 30 32 00, www.barbrass.de
€€€

Beef Grill Club by Hasir

NORDAMERIKANISCH Das Dry Age Beef hängt, als Visitenkarte des Hauses, gleich am Eingang gut sichtbar im Reifeschrank. Auf den Teller kommt das Steak dann perfekt rare: außen eine dünne Grillschicht mit feinen rauchigen Aromen, innen ein noch roter Kern, gewürzt nur mit Meersalz und Pfeffer. Dazu eine Portion getrüffeltes Kartoffelpüree. Wer ein puristisches Steakhaus

Fotos: F. Anthea Schaap; David von Becker; Ben Fuchs

sucht, ist hier genau richtig. Wobei sich dieses Urteil auf das Essen bezieht, nicht auf das üppig inszenierte, aber durchaus zeitgenössische Ambiente.

Kurfürstendamm 72, tgl. 11–0 Uhr, Tel. 32 76 64 94, info@hasir.de
€€€

Ben Thanh

VIETNAMESISCH Unter den vielen empfehlenswerten Asiaten entlang der Kanstraße ist das Ben Thanh einer der leiseren Läden. Sowohl was den Umgang der Küche mit Schärfe, als auch die für den hiesigen Geschmack allzu exzentrischen Zutaten angeht. Besonders zu empfehlen ist die Suppe mit geschmorten Rindfleischstreifen, Karotten und Reisbandnudeln genauso wie das vietnamesische Curry mit Zitronengras, Kokosmilch und Hühnchen in Bananenblättern.

Kantstraße 78, tgl. 12–22.30 Uhr, Tel. 31 80 38 68
€

Brasserie Le Paris NEU

2022: TOP 10 MITTAGS, PLATZ 6
FRANZÖSISCH Besprechung siehe Seite 26

Kurfürstendamm 211, Di–Sa 17–23 Uhr, So 14–22 Uhr, Tel. 88 70 46 55, www.brasserie-leparis.com
€€€

Brikz NEU

2022: TOP 20 ABENDS, PLATZ 10
EUROPÄISCH Besprechung siehe Seite 38

Grolmanstraße 53/54, Di–Sa 16–21 Uhr, Tel. 31 80 37 80, www.restaurantbrikz.com
€€€€

Bristol Grill

FRANZÖSISCH, ITALIENISCH Der ehemalige Kempinski Grill bleibt auch unter neuem Namen eine Institution am Kurfürstendamm. Zumal die aktuelle Karte – darauf etwa ein selbstbewusst fettaromatisches Kotelett vom Magalitzer Freilandschwein – um eine zeitgemäße Fleischkultur weiß. Größere Stücke vom Rind werden kenntnisreich und optisch eindrücklich am Tisch tranchiert. Ein beinahe nostalgisches Stück gehobene Restaurantkultur sind derweil die ebenso am Tisch flambierten Crêpes Suzettes. Der Bristol Grill ist ein Westberliner Klassiker, dem der Sprung in die Gegenwart gelungen ist.

Kurfürstendamm 27, Hotel Bristol Berlin, Do–Sa 17–22 Uhr, Tel. 88 43 47 67, www.bristolberlin.com
€€€

Bruderherz NEU

ITALIENISCH Spaghetti, so dünn und gut, dass sie gerade mal 30 Sekunden kochen müssen. Lasagne aus stundenlang geköchelter Bolognese. Canneloni, Ravioli und viel mehr. Ein Kiezitaliener, um den ganz Berlin Charlottenburg beneiden sollte.

Leonhardtstraße 6, Di–Sa 12–0 Uhr, Tel. 33 85 20 77, www.bruderherz-restaurant.de
€

Charlottchen

DEUTSCH Egal, ob vor oder nach der Vorstellung: Das familienfreundliche Restaurant unter dem Dach des gleichnamigen (Kinder-)Theaters rundet einen gelungenen Theaternachmittag ab. Auf der saisonalen Wochenkarte steht eine frische, deutsch-regionale Küche, deren Zutaten gerne von Brandenburger Bio-Betrieben kommen. So nachhaltig und naturnah schmeckt eine unkomplizierte Alltagsküche in dieser Stadt noch viel zu selten.

Droysenstraße 1, Mi–Fr ab 16 Uhr, Sa, So, Feiert. ab 10 Uhr, Tel. 324 47 17, www.restaurant-charlottchen.de
€€

Christopher's

PANEUROPÄISCH Das Schwein heißt nun Christopher's. Nach dem Küchenchef Christopher Kümper, einem der besten Kochhandwerker der Stadt, ausgebildet unter anderem bei Nils Henkel unter drei Michelin-Sternen. Wir mögen die entschlossene und vor allem nie verschlossene Küche Kümpers, sein Spiel mit den Texturen, den pointierten Geschmack. Exemplarisch der punktgenau angeknusperte Schweinebauch vom Potsdamer Sauenhain, dazu ein Chip vom Kopfsalat, Brokkoli und Algen. Eine feine Adresse im kulinarisch wieder interessierten alten Westen.

Mommsenstraße 63, Mo–Sa 18–0 Uhr, Tel. 24 35 62 82, www.schwein.online
€€€

Dal Buongustaio

ITALIENISCH Italien bedeutet hier Sardinien. Von dort kommen unter anderem sardische Wurst und Gnocchi, die dort allerdings „Malloreddussu" heißen. Es gibt sie zum Beispiel mit Tomaten, Basilikum und Pecorino Sardo, einem besonders pikanten Schafskäse. Dazu gibt es sardische Weine und luftgetrockneten Schinken – aber auch eine handwerkliche Produktküche aus allen übrigen Regionen Italiens. Nach einem Vierteljahrhundert einer der traditionsreichsten Italiener der Stadt.

Windscheidstraße 24, warme Küche und Pizza: Di–Fr 11.30–14 Uhr u. 18–22 Uhr, Sa+So 18–22 Uhr, Tel. 324 68 82, www.dal-buongustaio-berlin.de
€€

Dao by Meo

THAILÄNDISCH Authentische Thai-Küche aus hochwertigen, teilweise direkt aus Thailand importierten Zutaten. Spezialität des Hauses ist das langsam gekochte Curry, für das sich Chefin Pratina Kross hinter den Herd stellt. Wer so ein Thai-Curry selbst machen möchte: Über dem Restaurant bietet Pratina Kross auch Kochkurse an.

Kantstraße 133, tgl. 12–23 Uhr, Tel. 37 59 14 14, www.meos-thai-restaurant.de
€€

Die Eselin von A.

2020: TOP 15 ABENDS, PLATZ 16
FRANZÖSISCH Die Eselin von A. weidete zuletzt in einem Yachtclub am Wannsee. Wie sehr der Stadt dieses Traditionslokal dabei gefehlt hat, merkt man jetzt, wo es wieder in Charlottenburg heimisch geworden ist. Einladender Gastgarten, rustikaler, holzvertäfelter Gastraum. Geboten wird eine im besten Sinne europäische Küche, die mit ihren wachen Augen ebenso nach Frankreich blickt wie in den Alpenraum, und die Flammkuchen ebenso bereithält wie Rinderfilet und eine butterzarte Lammhüfte. Und das bei angenehm schmaler Karte. Unbedingt Platz für die Mehlspeisen und Desserts lassen!

Schloßstraße 61, Di–So 16–23 Uhr, Tel. 214 12 84, www.dieeselin.de
€€€

Diekmann

EUROPÄISCH Das Diekmann mit den Gründerzeiteinbauten aus dem 19. Jahrhundert wurde komplett neu gestaltet. Zur Straße hin präsentiert es sich nun als kommunikative Wein- und Austernbar. Die Gastgeber:innen, Küchenchef Max Günther und Restaurantleiterin Antonia Meiffert, sind in ihren Zwanzigern – was man nicht mit jedem Bissen schmeckt: erstaunlich, wie intuitiv Günther seine Menüfolge auf Spannung hält, getragen von kulinarischer Zeitgenossenschaft und handwerklicher Souveränität.

Meinekestraße 7, Mo–Sa ab 12 Uhr, Feiert. ab 18 Uhr, So auf Anfrage, Tel. 883 33 21, www.diekmann-restaurants.de
€€€

Do De Li

CHINESISCH Die Spezialität des Hauses ist die Reisnudelsuppe, deren Zutaten die Besitzerin des Restaurants, Xiao Yin Du, aus der Provinz Jiangxi in Südchina importiert. Die Suppe wird auf einem Tablett mit einer großen heißen Schüssel Hühnerbrühe und verschiedenen Zutaten wie Meeresfrüchten oder würzig getrocknetem Fleisch und zusammen mit frischem und eingelegtem Gemüse serviert.

Kantstraße 120, Mo 17–23 Uhr, Di–So 12–23 Uhr, Tel. 312 54 18, www.dodeli.de
€€

Dudu 31

VIETNAMESISCH, JAPANISCH Der West-Berliner Ableger des erfolgreichen Lokals in der Torstraße ist schon einmal eine coole Erscheinung. Dunkelgrauer Sichtbeton schimmert in violetter Beleuchtung, das Mobiliar ist aus edlem Holz. Das kulinarische Konzept hat sich auch in Charlottenburg bewährt: handwerklich und qualitativ überzeugende Sushi-Kreationen sowie eine vietnamesische Küche, mal selbstbewusst authentisch und dann wieder mit einem modernen Twist. Das Dudu 31 ist ein Ort zum Sehen und Gesehenwerden, aber auch einer mit gutem Geschmack.

Bleibtreustraße 31, So–Do 12–16 u. 17–20 Uhr, Fr+Sa 12–16 u. 17–23 Uhr, Tel. 57 79 55 77, www.dudu31.de
€€€

East

CHINESISCH Das East ist eines der noch immer raren China-Restaurants dieser Stadt, dem an kulinarischer und konzeptioneller Zeitgenossenschaft gelegen ist, ohne dabei die Erwartungshaltungen seiner Gäste allzu sehr herauszufordern. Traditionelle chinesische Rezepte werden auf gehobenem Niveau mit internationalen Einflüssen gewürzt. Manches ist unerwartet scharf wie das karamellisierte Hühnchen mit Knoblauch und Ananas. Gegen den entsprechenden Durst hilft dann ein perfekt abgestimmter Mosel-riesling vom Weingut Regnery. Überhaupt passen die zumeist deutschen Weine hervorragend zum Essen.

Grolmanstraße 21, Mo–Fr 12–14.30 u. 17.30–21.30 Uhr, Sa 17.30–21.30 Uhr, Tel. 0178-681 68 88, www.east-restaurant.de
€€

El Borriquito

SPANISCH Nicht nur Taxifahrer handeln diesen zumeist übervollen Spanier noch immer als Geheimtipp. Die Küche ist bis fünf Uhr morgens geöffnet. Und tatsächlich sind Paella und Boquerones sehr viel besser, als es die durchaus kundenfreundlichen Preise vermuten lassen. Kurzum: ein überaus vitaler Ort, den ambitionierte Esser genauso ins Herz schließen wie all jene, denen vor allem nach einem geselligen Abend ist.

Wielandstraße 6, Mo–So 18–3 Uhr, Tel. 312 99 29, www.el-borriquito.de
€€

Engelbecken

ALPENLÄNDISCH, DEUTSCH Das verjüngte Gasthaus mit seiner süddeutsch-alpenländischen Küche feiert gerade ein Comeback. Das Engelbecken am Lietzensee ist in seinen Aromen und seiner Atmosphäre stilprägend für diese Entwicklung. Schweinebraten und Schnitzel sind noch immer eine Referenz in der Stadt, auch wenn die Küche längst auch mit vegetarischen Tellern zu begeistern weiß. Seit kurzem gibt es direkt nebenan zudem die Engelbecken Schankwirtschaft, in der man auch mal nur für ein (bayerisches) Bier und eine Boulette Pause machen kann.

Witzlebenstraße 31, Mo–Fr 17–23 Uhr, Sa 16–23 Uhr, So+Feiert. 12–23 Uhr, Tel. 615 28 10, www.engelbecken.de
€€€

Engelbecken Schankwirtschaft

DEUTSCH, ALPENLÄNDISCH Informeller Ableger der gleichnamigen Wirtshausinstitution. Wunderbarer Ort für eine Bulette, einen Schweizer Wurstsalat oder einfach nur für ein ehrliches Bier. Und ein nonchalantes Ausweichquartier, wenn nebenan mal wieder alle Tische besetzt sind, was häufiger vorkommen soll.

Steifensandstraße 5, tgl. 12–21 Uhr, Lunch Mo–Sa 12–14 Uhr, www.engelbecken.de
€€

Enoteca L'Angolino

ITALIENISCH In der Enoteca L'Angolino ist alles authentisch: der Schinken, die hausgemachte Pasta und die Kellner. Die Weine sind direkt importiert und trugen schon eine persönliche Handschrift, bevor das in Berlin üblich wurde. Die wechselnde Tageskarte gefällt mit Einfallsreichtum, Sachverstand und Qualität. Angetan haben es uns die Kürbis-Gnocchi, Malfatti aus Roter Bete und die Kalbsleber alla Veneziana.

Knesebeckstraße 92, Mo–Fr 12–0 Uhr, Sa 14–0 Uhr, Tel. 88 71 36 30, www.enoteca-langolino.de
€€€

Fish Klub NEU

2022: TOP 10 MITTAGS, PLATZ 2
Besprechung siehe Seite 23

Wilmersdorfer Straße 46, im Wilma Shoppen, Mo–Sa 10–20 Uhr, fishklubberlin.com
€€

Funky Fisch

EUROPÄISCH, PERUANISCH Mit dem Funky Fisch hat The Duc Ngo auf der Kantstraße das internationale Fischrestaurant eröffnet, das Berlin brauchte. Das Konzept ist simpel: Fische und Meerestiere werden den Gästen wie auf einer Bühne präsentiert, vor ihren Augen ausgenommen, zugeschnitten, portioniert und auf den Grill gelegt. Olivenöl, Röstaromen und die mediterrane Brandung prägen den Geschmack dieses beinahe wie ein

KUCHEN & TORTEN

Der Alltag ist schon grau genug, also versüßen wir ihn uns genussvoll mit den besten Kuchen, Torten und Patisseriekunstwerken der Stadt

MARTINS PLACE

Erinnern Sie sich noch an die Benjamin-Blümchen-Torte aus Kindertagen? Genau das gleiche Glück kann so eine Torte von Joseph Martin hervorrufen. Nur eben mit handwerklichen Torten und viel Sinn für guten Geschmack.

Pannierstraße 29, Neukölln, www.martinsplace.de

PRINCESS CHEESECAKE (Foto)

In Sachen Käsekuchen kommt man in Berlin natürlich nicht an Princess Cheesecake vorbei: dort gibt es ihn von traditionell über fruchtig bis hin zu veganen Petit Fours, die mindestens genauso cremig sind.

Knesebeckstraße 32, Charlottenburg, www.princess-cheesecake.de

COOKIES & CO

Yuzu-Croissant, Cornflake-Milk-Tarte oder Schoko-Matcha-Kirsch-Cola-Kuchen: keine Idee ist dem Team zu abgedreht, um sie nicht auszuprobieren. Und das Ergebnis ist jeden Besuch wert.

Senefelderstraße 4, Prenzlauer Berg, cookiesanddco.eatbu.com

DOMBERGER BROTWERK

Fast hatten wir vergessen, wie wunderbar doch ein einfacher Blechkuchen schmecken kann, bis uns das Domberger Brotwerk mit seinen saftigen Uckermärker Butterkuchen und fruchtigen saisonalen Obstkuchen wieder daran erinnert hat.

Essener Straße 11, Tiergarten, domberger-brot-werk.com

FRAU ZELLER

Annette Zeller ist Konditor:innentochter in dritter Generation – vielleicht schmecken ihre Kuchen und Torten deswegen so gut? Der Käsekuchen ist legendär, aber für die Zitronenwolke würden wir jederzeit quer durch die Stadt fahren.

Eisenbahnstraße 42/43, in der Markthalle Neun, Kreuzberg, www.frauzeller.de

DU BONHEUR

Dinkelmehl – das ist das Geheimnis der Patisserie von Anna Plagens, die im Elsass und in Paris gelernt hat. Wir kommen für das Baguette und bleiben für Erdbeer-Choux und Tarte au Citron.

Brunnenstraße 39, Mitte, www.dubonheur.de

DILEKEREI

Eigentlich ist Dilek Topkara studierte Lebensmitteltechnologin, bis sie beim Studium in London die Liebe zur gehobenen Tortenkunst entdeckte. Heute kreiert sie handbemalte Kekse und Torten, die fast zu schön zum Essen sind. Aber nur fast!

Eulerstraße 11b, Wedding, www.dilekerei.com

PATISSERIE JUBEL

Schmecken sie nun besser als sie aussehen, die filigranen Tartelettes, Törtchen oder Pavlovas der Patisserie Jubel, oder sehen sie besser aus als sie aussehen? Nicht so einfach zu entscheiden bei dieser essbaren Kunst.

Hufelandstraße 10, Prenzlauer Berg, jubel.berlin

Foto: Florian Bolk

Aquarium rundum verglasten Ladens. Und dann wäre da noch diese wunderbare Fischsuppe, die über zehn, zwölf Stunden im Hundertlitertopf köchelt.

Kantstraße 135-136, Di–Sa 12–22 Uhr, Tel. 0163-938 22 15, www.funky-fisch.de
€€€

Good Friends

CHINESISCH Ein erstes Indiz sind die vielen Chines*innen unter den Gästen. Die Küche im Good Friends ist authentisch und steht daher innerhalb der chinesischen Community hoch im Kurs. Vieles stammt aus der Kanton-Küche – vor allem die hier tasächlich süß-sauer abgeschmeckten Fleisch- und Fischgerichte. Wem das eine allzu ferne Aromenreise ist: Die Kellner halten auch eine abgewandelte Speisekarte bereit, die etwas stärker auf den europäischen Geschmack abgestimmt ist.

Kantstraße 30, tgl. 12–23 Uhr, Tel. 313 26 59, www.goodfriends-berlin.de
€€

Good Friends Too

2021: TOP 10 MITTAGS, PLATZ 2
CHINESISCH Das Good Friends hat ein Geschwisterchen bekommen: Direkt gegenüber des kantonesischen Kantstraßen-Schlachtschiffs wird eine Küche geboten, die, das gediegen-schicke Interieur mit seinen Polstersesseln und den im Sommer weit aufgerissenen Fensterfronten deutet es an, eine etwas hippere und jüngere Zielgruppe anspricht. Das Alleinstellungsmerkmal des Restaurants: In die Tische im Innenbereich sind Grillroste eingelassen, auf denen die Besucher Entrecôte und Lammkrone, Schweinebauch und Jakobsmuschel selbst zum perfekten Garpunkt grillieren können.

Kanstraße 30, tgl. 12–23 Uhr, Tel. 20 97 64 00, www.goodfriends-berlin.de
€€

Hanok

KOREANISCH Min-Jong Kwon, Tochter der Vorbesitzerin, hat das recht typische koreanische Restaurant zum unaufgeregt cool designten Szeneladen umgekrempelt. Der Küche ihrer Mutter ist sie dabei treu geblieben. Wir empfehlen das selig sättigende Bulgogi, ein koreanisches Tischbarbecue mit mariniertem Rindfleisch, Kimchi und Reis. Und freuen uns noch jedes Mal über den kalten Zimttee, den das Hanok seinen Gästen zum Abschied spendiert.

Kurfürstendamm 134, Mo–Sa 12–22.30 Uhr, So 12–22 Uhr, Tel. 89 54 18 92, www.hanok-berlin.com
€€

IL Calice

ITALIENISCH Die Leidenschaft für gute, handwerklich und naturnah ausgebaute Weine, die authentische italienische Küche und ihre zeitgenössische Interpretation, die Unbedingtheit der Auswahl der besten Grundprodukte, der sorgfältig gepflegte Nimbus eines Gesellschaftslokals – an nur wenigen Orten dieser Stadt kommt all das so verlässlich zusammen wie im IL Calice. Das hat viel mit Antonio Bragoto zu tun, dem Patron, der auch für eine Erneuerung der italienischen Küche brennt. Der vordere Teil des Lokals wurde als offene Weinbar gestaltet.

Walter-Benjamin-Platz 4, Leibniz-kolonnaden, Mo–Sa 12–1 Uhr, Tel. 324 23 08, www.ilcalice.de
€€€

Joynes Kitchen

FRANZÖSISCH Joynes Kitchen steht für klaren, deftigen Kochstil im Brasserie-Kneipen-Ambiente. Nicht zu hochgestochen, aber fundiert und klassisch französisch geprägt. Die Karte mit je vier Vorspeisen (11–14 Euro), Hauptgängen (19–25 Euro) und Desserts liest sich gutbürgerlich – schmeckt auf den zweiten Bissen aber nach viel, viel mehr. Exemplarisch der Schweinenacken vom Duroc, der – kombiniert mit einer Bodin Noir – das Hausmannsköstliche mit der klassischen französischen Küche verbindet. Überhaupt ist die Küche von Anthony Joynes, den man noch aus dem Lamazère am Stuttgarter Platz kennen könnte, perfekt für alle, die auch das feine Essen durchaus deftig und sättigend mögen. Ob nun à la carte oder als fair ausgepreistes Menü.

Mommsenstraße 42, Mi–So 17.30–0 Uhr, Küche bis 22.30 Uhr, Tel. 94 86 92 19, www.joynes-kitchen.de
€€€

Kame Berlin

JAPANISCH Die japanischen Bäcker hatten mit einem Stand in der Kreuzberger Markthalle Neun angefangen. Im Alten Westen sind sie vor drei Jahren richtig angekommen. Am niedrigen Holztisch (dem für die japanischen Teezeremonien) gibt es etwa Melon Pan, ein süßes Brötchen mit Zuckerkruste. Oder Onigirazu, gefüllte, in Algen eingeschlagene Reistaschen. Der grüne Tee ist geröstet und der Matcha-Cheesecake eine herrlich eigensinnige Interpretation der beliebten Kuchengattung.

Leibnizstraße 45, Mo–Sa 11–19 Uhr, So 11–17 Uhr, Tel. 85 74 35 49, www.kame.berlin
€€

Kouzina

2021: TOP 15 ABENDS, PLATZ 18

GRIECHISCH Im Kouzina geht es mittags mit Gyros und Bifteki los. Dazu Tzatziki und Pommes Frites. Frisch, sorgfältig, mit fettem, sauren Jogurt und so gutem Fleisch, dass die Bifteki ruhig etwas grober gewolft und kürzer gebraten serviert werden. Es gäbe auch Calamari und Octopus vom Grill, bei denen von der festen, doch feinen Struktur bis zu den Röstaromen wirklich alles passt. Kurzum: Das herzlich geführte Kouzina ist nicht mehr und nicht weniger als ein moderner Grieche für alle möglichen Anlässe.

Else-Ury-Bogen 597, am S-Bahnhof Savignyplatz, tgl. 12–23 Uhr, Tel. 54 98 43 15, www.kouzina-berlin.de
€€€

Kuchi Kant

PANASIATISH, JAPANISCH Das Kuchi ist ein modernes japanisches Restaurant mit einem umfangreichen Angebot an Sushi und Ramen-Nudelsuppen. Das liebevoll eingerichtete Lokal mit künstlerisch gestaltetem Innenhof lädt zu frisch zubereiteten Speisen wie der „My Best Friend's Roll" mit frittiertem Gemüse, Lachs und einer Kuchi-Spezialsauce ein. Das Sushi-Angebot ist vielfältig, da kommen auch Vegetarier voll auf ihre Kosten.

Kantstraße 30, Tel. 31 50 78 15, www.kuchi.de
€€€

Kurpfalz Weinstuben

DEUTSCH Die Kurpfalz Weinstuben sind eine rustikale Institution. Dort hat sich seit der Eröffnung im Jahr 1935 nur wenig geändert. Es wird auch weiterhin auf die Klassiker, auf Schmorgerichte, Sauerkraut und natürlich den Pfälzer Saumagen, gesetzt. Neu sind eine ambitionierte saisonale Tageskarte und das generell gestiegene Interesse an einer handwerklichen Küche aus guten Grundprodukten. Das Beeindruckendste jedoch bleibt die Auswahl offener Weine, mittlerweile rund 60 Sorten, dazu rund 700 Flaschenweine.

Wilmersdorfer Straße 93, Di–Sa ab 12 Uhr, Tel. 883 66 64, www.kurpfalz-weinstuben.de
€€€

Lamazère Brasserie

FRANZÖSISCH Régis Lamazère kennt die Welt der Spitzengastronomie: elitär, förmlich und oft ein bisschen steif. Sein Vater war Drei-Sterne-Koch in Paris, er selbst Serviceleiter in der Sternegastronomie. In seiner Brasserie dagegen bietet Lamazère, was es in Berlin lange viel zu selten gab: frische Bistroküche ohne viel Chichi, aber mit guten Produkten und nonchalanter Atmosphäre. Übrigens: Der aktuelle Küchenchef Michael Päsler ist aus dem Bandol sur Mer gekommen – und hat damit auch eine Sterneküchenvergangenheit. Wer in Berlin nach einem authentisch französischen Abend sucht, könnte kaum eine bessere Adresse finden.

Stuttgarter Platz 18, Di–So 18–2 Uhr, Küche bis 23 Uhr, Tel. 31 80 07 12, www.lamazere.de
€€€

Le Petit Royal

FRANZÖSISCH Für ihr erstes Restaurant außerhalb von Mitte haben Moritz Estermann, Stephan Landwehr und Boris Radczun das gemacht, was sie seit der Eröffnung des Grill Royal vielleicht am besten können: Räume inszenieren. Elegant, originell, voll mit Kunst, aber keinesfalls weihevoll. Die Speisekarte ist eine Art Best-of Grill Royal mit französischen Akzenten. Wer das große kulinarische Abenteuer sucht, ist anderswo sicher besser aufgehoben – einen eleganten Charlottenburger Abend aber kriegt man nirgendwo schöner hin als hier.

Grolmanstraße 59, Di–Sa 18–0 Uhr, Tel. 330 06 07 50, www.lepetitroyal.de
€€€€

Lon Men's Noodlehouse

PANASIATISCH Das Lokal selbst mag eher pragmatisch eingerichtet sein, aber die authentischen Nudelsuppen in zwei unterschiedlichen Größen und diversen Variationen (zum Beispiel mit krossen Schweineohren oder eher berlinerisch mit knuspriger Schweinshaxe) lohnen sich immer. Zudem sollte man die taiwanesischen Dim Sum unbedingt einmal probieren. Nicht abschrecken lassen, wenn im Noodlehouse mal wieder alle Tische besetzt sind: Gerade zur Mittagszeit wechseln die Gäste schnell, wobei der Chef des Hauses nie den Überblick verliert: Berlins bestgeölte Straßenküchen-Institution.

Kantstr. 33, Mi–Mo 12–22 Uhr, Tel. 31 51 96 78, lon-mens-noodle-house.business.site
€

Lubitsch

FRANZÖSISCH Im eleganten, fast nostalgischen Ambiente fühlen sich Lokalprominenz, Geschäftsleute, Kiezpublikum und Touristen gleichermaßen wohl. Die Karte weiß um die Sehnsucht der Menschen nach sentimentalen Leibgerichten wie Kalbsfleischpflanzerl, Königsberger Klopsen oder einem auf der Haut gebratenen Zanderfilet. Die saisonale Wochenkarte kennt indes auch den kulinarischen Zeitgeist. Aber wie das eben so ist mit den Institutionen, wird das Lubitsch von seinen Stammgästen vor allem für seine Verlässlichkeit geliebt.

Bleibtreustraße 47, tgl. 12–0 Uhr, Tel. 88 62 66 60, www.lubitsch-restaurant.de
€€€

Madame NGO

VIETNAMESISCH, FRANZÖSISCH Dieser Ableger der umtriebigen Kuchi-Familie um den Berliner Gastronomen The Duc Ngo war einmal angetreten, um eine frankophile Brasserie-Küche mit der vietnamesischen Phó-Kultur zu verschwestern. Allerdings waren die Phó so gut, dass man sich inzwischen auf die mindestens zwölf Stunden im Hundertlitertopf köchelnden Suppen fokussiert. Wir finden: Es sind die besten der Stadt.

Kantstraße 30, tgl. 12–22 Uhr, Tel. 60 27 45 85, www.madame-ngo.de
€€

Mädchenitaliener Charlottenburg

ITALIENISCH Die Transformation einer Institution, nicht weniger hat Silke Opladen gewagt. Und aus dem nicht nur an feuchtfröhlichen Berlinale-Abenden beliebten Florian einen Ableger ihres erfolgreichen Mädchenitalieners in Mitte gemacht. Das Konzept hier wie dort: eine intuitive Wohlfühlküche. Exemplarisch die Tagliatelle con Fico mit frischen Feigen, Fenchelsalami, Honig, Mohn, Pinienkernen und Grana Padano. Wer es weniger süß mag, wählt die Spaghetti mit salzigen Kapern und gedünsteten Sardellen. Zum bewusst nie authentisch italienischen Konzept passen Weine, die gern aus Opladens Heimat kommen, vom Bodensee.

Grolmanstraße 52, Mo–Sa 18–23 Uhr, Tel. 23 53 53 69, www.lebar-restaurant.de
€€€

Marjellchen

DEUTSCH Die Klassiker der Küche sind die traditionellen Königsberger Klopse und das Schlesische Himmelreich: Geräucherter Schweinebauch auf in Rotwein gekochtem Backobst – jeweils mit reichlich Lokalkolorit. Zur Verdauung empfehlen wird die Schnäpse Machandel oder Samländer aus der Destillerie Wiersbitzki. Deren Familiengeschichte gibt es zur Speisekarte gratis dazu. In einschlägigen Internetportalen wird das Marjellchen – jüngst haben Danijel und Saskia Kozul das ostpreußische Traditionslokal übernommen – längst als das typischste aller Altberliner Lokale gefeiert. Das mag stimmen, in vielerlei Hinsicht.

Mommsenstraße 9, Mi–So 16–20 Uhr, Tel. 883 26 76, www.marjellchen-berlin.de
€€

Masala

INDISCH Unweit des Lietzensees bietet dieses überraschend zurückhaltend dekorierte indische Restaurant eine große Auswahl an durchaus authentisch zu nennenden Spezialitäten – vom Chicken Kohlapuri (für Freunde der scharfen Curry-Gerichte) oder Scampi Tikka (für Tandooriofen-Fans) bis zum Malai Kofta (für Vegetarier). Die noch immer schwierige Suche nach einem guten indischen Restaurant in Berlin kann hier zumindest für einen geschmackvollen Abend unterbrochen werden.

Friedbergstraße 38, tgl. 12–23 Uhr, Tel. 48 48 17 87, www.restaurant-masala.de
€€

Mine & Wine

ITALIENISCH In der Meinekestraße 10 findet sich ein russischer Italiener mit einer fabelhaft fokussierten Produktküche. Der „russische Jamie Oliver" – das ist Aram Mnatsakanov, erfolgreicher Fernsehkoch und Gastro-Unternehmer in den GUS-Staaten. Um die Berliner Dependance kümmert sich sein Sohn Mikhail Mnatsakanov. Der setzt auf exzellente Grundprodukte und ihre naheliegende Zubereitung. Hausgemachte Tortellini, gefüllt mit Burrata und überhobelt mit Wintertrüffeln. Der Steinbutt ist mit Kapern, Oliven und Tomaten fast schon aufreizend traditionell interpretiert. Er und die Pasta-Gänge verbreiten intuitiv das Gefühl, beim besten und lässigsten Italiener der Stadt gelandet zu sein.

Meinekestraße 10, tgl.17.30–22 Uhr, Tel. 88 92 63 63, www.minerestaurant.de
€€€€

Momiji

JAPANISCH Nördlich der Kantstraße versteckt sich ein kleiner, besonderer Laden: Das Momiji bringt die Regionalküche Osakas auf ein paar wenige Tische. Die Takoyaki, ein typischer Street-Food-Snack, sind das Signaturgericht: mit Oktopus gefüllte Teigbällchen, garniert mit Bonitoflakes. Sie schmecken auf eine warme Art authentisch, wie die Küche im Momiji überhaupt nach dem schmeckt, was man japanische Hausmannskost nennt. Exemplarisch dafür auch die vollmundige, beeindruckende Rettichsuppe. Dazu passen die guten, erfrischenden Tees.

Bleibtreustr. 52, Mo–Sa 12–15 u. 18–22 Uhr, Tel. 0162-750 91 69, www.mo-mi-ji.com
€€

NENI Berlin

ISRAELISCH, LIBANESISCH Die Aussicht von der Dachterrasse im 10. Stock des Bikini Berlin ist spektakulär. Und das Essen in dem von Haya Molcho, einer Wienerin mit israelischen Wurzeln, konzeptionierten Trendlokal beinahe Nebensache. Serviert werden mediterrane und orientalische Gerichte – vom obligatorischen Hummus über das Pastrami-Sandwich bis zur Lammschulter – unkompliziert und in durchgehend solider Qualität. Am besten kommt man mit vielen Freunden her und teilt sich die Gerichte von den großen Etageren.

Budapester Straße 40, Mo–Fr 6.30–10.30 u. 12–23 Uhr, Sa+So 7–11.30 u. 12.30–23 Uhr, Tel. 12 02 21 20 0, www.25hours-hotels.com/de/bikini/restaurant/neni-berlin.html
€€

Nu

PANASIATISCH Das moderne, beinahe poppige Restaurant, das jüngst neue Lichtsäulen und eine neue Deckenbeleutung bekommen hat, setzt auf fernöstliche Küche und mehr noch auf ihre für europäische Gaumen abgestimmte vollmundige Interpretation. Probiertipp: Scampis mit Kräuter-Limetten-, Ingwer- und hausgemachtem Aioli-Dip, gebratenen Nudeln, Duftreis und Wokgemüse. Oder die Ente in der hauseigenen Whiskey-Sauce. Und falls es etwas mehr Fleisch sein darf, empfiehlt sich der Hongkong-Burger mit 200 Gramm Bio-Rindfleisch, Süßkartoffel und vier Dips. Zudem gibt es eine wechselnde „Nu Taste"-Karte mit Spezialitäten.

Schlüterstraße 55, Mo–Fr 12–0 Uhr, Sa+So 13–0 Uhr, Küchenschluss 23 Uhr, Tel. 88 70 98 11, www.nu-eat.de
€€

Nußbaumerin

ÖSTERREICHISCH Für manche ist die Nußbaumerin ja der beste Österreicher der Stadt, was wir ganz unbedingt unwidersprochen lassen. Als kleine Sprachhilfe ist der alpenländischen Speisekarte ein deutsch-österreichisches Wörterbuch beigelegt, in dem man in stilvoller Wohnzimmer-Atmosphäre stöbern kann. Die beliebtesten Klassiker der Speisekarte – Wiener Schnitzel und Backhendl – kann man auch ohne Wörterbuch bestellen. Und beim Marillenknödel mit Butterbröseln geht Probieren über Studieren.

Leibnizstraße 55, Di, Fr 17–0 Uhr, Mi 16–0 Uhr, Do 17–23.30 Uhr, Sa 16–23.30 Uhr, Tel. 50 17 80 33, www.nussbaumerin.de
€€

Ottenthal

ÖSTERREICHISCH Säulen und Mozartbüsten, freundlich-versierte Kellner. Dazu eine sehr gute österreichische Küche auf hohem Niveau, die neben den beliebten Klassikern wie einem Wiener Schnitzel und Zwiebelrostbraten vom trockengereiften Irish Hereford Rind durchaus auch zunehmend mit Raffinesse begeistert: Carpaccio vom Stör etwa oder Pastete vom Brandenburger Hirsch mit kaltgerührten Wildpreiselbeeren. Neu auf der Karte ist ein veganes Schnitzel ohne Soja, Seitan oder Tofu. Platz lassen sollte man für den Baumkuchen aus eigener Herstellung. Kurz: Die handwerkliche, Bio-zertifizierte Produktküche des Ottenthals kocht längst weit über die Alpenrepublik hinaus.

Kantstraße 153, tgl. 12 bis ca. 0 Uhr, Küchenschluss 21.30 Uhr, Lunch tgl. 12–15 Uhr, Tel. 313 31 62, www.ottenthal.com
€€

Pan Degli Angeli

ITALIENISCH Ein Stück echtes West-Berlin, allerdings auf sehr italienische Art: laut, lebendig – und oft sehr voll. Neben der Atmosphäre und den souveränen Kellnern lockt vor allem die Küche des Pan Degli Angeli: gutes Rindercarpaccio, klassische Steinofenpizzen, gehobene Fischauswahl, durchdachte Weinkarte. An warmen Tagen wird der große Außenbereich am Stuttgarter Platz zur belebten Piazza.

Stuttgarter Platz 20, tgl.16–23 Uhr, Tel. 36 41 26 27, pandegliangeli.de
€€

Papaya

THAILÄNDISCH Die meisten Spezialitäten im Papaya stammen aus Isaan, einer Region im Nordosten Thailands, deren Küche sich durch ihre Schärfe und säuerliche Geschmacksvarianten auszeichnet. Vorsichtshalber ist der Schärfegrad der einzelnen Gerichte auf der Karte mit Chilischoten gekennzeichnet. Die Authentizität der Küche wird auch vom thailändischen Publikum des Restaurants geschätzt. Letzteres mag ein Klischee sein, es bürgt aber noch immer verlässlich für die Qualität eines Ladens.

Kantstraße 122, tgl. 12–21 Uhr, Tel. 31 99 75 72, www.papaya-service.de
€€

Paris Bar

FRANZÖSISCH Gäbe es ein Restaurant in dieser Stadt, an dessen legendärem Ruf die Qualität der Speisen so gut wie gar keinen Anteil haben, wäre es wohl Michael Würthles Paris Bar, die Mutter aller modernen Berliner Künstlerlokalitäten. Dass man unter der ikonografischen Leuchtfassade dennoch mehr als passabel essen kann, und zwar süddeutsch und französisch, sei dennoch unbedingt erwähnt. Die Künstler:innen im Publikum sind mit den Jahren weniger geworden, die Prominenten nicht. Ein wichtiger Laden für diese Stadt und ihre Erzählungen.

Kantstraße 152, tgl. ab 12 Uhr, Tel. 313 80 52, www.parisbar.net
€€€

Piccolo Mondo

ITALIENISCH Das Piccolo Mondo bietet typisch italienische Küche in dezent folkloristischem Ambiente. Weshalb man das kleine Lokal für eines der vielen austauschbaren Ristorante dieser Stadt halten könnte. Entgehen würde einem dabei eine überdurchschnittliche Fischküche sowie die hausgemachten Taglierini mit frischem Parmesan und Trüffeln. Eine verlässliche Adresse ganz im Westen der Stadt.

Reichsstraße 9, tgl. 12–23 Uhr, Tel. 304 47 34, www.piccolo-mondo.de
€€

Prism

ISRAELISCH, MITTLERER OSTEN Für sein Restaurant hat sich Gal Ben Moshe durch die Aromen seiner israelischen Heimat und durch die Gemüseläden der Sonnenallee geschmeckt. Tahine statt Foie Gras, armenische Gurke statt französischem Trüffel, oder doch all das nebeneinander. Mit einem Holzkohlegrill für die Röstaromen am Lamm und am butterzarten Pulpo, mit selbstgepökeltem Kamel-Pastrami. Spektakulär erhitzt er den Fond zur Wachtel am Tisch im Syphon, um jedwedes Aroma aus den Knochen zu kitzeln. Spektakulär aber vor allem, wie einleuchtend und vollmundig seine Küche schmeckt.

Fritschestraße 48, Di–Sa 18–0 Uhr, Tel. 54 71 08 61, www.prismberlin.de
€€€

Rasas

INDISCH Rasas nennt man in Indien die sechs Geschmacksrichtungen, die beim Essen nicht fehlen dürfen: süß, sauer, bitter, herb, scharf und salzig. Im indischen Restaurant Rasas bezieht man das auf tatsächlich vollmundige Tandooris aus dem Lehmofen. Zum Nachtisch gibt es dann die Joghurtspezialität des Hauses: mit Pistazien und Safran.

Bayernallee 42a, tgl. 12–0 Uhr, Tel. 33 77 29 41, www.rasas-berlin.de
€€

Restaurant am Steinplatz

DEUTSCH, FRANZÖSISCH Confierter Stör, Blumenkohl, Wildkräuter, Berliner Bauchspeck: Die Idee des Restaurants am Steinplatz war von Beginn an stimmig, Fine Dining mit regionalen Bezügen, Berliner Küche mit mehr als nur einem Twist. Nach Nicholas Hahn steht nun Jean-Marc Komfort am Herd. Beeindruckend, wie präzise die Speisen ausgearbeitet sind, ohne sich dabei im Klein-Klein der Haute Cuisine zu verlieren. Man soll schließlich auch satt werden, im Magen wie im Kopf. Unter den sehr guten Hotelrestaurants Berlins ist es eines der wenigen, das sich mit weit ausgebreiteten Armen der Stadt geöffnet hat.

Steinplatz 4, im Hotel am Steinplatz, Dinner: Di–Sa ab 18 Uhr, Lunch: Mo–Fr 12–14.30 Uhr, Tel. 55 44 44 70 53, www.hotelsteinplatz.com
€€€

Roca

PANEUROPÄISCH Mit der Neuauflage des legendären Romanischen Cafés hatte es im Waldorf Astoria ja nicht so recht geklappt. Deshalb ist nach einem Umstyling nun das Roca eingezogen: ein weitläufiges Restaurant mit Croissants zum Morgen und saisonaler, mediterran-inspirierter Küche zu Lunch und Dinner. Beliebt ist das Clubsandwich mit Wildkräutern, Grillhuhn und Chorizo. Überhaupt hat dieses Restaurant seine großen Stärken in den kleinen Dingen.

Hardenbergstraße 28, im Waldorf Astoria, tgl. 11.30–23 Uhr, Küche 12–21 Uhr, www.waldorfastoriaberlin.com
€€

Rogacki

DEUTSCH, EUROPÄISCH Als Berliner ist man mit den Partyplatten von Rogacki aufgewachsen. Doch die vor fast 90 Jahren gegründete „Stadtküche" ist viel mehr als ein alteingesessener Caterer. Feinkost, bodenständiger Mittagstisch und eben auch eine Fisch-Oase mit Frisch- und Lebendfisch sowie eigener Räucherei. Immer auch saisonal aufgestellt, etwa mit der Matjessaison im Sommer.

Wilmersdorfer Straße 145/146, Di–Do 10–18 Uhr, Fr 9–18 Uhr, Sa 8–14 Uhr; Backstand Di–Sa ab 8 Uhr, Tel. 343 82 50, www.rogacki.de
€€

Sachiko Sushi Berlin

JAPANISCH Deutschlands erste Kaiten-Sushibar – wo die kleinen Platten und Tellerchen an einem vorbeischwimmen – gehört gleichzeitig zu den ältesten Sushiadressen der Stadt. Seit 1995 greifen die Gäste im „Glückskind" – so die Übersetzung von Sachiko – gern bei den köstlichen Tempurakreationen, Makis und Aal-auf-Lachs-Nigiris zu. Und wer noch tiefer ins Thema roher Fisch einsteigen will, kann einen Sushi-Kochkurs buchen.

Jeanne-Mammen-Bogen 584, Di–Sa 16–22 Uhr, Tel. 313 22 82, sachikosushi.com
€€

Saigon Green

VIETNAMESISCH Es ist laut, voll, aber es kommt keine Hektik auf. Die freundlichen Bedienungen wirbeln flink zwischen den schlichten, aber eleganten Holztischen hindurch. Die frische vietnamesische Küche des Saigon Green ist gut und beliebt. Die Küche versteht es, die Gerichte sehr ansprechend zu arrangieren. Die frittierten „Lucky Rolls" kommen etwa auf einem kleinen Gemüsebett, die Ente „Viet Set Hoisin" liegt mit duftenden Kräutern bedeckt auf einer angenehm scharfen Hoisin-Sauce.

Kantstraße 23, Mo–Sa 12–23 Uhr, So+Feiert. 13–23 Uhr, Tel. 0173-310 82 57, www.saigon-berlin.de
€€

THAILÄNDISCH

Pad Thai oder lieber Som Tam? Thailändische Küche von Streetfood bis Fine Dining ist für Berlin mittlerweile eine Art Heimatküche

KIN DEE (Foto)

Stilsicher: Dalad Kambhu und ihr Team halten nicht nur das gewohnt hohe Niveau, sondern entwickeln sich kontinuierlich weiter: thailändisches Fine Dining, das mit beiden Beinen auf Brandenburger Äckern steht.

Lützowstraße 81, Tiergarten, www.kindeeberlin.com

KHAO TAAN

Essen wie bei einer thailändischen Familie – dieses Ziel verfolgt Gaan Kitsophon in seinem Friedrichshainer Lokal. Menüs zum Teilen, Naturweine und wunderbare Drinks.

Gryphiusstraße 10, Friedrichshain, www.khaotaan.com

SAMAKKEE TALAD THAI

Das Samakkee Talad Thai erinnert vom Interieur an eine Kantine, aber es ist garantiert die aromenintensivste Kantine, die Berlin zu bieten hat. Som Tam, der traditionelle Papayasalat Thailands, gehört zu den besten der Stadt.

Kaiser-Friedrich-Straße 41, Charlottenburg, www.facebook.com/SamakkeeTaladThai

THAI ART

Fans der „Thaiwiese" erkennen Siliya Rothert wieder: Im Sommer findet man ihren Suppenstand im Park. An allen anderen Tagen bietet sie ihre „Boat Noodle Soup" in einem kleinen Wilmersdorfer Bistro an.

Berliner Straße 42a, Wilmersdorf, www.thaiart-berlin.de

THAIPARK

Keine Aufzählung thailändischer Küche in Berlin wäre komplett ohne den Thaimarkt im Preußenpark: Seit diesem Jahr ist der wilde Markt offiziell anerkannt, bis 2022 soll zusätzlich ein dazugehöriger Multifunktionsbau entstehen.

Fehrbelliner Platz, Eingang: Brandenburgische Straße, Wilmersdorf, www.thaipark.de

PAPAYA

Isaanspezialitäten, die sich durch das Zusammenspiel aus Schärfe und Säure auszeichnen. Vorsichtshalber ist der Schärfegrad der einzelnen Gerichte auf der Karte mit Chilischoten gekennzeichnet.

Kantstraße 122, Charlottenburg, www.papaya-service.de

LARB KOI THAI HOME COOKING

Kurz nach Eröffnung konnte man abends kaum einen Tisch im unprätentiösen Restaurant erhaschen, doch auch mittags empfiehlt sich ein Besuch. Unbedingt die aromatischen Currygerichte probieren!

Krossener Straße 15, Friedrichshain, larb-koi-thai-home-cooking.business.site

MAE CHAROEN

Wer in Neukölln Lust auf thailändische Küche hat, kommt am kleinen Mae Charoen nicht vorbei: intensiv-würzige Tom-Yum-Suppe, Massaman-Curry, gebratene Gerichte und herrlich scharfe Salate.

Sonnenallee 134, Neukölln, sonnenallee-thai.food.blog

Schnitzelei

DEUTSCH Wie der Name nahelegt, gibt es hier Schnitzel und das reichlich. Und zwar nicht nur Wiener Art, sondern auch ohne Panade oder auch mal gerollt. Wem das zu viel des Schnitzels ist, der sollte die deutschen Tapas probieren – eine weitere Spezialität des Hauses: In kleinen Schälchen werden Klassiker wie Buletten, Königsberger Klopse oder Currywurst serviert. Keine wirklich neue Idee, aber eine verlässlich leckere, wie wir finden. Die Schnitzelei hat auch eine Dependance in Mitte (Hinterhof erreichbar über Chausseestr. 8 oder Novalisstr. 11, Mo–Sa 16–24 Uhr, So 12–22.30 Uhr).

Röntgenstraße 7b, Mo–Fr 16–0 Uhr, Küche bis 23 Uhr, Sa+So 12–0 Uhr, Tel. 34 70 27 77, www.schnitzelei.de

€€

Serrano

PERUANISCH Die peruanische Küche hatte sich zuletzt ja zu einem Liebling des kulinarischen Berlins gemausert. Wer schmecken möchte, wie das alles angefangen hatte, zumindest in Berlin, der sollte unbedingt mal ins Serrano gehen, den dienstältesten der guten Peruaner dieser Stadt. Und dort unbedingt peruanische Klassiker probieren, Quinoa-Kroketten mit Avocado etwa und natürlich Adlerfisch-Ceviche, das peruanische Nationalgericht. Qualitätsstabiler Klassiker.

Pfalzburger Straße 83, Di–Sa 17–23 Uhr, Tel. 88 92 92 44, www.restaurante-serrano.de

€€

Tak Kee

CHINESISCH Die Küche des Tak Kee bietet eine schöne Auswahl an Gerichten, die ihren Ursprung in Hongkong haben. Die südchinesische Küche ist nicht ganz so scharf wie die der Chinesen im Norden. Die Wan-Tan-Suppe lohnt sich, ebenso die gebratenen Garnelen mit Brokkoli oder der frisch gegrillte Schweinebauch. Und wenn es einmal kalt ist in Berlin, empfehlen wir die im Tontopf gegarten Gerichte.

Wilmersdorfer Straße 79, Di–So 12.30–22 Uhr, Tel. 31 80 62 88

€€

The Catch

2020: TOP 15 ABENDS, PLATZ 20

JAPANISCH Willkommen im The Catch, dem weitgereisten Restaurantwurf des lettischen Gastronomen Alexander Slobine. Wie schon in Riga folgt dabei auch die Berliner Dependance dem Izakaya-Trend, es zitiert und inszeniert die Kultur der traditionellen japanischen Kneipen, in denen man ganz fabelhaft essen kann. Ein Gastro-Pub mit Sake statt Craft Beer sozusagen. Und mit schickem Design und nicht minder schicken jungen Gästen. Herausragende Produktqualität, nicht nur bei den roh oder kalt gegart servierten Fischen und Meeresfrüchten.

Bleibtreustraße 41, So–Do 17–21 Uhr, Fr 17–21.15 Uhr, Sa 17–22 Uhr, Tel. 0175-222 00 95, www.thecatch.berlin

€€€

Windburger NEU

NORDAMERIKANISCH „Der beste Burger Kreuzbergs", ruft uns ein Kollege zu, als wir über Windburger sprechen – leider muss der nun etwas weiter fahren, die Filiale ist seit kurzem dicht (und sein und unser Herz etwas gebrochen). Wir lieben alle Burger, aber müssen zugeben, dass diese Char-

Foto: F. Anthea Schaap

lottenburger Burgerbraterei wirkliche Meister der Kunst des unanständigen Genusses sind. Für maximale Völlerei empfehlen wir den Chili-Cheese-Burger, keine Frage! Dafür lohnt sich für Kreuzberger auch der Weg nach Charlottenburg.

Windscheidstraße 26, Mo–Sa 12–22 Uhr, windburger.de
€

IMBISS

Die Stulle

PANEUROPÄISCH Wer am Savignyplatz Hunger bekommt und ausnahmsweise keine asiatische Suppe essen möchte, sollte sich hier eine Stulle gönnen. Der Name des Lokals ist kokettes Understatement angesichts der ausgesprochen kulinarischen Kreationen: Das geröstete Walnussbrot kommt beispielsweise mit Avocado, porchierten Eiern, Parmesan und hausgemachtem Dressing daher. Und soll es einmal nichts Herzhaftes sein, können wir auch die Pancakes empfehlen.

Carmerstraße 10, Mi–Mo 9–17.30 Uhr, Tel. 31 17 94 03, www.die-stulle.com
€€

Heno Heno

JAPANISCH Charlottenburg ist bekannt für seine vielen Asiaten. Auch für die vielen guten. Und zu denen zählen wir ganz unbedingt auch den auf den ersten Blick unscheinbaren Imbiss-Japaner Heno Heno. Große Auswahl an Suppen-, Reis- und Rindfleischgerichten, die sich zumeist an der herzhaften japanischen Hausmannskost orientieren. Zum Essen ein Muss: die Henonade, eine hausgemachte Ingwerlimonade mit Honig und Zitrone.

Wielandstraße 37, Mo–Fr 12–22 Uhr, Sa 13–22 Uhr, Tel. 66 30 73 70, www.henoheno.de
€€

Kantini

EUROPÄISCH, AMERIKA Kantini Berlin heißt die 1.800 Quadratmeter große Street-Food-Etage, die Touristen, Mittagspäuslern und der ganzen Stadt schmecken soll. Wir freuen uns auf Ableger von Lieblingsläden wie The Dawg und Djamalaya, werden aber auch das Clean-Eating-Konzept Frai probieren – gleich nach einer Wurst der Berlin Curry Company. Zudem regelmäßig wechselnde Popup-Küchen – und eine Panorama-Terrasse über dem Berliner Zoo.

Budapester Straße 38-50, im Bikini-Haus, Mo–Sa 9–21 Uhr, www.bikiniberlin.de/de/kantini
€€

Karun Bistro

PERSISCH Köfte – übersetzt heißt es so viel wie Gestampftes, also grob gewolftes Lamm – ist auch ein Alltagsgericht der persischen Küche. Wir schätzen dafür diesen Laden in der sonst so asiatischen Kantstraße. Weitere Filiale in der Pestalozzistraße.

Kantstraße 36, tgl. 11–23 Uhr
€€

Koshary Lux

ÄGYPTISCH Koshary, das ist das ägyptische Nationalgericht: Reis, Makkaroni, Linsen, Kichererbsen, dazu eine Zitronen-Knoblauchsauce (Daa'a) oder eine würzige Chilisauce (Shatta). Und vor allem: unglaublich aromatische karamellisierte Zwiebeln. Die ägyptische Alltagsküche des gleichnamigen Ladens am Savignyplatz nährt sich aus der Alltagsküche Ägyptens und der erweiterten kulinarischen Nachbarschaft. Zum Nachtisch sollte man unbedingt die Mehalabya, einen mit Rosenwasser und Pistazien aromatisierten Milchpudding, probieren.

Grolmanstraße 27, zur Zeit Mo–Sa 17.30–22.30 Uhr, Tel. 81 40 61 90, www.klx-kosharylux.com
€€

Rüya Gemüse Kebap

TÜRKISCH, MITTLERER OSTEN Der Name führt ungeübte Kebab-Kund*innen in die Irre: Dieser Gemüse-Döner vom Ernst-Reuter-Platz ist ein Hähnchen-Döner. Und zwar einer der besten Berlins.

Otto-Suhr-Allee 19, Mo–Fr 11–20 Uhr, Sa 11.30–21 Uhr, bei Facebook: Rüya Gemüse Kebab
€

Son Kitchen

KOREANISCH, NORDAMERIKANISCH Bulgogi-Beef trifft auf Burger, Fritten auf Kimchi: Das Streetfood-Imperium Son Kitchen bringt das Beste aus zwei lustvollen Fastfood-Geschmackswelten zusammen, garniert mit Charlottenburger Realness und herzlicher Hiphop-Attitüde. Vor einem kleinen Fenster auf der Kantstraße, hinter dem sich ihre Küche verbirgt, drängen sich zur Mittagszeit hungrige Fans für Bibimbap, Kimchi Tacos und Burger. Dazu sollte man unbedingt eine koreanische Limonade oder Soju trinken und sich nach Seoul wähnen.

Kantstraße 46, tgl. 11.45–22.15 Uhr, Tel. 22 47 44 44, www.sonkitchen.de
€

The Dawg

NORDAMERIKANISCH Der Berliner Sternekoch Björn Swanson, ehemals Golvet, jetzt mit eigenem Laden Faelt in Schöneberg, definiert den Hot Dog neu – mit frischgebackenen Brötchen nach eigener Rezeptur und durchaus mal ausgefallenen Zutaten wie Pulpo oder Kimchi. Und das an einem der schönsten Plätze im Bikini Berlin: Der Blick fällt direkt in den Berliner Zoo und auf die West-Berliner Skyline. Ein wahrlich heißer Laden.

Budapester Straße 38-50, im Bikini Berlin, 2. OG, Mo–Sa 11–20 Uhr, Tel. 13 89 43 00, www.thedawg.de
€

Weiß-Blau

DEUTSCH Donnerstags gibt es hausgemachten Obazda und alle 14 Tage mittwochs frisches Sauerteiggewürzbrot aus Oberfranken. Boris Priebe offeriert in seinem Feinkostladen mit Imbiss bayerische Schmankerln von kleinen Herstellern zum Großteil aus seiner Heimat Oberpfalz. Aber auch Käse aus dem Allgäu und vom Tegernsee sowie an die hundert Biere von kleinen Brauereien sind im Angebot.

Knobelsdorffstraße 37, Mo–Mi 11–19 Uhr, Do–Fr 11–20 Uhr, Sa 11–15 Uhr, Tel. 36 41 01 63, www.weiss-blau-berlin.de
€€

What do you fancy love? West Berlin NEU

Das hippe Selbstbedienungslokal überzeugt mit hausgemachten, gesunden Mahlzeiten und Shakes. In sehr einfacher, aber stilvoller Einrichtung kann man hier zudem frisch gepresste Säfte und Smoothies in diesem Klassiker in Berlin schlürfen. Dabei sind der Detox Me und der Sex Bomb besonders empfehlenswert. Wer wirklich nur für eine saftige Erfrischung kommt, der ist hier genau richtig.

Knesebeckstraße 68/69, Mo–Fr 8–18 Uhr, Sa+So 9–18 Uhr, www.whatdoyoufancylove.de
€€

BARS & KNEIPEN

Alto Adige

WEINBAR Alto Adige, das ist der italienische Name für Südtirol – der Heimat von Werner Frisch, der diese Delikatessen-Bar am Stuttgarter Platz eröffnet hat. Es gibt Weine aus Südtirol und handwerklichbäuerliche Kleinigkeiten zu essen. Freitagabends wird von 17 bis 20 Uhr die Kultur des Aperitivos-Drinks und der Häppchen von und vor der Bar gepflegt. Unsere Weinempfehlungen: ein Gewürztraminer von der Kellerei Andrian oder der Blauburgunder von Hofstätter. Dazu Schüttelbrot, Speck und Bergkäse.

Windscheidstraße 22, Di – Fr 16–23 Uhr, Sa 14–23 Uhr, Tel. 23 53 54 40, www.altoadigetagesbar.eatbu.com
€€

Bar am Steinplatz

2021: TOP 10 NACHTS, PLATZ 5

COCKTAILBAR Durch den eigenen Eingang kommt glücklicherweise kein Hotel-Feeling auf. In modernem Design werden kreative Drinks gemixt, die konsequent mit einheimischen Zutaten spielen und saisonal wechseln. Die Besonderheit: Alle Drinks sind farblos und klar, alle werden im gleichen Glas serviert. Aufschluss gibt nur die Garnitur oder das Foodpairing. Spirituosen aus der Region, originelles Barfood und kompetent kuratierte Biere runden das Erlebnis ab. Was hingegen fehlt: der andernorts omnipräsente Gin. Am Steinplatz arbeitet man stattdessen mit einem deutschen Klassiker, dem Doppelwacholder. Kurzum: eine herausragende Bar.

Steinplatz 4, im Hotel am Steinplatz, tgl. ab 16 Uhr, Tel. 55 44 44 60 54, www.barsteinplatz.com
€€

Bar Zentral

COCKTAILBAR Langsam kreisen die Ventilatoren über dem langen Tresen. Vis-à-vis vom Theater des Westens wählten zwei ehemalige Bartender der bewährten Green Door Bar ihr neues Domizil in einem der gemauerten S-Bahnbögen. Dessen Backsteingewölbe überspannt die so gediegene wie industriekulturelle Atmosphäre der American Bar, die klassische Drinks für ein erwachsenes Publikum in entspanntem Rahmen bietet. Cognac, Whiskey und Champagner prägen die Auswahl, edle Spirituosen verbergen sich im riesigen schwarzen Rückbuffet. Unter den besten Bars dieser Stadt eine sehr besondere. Rauchen erlaubt.

Lotte-Lenya-Bogen 551, tgl. ab 17 Uhr, Tel. 37 43 30 79, www.barzentral.de
€€

Bierothek

BIERBAR Der arg karg möblierte Laden ist die Pilotbar der German Craft Beer Group, die deutschlandweit bereits ein ganz ähnliches systemgastronomisches Konzept betreibt. Bierothek nennen sich die Bier-Boutiquen des in der Bietmetropole Bamberg beheimateten Unternehmens. Warum die erste Bierobar nun ausgerechnet in Berlin zuhause ist? Nun, Berlin ist gegenwärtig die europäische Craft-Beer-Metropole. Aber umgekehrt heißt das eben auch, dass an der Spree niemand auf ein Vapiano für Craft Biere gewartet hat. Bleibt zu hoffen, dass Bierfreak Mike MacLafferty seine Bierobar mit eigenen Geschichten zu füllen weiß.

Leibnizstraße 59, Mo–Mi 14–22 Uhr, Do+Fr 14–0 Uhr, Sa 12–0 Uhr
€

Dicke Wirtin

KNEIPE Die Dicke Wirtin am Savignyplatz ist einer der letzten Leuchttürme der Berliner Kneipenkultur mit guter Bierauswahl und klassischer Kneipenküche zu günstigen Preisen: Schmalzstullen zum Selberschmieren, Buletten, Eintöpfe. Kiezpflanzen sitzen hier ebenso wie sangesfreudige Touristen oder Geschäftsleute, die im Schlips reinrauschen, um die Fußballübertragung nicht zu verpassen.

Carmerstraße 9, tgl. ab 11 Uhr, Tel. 312 49 52, www.dicke-wirtin.de
€

Diener-Tattersall

PROMIKNEIPE/HAUSMANNSKOST Benannt wurde das mehr als 100 Jahre alte, bodenständige Lokal nach dem Boxer Franz Diener, ein Konkurrent Max Schmelings, der den Ort zum Nachkriegstreffpunkt für Künstler, Sportler und Journalisten machte. Davon zeugen unzählige signierte Fotos an den Wänden. Mit etwas Glück trifft man immer noch Prominenz, die sich an deutscher, pfälzischer und österreichischer Hausmannskost erfreut.

Grolmanstraße 47, Mo–Sa ab 18 Uhr, Tel. 881 53 29, www.diener-berlin.de
€€

Galander

COCKTAILBAR Hinter dem Schaufenster eines ehemaligen Rotlicht-Lokals findet sich die Bar von Dominik Galander, der sich bereits mit der gleichnamigen Bar in Kreuzberg als Cocktail-Connaisseur bewiesen hat. In gediegenen Ledersesseln lümmeln sich Barflys jedes Alters und unterschiedlichster Nationalitäten. Und das stilvolle Rückbuffet dieser fast schon nostalgischen Bar ist so überbordend voll mit hochwertigen Spirituosen wie manch ein Gast zu sehr später Stunde.

Stuttgarter Platz 15, tgl. 18–2 Uhr, Tel. 36 46 53 63, www.galander-berlin.de
€€

Grace Bar

COCKTAILBAR Die schicke Grace Bar im Hotel Zoo ist Anlaufpunkt für hippe West-Berliner, Zugereiste und Reisende, also Touristen. Schwerpunkt der Bar: Klassiker der 1920er- und 1950er-Jahre, die mit hauseigenen Infusionen und hochwertigen Spirituosen bereitet werden. Der „Senora Guavarita" kommt mit Mezcal Meteoro und Guave, der „The Last Word - 1920s Detroit - 2017" spielt mit Bombay Dry Gin, Chartreuse Verte und weißer Schokolade.

Kurfürstendamm 25, im Hotel Zoo Berlin, Do–Sa 19–3 Uhr Dachterrasse Mai bis Sept., Tel. 88 43 77 70, www.grace-berlin.com
€€€€

Hawker NEU

2022: TOP 5 NACHTS, PLATZ 3
BAR & KITCHEN Besprechung siehe Seite 47

Schlüterstraße 75, hawkerbarandkitchen.de
€€

Hildegard Bar

COCKTAILBAR Die Dame Hildegard war eine Institution im Gesellschaftsleben Berlins und salonkulturelle Hausherrin in eben dieser Marburger Straße 3. Hinterm Tresen wirkt Thomas Pflanz, einer der profiliertesten Barmänner und charmantesten Gastgeber Berlins. Er prägte die Lützowbar, die erste moderne Cocktailbar der Stadt, und kreierte etwa den „Watermelon Man". Nun verwirklicht er seine Vision einer eigenen Bar mit „Poetry Drinks", die er Charles Bukowski oder Klaus Kinski widmet. Unter den besten Bars der Stadt ist die Hildegard Bar die persönlichste.

Marburger Straße 3, Di–Sa 18–2 Uhr, Tel. 21 96 32 83, www.hildegardbar-berlin.de
€€

House of Gin

COCKTAILBAR Ledersessel, Jazzmusik und 150 Sorten Gin aus aller Welt (und aus Berlin) im Hotel Palace Berlin im Europa Center. Pur oder in gepflegten Drinks, die gerne nach einem entdeckungsdurstigen Gespräch mit dem Gast und nach dessen Vorlieben gemixt werden. Klassiker gibt es natürlich auch. Das House of Gin – und die dortige Stay-Gold-Reihe – hat das Hotel Palace Berlin endlich wieder auf den kulinarischen Stadtplan geholt. Eine freudige Wiederentdeckung.

Budapester Straße 45, im Hotel Palace Berlin, Do–Sa 18–23 Uhr, Küche bis 22 Uhr, Tel. 25 02 10 40, www.palace.de
€€€

Monkey Bar

COCKTAILBAR Der Blick über den Zoo oder auf den Breitscheidplatz ist vom 10. Stock des Bikini Berlin aus sensationell. Passendes Südseefeeling findet sich in den Gläsern, da die Tiki-Kultur Polynesiens zahlreiche Drinks inspiriert. Loungige Möbel, kuriose Holztische und viele Kissen sorgen für ein durchaus gemütliches Ambiente. Auch, weil die Monkey Bar eigentlich immer voll ist. Was an der exponierten Lage liegt – und der Tatsache, dass sie eigentlich in keinem Reiseführer fehlt: dort trinken, wo andere Urlaub machen.

Budapester Straße 40, im 25hours Hotel, So–Do 18–0.30 Uhr, Fr+Sa 18–2 Uhr, Tel. 120 22 12 10, www.25hours-hotels.com/de/bikini/restaurant/monkey-bar.html
€€

Union Jack

WHISKEYBAR 401 Sorten Whisky, so lautete die Botschaft dieser Institution für Whisky-Liebhaber schon während der vergangenen Jahrzehnte. Nach der Übernahme durch Uwe Wagmüller, der in Schöneberg bereits das Fachgeschäft „Finest Whisky" betreibt, ist das Union Jack endgültig die Whisky-Institution Berlins. Behutsam modernisierte der Neu-Gastronom den alterwürdigen Pub. Junge und alte Fans freuen sich seitdem auf ein frisches Newcastle vom Fass und natürlich die Spezialitäten und Raritäten aus dem Spirituosen-Fundus des Wirts.

Schlüterstraße 15, Mo–Fr 19–0 Uhr, Sa 15–0 Uhr, So 18–0 Uhr, Tel. 312 55 57, www.unionjack-berlin.de
€€

Wilhelm Hoeck

ALTBERLINER KNEIPE Eine ehrwürdige Kneipe, in der man auch speisen kann. Etwa die wirklich tadellose Hoeck'sche Bratwurst, die das Traditionslokal nach eigener Rezeptur produzieren lässt. Für die einfache, ehrliche Küche wie Klopse, Kohlroulade und Bulette werden tatsächlich regionale und saisonale Produkte verwendet. Eine ehrliche Haut.

Wilmersdorfer Straße 149, tgl. 11–23 Uhr, Tel. 34 50 98 48, www.wilhelm-hoeck.de
€€

Wirtshaus Wuppke

KNEIPE Dieses Refugium der Altberliner Trinkkultur blickt auf eine bewegte Geschichte zurück. Jerry-Cotton-Erfinder Heinz Werner Höber erholte sich bei großzügigen Lokalrunden vom Schreibstress; Rio Reiser trank mit Verbündeten auf die Revolution. Heute nippen die Stammgäste in aller Ruhe am Bier, ziehen genüsslich an der Zigarette und palavern bei Zwiebelsuppe und Schmalzstulle, während in der Ecke ein Fernseher flimmert: Fußball natürlich.

Schlüterstraße 21, tgl. 13–23.30 Uhr, Tel. 31 50 92 17, www.wirtshaus-wuppke.de
€€

Zum Hecht

BIER Gepflegter Bierkonsum am „Stutti": alte Bilder, grüne Tapeten, Schirmlampen. Und ein Schild an der Wand: „Säufste – stirbste. Säufste nich, stirbste ooch. Also Säufste". So isses.

Kaiser-Friedrich-Straße 54, rund um die Uhr, Tel. 54 81 12 97, www.zum-hecht-berlin.de
€

Zwiebelfisch

KIEZGRÖSSE Der Zwiebelfisch ist ein einzelner Buchstabe aus einer anderen Schrift, der sich in einen im Bleisatz gesetzten Text verirrt hat. Ähnlich geht es dem Lokal, das da mitten im touristischen Charlottenburg für anscheinend überholte Werte steht: Gastfreundschaft, zumeist intelligente Kommunikation und faire Preise für bodenständige Küche, gute Biere und Weine. Hier treffen sich bekannte und unbekannte Schriftsteller, Kieztypen und alle, die dankbar dafür sind, dass auch zu späterer Stunde noch andere freundliche Menschen am Tresen sitzen.

Savignyplatz 7/8, tgl. 12–2 Uhr, Tel. 312 73 63, www.zwiebelfisch.de
€€

CAFÉ

Brot & Butter

Es gibt es noch, das gute Brot. Und in der Berliner Dependance des kuratierten Einzelhändlers Manufactum am Ernst-Reuter-Platz wird tatsächlich täglich frisch gebacken. Das Sauerteigbrot, und auch jenes mit Walnüssen, gehört zu den besten der Stadt. Es ist angenehm feucht und von toller Viskosität, sein Markenzeichen ist die dunkle, kräftige Kruste. Ebenso wunderbar: die handfesten Blech- und Rührkuchen.

Hardenbergstraße 4/5, im Manufactum Warenhaus, Mo–Sa 8.30–18 Uhr, Tel. 26 30 03 46, www.manufactum.de
€€

Café Benjamine NEU

2022: TOP 10 MITTAGS, PLATZ 4
Besprechung siehe Seite 24

Sensburger Allee 25, im Kolbe Museum, tgl. 10–18 Uhr, Tel. 23 59 25 03, www.cafebenjamine.de

Café im Literaturhaus

Literarische und nicht minder kulinarische Institution in einer der raren freistehenden Villen in der unmittelbaren Nachbarschaft des Kurfürstendamms. Ida Warych hat dort 13 Jahre gearbeitet, bevor sie das Café im Literaturhaus 2017 selbst übernommen hat, aus dem tiefen Wunsch heraus, dass doch das meiste so bleiben sollte, wie es war. Die süddeutsch und vor allem französisch grundierte Karte wurde behutsam modernisiert, die Käse kommen von Mâitre Philippe, die handwerklichen Weine von Viniculture, die Kuchen sind hervorragend. Mindestens so schön wie die Gründerzeitarchitektur ist der charmante Gastgarten.

Fasanenstraße 23, tgl. 9–0 Uhr, Frühstück ab 8 Uhr, warme Küche 11.30–23 Uhr, Tel. 882 54 14, www.literaturhaus-berlin.de
€€

Café Maitre Münch

Die Einrichtung mit den lila Wänden, bunten Gemälden und dunklen Tischen mag nicht jedermanns Sache sein, die Kuchenauswahl hingegen schon. Die ist nämlich üppig und sehr gut. Tartes mit Böden aus Mürbeteig, mal mit, mal ohne Mandeln, belegt mit Beeren, Feigen oder Mangos, Eclairs mit Eierlikör- oder Schokoladencreme, Macarons – alles in der Backstube hinter dem Lokal hergestellt von Maître Gerhard Münch.

Giesebrechtstraße 16, Di–Sa 10–18.30 Uhr, Tel. 0163-316 03 04, www.cafe-maitre-muench.de
€€

Gil Avnon Patisserie

Gil Avnon ist ein Patissier-Künstler, der schon im Hotel Dorchester in London gearbeitet hat. Sein Ziel ist es, „Patisserie-Produkte auf Premium-Niveau neu zu interpretieren, einzigartig zu präsentieren und vor allem mit höchstem Geschmack und Produktqualität zu produzieren." Dabei passt er die fast schon puristisch gestalteten süßen Köstlichkeiten jeweils saisonal an.

Schlüterstraße 71, Mi–Fr 12–18 Uhr, Sa, So, Feiert. 10–17 Uhr, Tel. 28 65 45 13, www.patisserie-avnon.de
€€

Granny Smith

Um die Ecke der Einkaufszone findet sich mit dem Granny Smith ein Saftladen im besten Sinne des Wortes. Es gibt Säfte, auch frischen aus dem Zuckerrohr gepresst, Smoothies, die auf Berliner Straßennamen hören, hausgemachte Limonaden und kleine Gerichte.

Stuttgarter Platz 2, Mo–Fr 7.30–19 Uhr, Sa 10–18 Uhr, Tel. 0176-62 13 59 51, www.granny-smith-coffee.de
€

Kaffeehaus Mila

Im gemütlich-modernen Ambiente kann das große Sortiment von Bio- und Fairtrade-Kaffee durchprobiert und dazu eine Zeitung studiert werden. Frisch gepresste Säfte, selbstgemachte Konfitüre und verschiedene Frühstücksangebote versüßen den Start in den Tag. Kurzum: eine sympathisch aus der Zeit gefallene Kaffeehaus-Alternative.

Grolmanstraße 40, tgl. 9–19 Uhr, Tel. 88 92 38 89, www.kaffeehaus-mila.de
€€

Schwarzes Café

Ein Klassiker: Seit 1978 leuchtet der Papagei im Schaufenster und es wird auf zwei Etagen gefrühstückt, warm gegessen, Kaffee oder Bier getrunken. Im Sommer sitzt man sehr nett im ruhigen Hof. Ein alter Laden mit jungem Publikum. Und einem zuletzt wieder deutlich gestiegenen kulinarischen Selbstverständnis. Klassiker, der – auch dank einer Crowdfunding-Kampagne – zum Glück auch Corona überlebt hat.

Kantstraße 148, tgl. 8–1 Uhr, Tel. 313 80 38, www.schwarzescafe-berlin.de
€€

EISDIELE

Eiscafé Eisgrün

Italien trifft Deutschland – in der Waffel oder im Becher und dazu ganz natürlich. Natureis bedeutet für das Manufaktur-Eiscafé mit großer Terrasse, dass beim Repertoire von über 100 Sorten auf künstliche Farb- und Aromastoffe verzichtet wird. Davon finden sich täglich rund 40 Sorten der auf traditionellen italienischen Rezepturen basierenden Zitronen-, Pistazien- Ananas- oder Haselnuss-Eis-Kreationen in der Eisgrün-Vitrine. Es gibt auch über 50 Eisbecher.

Kurfürstendamm 115, tgl. 11–18 Uhr, eisgruen-berlin.de
€

Gimme Gelato

Das beste Eis Charlottenburgs bekommt man bei Gimme Gelato. Die Eismanufaktur stellt vor Ort klassischen Eissorten wie Vanille, Schokolade und Erdbeere her, aber auch außergewöhnliche Sorten wie Vanille-Hafermilch, Honig-Lavendel, Basilikum-Minze und Kirsche-Hibiskus. Darunter sind viele vegane, laktose- und glutenfreie Spezialitäten. Das Gelato oder Sorbet kann man nicht nur im Becher oder in der Waffel bekommen, sondern auch als Eis am Stiel. Besonders süß ist auch das Otter-Maskottchen und Hinweise wie „Never leave your Gimme Gelato cup unattended".

Wundtstr. 15, Mo–Sa 13–18 Uhr, So 12–18 Uhr, Tel. 64 46 51 99, www.gimmegelato.de
€

Scoopy Doo

Solch eine Eisdiele darf in Berlin natürlich nicht fehlen. Bei Scoopy Doo ist mehr mehr. Und schmeckt fantastisch! Die Eisdiele in Charlottenburg ist klein, aber im Geschmack ganz groß: direkt im Laden aus besten Zutaten und mit ausgefallenen Geschmackssorten. Welcher Früchtemix hinter ihrem selbstbetitelten ScoopyDoo-Eis steckt, wird nicht verraten – es schmeckt trotzdem. Sorten wechseln regelmäßig, breite vegane Auswahl. Waffelfans kommen mit japanischen Bubble-Waffeln auch auf ihre Kosten.

Georg-Wilhelm-Straße 4, tgl. 12–18 Uhr, Tel. 39 71 55 22, scoopydoo.de
€

GÄRTEN & STRÄNDE

Restaurantschiff Capt'n Schillow

Auf dem Landwehrkanal gleich beim Charlottenburger Tor liegt seit 1996 die Capt'n Schillow vor Anker. Ob ein Matjes- oder Lachssnack auf dem Oberdeck oder der Labskaus mit Hering im Gastraum – das Restaurantschiff des Ex-Seemanns Norbert Knüppel ist mit seinen einfachen aber frischen Fischgerichten eine Empfehlung unter den innerstädtischen Ausflugslokalen.

Straße des 17. Juni 113, Landwehrkanal, Mo, Mi–Fr 12–22 Uhr, Sa+So 11–22 Uhr, Tel. 31 50 50 15, www.capt-schillow.de
€€

Schleusenkrug

Weil der Schleusenkrug mitten im Tiergarten liegt, ist er – obwohl nur einen Katzensprung vom Zoo entfernt – eine Art Ausflugslokal: Drinnen recht eng, draußen auf den Holzstühlen und Bierbänken ziemlich groß. Im Sommer ist der Grill geöffnet. Ganzjährig gibt es eine saisonal ausgerichtete Wochenkarte mit Suppen, Salaten und Flammkuchen. Das Fleisch stammt überwiegend aus Neuland-Betrieben. Gutes Kuchenangebot.

Müller-Breslau-Straße, an der Tiergartenschleuse, Mo–Fr 13 bis ca. 0.30 Uhr, Sa+So 12 bis ca. 0.30 Uhr, Küche bis 22 Uhr, Tel. 313 99 09, www.schleusenkrug.de
€€

FRIEDRICHS HAIN

Die vielleicht neapolitanischste neapolitanische Pizza Berlins. Das konzentrierteste chinesische Sichuan-Menü. Eine italienische Weinbar in einer denkmalgeschützten Briefmarkenhandlung auf der Karl-Marx-Allee. Unsere Lieblingsbagels. Und Craft-Bier-Läden, die Kompetenz nicht mit Kennertum verwechseln. Friedrichshain hat einen guten Geschmack. Man sich muss nur einmal hinter die Partymeilen schmecken.

Wenn es also stimmt, dass uns nach der Pandemie nach einer vollmundigen, ehrlichen Wohlfühlküche ist, dann hat diese französische Wirtshausküche alles richtig gemacht → *Melt Bistro, S. 95*

Kein Fine Dining im engeren Sinne – aber auch keine Straßenküche: Das Khao Taan begeistert tischweise mit einer Thai-Küche, die sowohl fein als auch seelenstreichelnd kann → *Khao Tan, S. 95*

Mit dem Kong in Berlin gelingt einem jungen Gastronomenpaar ein zeitgenössisches und gerade deshalb so traditionsbewusstes Update einer Sichuan-Küche → *Kong, S. 95*

Vielleicht unsere Lieblingspizza in dieser an Pizzen reichen Stadt → *Futura, S. 95*

Craft-Bier? Durchaus, aber eben als Nachbarschaftskneipe → *Straßenbäu, S. 96*

RESTAURANTS

Aleppo Supper-Club

2020: TOP 10 MITTAGS, PLATZ 6

SYRISCH Im Aleppo Supper Club kommt auch die drastische Geschichte Syriens auf den Tisch: Die Mutter des Besitzers Samer Hafez floh mit ihrem Fleischwolf im Koffer, weil dieser schließlich unentbehrlich für die Herstellung von Kibbe ist, Bulgurküchlein gefüllt mit Lamm und Nüssen. Dieser Fleischwolf legte auch den Grundstein für das Cateringunternehmen von Samer Hafez, inzwischen hat der sogar für den Bundespräsidenten gekocht. Wir teilen uns den Auberginendip Metabel und tiefroten Granatapfelsalat mit Rotkohl und viel Knoblauch. Sauer, süß, cremig, knackig – die Fahrt nach Friedrichshain lohnt allein dafür. Es wäre aber ein Fehler, die Hauptgerichte zu verpassen: Die Reisgerichte Maqluba und Kabsa sind würzig, nussig, aufregend. Verstecktes Juwel – und anderen Hotspots der zeitgeistigen Levante-Küche mindestens ebenbürtig.

Rigaer Straße 58, tgl. 11–23 Uhr, Tel. 50 56 69 23, www.alepposupper.club
€€

Bardots Frühstücks-Deli

EUROPÄISCH Das biozertifizierte Almódovar Hotel setzt auf erneuerbare Energie und Nachhaltigkeit. Im hauseigenen Bistro Bardot werden vegetarische, von der Mittelmeerküche inspirierte Bio-Gerichte serviert, die wunderbar sind. Von der Terrasse hat man einen schönen Blick über die Dächer Berlins.

Fotos: melt; Khao Taan; F. Anthea Schaap; Wen Ting; Straßenbräu

Boxhagener Straße 83, Frühstücksbuffet tgl. 7–11 Uhr, Sonntagsbrunch 12–15 Uhr, Tel. 692 09 70 82, www.bistrobardot.de
€€

Briefmarken Weine

ITALIENISCH Die Patina des Raums und die alte Leuchtreklame vor der Tür – alles hier hat Stil in einem sehr unangestrengten Sinne. Die (italienischen) Weine liegen in den denkmalgeschützten Briefmarkenregalen. Und kommt einer von ihnen auf den Tisch, ist sein Preis aufrichtig kalkuliert. Dazu gibt es die fleischigsten Oliven nördlich der Emilia Romagna, bröckeligen Grana Padano aus kleinen Käsereien, milchweißen Lardo oder nussig-saftigen Parmaschinken. Ein wunderbarer Ort in den Zuckerbäckerbauten der Karl-Marx-Allee.

Karl-Marx-Allee 99, Mo–Sa 17–22 Uhr, Tel. 42 02 52 92, www.briefmarkenweine.de
€€

Butterhandlung

PANEUROPÄISCH Benannt ist das Restaurant nach seiner früheren Funktion. Die Speisen sind aber von heute: eine zeitgenössische Mischung aus französischer, italienischer und brasilianischer Küche. Tagliatelle mit frischem Trüffel, Risotto mit getrockneten Aprikosen, Stockfischconfit. Weine wie Biere sind liebevoll ausgesucht. Zur Butterhandlung gehört die Bar BoBu (jeweils ab 19 Uhr), in der es häufig Live-Musik bei freiem Eintritt gibt.

Scharnweberstraße 54, Di–So ab 16.30 Uhr, Tel. 68 91 56 79, www.butterhandlung.de
€€

Datscha

REST DER WELT Hier wird die russische Küche modern gedacht. Borschtsch, Soljanka, Blini, Wareniki, Pelmeni, Golubzi, Boeuf Stroganoff mit Draniki, aber auch Burger und Bowls. Die Wodka-Liste ist fast so lang wie die Speisekarte. Wechselndes Mittagsangebot.

Gabriel-Max-Straße 1, tgl. 10–1 Uhr, Küchenschluss So–Do 23 Uhr, Fr+Sa 0 Uhr, Lunch Mo–Fr 12–16 Uhr, Tel. 70 08 67 35, www.datscha.de
€€

Emma Pea

INTERNATIONAL Perfekt für eine Stärkung vor einer langen Partynacht in Friedrichshain, denn das vegane Restaurant liegt auf dem RAW-Gelände zwischen Cassiopeia und Badehaus. Alle Suppen, Tapas und Wraps sind selbstgemacht, genau wie die veganen und vegetarischen Burger, Burritos, Quesadillas, Currys und Kuchen.

Revaler Straße 99, auf dem RAW Gelände, zwischen Badehaus und Cassiopeia, Di–Do 14–23 Uhr, Fr+Sa 16–3 Uhr, So 14–23 Uhr, www.emmapea.com
€€

Fischschuppen

Ein kleiner feiner Frischfischanbieter mit Sofort-Grill und einem holzvertäfelten Nebenraum, kaum größer als eine Kajüte und so gemütlich, dass man gerne länger sitzen bleibt. Man kann hier frische Dorade, Scholle oder Seeteufel für zu Hause mitnehmen – oder sich gleich vor Ort aus der Vitrine das Schönste aussuchen und zubereiten lassen, als Fish & Chips oder vom Grill. Dazu Salate, Hausmannskostklassiker und Fischsuppen.

Boxhagener Straße 68, tgl. 12–22 Uhr, Sonntag kein Frischfischverkauf, Tel. 0178-66 11 782, fischschuppen-berlin.de
€€

Futura

2020: TOP 20 ABENDS, PLATZ 4

ITALIENISCH Für Pizzaiolo Alessandro Leonardi sind die Traditionen seines Handwerks gleichsam Haltung und Lebensgefühl. Dabei hatte er in Neapel eigentlich mit Vintage-Möbeln gehandelt, ehe er unbedingt Pizzabäcker werden musste. Das Mehl und alle übrigen Zutaten kommen allesamt von kleinen Betrieben aus Sizilien, Apulien, von der Amalfiküste. Darunter die beste Burrata nördlich der Alpen. Man sollte zunächst eine Margherita bestellen. Sauerteig, Fior di Latte, San Marzano Tomaten, mehr braucht es nicht für die beste Pizza der Stadt. Und, ja, dieses auch atmosphärisch überzeugende Ecklokal zählt defintiv zu unseren Favoriten.

Bänschstraße 91, Di–Fr 18–23 Uhr, Sa+So 17–23 Uhr, Tel. 98 39 44 08, futurapizza.com
€€

Gambino's Pizza NEU

ITALIENISCH Sympathische Kuppelofenpizza mit angeschlossener Longdrink-Theke, die es auf den letzten Drücke noch hierher gebracht hat. Was an kreativen neapolitanischen Pizzen liegt. Und am lässigen Gastgeber mit, nun ja, Street Credibility.

Sonntagstraße 30, Mo–Do 13–21 Uhr, Fr–So 14–21 Uhr, Tel. 26 30 12 53, bei Facebook: Gambino's Pizza
€€

Glory Duck

VIETNAMESISCH Solide vietnamesische Küche mit Schwerpunkt auf – der Name des Lokals lässt es vermuten – Ente. Pfannkuchen mit Entenfleisch und Hoisin-Sauce als Starter oder das sehr gute Vit Mango, lang gegart, mit knuspriger Haut. Das Tiger-Bier kommt hier vom Fass. Ganz besonders ist das Ambiente: smart, Schwarz in Schwarz – mit dekorativ im Küchenfenster baumelnden Enten.

Sonntagstraße 31, Mo–So 12–23.30 Uhr, Tel. 63 96 53 31, www.gloryduck.de
€€

Hako Ramen am Boxi

JAPANISCH Nur selten wird die traditionelle japanische Nudelsuppe so simpel, unprätentiös und doch so perfekt serviert, fast, als würde man an der Theke einer Ramen-ya in Japan sitzen. Aber wir sind ja in Friedrichshain und daher gibt es auch vegetarische und vegane Alternativen..

Boxhagener Straße 26, So–Do 12–22 Uhr, Fr+Sa 12–23 Uhr, Tel. 84 42 67 00, www.hakoramen.com
€€

Jäger & Lustig NEU

DEUTSCH In Ost-Berlin gab es wenig Gelegenheit, Wild zu essen. Die Jägerklause war dafür stadtbekannt. Heute heißt das Restaurant Jäger & Lustig. Die bodenständige, regionale Küche ist geblieben. Gulasch und Rouladen, Kalbsschnitzel und hausgemachte Bouletten – alles empfehlenswert.

Grünberger Straße 1, tgl. 12–23 Uhr, Tel. 29 00 99 12, jaegerundlustig.de
€€

Katerschmaus

ALPENLÄNDISCH Mit dem Restaurant der Bar 25 hatte die Kulinarisierung der Clubkultur einmal angefangen. Inzwischen heißt das Restaurant Katerschmaus und ist nicht nur aus der Clubszene herausgewachsen, sondern einmal über die Spree wieder zurück auf die Sonnenseite gezogen. Die Küche von Hayk Seirig kann Fine Dining und rustikale Urbanität. Gemeinsamer Nenner sind die Zutaten von regionalen Produzenten und die vielleicht schönste Spreeterrasse der Stadt.

Holzmarktstraße 25, Di–Sa 13–23 Uhr, Tel. 51052134, www.katerschmaus.de
€€€

Khao Taan

2020: TOP 20 ABENDS, PLATZ 11

THAILÄNDISCH Hier kommt thailändische Heimatküche auf den Tisch, als lässiges Fine Dining. Bestellen kann man nur das Menü mit sieben Posten für faire 35 Euro. Gäste haben individuelle Auswahl bei der Suppe und dem Dessert, bei allem anderen muss man sich mit seiner Begleitung einigen. Zum Beispiel auf einen Salat aus unterschiedlichen Maissorten, gefolgt von gut gewürzten Currys.

Gryphiusstraße 10, Di–Sa 18–23 Uhr, Küche bis 22 Uhr, Tel. 58 61 74 00, www.khaotaan.com
€€€

Kong

2020: TOP 20 ABENDS, PLATZ 9

CHINESISCH Omakase nennt man es Japan, sich für einen Abend ganz auf einen Koch und sein Menü einzulassen. Auch Tong Liu und Ling Ma folgen im chinesischen Kong dieser konzentrierten Idee. Immer gibt es sechs kleinere Gänge für faire, ach, wirklich günstige 35 Euro. Würziges Hühnerknusper etwa, das die Karte trefflich als „Chicken Popcorn" benennt. Oder eine Art Milchbrötchen, aus dem sich der Gast mit allerlei wiederum Scharfem und Fermentiertem eine Art Lamm-Burger bauen. Oder den sehr guten chinesischen Restaurant der Stadt ein sehr besonderes.

Revaler Straße 99, Mi–Sa 18–23 Uhr, Küche bis 22 Uhr, So 11–15 Uhr u. 17–22.30 Uhr, Tel. 0152-59 02 13 31, khwanberlin.com
€€

Kurhaus Korsakow

PANEUROPÄISCH Mit Liebe zum Detail ist das urige Gasthaus im Friedrichshainer Kiez eher eine Ausnahme. Neben einer Kaffeekannensammlung ziert eine Kuckucksuhr die Wand, aus den Boxen schallt House-Musik und auf dem Teller landen frische regionale Gerichte für den kleinen Geldbeutel: Schnitzel oder Spätzle.

Grünberger Straße 81, Mo–Fr 12.30–23.30 Uhr, Sa+So 9–23.30 Uhr, Tel. 54 73 77 86, www.kurhaus-korsakow.de
€€

Larb Koi Thai Home Cooking NEU

2022: TOP 10 MITTAGS, PLATZ 8

THAILÄNDISCH Besprechung siehe Seite 28

Krossener Straße 15, Di–Sa 12–15 u. 17–22/23 Uhr, So 13–21 Uhr larb-koi-thai-home-cooking.business.site

Mammam

THAILÄNDISCH Angelehnt an traditionelle asiatische Garküchen wird hier thailändisches und vietnamesisches Streetfood serviert. Mittags kommen lohnt sich, denn von 13 bis 17 Uhr gibt es zu jedem Hauptgericht ein Getränk oder die Tagessuppe gratis. Alle Gerichte können auch vegan oder vegetarisch bestellt werden.

Krossener Straße 14, tgl. ab 12.30 Uhr, Tel. 20 31 84 82, www.mammam-berlin.de
€€

Melt Bistro

2022: TOP 20 ABENDS, PLATZ 18

Besprechung siehe Seite 44

Grünberger Str. 40, Mi–So 12–15 u. 18–22 Uhr, Tel. 81 72 37 73, creperiemeltberlin.com
€€

Michelberger

DEUTSCH Dem Michelberger Hotel und dem gleichnamigen Restaurant eilt der Ruf voraus, dass dort immer irgendwas los ist. Das es aber auch eines der entschlossesten regionalen und ökologischsten Küchen der Stadt ist, lief lange unter dem Radar. Inzwischen bewirtschaften die Michelbergers eine eigene Permakukturfarm im Spreewald. Die Köche Alan Micks und Andreas Rieger bieten allabendlich Menü, das Ihnen die Region und die Saison auf die Zunge legt. Fleisch spielt darin schon lange nicht mehr die Hauptrolle. Wohl aber die Atmosphäre in einem der schönsten und lässigsten Läden der Stadt. Gute, oft bio-dynamische Weinauswahl.

Warschauer Straße 39–40, im Hotel Michelberger, Frühstück: Mo–Fr 7–11 Uhr, Sa+So 8–14 Uhr, Mittag: Mo–Fr 12–14 Uhr, Abendessen: Di–Sa 18–22 Uhr, Tel. 29 77 85 90, www.michelbergerhotel.com
€€€

Milja und Schäfa

ITALIENISCH Direkt am S-Bahnhof Ostkreuz sitzen in den Mittagsstunden Anwohner, Hipster und Touristen vor diesem Restaurant in der Sonne. Drinnen kann man am großen Esstisch in geselliger Runde speisen oder auf gemütlich gepolsterten Bänken seine Mittagssuppe und andere kleine Gerichte von Sandwiches bis Pasta genießen. Auf der Dinnerkarte finden sich Gerichte wie krosser Oktopus an Tomaten-Granatapfelsalat.

Sonntagstraße 1, Mo–Fr 9–23 Uhr, Sa 9–23 Uhr, So 9–17 Uhr, Tel. 52 66 20 94, www.miljaundschaefa.com
€€

Miyaki

JAPANISCH Das Miyaki ist eine der wenigen Berliner Anlaufstellen für ausgefallenes vegetarisches Sushi. Mit gerösteten Erdnüssen, Avocado und Frischkäse wird die Reisrolle schmackhaft befüllt und mit hausgemachter Sojasauce gereicht. Aber Fischfreunde werden in dieser winzigen Sushibar mit ihrem leicht futuristischen Ambiente natürlich auch glücklich.

Boxhagener Straße 121, tgl. 11–23 Uhr, Tel. 50 56 57 10, www.miyaki-sushi.de
€

Morsh

FRANZÖSISCH Ausgedehntes Wochenendfrühstück, französische Kaffeepause mit Patisserie am Tag, oder lässige französische Brasserie-Kultur zum Abend? Das Morsh kann nach wie vor alles, auch nach dem diesjährigen Relaunch. Nur bodenständiger ist man geworden. Bouillabaisse steht genauso auf Küchenchef Fabian

Rambows Programm wie Ochsenbacken oder Kürbis mit Quinoa.

Mainzer Straße 20, Mi–Fr 15–23 Uhr, Sa 10.30–23 Uhr, So 10.30–22 Uhr, Tel. 70 50 91 02, www.morsh.me
€€€

Mutzenbacher

ÖSTERREICHISCH Unter dem Motto „Tradition, Trash, Trompeten" gibt es österreichisches Soul Food, gern in besonderer Kombination. Die klassischen Gerichte von der Skihütte gibt's hier ohne Skilift-Ticket. Der Kaiserschmarrn wird je nach Jahreszeit mit Blaubeeren, Erdbeeren oder Zwetschgen variiert. In der kalten Jahreszeit stärkt man sich am besten mit der Spezialität des Hauses: Germknödel.

Libauer Straße 11, Di, Mi, Fr 16–23 Uhr, Sa+So 12–23 Uhr, Tel. 95 61 67 88, www.mutzenbacher-berlin.de
€€

Salami Social Club

NORDAMERIKANISCH Dass die amerikanische Art, Pizza zu machen, hierzulande nicht den besten Ruf hat, ist ein alter (Pizza) Hut. Aber der Salami Social Club macht drei Fehler nicht: Im eher informellen Imbiss-Ambiente sind die Pizzen nicht zu labbsch, nicht zu dick und nicht zu fettig. Stattdessen locken außergewöhnliche Beläge (Lammköfte! Sellerieknolle! Blutwurst!) und ein ganz eigener Stil. Im Hahn sind spannende Biere aus Deutschland und der Welt. Donnerstags „Slice Night", sonntags Buffet.

Frankfurter Allee 43, Abholung Mo–Do 12–22 Uhr, Fr–So 12–23 Uhr, Tel. 54 82 37 81, www.salamisocialclub.de
€

Schneeweiß

ALPENLÄNDISCH Das Schneeweiß war immer ein Vorreiter in Friedrichshain, sowohl in Sachen innenarchitektonischer Konsequenz (Wände, Möbel, Lampen – alles weiß) als auch in der Küche. Gekocht wird österreichisch – mit frischen Zutaten, auf sehr hohem Niveau und mit Weitblick über die Alpen hinaus: So gibt es neben Saftgulasch und Schnitzel auch Lachstatar, Sojaroulade und Schweinebauch mit Jakobsmuschel. Die Weinkarte ist klein, aber ausgewählt.

Simplonstraße 16, Mi–Fr 17–22 Uhr, Sa, So, Feiert. 12–15 u. 16–22 Uhr, Tel. 29 04 97 04, www.schneeweiss-berlin.de
€€€

Secret Garden NEU

JAPANISCH Essen mit garantiert gutem Gewissen gelingt im Secret Garden, Berlins erstem veganen Sushirestaurant. Die Maki-Rollen tragen so hübsche Namen wie Happy Dragon (Reis mit Tempurarettich) oder Daruma (schwarzer Reis, Avocado, Lauchzwiebeln und Sojastreifen). Kulinarisch noch verrückter werden die Inside-Out-Rollen wie die Geisha in Love, für die Reis, Soja-Tuna und Rucola von Kidney-Bohnen-Kokos-Püree und Röstzwiebeln getoppt werden, dazu gibt es Rote-Beete-Himbeer-Soße und Wasabi-Creme.

Warschauer Straße 33, tgl. 12–22 Uhr, Tel. 97 00 22 18, www.secretgardenberlin.com
€€

Transit

THAILÄNDISCH Die thailändisch-indonesischen Gerichte werden in kleinen Portionen aufgetischt, die sich jeder nach Gusto selbst zusammenstellen kann. Dieses Restaurant rühmt sich kurzer Wartezeiten und bietet Gerichte für den kleinen Geldbeutel. Ungewöhnliche Inneneinrichtung, die sich von der großen Schwester in Mitte wohltuend absetzt.

Sonntagstraße 28, tgl. 12–22 Uhr, Tel. 26 94 84 15, www.transit-restaurants.com
€€

Trattoria Libau

ITALIENISCH Begehrt sind in dieser spartanisch eingerichteten, kleinen, sehr beliebten Friedrichshainer Trattoria vor allem die riesigen Pizzen, getauft auf Namen solcher Künstler wie Morricone, Fellini oder den mittlerweile umstrittenen Beppe Grillo. Nette Bruschettas, Antipasti und Pasta kommen auch aus der Küche.

Libauer Straße 10, Mo–Do 16–22 Uhr, Fr–So 12–22 Uhr, Tel. 25 76 85 29, www.trattoria-libau-berlin.de
€€

Vincent Vegan

NORDAMERIKANISCH In der East Side Mall bietet die erste Berliner Filiale des Hamburger Burgerbraters Vincent Vegan neben den üblichen Seitan-Tofu-Buletten einen Beyond Meat-Burger an – für rund zwölf Euro. Mittlerweile führen den weit mehr Bratereien, aber bei Vincent Vegan waren sie Vorreiter und servieren das weitgereiste Retortenfleisch mit veganem Käse. Täuschend nah am Original.

Tamara-Danz-Straße 11, in der Eastside Mall, Mo–Sa 11.30–19 Uhr, vincent-vegan.com
€

Waterlily

VIETNAMESISCH Auf der gastronomisch eher bescheiden ausgestatteten Karl-Marx-Allee ist das vietnamesische Restaurant eine willkommene Ausnahme. Durch die offene Küche kann man bei der Zubereitung der Gerichte zuschauen. Alles hier kommt übrigens ganz ohne Glutamat aus. Inzwischen stehen im Waterlily auch vegane Gerichte auf der Karte.

Karl-Marx-Allee 113, Di–So 12–22.30 Uhr, Tel. 31 17 25 52, www.waterlily-berlin.de
€€

IMBISS

Nepalese Momo NEU

NEPALESISCH Statt Late-Night-Döner kann man an der Oberbaumbrücke seit einiger Zeit auch Late-Night-Momos essen. Die Teigtasche des Himalaya wird hier täglich frisch gefüllt und gefaltet, und auf Bestellung gedämpft. Die scharfe Sauce hat es in sich!

Warschauer Straße 48, tägl. 12–21 Uhr, Tel. 98 59 67 00, nepalese-momo-berlin.de
€

Nil

AFRIKANISCH Der Star ist natürlich das Tamiya, die sudanesische Falafelvariante, serviert im Brot mit süßlich-pikanter Erdnusssoße. Die passt auch hervorragend zu Halloumi oder Tofu mit Pfefferkörnern, die ebenfalls als Sandwich serviert werden. Tellergerichte gibt es auch, wie das Reisgericht Kushary oder nubische Fladen mit Haselnusssauce. In der Grünberger Straße sowie in den Ablegern in der Boxhagener und in der Oppelner trifft sudanesische Tradition auf Innovation.

Grünberger Straße 52, Mo, Mi, Sa 11–0 Uhr, Di, Do, Fr, So 11–22.30 Uhr, Tel. 29 04 77 13, www.nil-food.de
€

Rembrandt-Burger

NORDAMERIKANISCH Der unbekannteste beste Burger Berlins hat einen holländischen Akzent, kommt mit Rindfleisch aus dem Hohenlohischen (aber auch die vegetarischen Varianten schmecken wunderbar) und Brötchen aus der Nachbarschaft. Die Fritten huldigen der hohen holländischen Frittierkunst, es lohnt, die hausgemachten Saucen zu probieren. Und wer sich nach Amsterdam wünscht: Frikandel und Bitterballen gibt es auch.

Richard-Sorge-Straße 21, Di 15–22 Uhr, Mi–So 12–22 Uhr, Tel. 89 99 72 96, www.rembrandt-burger.com
€

Vöner

TÜRKISCH Der Vöner, ein veganer Döner, wird aus Weizeneiweiß, verschiedenen Gemüsen, Hülsenfrüchten, Sojaschrot sowie Kräutern und Gewürzen hergestellt. Die hausgemachten Pommes mit Käseersatz und gebratenen Zwiebeln sind ein schmutziger Spaß, genau wie die veganen Burger.

Boxhagener Straße 56, Fr–Mo 12–21.30 Uhr, Di–Do 12–18 Uhr, Tel. 0176-96 51 38 69, www.voener.de
€

BARS & KNEIPEN

260° Bar

COCKTAIL Die Rooftop-Bar auf dem Mercedes-Benz-Areal gefällt mit ihrem Nicht-ganz-Rundumblick: der schweift nur 260 Grad über die Stadt – und spart das unansehnliche Shoppingcenter in der Nachbarschaft aus. Die Cocktails tragen ihre Namen nach den Gradzahlen, Tee spielt dabei eine tragende Rolle. Wie wäre es mit „70 Grad" aus Gin, Grapefruit und Ingwertee, Kokosblütenzucker, Grapefruitsaft und Rosmarinzweigen?

Mühlenstraße 1, So–Mi 15–0 Uhr, Do–Sa 15–1 Uhr, Tel. 20 60 70 82 60, www.260grad.de
€€

Booze

COCKTAILBAR Der Altar in dieser Kapelle ist ohne Zweifel der Tresen. In einem großen, illuminierten Kubus werden die hochwertigen Spirituosen beeindruckend präsentiert. Dass die Kunst des Mixens hier ernst, aber nicht zu ernst genommen wird, zeigt ein Blick in die Karte: Auch die alkoholfreien, bunten Cocktails sind hier vertreten – in der Rubrik „Hall of Shame".

Boxhagener Straße 105, Mo–Do 19–2 Uhr, Fr+Sa 19–3.30 Uhr, So 19–1 Uhr, Tel. 95 59 11 45, www.booze-bar.de
€€

CSA

COCKTAILBAR Willkommen im eleganten Mid-Century-Style! Rauchen ist erlaubt, aber bitte keine Zigarre, sagt Inhaber René Flatau. Der Name seiner Bar erinnert an vergangene Zeiten: Das CSA war zu DDR-Zeiten das Büro der tschechischen Fluggesellschaft. Die Cocktailkarte hält alle Klassiker bereit: ein sicherer Hafen für ernsthaftes Trinken ohne Experimente, aber auf konstant hohem Niveau.

Karl-Marx-Allee 96, Mo–Sa ab 19 Uhr, Sonntag nur für Reservierungen, Tel. 29 04 47 41, www.csa-bar.de
€€

Fairytale Bar

COCKTAILBAR Die Hausnummer 24 sollte man sich gemerkt haben. Nichts weist hier auf eine Bar hin. Klingelt man, öffnet eine kostümierte und geschminkte Gestalt. Danach fordert auch die Karte alle Sinne: eine Radioeins-Moderatorin spricht Märchentexte und es duftet. Die Getränke sind anspruchsvolle Eigenkreationen mit Namen wie „Schwarzer Ritter", „Mogli" oder „Schneeweißchen & Rosenrot". Ganz nebenbei sind sie auch noch sehr gut.

Am Friedrichshain 24, Di–Sa 20–2.30 Uhr, Tel. 0170-219 51 55, www.fairytale.bar
€€

Fitcher's Vogel

KNEIPE Urige Kneipe oder schicke Cocktailbar? Das Fitcher's Vogel vereint einfach beides. Gut gemixte Gin Basil Smashs können sie hier genauso gut wie Bier, aber vor allem schaffen sie es, eine entspannte Atmosphäre zwischen Studenten- und Eckkneipe, und zwischen großer, weiter Welt und Berliner Kiezkultur zu schaffen. Ein guter Laden für das Bier mit guten Freunden, von Pub-Crawls bleibt man auch verschont.

Warschauer Straße 26, tgl. 18–3 Uhr, Tel. 01516-285 76 97, www.fitchersvogel.com
€

Hops & Barley

BIERBAR Die Hausbrauerei Friedrichshains beschert seit Jahren selbstgebraute Klassiker, wöchentlich wechselnde Spezialbiere und aus heimischen Apfelsorten hergestellten Cider. Als Ergänzung zur flüssigen Ernährung werden großzügig belegte Treberbrote, Bockwurst und Knacker angeboten. Am Wochenende guckt man Fußball. Kurzum: Hier können auch berlinunerfahrene Schwiegereltern sanft in den bunten Kiez eingeführt werden.

Wühlischstraße 22/23, Mo–Fr ab 17 Uhr, Sa+So ab 13 Uhr, Tel. 29 36 75 34, www.hopsandbarley.eu
€€

Protokoll

BIERBAR Ein Fokus liegt auf russischen Bieren, genauso laufen aber auch ein Zitronenweizen von Stone Brewing oder ein simples Helles von Ayinger aus dem Hahn. Exquisites zu exquisiten Preisen, anderes jedoch ist durchaus fair kalkuliert. Die Craft-Beer-Bärte im Protokoll folgen augenscheinlich dem russischen Maß, ansonsten ist die so informiert wie charmant geführte Bierbar ein internationaler Ort. Kurz: eine empfehlenswerte Adresse für Bierexegeten, aber auch für alle, die mal etwas Neues schmecken wollen.

Boxhagener Straße 110, Mo–Do 17–0 Uhr, Fr 17–22 Uhr, Sa 14–22 Uhr, So 14–21 Uhr, Tel. 0176-60 88 66 70, www.protokollberlin.de
€€

Straßenbräu

BIERBAR Aus einer beeindruckenden Batterie von Zapfhähnen zapft das Team um Timo Thoennißen und Braumeister

Sebastian Pfister die Biere. Zu den bewährten Standards – allen voran das Stralauer Blond, ein malzig-süffiges Belgisch Blond Ale – gesellen sich kühne Rezepturen wie das Nelson Mosaic IPA mit kraftvollen Frucht- und Kräuternoten. Im „Nachtschicht" getauften Milk Stout finden sich Erdbeeren und Schokolade. Im Sommer gibt es einen Außenbereich. Zudem werden Braukurse und Bierseminare angeboten.

Neue Bahnhofstraße 30, tgl. 12–23 Uhr, Tel. 55 52 75 50, www.strassenbraeu.de
€

Süß war gestern

JUNGE RAUCHERBAR Hier feiert eine junge Crowd fast die ganze Woche gut – fernab vom vielgeschmähten gastronomischen Einerlei der Simon-Dach-Straße. Mittendrin steht eine lange Sofalandschaft, in der Ecke ist ein Fernseher zum Nintendo-Spielen, an den Wänden hängt Streetart. Comedyshows und Quizshows stehen auf dem Programm. DJs legen Elektro auf, geöffnet ist bis in den frühen Morgen.

Wühlischstraße 43, Mo–Sa ab 20 Uhr, Tel. 0176-24 41 29 40, www.facebook.com/suess.war.gestern.official
€

Tentación Mezcalothek

BIERBAR Tentación bedeutet Versuchung und dieser können die Friedrichshainer nun gerne auf mittelamerikanische Art nachkommen. Die Themen Mezcal und Bier, letzteres von der Wirtin selbstgebraut, stehen im Vordergrund der Mezcaleria und Cervezeria. Das Ur-Destillat Mexikos erfreut sich ja derzeit steigender Beliebtheit in Berlin, aber so urig, gemütlich und authentisch wie in dieser Repräsentanz Mexikos wird es selten dargereicht. Zu essen gibt es Tacos, Tortas und Quesadillas im Bier-Menü.

Scharnweberstraße 32, Mi–Sa 17–0 Uhr, So 15–20 Uhr, Tel. 23 93 04 01, www.tentacionmezcalothek.de
€€

Timber Doodle

COCKTAIL Der Gang in die Bar Timber Doodle gleicht einer Zeitreise ins Viktorianische Zeitalter. Ein antikes Rückbüffet, opulente Chesterfield-Sofas und ein gewaltiger Kronleuchter – Susanne Baró Fernández ist eine Gastgeberin mit einem Faible für Alkoholisches wie Literarisches. So standen etwa die Reiseaufzeichnungen von Charles Dickens (und der darin benannte Fantasievogel Timber Doodle) Pate für diese Cocktailbar. Eine in diesem wie jenem Sinne ausgesprochen geistreiche Adresse.

Wühlischstraße 37, Do 15–20 Uhr, Tel. 0152-53 13 37 86, www.timberdoodle.de
€€

Zeroliq

2021: TOP 10 NACHTS, PLATZ 4

ALKOHOLFREI Eine alkoholfreie Bar, ist das nicht ein Widerspruch? Schließlich steht Barkultur ja für ein gepflegtes Betrinken. Aber: Warum eigentlich? Immer mehr Menschen verzichten aus guten Gründen zeitweise oder auch langfristig auf Alkohol, gerade hat sogar die großartige Bar am Steinplatz ihre Karte auf alkoholfreie Drinks umgestellt und das Ergebnis ist berauschend, ganz ohne Umdrehungen. Aber funktioniert das auch im Partykiez schlechthin, dem Friedrichshainer Süden? Ausgerechnet hier ist das Zeroliq eingezogen, nach eigenen Angaben die erste alkoholfreie Bar in Berlin. Statt quietschsüßer Limos und Smoothies wird hier tatsächlich eine raffinierte Barkultur gepflegt, wenn auch in eher heller, gemütlicher Atmosphäre. Hinter der Bar hat das Team eine breite Auswahl von Destillaten zur Verfügung, mit denen fuselfreie Versionen von Dark & Stormy bis Negroni gemixt werden, aber auch Eigenkreationen wie der „Carrot Cake". Zwar fehlt die Vollmundigkeit des Alkohols, dafür eröffnen sich ganz andere Geschmacksebenen. Dazu gibt es eine große Auswahl alkoholfreier Premiumweine und über dreißig alkoholfreie Craftbiere.

Boxhagener Straße 104, Do+So 18–1 Uhr, Fr+Sa 18–2 Uhr, Tel. 01579-237 45 81, www.zeroliq.com
€€

CAFÉ

19 Grams Boxi – Tres Cabezas Café

Hinter der Fassade der kleinen Espressobar verbirgt sich die weite Welt des Kaffees. Zur Auswahl steht eine große Vielfalt feinster, zum Teil von den Inhabern direkt importierter Rohkaffees, die vor Ort frisch geröstet werden. Spezialität sind die Coldbrews: kalt aufgebrühte Kaffeespezialitäten, die in braune Glasflaschen zum Mitnehmen abgefüllt werden.

Boxhagener Straße 74, tgl. 9–16 Uhr, Tel. 95 600 959, www.trescabezas.de
€

Fine Bagels

Als vor einigen Jahren die Buchhandlung Shakespeare & Sons in die Warschauer Straße zog, war Berlin gleich verliebt: in die geschmackssichere Auswahl englischsprachiger Literatur, wie auch in die Bagels, die alles in den Schatten stellten, was Berlin bislang in der Richtung gekostet hatte. Laurel Kratochvila, selbst frankophile Bostonerin, hat die hohe Kunst des echten New York Bagels von ihrer Großmutter erlernt. Serviert werden sie mit hausgemachtem Frischkäse, aber auch mit Hummus, Lachs, Pastrami oder australischem Vegemite und Erdnussbutter. Wer lieber zuhause isst, kann die Bagels, Challot und süßen Backwaren auch mitnehmen – und die passenden Toppings dazu!

Warschauer Straße 74, tgl. 8–20 Uhr, Tel. 46 79 63 32, www.finebagels.com
€

Goodies Deli

Frische Salate, täglich andere Suppen und verblüffende Bagel- und Sandwichkombinationen, alles vegetarisch, oft vegan, dazu selbstgemachte Torten und Kuchen. Die Blechlawine der Warschauer Straße lässt man am besten draußen, auf schmalen Bänken sitzend, an sich vorbeirauschen. Getrunken wird alles, was gesund ist oder zumindest so wirkt: guter Kaffee, Smoothies und heiße Schokolade mit dem hauseigenen „Superfood-Mix".

Warschauer Straße 69, Mo–Fr 8–18 Uhr, Sa+So 9–18 Uhr, www.goodies-berlin.de
€

Kuchenrausch

Mit einem Repertoire von rund 20 Sorten gehört das Kaffeehaus Kuchenrausch zu „den" Käsekuchen-Adressen Berlins. „Käse mit Mohn, mit Blaubeeren, mit Himbeeren, mit Roter Grütze", gibt Konditor Mario Kracht süße Beispiele, die er zusammen mit Konditorin Jennifer Rückwardt bäckt. Täglich werden etwa 15 Kuchen und Torten angeboten, darunter vier bis fünf Käsekuchen und Klassiker wie Haselnuss-Karamell-Torte. Zu Halloween, so Kracht, gibt es Schoko-Kürbis-Kuchen und Kürbismuffins.

Wühlischstraße 15–16, tgl. ab 8 Uhr, Tel. 52 66 84 45, kuchenrausch.de
€

Schmilblick NEU

Kurz nach dem ersten Corona-Lockdown eröffnete das Schmilblick im Friedrichshainer Nordkiez und bringt seitdem gegenwärtiges Frankreich-Flair in das von effektheischenden Schlagzeilen der Boulevardpresse gebeutelte Wohnviertel rund um die Rigaer Straße. Das helle Lokal ist halb fein kuratierte Boutique für handgezogene Kerzen, Trockenblumen-Bouquets und andere Dinge, die das Leben ein bisschen schöner machen, halb Café mit einer kleinen Auswahl belegter Baguettes (ganz Paris mit Schinken und Käse oder Lachs und Salat, oder auch ganz Friedrichshain vegetarisch oder vegan), hausgebackenen Brioche, Madeleines und vor allem: herrlich schokoladigen Tartes. Quelle joie!

Pettenkofer Straße 6, Di–Sa 9–18 Uhr, Tel. 0176-35 40 69 17, schmilblick-cafe.com
€€

Silo Coffee

Schon der Kaffee! Dieser kommt direkt von Fjord Coffee Berlin, einem gemeinsamen Kaffee-Rösterei-Projekt von Silo Coffee und den Father Carpenter Coffee Brewers in Mitte. Das Brot liefert Sironi aus der Markthalle Neun – und die kleinen Gerichte wie Ingwer-Miso-Salat oder würzige Hähnchenbrust mit karamellisierter Ananas sind auch toll. Günstiger, aber genauso herzerwärmend: das ofenwarme Bananenbrot.

Gabriel-Max-Straße 4, tgl. 9.30–15.30 Uhr, www.silo-coffee.com
€€

EISDIELE

Caramello

Das Bio-Eiscafé Caramello macht sein Eis aus besonders rahmhaltiger Milch aus Brandenburg oder Pistazien direkt aus Sizilien. Ebenfalls willkommen sind Veganer, die sich über ein reichhaltiges Angebot freuen dürfen.

Wühlischstraße 31, So–Do 11–22 Uhr, Fr+Sa 11–1 Uhr, Tel. 55 95 89 24
€

Chipi Chipi Bombón

Der Betreiber, ein Argentinier, legt Wert darauf, dass sich in Argentinien das klassische italienische Eishandwerk bewahrt habe. Wer im Chipi Chipi Bombón das Fruchteis kostet, Erdbeere etwa oder Banane, versteht, was damit gemeint sein könnte: der Geschmack von purer Frucht. Und wer nicht über die Warschauer zur Eisdiele flanieren möchte, kann sich auch beliefern lassen. Im Winter gibt es zudem eine herrlich dicke heiße Schokolade.

Warschauer Straße 12, tgl. 13–22 Uhr, Tel. 24 03 24 46, www.chipichipibombon.com
€

Eispiraten

Traumberuf: Pirat. Bei Berliner Kitakindern ist die Seeräuberei schwer angesagt. Da wirkt der von Totenköpfen geschmückte pechschwarze Aufsteller vor der kleinen Eisdiele natürlich fast so anziehend wie eine goldene Taschenuhr für Captain Hook. In der Saison gibt es hier täglich 32 Sorten Eis, natürlich hausgemacht. Hat man einmal das Butterkekseis, Maracuja-Himbeere mit Kardamom oder Omas Apfelkuchen probiert, wundern die langen Schlangen nicht mehr.

Grünberger Straße 85, Hauptsaison: Mo–Fr ab 14 Uhr, Sa+So ab 12 Uhr, Nebensaison geschlossen, www.eispiraten-berlin.de
€

VellGoods NEU

Ruben Vellguth ist eigentlich studierter Ingenieur. Mit ausgeprägtem Faible für optimale Arbeitsabläufe. Zum veganen Eismacher wurde er indes aus Leidenschaft. Wobei er, einmal mittendrin im Thema, auch noch eine sehr leckere „Nougatkrem" entwickelt hat, der drei (biozertifizierte) Zutaten genügen. Quasi das Nutella für eine bessere Welt. Und für das Wintergeschäft. Wobei: Eis geht ja eigentlich immer. Und besonders gut schmeckt es zwischen zwei Cookies, die natürlich auch hausgebacken sind.

Eckertstraße 1, Mi–So 13–19 Uhr, Tel. 42 80 60 80, www.vellgoods.com
€

GÄRTEN & STRÄNDE

Bierhof Rüdersdorf NEU

Er liegt direkt neben Berlins berühmtesten Club: Wer sich im Bierhof Rüdersdorf niederlässt, blickt auf das angrenzende Berghain. Die brutalistische Anmutung des Clubs reicht bis in den Biergarten. Wer sich vor oder nach dem Besuch des Berghain noch ein frisch gezapftes Bier gönnen will, ist hier also goldrichtig. Zumal der Bierhof zwischen Grün und Beton wirklich eine besondere Atmosphäre bietet. Und noch nicht überrannt ist. Reservierungen werden allerdings keine angenommen.

Am Wriezener Bahnhof, bei gutem Wetter: Mi–So ab 13 Uhr, Tel. 30 29 36 02 10, www.bierhof.berlin
€€

Urban Spree

Auf dem riesigen Ausgeheareal an der Revaler Straße befindet sich am Ende zur Warschauer Straße hin der 900 Quadratmeter große Biergarten Urban Spree und versprüht Baustellencharme in kreativer Kiezlage. Urban und doch gemütlich. Abgerundet wird der ganze Spaß mit verschiedenen kulturellen Angeboten (sonst auch drinnen, erstmal draußen) und ein wenig Street Food. Zwar ist der Clubbetrieb noch eingeschränkt, dafür spielen an warmen Tagen öfter DJs im Biergarten, und das Friedrichshainer Café Silo serviert Kaffee.

Revaler Straße 99, Fr 16–23 Uhr, Sa+So 12–23 Uhr, Tel. 74 07 85 97, www.urbanspree.com
€€

KREUZ BERG

Kreuzberger Mischung. Klingt so schön bunt. Wie sie schmeckt? Nach goldigen Fritten auf der Oranienstraße, nach scharfen Nudeln in der Reichenberger. Ums Eck im Horváth am Paul-Lincke-Ufer hat der Künstler Jim Avignon die Kreuzberger Nacht gerade als Wandgemälde verewigt. Wo seine Szenen spielen? Im Restaurant.

Ernährungswendeplatz, nun seit zehn Jahren: lokales Gemüse in der Markthalle Neun

Lode van Zylen und Stijn Remi haben uns das Wort „lekker" zurückgebracht → *Lode & Stijn, S. 101*

Neapels frittiertes Street Food, hausgemachte Raviolone, eine Dorade vom Grill, das Tiramisu wird à la minute bereitet: Achille Fareses Karloff ist großes Kino auf kleinem, hübschem Raum → *Karloff S. 100*

Quereinsteiger Lee Thompson hat seine Vision eines Gastro-Pups im Graefekiez so leidenschaftlich wie nonchalant inszeniert. Lässiger Laden, Fine Dining mit Fettfingern → *St. Bart, S. 103*

Weltläufige Regionalküche in einem der schönsten Gasträume der Stadt → *Ora, S. 101*

Was wir nicht unterschlagen wollen: die vollmundige Imbisskultur rund ums Kottbusser Tor

Brutal lokal – und brutal stilbildend: Billy Wagner hat der Neuen Berliner Küche eine Stimme gegeben. Und das Selbstbewusstsein, Aromen und Ansprache neu zu denken → *Nobelhart & Schmutzig S. 101*

Fotos: Anna Warnow/ Markthalle Neun; Jörg Lehmann; 2AF Photography; 2021 St. Bart/ Thompson GbR; ora: Lena Ganssmann; Marko Seifert/ Nobelhart & Schmutzig

Er könne gar nicht anders, so hat es Sebastian Frank einmal gesagt, als aus seiner Biografie heraus kochen. So gesehen ist das Horváth das pesönlichste Sternelokal Berlins → *Horváth, S. 100*

RESTAURANTS

3 Schwestern

ALPENLÄNDISCH Mit den alten Bäumen und klassischen Holzmöbeln ist der Garten des 3 Schwestern im früheren Bethanien-Krankenhaus einer der schönsten der Stadt. Drinnen wurde der 1846 gebaute Speisesaal restauriert, ohne den Charakter des Raums zu verderben. Das Schnitzel kommt vom Kraichgauer Landschwein, der Salat saisonal vom Markt. Neben der mediterran bis süddeutsch geprägten Abendkarte gibt es ein günstigeres Mittagsmenü von 12 bis 16 Uhr.

Mariannenplatz 2, im Bethanien, So ab 11, Mo ab 17, Di–Sa ab 12 Uhr, Tel. 600 31 86 00, www.3schwestern-berlin.de
€€

Adana Grillhaus

TÜRKISCH Mehrere Ableger in fußläufiger Nachbarschaft (und einer am Adenauerplatz!): Die Lammkoteletts gehören zu den besten und authentischsten der Stadt. Die Köfte im Brot sind angenehm kurzgebraten, aber herrlich röstaromatisch. Und ein Baklava muss auch noch sein.

Manteuffelstraße 86, tgl. 12–2 Uhr, Tel. 612 77 90, www.adanagrillhaus.de
€€

Amici Amici

ITALIENISCH Die charmante Trattoria in einem herrschaftlichen Stuck-Eckhaus kombiniert günstige Preise mit dem authentischen Charakter einer Osteria. Neben der festen Abendkarte (Pizza, Antipasti, Pasta, Desserts) gibt es täglich wechselnde Gerichte und von 11.30 bis 16 Uhr einen empfehlenswerten Mittagstisch.

Mehringdamm 40, tgl. 12–24 Uhr, Tel. 74 68 41 21, www.amici-amici.de
€€

Bar Raval

SPANISCH Die robust-modern eingerichtete Tapas-Bar des Schauspielers Daniel Brühl liegt direkt am Görlitzer Park. Auch ohne Promi-Bonus gefällt eine lässige Esskultur, die sich selbst nie zu wichtig nimmt, die katalanische Küche hingegen sehr. Toller, trubeliger Außenbereich. Beachtung verdient die Gin-Tonic- Karte.

Lübbener Straße 1, So–Do 18–23 Uhr, Fr+Sa 18–0 Uhr, Tel. 53 16 79 54, www.barraval.de
€€

Bone.Berlin

PANEUROPÄISCH Stephan Endres und Wolf Siems aka Bone.Berlin bespielen die wunderbare Kantine der Kreuzberger Markthalle. Die bäuerlich-handwerklich produzierten Grundprodukte kommen selbstverständlich aus der Markthalle Neun, das Fleisch von Kumpel & Keule, die Gemüse aus Brandenburg. So eine Kantine wünscht man jedem Kiez.

Eisenbahnstraße 42/43, in der Markthalle Neun, Mo–Sa 12–16 Uhr, Tel. 0177-689 64 06, www.boneberlin.com
€€

Brlo Brwhouse

DEUTSCH Ausgerechnet ein Brauhaus macht eine vollmundige, zeitgenössische Gemüseküche: Die Teller von Ben Pommer und seiner Mannschaft begeistern. Der Blumenkohl wird im Ganzen gegart, die Urkarotte im eigenen Sud. Fleisch gibt es natürlich auch, es kommt wie das Gemüse aus dem Smoker. Vor allem aber ist das BRLO Brwhouse der pefekte Laden, um zu schmecken, wie gut Bier als Speisenbegleiter funktioniert. Der angrenzende Biergarten direkt am Park am Gleisdreieck ist einer der besten der Stadt.

Schöneberger Straße 16, Biergarten: tgl. ab 12 Uhr, Restaurant: Di–Fr ab 17 Uhr, Sa+So ab 12 Uhr, Tel. 55 57 76 06, www.brlo.de/brlo-brwhouse
€€€

Buya Izakaya Ramen NEU

JAPANISCH Braucht Kreuzberg noch mehr Weltläufigkeit? Die Betreiber des japanischen Nudelladens Buya haben das eindeutig mit Ja beantwortet. Und nach Filialen in Miami (!) und Potsdam (!!) nun eine Manufaktur für Ramennudeln in der fortwährend „aufgewerteten" Reichenberger Straße eröffnet. Nebenbei will der Laden auch noch ein Izakaya sein, eine japanische Kneipe. Bei den Suppen, immerhin mit hausgemachten Nudeln, hat man die Auswahl Tonkotsu-Brühe, vegane Tantanoder Shio-, also Salzbrühe, letztere auch mit der Zitrusfrucht Yuzu gepimpt. Yuzu-Fans sei nahegelegt: Bestellt diese Suppe nicht. Buya serviert nicht das schlechteste Ramen der Stadt, der eigenen Behauptung aber hinkt dieser Laden arg hinterher.

Reichenberger Straße 36, Di–Sa 12–22 Uhr, Tel. 64 46 10 73, www.buyarestaurants.com
€€

Cevicheria

PERUANISCH In Buenos Aires aß Jana Dadelow zum ersten Mal Ceviche – rohen Fisch mit Limettensaft mariniert. Jahre später stehen nun neben dem puristischen Ceviche mehrere Varianten in ihrer eigenen Cevicheria auf der Karte, ergänzt von kleinen Gerichte wie Miesmuscheln.

Dresdener Straße 120, Mo–Sa 17–23 Uhr, Tel. 55 62 40 58, http://cevicheria-berlin.com
€€

Cocolo Ramen

JAPANISCH Als Street Food in Berlin noch ein Fremdwort war, war Oliver Prestele schon mit seinem Ramen-Stand auf Partys unterwegs. Für sein Restaurant, das vor einiger Zeit vom Paul-Lincke-Ufer in den Graefekiez umgezogen ist, hat er alle Teller selbst getöpfert. Sehr guter, lebhafter und tendenziell sehr voller Laden.

Graefestraße 11, Mo–Sa 12–22 Uhr, Tel. 98 33 90 73, https://kuchi.de/restaurant/cocolo-x-berg/
€€

Con Tho

VIETNAMESISCH Spannend der Ansatz, vietnamesische Küche mit regionalen Zutaten zu verbinden. Porree und Thymian ersetzen Lemongrass und Bananenblüten. Beißt man in die gehypten Speisen, fehlt vielleicht ein wenig Würze. Das Konzept, und die hausgemachten Limonaden, haben uns dennoch begeistert.

Hasenheide 16, tgl. 12–22 Uhr, Tel. 22 45 61 22, https://business.facebook.com/ConThoBerlin
€

Defne

TÜRKISCH „Defne" ist das türkische Wort für „Lorbeer". Und so wundert es nicht, dass hier türkisch-mediterrane Küche angeboten wird. Die Speisen – viel Lamm, viel Gemüse – sind günstig und ausgesprochen gut. Nicht verpassen: Frischfisch an Freitagen und Samstagen.

Planufer 92c, April bis Sept. 16–0 Uhr, Okt. bis März 17–0 Uhr, Tel. 81 79 71 11, www.defne-restaurant.de
€€

Der goldene Hahn

ITALIENISCH Dieser Laden ist eine Institution. Wegen der hausgemachten Pasta, der umfassenden Weinauswahl oder den Kellnern, von denen einer immer auch den Plattenspieler bedient. Zudem feiert das charmante Lokal mit den Backsteinwänden die Handwerksküche, ohne es an die große Glocke zu hängen. Wo sonst werden schon halbe Tiere zerlegt und alles vom Tier verarbeitet? Lieblingsort, zu dem auch die benachbarte Weinbar Gallina gehört. Unser Tipp, wenn im Goldenen Hahn mal wieder kein Tisch frei ist.

Pücklerstraße 20, tgl. ab 18.30 Uhr, Tel. 618 80 98, www.goldenerhahn.de
€€

Dolden Mädel

DEUTSCH Die Nordmann-Gruppe, zu der etwa die Ratsherren-Brauerei und der bio-zertifizierte Landwert-Hof in Stahlbrode gehören, steckt hinter diesem großen Craft-Beer-Lokal. 70 Biere aus der Flasche, dazu kommen 20 aus dem Hahn. Die herzhafte Küche kommt ohne Allüren aus und oft von lokalen Produzenten. Schöner Gastgarten. Gut für Gruppen.

Mehringdamm 80, tgl. ab 13 Uhr, Tel. 77 32 62 13, www.doldenmaedel.de
€€€

Doyum Restaurant

TÜRKISCH Gegrillt wird – natürlich – auf einem Holzkohlegrill. Der Adana-Kebab aus Lammfleisch ist wunderbar, ebenso die anderen Spieße vom Grill. Wer es vegetarisch mag, dem bleibt eine hervorragende Auswahl an türkischen Vorspeisen.

Admiralstraße 36, rund um die Uhr geöffnet, Tel. 61 65 61 27, www.doyum-restaurant.de
€€

Feed Back

CHINESISCH Schon die gebackenen Wasserkastanien und die gedämpfte Aubergine lassen erkennen, dass wir es im Feed Back mit einer engagierten Autorenküche zu tun haben. Gastgeber Rong Dong Chen, ehedem Koch im China Club (im Hotel Adlon), steht selbst am Herd, während seine Frau den Gastraum mit Seele füllt. Das Feed Back steht für zwei Dinge: handwerkliche Qualität und ein authentisches Verständnis der kantonesischen Küche.

Paul-Lincke-Ufer 45, Di–So 12–23 Uhr, Tel. 61 65 41 11, www.feedbackberlin.de
€€

Felix Austria

ÖSTERREICHISCH Es geht doch nichts über ein Rindsgulasch mit Semmelknödeln. In dem rustikalen Kaffeehaus kann

Foto: white kitchen

man beim wechselnden Mittagstisch bis 16 Uhr, aber auch am Abend, glücklich werden. Ein im positiven Sinne hemdsärmeliger Laden.

Bergmannstraße 26, Mo–Sa 9–0 Uhr, So+Feiert. 10–0 Uhr, Tel. 61 67 54 51, www.felixaustria.de
€€

Fes – Türkisches BBQ

TÜRKISCH Aus der koreanischen Küche kennt man das: Es wird direkt am Tisch gegrillt. Das sorgt für schöne Aromen wie für eine gesellige Atmosphäre. Zumal, wenn die Grundprodukte stimmen, und das tun sie bei diesem türkischen BBQ in der Hasenheide. Hervorragende – und sehr frische – Auswahl an Meze, also türkischen Antipasti. Kurz: ein Erlebnis.

Hasenheide 58, Di–So 17–23 Uhr, Tel. 23 91 77 78, www.fes-turkishbbq.de
€€€

Figl

ALPENLÄNDISCH, ITALIENISCH Herzenswarmer Familienbetrieb der drei Geschwister Mangold. Die Küche, für die nur Biofleisch verwendet wird, lässt sich als mediterran mit alpenländischen Einflüssen beschreiben. Begeisternd gut sind auch die Pizzen. Zum Restaurant gehören ein kleiner Biergarten und eine Kegelbahn im Keller.

Urbanstraße 47, Mi–So 17–23 Uhr, Tel. 72 29 08 50, www.gasthaus-figl.de
€€

Freddy Fey's NEU

BRITISCH Woher man Barkin Kitchen kennen könnte? Unter anderem, weil eine der charmantesten Berliner Catering-Küchen auch das Café im C/O Berlin betreibt. Catering, Museumsgastronomie, da ging nicht viel in den vergangenen Monaten. Und so haben sich die Jungs von Barkin Kitchen mit Freddy Fey's neu erfunden: Mit den ziemlich besten Fish'n'Chips der Stadt, klassisch vom Kabeljau oder herzhafter vom Köhler. Dazu sehr viele sehr gute Saucen, wobei uns schon der typische Essig genügt. Das Wichtigste aber sind die Fritten. Doppelt frittiert und dreifach gut.

Glogauer Straße 7, Mi–Do 16.30–21.30 Uhr, Fr–So 13–21.30 Uhr, Tel. 60 27 50 29, www.barkinkitchen.com
€€

G wie Goulasch

DEUTSCH, OSTEUROPA Ein Eckladen am schönen Chamissoplatz, stuckverziert. Hier kommt Gulasch in allen –auch vegetarischen – Spielarten auf den Teller. So einfach kann ein Konzept sein, das spätestens ab November, wenn es kühl wird, weit über den Kiez hinaus begeistert.

Chamissoplatz 1, Di–So 18–23 Uhr, Tel. 22 43 91 29, www.g-wie-goulasch.de
€€

Gloria

ARGENTINISCH Treffpunkt der lateinamerikanischen Künstlerszene. Benannt nach seinem Film „Gloria" hat Regisseur Sebastián Lelio ein Lokal eröffnet, das kontinuierlich überzeugt. Das Ceviche ist herrlich zart, Quinoa mit Avocado schmeckt wie in Bolivien. Recht gute Weinkarte.

Görlitzer Straße 42, Do–Sa 17–22 Uhr, So 16–21 Uhr, Tel. 49 78 15 43, www.gloriaberlin.de
€€€

Gorgonzola Club

ITALIENISCH Legendärer Laden für gesellige Dinner und lange Nächte. Die Pizzen gibt es für großen und kleinen Hunger, die Pastagerichte und Gnocchi sind solide wie auch die Speisen auf der freitags wechselnden Wochenkarte. Kurzum: eine Kreuzberger Institution.

Dresdener Straße 121, tgl. ab 18 Uhr, Küche bis 0 Uhr, Fr+Sa bis 2 Uhr, Tel. 615 64 73, www.gorgonzolaclub.de
€€

Grünfisch

ITALIENISCH Wenn ein vietnamesischer Berliner und ein echter Sizilianer sich zusammentun, muss etwas Besonderes herauskommen: drei wöchentlich wechselnde Drei-Gänge-Menüs ab 30 Euro – Fleisch, Fisch oder vegetarisch. Zu dieser asiatisch angehauchten, italienischen Küche passt der von einem befreundeten Winzer gekelterte Grünfisch-Wein.

Graefestraße 26a, Di–Sa 18–23 Uhr, Tel. 61 62 12 52, www.gruenfisch.de
€€€

Guru

INDISCH Die nordindische Küche wird in diesem kleinen Restaurant mit dem Anliegen zubereitet, Zungen nicht zu überfordern. Lamm, Fisch, Hähnchen – alles ist durchaus gut gewürzt, jedoch eher mild als scharf (auf Wunsch schärfer). Besonders die vegetarischen Gerichte in dem gemütlichen Laden sind zu empfehlen, Veganes gibt es auch.

Körtestraße 30, tgl. 12–22 Uhr, Tel. 694 92 01, www.restaurant-guru.de
€€

Hasir

TÜRKISCH Der gleichnamige Imbiss nebenan rühmt sich, Berlins ersten Döner verkauft zu haben. Derart traditionsbeladen geht es in dem hellen Restaurant nicht zu. Neben Iskender Kebab, also Lammfleisch auf Brot mit Joghurtsauce, gibt es auch die berühmte Kuttelsuppe und diverse raffinierte Vorspeisen – und das bis spät in die Nacht. Sechs Filialen in Berlin.

Adalbertstraße 10, So–Do 12–0 Uhr, Fr+Sa 12–1 Uhr, Tel. 614 23 73, www.hasir.de
€€

Henne

DEUTSCH Kreuzberger Institution mit mehr als hundertjähriger Tradition – sehr beliebt und immer proppenvoll. Die Speisekarte ist extrem übersichtlich, denn es gibt nicht viel anderes als die so hemdsärmelig wie hervorragend zubereiteten Jungmasthähnchen. Schwierigste Entscheidung ist, ob man Kraut oder Kartoffelsalat dazu isst. Darauf einen Obstler.

Leuschnerdamm 25, Di–So ab 17 Uhr, Tel. 614 77 30, www.henne-berlin.de
€€

Hinterland

2021: TOP 15 ABENDS, PLATZ 12

PANDEUTSCH Der Name des Weinbistros bezieht sich auf die Philosophie der Gastgeberin Madeline McLean: Enge Beziehungen zu lokalen Produzent:innen und vor allem Integrität, sowohl in der Produktion als auch in der Küche. Mittags gibt es fair bepreiste Sandwiches und Salate, am Wochenende Brunch, abends kleine Teller. Herrlich das Tatar mit Fenchel und Estragon und der minimalistische Hecht aus dem Stechlinsee.

Gneisenaustraße 67, Di–Fr 12–15 Uhr u. 18–23 Uhr, Küche bis 22 Uhr, Sa 11–15 Uhr (Brunch) u. 18–23 Uhr, Küche bis 22 Uhr, Tel. 98 43 84 47, www.hinterlandprovisions.com
€€

Horváth

ÖSTERREICHISCH Der gebürtige Wiener Sebastian Frank kam 2010 ins Horváth am Paul-Lincke-Ufer. Schon im ersten Jahr gab es einen Stern, 2015 kam ein zweiter dazu. Gewürdigt wurde eine entschlossene Produktküche, die sich radikal aus der Biografie des Küchenchefs nährt. Spätestens dieser konzentrierte Zugang macht das Horváth für uns einem der besten Restaurants der Stadt. Neben der Blutpraline ist ein im Salzteig gereifter Sellerie eines von Franks Signature-Gerichten.

Paul-Lincke-Ufer 44a, Di–Sa ab 18.30 Uhr, Tel. 61 28 99 92, www.restaurant-horvath.de
€€€€

Hostaria del Monte Croce

ITALIENISCH Das Restaurant befindet sich verwunschen in einem begrünten Hinterhof. Das Konzept ist einfach: Es gibt einzig wechselnde Menüs (wie in Italien üblich: fünf Gänge), bei denen jeweils auch die Weinbegleitung inklusive ist.

Mittenwalder Straße 6, 2. Hinterhof, Di–Sa 18.30–22.30 Uhr, Tel. 694 39 68, www.hostaria.de
€€€

Il Casolare

ITALIENISCH Pizza – dafür kommt man ins Il Casolare. Und dann ist da noch dieses fröhlich-lebhafte Flair, zu dem die Kellner in der rappelvollen Trattoria beitragen. Vorausgesetzt, sie haben nicht gerade ihren patzigen Tag, was dem Casolare ebenfalls einen legendären Ruf eingebracht hat. Immerhin: Die Wände sind übersät mit Krakeleien zufriedener Gäste.

Grimmstraße 30, Mo–Do 16–23 Uhr, Fr–So 12–23 Uhr, Tel. 69 50 66 10, bei Facebook: Trattoria-Il-Casolare
€€

Jolesch

ALPENLÄNDISCH Friedrich Torbergs „Tante Jolesch" besitzt in Österreich ähnlichen Kultstatus wie das Wiener Schnitzel im Jolesch in Berlin. Denn in diesem Kreuzberger Traditionsrestaurant kocht man klassisch und modern österreichisch. Gulasch und Schnitzel sind hervorragend, Kaiserschmarrn, Apfel- Topfenstrudel und Marillenknödel zeigen, warum Austria als Mehlspeisenland unerreicht ist.

Muskauer Straße 1, Mo–Sa 17–22 Uhr, So 12–22 Uhr, Tel. 612 35 81, www.jolesch.de
€€€

Kantine Kohlmann

DEUTSCH Ein informelles Lokal mit einer ansprechenden professionellen Küche, die mit frischen Produkten regional kocht, ohne sich in Klischees zu verlieren. Nach einem gelungenen Abend kann man noch in die hauseigene Bar gehen. Handwerkliches Barfood macht auch dort selig satt.

Skalitzer Straße 64, Mi–So 16–22 Uhr, Tel. 0152-33 92 45 48, www.kantine-kohlmann.de
€€€

Karloff Lokalino

ITALIENISCH „Lokalino", also „kleines Lokal" nennt sich der nach dem Stummfilm-Bösewicht Boris Karloff benannte Italiener selbst: gerade einmal 22 schwarze Holzstühle stehen im flaschengrünen Raum. Wechselnde Menüs mit Fisch (Mare) oder Fleisch (Terra) im Hauptgang, es lohnt der faire Aufpreis, beide Menüs zu kombinieren. Ein Lieblingsort in der kulinarischen Lücke zwischen Fine Dining und lässigem Pasta-Italiener.

Reichenberger Straße 152, Mi–Sa 18–22 Uhr, Tel. 0178-144 56 64, www.karloff-berlin.de
€€€

Kimchi Princess

KOREANISCH Rote Neonröhren baumeln von der Betondecke, die rot gestrichene und mit koreanischen Han-Schriftzeichen verzierte Metallwand hinterm Tresen wirkt wie ein Frachtcontainer. In dieser rauen Industrieatmosphäre sitzt man aber gesellig an langen Tischen und schmort auf dem Tischgrill Rind, Schwein, Seitan oder Fisch. Außerdem gibt es allerlei Klassiker der koreanischen Küche.

Skalitzer Straße 36, Eingang in der Manteuffelstraße, Di–Fr 16–23 Uhr, Sa+So 12–23 Uhr, Tel. 0163-458 02 03, www.kimchiprincess.com
€€

Kinnaree Thai

THAILÄNDISCH Es gibt auch Huhn, Fisch und Meeresfrüchte – aber Tofu ist das Thema, kaum ein Gericht ohne ihn in verschiedenen Zubereitungsarten. Beim Glasnudelsalat puristisch, beim „Tofu Pad Kie Mauw Reon" kross gebraten. Erfreulicherweise gibt es auch ordentliche Weine. Riesling, Veltliner – das passt zur Thai-Küche.

Südstern 14, So–Do 13–22 Uhr Küche bis 21.30 Uhr, Sa, Feiert. 13–23 Uhr, Küche bis 22 Uhr, Tel. 57 79 41 99, www.kinnaree-thai.de
€€

Kreuzberger Himmel

SYRISCH Unter dem Dach der St.-Bonifatius-Gemeinde ist dieses Restaurant-Projekt aus einer Initiative für Geflüchtete heraus entstanden. Zu den kulinarisch anspruchsvollsten unter den Berliner Levante-Küchen gehört der Kreuzberger Himmel dennoch, oder gerade deshalb.

Yorckstraße 89, Di–Fr 12–0 Uhr, Sa+So 10–0 Uhr, Tel. 0171-785 89 39, www.kreuzberger-himmel.de
€€

La Bionda

ITALIENISCH Das Schwesterlokal vom Goldenen Hahn ist nach dem Song benannt, bei dem der Wirt den ersten Kuss bekam. Wir finden die Pizzen zum Küssen und empfehlen La Bionda als trubeligen Alltagsitaliener mit verlässlicher Produktqualität.

Bergmannstraße 31, Mo–Sa 18–22 Uhr, So 17–22 Uhr, Tel. 63 90 17 70, www.fratellilabionda.de
€€€

Lasan

TÜRKISCH Viele Kurden führen gastronomische Betriebe, aber wo gibt es die wirkliche, eigenständige kurdische Küche zu kosten? Im Lasan am Kottbusser Tor.

Adalbertstraße 96, Mo–Fr 9–23 Uhr, Sa+So 10–0 Uhr, Tel. 69 81 40 98, www.lasan-restaurant.de
€€

Lausebengel

DEUTSCH Im Graefekiez findet sich diese nonchalant selbsterklärende Kiezkneipe, ein lässiger Ort zur kulinarisch-sozialen Abendgestaltung. Das Konzept kommt dabei (unter anderen) vom umtriebigen Gastro- Quereinsteiger Kristof Mulack, der sich mit dem Neuköllner Tisk ja schon mal an einer Neudeutung der Berliner Küche versucht hat. Im Lausebengel schickt die Küche nun zeitgenössische Varianten von Currywurst, Fischstäbchen mit Erbsen und Kartoffelpüree oder „Jurkensalat". Dazu trinkt man: Bier.

Grimmstraße 21, Mi–So 12–23 Uhr, Sa+So 12–17 Uhr Getränke und Happen auf Terrasse, Tel. 22 47 43 91, www.lausebengel.berlin
€€€

Layla

2020: TOP 15 ABENDS, PLATZ 18
ISRAELISCH Am Anfang waren Falafel und Hummus. Inzwischen ist die israelische Küche in Berlin so präsent, dass Klein-Tel-Aviv ein trefflicher Name für die damit verbundene Streetfood-Kultur sowie einige junge Restaurants mit weltläufigem Understatement ist. Smarter Repräsentant: das Layla. Die Location am Anhalter Bahnhof inszeniert das Casual Dining für junge und junggebliebene Foodies und überhaupt Menschen, für die kulinarische Abendgestaltung immer auch ein atmosphärisches Vergnügen ist. Je größer die Runde, desto größer der Spaß.

Hallesche Straße 10, Do–Sa 18–1 Uhr, Tel. 0151-22 56 36 54, www.layla-restaurant.com
€€€

Le Bon Mori

FRANZÖSISCH Unprätentiös gut essen, dem hat sich auch Moritz Borowski alias Le Bon Mori verschrieben. Sein schmales französisches Lokal ist ob seiner Flammkuchen durchaus ein Ort für alle Tage. Oder steht der Sinn nach feinerer Cuisine, einem Steak Tatar oder Kalbsfilet samt Rote-Bete-Polenta und Pfifferlingen? Feiner Laden mit Herz und Potenzial.

Stresemannstraße 21, Di–Sa 18–23 Uhr, Tel. 25 29 12 46, www.lebonmori.de
€€€

Lila NEU

2022: TOP 20 ABENDS, PLATZ 6
VIETNAMESISCH Besprechung siehe Seite 36

Paul-Lincke-Ufer 39, Di–So 18.30–23 Uhr, Tel. 0174-845 58 08, www.lilarestaurant.com
€€€

Lode & Stijn

PANEUROPÄISCH Lode von Zuylen und Stijn Remi, zwei sterneküchenerfahrene Köche aus den Niederlanden, vertrauen den einfachen Dingen. Und einem souligen Mundgefühl. Ihr Menü ist für uns eines der besten der Stadt. Es setzt auf kleine, regionale Produzenten, auf eine saisonale Küche, auf klare Aromen und eine herzliche Vollmundigkeit. So einleuchtend gut schmeckt das alles, dass man die Exzellenz und die Unbedingtheit dieser Küche erst auf den zweiten Bissen bemerkt. „Lekker" sagen Lode & Stijn dazu. Wir sagen: Stimmt. Und erwähnen noch die tolle Auswahl an (Natur-) Weinen und auch an belgischen Sauerbieren, die ja ganz famose Speisenbegleiter sind.

Lausitzer Straße 25, Mi–Sa ab 18 Uhr, Tel. 65 21 45 07, www.lode-stijn.de
€€€€

Lok 6

2020: TOP 15 ABENDS, PLATZ 6
PANEUROPÄISCH Über dem Flaschenhalspark, wo der Sonnenuntergang so traumhaft auf die roten Neubauhäuser scheint. Darin: das zarte, betonschöne Lok 6. Es gibt etwa schlonziges Tatar, Kopfsalat mit gepopptem Bockshornklee, frisch aufgeschlagene Butter, sehr gute Tomaten mit Bonitoflocken und einem wachsweichen Ei, Bete-roten Hummus, grünen Spargel, der genau die richtige Portion Röstaromen abbekommen hat, wilden Brokkoli und gutes Brot, für das Berlin ja wieder steht. Zu zweit bestellt man vier, fünf Teller und wird selig satt in diesem kleinen Lokal, das auch ein sehr schönes ist.

Am Lokdepot 6, Mi–Sa 18–22 Uhr, Tel. 57 79 27 79, www.lok6.de
€€

Long March Canteen

CHINESISCH Die Wände schwarz, das Licht spärlich. Einziger optischer Fluchtpunkt: die von roten Neonröhren angestrahlte Dim-Sum-Station. Die Küche spielt mit Schärfe, Süße, Röstung, unterschiedlichen Texturen und starken Aromen – vom chinesischen Taschenkrebs auf Chili-Limetten-Mayo bis zum butterweichen deutschen Schweinebauch mit Babyspargel.

Wrangelstraße 20, So–Do 18–23 Uhr, Fr+Sa 18–23.30 Uhr, Tel. 0178-884 95 99, www.longmarchcanteen.com
€€€

Maison Umami

VIETNAMESISCH Hat am Schlesischen Tor ein Lampionfachgeschäft eröffnet? Nein, es ist die bereits dritte Filiale der vietnamesischen Umami-Restaurants. Einrichtungsprinzip: viel Holz, noch mehr Lampions. Auf dem Tisch tummeln sich großzügig gefüllte Sommerrollen und frischer Seidentofu mit Enoki-Pilzen und Grün. Bei den Hauptgerichten schlägt der vegetarische Monks Lunch die Angry Calamari, die leider in zu salziger Satésauce baden. Das Maison Umami weist vollmundig in die Zukunft der Systemgastronomie. Eine Zukunft, die plötzlich auch frisch kochen kann.

Schlesische Straße 5, tgl. 12–22 Uhr, Tel. 27 98 24 24, https://umami-restaurants.de
€€

Mama Shabz

2021: TOP 10 MITTAGS, PLATZ 1
PAKISTANISCH Shabz Syed, eine junge Londonerin, gibt mit den Wohlfühlgerichten ihrer Mutter – scharfes Kichererbsenmasala, köstliche Pakora, Samosa und Co. – pakistanischer Küche in Berlin ein frisches Gesicht. In einem gutgelaunten Ambiente erinnert sie an ihre multikulturelle Kindheit in Südlondon: den ganzen Tag über gibt es Snacks und Süßigkeiten wie die sehr empfehlenswerte Version eines Grilled Cheese im Parathafladen statt Toast. Ab mittags werden wechselnde Hauptgerichte aufgetischt, immer eine Variation des veganen Linsengerichts Dhaal, eine vegetarische Option und eine mit Fleisch: zum Beispiel ein wunderbares Hähnchen Korma. Am Wochenende lockt der Brunch mit dem Klassiker Nihari – ein aufwendiger Lammeintopf – und dem vegetarischen Halwa Poori Chaane, Kichererbsen, frittiertem Brot und süßem Halva.

Reichenberger Straße 61a, Di–Fr 12.30–20.30 Uhr, Sa+So 12–16 Uhr, www.mamashabz.com
€€

Mani in Pasta

2021: TOP 15 ABENDS, PLATZ 11
ITALIENISCH Seit Jahren begeistern Mani in Pasta uns ja schon mit ihrer Manufaktur in der Markthalle Neun, wo sie die besten hausgemachten Hartweizennudeln Berlins in zutiefst beglückende Pastateller verarbeiten. Geht es dort aber um eine italienische Wohlfühlküche, darf es im eigenen Restaurant in der Reichenberger raffinierter sein. Beeindruckend das fast marmeladige, pointiert bittere Sugo aus kandierten Amalfi-Zitronen, das den Gnocci mit Venusmuscheln etwas sehr Spielerisches gab. Und darüber hinaus? Zeugte etwa der tiefenaromatische Schweinebauch zum fermentierten Rotkohl von der Lust und dem Können, eine italienische Küche zeitgenössisch zu interpretieren, ohne ihr dabei ihre unmittelbare Kraft zu nehmen. Trotz seines glamourösen Auftritts ist dieses Restaurant kein gespreizter Nobelitaliener, sondern ein lässiges Abendlokal. Dazu passen gut gemachte Drinks und eine Weinauswahl, die schon ab 3,50 Euro (0,1 l) die Teller auf Augenhöhe und mit Spaß begleitet.

Reichenberger Straße 125, Di–Do 18–22 Uhr, Fr+Sa 18–22.30 Uhr, www.maniinpasta.de
€€€

Marktlokal NEU

2022: TOP 20 ABENDS, PLATZ 2
DEUTSCH Besprechung siehe Seite 31

Pücklerstraße 34, Mi–Fr 15–22 Uhr, Sa 12–22 Uhr, Tel. 28 66 51 22, www.marktlokal.berlin
€€

Maselli

ITALIENISCH Italiener gibt es viele in Berlin, solche mit dem Präfix „Lieblings-" sind rar. Einer davon ist das Maselli. Angefangen bei der Einrichtung mit Sinn für liebevolle Details, über den herzlichen Service bis hin zu vollendeter Cucina Italiana. Die Caponata ist famos, das Sauerbohnenpüree eine Sensation.

Nostitzstraße 49, Di–Sa 18–23 Uhr, Tel. 69 00 43 63, https://maselliristorante.weebly.com
€€€

Max und Moritz

DEUTSCH Eine Adresse für die Freunde und Freundinnen von Alt-Berliner Spezialitäten in Alt-Berliner Wirtshausatmosphäre. Probiertipp: Bollenfleisch, ein Eintopfgericht mit grünen Bohnen und Lammfleisch. Auch Eisbein und Haxe sind in dieser Institution eine, nun ja, Wucht.

Oranienstraße 162, tgl. ab 18 Uhr, Tel. 69 51 59 11, www.maxundmoritzberlin.de
€€

Möllers Köttbullar

2021: TOP 10 MITTAGS, PLATZ 3
SKANDINAVISCH Der Repräsentant des skandinavischen Streetfoods hat eine eigene Botschaft bezogen: Möllers Köttbullar, ein kleines Imbisslokal in Kreuzberg. Dort findet sich genau dies, Köttbullar, die schwedische Antwort auf die Bulette. Handwerklich zubereitet von Henrik Möller und Michael Hubert, aus Rindfleisch oder vegan aus kaltgepresstem Sonnenblumenprotein aus dem Allgäu, mit handgestampftem (!) Kartoffelstampf, Gurkensalat, viel brauner Soße – oder wahlweise Demeter-Pommes. Die Rinds-Bratlinge sind außen kross, innen saftig, schmecken nach ihrer Hauptzutat, wertigem Fleisch von der Bäuerlichen Erzeugergemeinschaft Schwäbisch Hall. Kurzum: simples Konzept, herzlich-vollmundig umgesetzt.

Köpenicker Straße 190, Mo–Do 12–21.30 Uhr, Fr 12–22 Uhr, Sa+So 13–22 Uhr, Tel. 77 32 12 00, www.koettbullar.com
€€

NaNum

2020: TOP 10 MITTAGS, PLATZ 8
KOREANISCH NaNum heißt auf Koreanisch teilen. Das ist, was Jinok Kim-Eicken, ausgebildete Opernsängerin, Keramikerin und passionierte Köchin, in ihrem Restaurant, das auch Keramikatelier und Café ist, tut. Auf die schlichten Holztische kommen Gerichte, abends mehrgängige Menüs (vegetarisch/auf Wunsch auch vegan sowie mit Fleisch) und gerne mit fermentierten Komponenten, die Jinok selbst gerne isst und seit Jahrzehnten kocht: in Sojasauce, Birnensaft und Sesamöl marinierte Rumpsteak-Wickel oder Knusperseelen aus frittierten Pilzen und Nüssen – und natürlich Bibimbap (zum Lunch). Optimale Begleiter im Glas: Naturweine und Orange Weine. Als „Kimchi-Botschafterin" bietet sie seit Februar in der Markthalle wechselnde Kimchi-Sorten an.

Lindenstraße 90, Lunch: Mi+Do 12–14.30 Uhr, Dinner: Do–Sa 18–22.30 Uhr, Tel. 0177-208 47 85, www.nanumberlin.com
€€€

Nobelhart & Schmutzig

DEUTSCH, FRANZÖSISCH Kloß mit Soße. Butter mit Brot. Vom Lamm der Nacken am angekohlten Rosenkohl. So also schmeckt es im Nobelhart & Schmutzig, dem „brutal lokalen" Restaurant des Vollbart- wie Vollblutkulinarikers Billy Wagner und seines Küchenchefs Micha Schäfer. Zeitgenössischer kann man in Deutschland derzeit kaum exzellent essen. Man sitzt einfach bei sympathischen Menschen und schmeckt Produkte aus der nahen Umgebung, dazu gibt es eine erkenntnisdurstige, stets süffige Getränkebegleitung. In den Sommer- und Herbstmonaten überwiegen die vegetarischen Gänge, im Winter kommt dann Wild und Fisch. Auch das heißt: radikal saisonal. Also: mehrmals im Jahr vorbeischauen!

Friedrichstraße 218, Di–Sa ab 18.30 Uhr, Tel. 25 94 06 10, www.nobelhartundschmutzig.com
€€€€

Ora

2021: TOP 15 ABENDS, PLATZ 4
Der irische Chefkoch Alan Micks und (Natur-) Weinfrau Emily Harman beleben die historische Apotheke am Oranienplatz mit einem schlüssigen, klar ausformulierten Konzept. Das zart renovierte und angenehm aufgeräumte Ora ist auch am Stand ein erwachsenes Lokal, das es sich gerade deshalb leisten kann, noch lange nicht ausentwickelt zu sein. So könnte die lange Theke zu einer Weinbar mit kleinem Speiseangebot werden. Austern, die Bratwürste von The Sausage Man Never Sleeps und Gemüse des Spreewälder Gartens der Michelberger-Familie – das Ora wächst und gedeiht. Was bleiben wird, sind die großartigen Hauptgänge und die souveräne, extravagant-lustvolle Weinkarte.

Oranienstraße 14, Mi, Do 17.30–0 Uhr, Sa 12.30–0 Uhr, So 16–23 Uhr, Tel. 50 95 58 89, www.ora-berlin.de
€€€

CAFÉS

Nirgendwo ziehen Stunden so gut vorbei wie in einem guten Café. Ob nun alleine oder in Gesellschaft, aber vor allem mit gutem Kaffee

SCHWARZES CAFÉ

Noch ein Käsefrühstück um 23.48 Uhr? Ein Cocktail um 10.13 Uhr? In der Cafélegende an der Kantstraße, die aktuell fast wieder durchgehend geöffnet ist, kann man so wunderbar den Tag zur Nacht und die Nacht zum Tag werden lassen.

Kantstraße 148, Charlottenburg, www.schwarzescafe-berlin.de

FINE BAGELS

Ein bisschen New York in Berlin: die besten Bagels diesseits des Atlantiks findet man ausgerechnet in einer (sehr gut sortierten!) Buchhandlung für englische Bücher. Nicht den Cheesecake und die Schokoladenrugelach verpassen!

Warschauer Straße 74, Friedrichshain, www.finebagels.com

LA MAISON (Foto)

Sind wir noch am Paul-Lincke-Ufer oder schon im 11. Arrondissement? Manchmal ist das zwischen Bouleplatz und La Maison nicht ganz klar. Pariser Patisserie trifft auf Berliner Schnauze.

Paul-Lincke-Ufer 17, Kreuzberg, bei Facebook: La Maison Berlin

COMPANION COFFEE AND TEA

Begonnen hat alles mit einer kleinen Cafétheke auf der Oranienstraße, dann kam das eigene Café auf der Weserstraße dazu. Toller Kaffee, großartige Tees, ausgefallene saisonale Backwaren und eine entspannte, internationale Atmosphäre.

Weserstraße 166, Neukölln, www.companioncoffee.com

ISLA COFFEE

Kreislaufwirtschaft in köstlich: übriggebliebene Milch wird zu Ricotta, unverkaufte Backwaren werden zu neuen Köstlichkeiten verbacken, die Küche geht mit den Jahreszeiten und die Stimmung ist entspannt. Laptops verboten!

Hermannstraße 37, Neukölln, www.facebook.com/Islacoffeeberlin

WIM KAFFEE

Seit 2014 versorgt Barista Shiori Hara das Gleimviertel mit sehr gutem Kaffee, Snacks wie Bananenbrot und Sandwiches und wohldosiertem Minimalismus. Nicht umsonst heißt das Motto hier: Weniger ist mehr.

Sonnenburger Straße 68, Prenzlauer Berg, bei Facebook: Wim-Kaffee

DOUBLEEYE

Wer Kaffee liebt, kommt an der Rösterei und Café DoubleEye nicht vorbei. An warmen Tagen sitzen wir auf Holzkisten draußen und nehmen eine Packung frischgerösteten Kaffee mit nach Hause.

Akazienstraße 22, Schöneberg, doubleeye.de

CAFÉ SCHÖNEWEILE

Oberschöneweide mangelt es nicht an schönen Ecken, in denen einstige Industriekultur und das gegenwärtige Berlin aufeinandertreffen – wie im Café Schöneweile. Wir kommen auf einen Kaffee und bleiben gerne noch auf ein Stück hausgebackenen Kuchen.

Reinbeckstraße 9, Köpenick, www.cafe-schoeneweile.de

Orania

FRANZÖSISCH Ein Ableger des noblen Schloss Elmau am Kreuzberger Oranienplatz? Küchenchef Philipp Vogel, der gleichzeitig auch der Hotelmanager ist, tat gut daran, seinem Restaurant kein strenges Menü-Konzept aufzuerlegen. Ansonsten wird Zeitgenössisches handwerklich perfekt inszeniert. Zentrales Element: Sharing-Gerichte, allen voran diese unglaublich köstliche, in vier Gängen gereichte Peking-Ente. Wir sagen: Es ist die beste in Berlin. Übrigens: Das sympathische Team der Orania.Bar kümmert sich auf Wunsch auch um die Getränkebegleitung am Tisch.

Oranienplatz 17, tgl. ab 18 Uhr, Tel. 69 53 96 80, www.orania.berlin
€€€

Osteria No. 1

ITALIENISCH Das Mutterhaus aller nummerierten Osterias: Die Pasta wird von Mama Luciana selbst gefertigt, aber auch Antipasti, Secondi und Desserts schmecken, wie es sich gehört. Die Mittags- und Abendkarte wechselt täglich, bleibt sich aber treu. Und die Nudeln mit Venusmuscheln sind so lecker, dass sie am späteren Abend oft ausverkauft sind.

Kreuzbergstraße 71, tgl. 12–21 Uhr, Tel. 786 91 62, www.osteria-uno.eu
€€

Parker Bowles & Friends

PANEUROPÄISCH Von der Allday-Location zum Pop-up-Space für Business, Kunst und Pop-up-Dinner. Werktags kochen das Deli und die dem neapolitanischen Zeitgeist verpflichtete Dookie Pizza.

Prinzenstraße 85d, im Aufbau Haus, tgl. 12–21 Uhr, Tel. 55 21 76 51, www.parker-bowles.com
€€€

Pizzaiolo

ITALIENISCH Ein Laden, den es bereits in Münster zweimal gibt und bald auch in Dortmund, und der die Charmelosigkeit der Systemgastronomie nie ganz abzulegen vermag. Der keinen Gastgeber kennt, sondern bloß Servicekräfte. Dazu okaye Pizzen, die man hier an der Partymeile zwischen Warschauer Brücke und Schlesischem Busch schon mal verdrücken kann, und die doch nichts vom Geheimnis einer perfekten neapolitanischen Pizza erzählen. Dem Sauerteig fehlt das Süßsäuerliche, dem Fior di Latte die Aromatiefe.

Schlesische Straße 28, tgl. 12–0 Uhr, Tel. 75 44 26 88, www.ilpizzaiolo.de
€€

Re Cucina

2020: TOP 10 MITTAGS, PLATZ 9

ITALIENISCH From Farm to Table. Aus Italien nach Berlin. Aus dem Piemont und der Emilia-Romagna vor allem, den beiden überbordend kulinarischen Regionen, aus denen Gastgeberin Allegra Guasti und Koch Giuseppe Penne kommen. Gemeinsam ist ihnen die Leidenschaft für eine bäuerlich-handwerkliche Produktküche. Mittags gibt es neben der hausgemachten Pasta auch Panini, abends eine fair kalkulierte Auswahl an direkt importierten Weinen sowie unfiltriertes Ichnusa-Bier.

Graefestraße 78, Mi–Fr 12–15 u. 18–22 Uhr, Sa 14–22 Uhr, Tel. 25 56 86 81, www.facebook.com/REcucinabar
€€

Foto: F. Anthea Schaap

Restaurant Richard

DEUTSCH, FRANZÖSISCH Hans Richard ist vielleicht der leiseste unter den Berliner Sterneköchen. Er steht inzwischen wieder selbst in der Küche und hat Sommelier Hakan Özden neu ins Team genommen. Dem gelingt nun auch im Glas, was auf den Tellern bereits begeistert: eine Zeitgenossenschaft, die bei allem Wissen um die Traditionen des guten Geschmacks einen gewissen Entdeckungsdurst erlaubt. Ein Orange Wine zum verkohlten Lauch? Das geht nun genauso wie die Moselspätlese zum Hirschrücken an einem mit Hingabe reduzierten Jus.

Köpenicker Straße 174, Di–Sa 19–0 Uhr, Tel. 49 20 72 42, www.restaurant-richard.de
€€€€

Ristorante Masaniello

ITALIENISCH Das Ambiente sieht ein bisschen nach Kleinstadtpizzeria aus. Bei den Holzofen-Pizzen kann dieser Kiez-Italiener dafür ordentlich punkten. Die sind riesig, knusprig und einfach ehrlich gut.

Hasenheide 20, Mo, Di, Do–So 12–23 Uhr, Tel. 692 66 57, https://befo.de/masaniello
€€

Rivo Spreeterrassen NEU

MEDITERRAN Spektakuläre Location unterhalb der Oberbaumbrücke mit zwei Terrassen auf Augenhöhe der Spree. Während sich der Sonnenuntergang im Wasser spiegelt, reicht die Küche Nahöstliches und Mediterranes. Pulpo mit ebenfalls gegrillter Zitrone, gerösteter Blumenkohl mit Granatapfel. Rucola-Labneh und Rote-Bete-Hummus zum Kalbsschnitzel. Aromen, die nach Kreuzberg passen, so wie der Blick auf die Oberbaumbrücke. Gute Drinks.

May-Ayim-Ufer 9, tgl 18–23 Uhr, Tel. 20 84 77 44 07, www.rivo-spreeterrassen.de
€€

Rutz Zollhaus

2021: TOP 15 ABENDS, PLATZ 2
DEUTSCH Erst der verdiente dritte Stern für sein Restaurant Rutz. Dann der Corona-Shutdown. Und mittendrin das neue, alte Lokal, aus dem er und das Weinhändlerpaar Anja und Carsten Schmidt ein zeitgenössisches wie gutbürgerliches Lokal gemacht haben. Im Weingarten kommt der Wildschweinschinken aus der Schorfheide. Am Abend genießen wir das Tatar vom Weideochsen mit Speck – ein vollmundiger, dank Gurke und Forellenkaviar auch frischer Starter. Danach die Brust vom Weidehuhn mit Gartenkarotte und Liebstöckel – das schmeckt aufregend unaufgeregt. Willkommen zurück, du altes, neues Haus.

Carl-Herz-Ufer 30, Mi–Fr 18–22 Uhr, Sa+So 16–22 Uhr, Tel. 233 27 66 70, www.rutz-zollhaus.de
€€€

Sage Beach & Restaurant

PANEUROPÄISCH Im Sommer lockt der Strand an der Spree – doppeltes Glück, ist doch das Restaurant innen (Küchenrichtung international mit Faible für alles Mediterrane) noch nicht wiedereröffnet. Am Beach wird eine wechselnde Abendkarte angeboten. Zudem gibt es eine neue Cocktailbar.

Köpenicker Straße 18-20, Mo–Fr ab 16 Uhr, Sa+So ab 14 Uhr, Tel. 755 49 40 71, www.sage-restaurant.de
€€

Sale e Tabacchi

ITALIENISCH Das blaue Schild, das in Italien einst die Läden kennzeichnete, in denen unter staatlichem Monopol Salz und Tabak verkauft wurden, prangt unübersehbar am ehemaligen taz-Verlagshaus. Hinter den großen Scheiben eröffnet sich der hohe Raum. Das intellektuelle Publikum ist in Sachen italienische Gourmetküche bewandert, entsprechend fällt das Angebot aus. Von Montag bis Freitag gibt es eine täglich wechselnde Mittagskarte.

Rudi-Dutschke-Straße 25, Mo–Sa 12–0 Uhr, Küche bis 22.30 Uhr, So 13.30–22 Uhr, Küche bis 21.15 Uhr, Tel. 252 11 55, www.sale-e-tabacchi.de
€€€

Sarod's

THAILÄNDISCH In freundlich-familiärer Atmosphäre gibt es hier die thailändischen Standards, originelle Vorspeisen, dazu ein paar ungewohnte Variationen – und überraschend gute Weine. Schön ist, dass man von den Hauptgerichten günstigere, kleinere Portion bestellen kann. Ein Laden aus der Rubrik „Kann man machen", den man dennoch immer zufrieden verlässt.

Friesenstraße 22, Di–So ab 15 Uhr, Küche bis 23 Uhr, Tel. 69 50 73 33, www.sarods.de
€€

Schlesisch Blau

DEUTSCH, PANEUROPÄISCH Wer hier einmal sitzt, will so schnell nicht mehr gehen. Das liegt zum einen an den aufgetischten Gängen, zum anderen an dem sehr professionellen und zugleich freundlichen Personal. Täglich gibt es drei Hauptgerichte zur Auswahl, eins davon ist vegetarisch.

Köpenicker Straße 1a, Mo–Do 12–15 Uhr, Fr 12–15 u. 18–23 Uhr, Sa 18–23 Uhr, Tel. 69 81 45 38
€€

Shishi

ISRAELISCH, LIBANESISCH Gastgeberin Shani Ahiel, Israelin und queere Aktivistin, zeigt mit dem Shishi, dass das neue kulinarische Berlin durchaus noch mit beiden Beinen im Nachtleben stehen kann. Das Lamm vom Holzkohlegrill spielt mit dem Rauch, dazu gibt es geräuchertes Auberginenpüree, angeflammte Zitrone und einen Schafsfrischkäse, der all das wunderbar rahmt. Gute Drinks, bessere (Natur-)Weine, auch aus Israel und dem Libanon.

Ritterstraße 12-14, Mo–Sa ab 18 Uhr, Tel. 695 34001, www.shishiberlin.de
€€€

Singh

INDISCH Indisches Street Food verspricht das Singh in Kreuzberg. Und tatsächlich: Auf einer „Street Spezial"-Karte finden sich Klassiker der indischen Straßenküche, wie Pani Puri. Auf der Tageskarte stehen Currys, die für einen schmalen Taler mit Reis, Salat, Papadam und Naan serviert werden. Frisch aus dem Tandoor-Ofen kommen Hähnchenspieße und hausgemachtes Naan.

Oppelner Straße 45, tgl.12–23 Uhr, www.singh-indian-street-food.eatbu.com
€

Sironi – Il Pane di Milano

Eigentlich backt Alfredo Sironi ja Brote. Aber er backt genauso eine wunderbare Margherita, die es (als eine von zwei Pizzarien in Berlin) sogar in den renommierten Guide „Where to eat Pizza in the World" gebracht hat. Cremiger Mozzarella, fruchtige Tomatensauce, aromatischer Basilikum – die Bäckerei sitzt in der Markthalle Neun und damit an der Quelle, was hochwertigste Zutaten angeht. Daneben gibt es Focaccias, belegt mit fleischigen Oliven, italienischem Käse, Kartoffeln oder süßen Zwiebeln – saftig, schmalzig und doch kross. In Schöneberg gibt es nun auch Sironi: Wo einst das Sudaka war, vereinen sich nun Café, Bäckerei und Restaurant unter einem Dach.

Eisenbahnstraße 42/43, in der Markthalle Neun, Mo–Sa 8–19 Uhr, www.facebook.com/sironi.de
€

Spindler

FRANZÖSISCH Ausnehmend schön gestaltetes, französisch abgeschmecktes Restaurant am Paul-Lincke-Ufer, in dem auch wieder der alte Küchenchef Nicolas Gemin das kulinarische Ruder übernommen hat. Die Speisekarte wurde verkleinert, Gemin legt seinen Fokus auf die Produkte und die handwerkliche Zubereitung. Eine schöne Neuerung ist der Brunch, der bis nachmittags möglich ist. Ebenfalls neu: das große Sonnensegel, das nun die schöne Terrasse überdacht.

Paul-Lincke-Ufer 42/43, Do–Mo 10–0 Uhr, Tel. 69 59 88 80, www.spindler-berlin.de
€€

Spindler & Klatt

DEUTSCH, PANEUROPÄISCH Sashimi von der gebratenen Jakobsmuschel mit warmer Nussbutter? Um asiatische Crossover-Küche mit europäischen Einflüssen geht es bei Spindler & Klatt zumindest vor 24 Uhr. Danach wird das Restaurant in der Alten Heeresbäckerei zum Club.

Köpenicker Straße 16/17, in der Heeresbäckerei, Mi–Sa ab 18 Uhr, Tel. 319 88 18 60, www.spindlerklatt.com
€€€

St. Bart

PANBRITISCH Frittierter Rosenkohl, zitronig gedippt. Fried Chicken von Brandenburger Freilandhühnern, saftig, fleischig und mit einer perfekten Panade. Danach eine Pavlova – das wunderbare St. Bart steht für eine auf wenige Komponenten fokussierte Produktküche, viele kleine Teller, Fine Dining mit Fettfingern. Bier vom Fass gibt's für 2,50 Euro. Und die herausragend zusammengestellten Weine – exemplarisch seien der Franke Stefan Vetter und Horst Hummel, Wilmersdorfer mit Weinbergen in Ungarn, genannt – sind fair kalkuliert. Im St. Bart kann man sich einen sehr zeitgenössische Weingeschmack lustvoll leisten. Lieblingsladen.

Graefestraße 71, Mi–So 16–22 Uhr, Tel. 40 75 11 75, www.stbartpub.com
€€

Sushi Gang NEU

JAPANISCH Blumenbouquets, die aus dem Schaufenster quillen, ein brüllender Gorilla als Maskottchen und unverwechselbar „freshes" Sushi – hallo, neue Gang aus Kreuzberg. Tatsächlich kommt ihr Essen mit persönlicher Grußkarte und knalligen Boxen auffallend hübsch zuhause an (Liefergebiet berlinweit mit unterschiedlichem Mindestbestellwert je nach Entfernung). Darin befindet sich wahlweise ein unverschämter Berg Tempura-Garnelen, die Poke-Sashimi-Bowl oder eine Signature Roll wie Tuna Turner mit flambiertem Thunfisch, Gurke, eingelegten Zwiebeln und Koriander. Fazit: frech, Fusion und verdammt lecker.

Graefestraße 8, tgl. 16–22.30 Uhr (Lieferservice), Tel. 01512 -618 82 16, www.sushi-gang.de
€€

Tangs Kantine

CHINESISCH Bei Tangs Kantine gibt es sowohl exotische Gerichte wie tausendjährige Eier, als auch für den Europäer weniger gewöhnungsbedürftiges Essen. Der Schwerpunkt liegt auf leichter Shanghai- Küche, aber auch kräftige Sezchuan- Gerichte und kantonesische Spezialitäten werden angeboten.

Dieffenbachstraße 18, tgl. 12–22 Uhr, Tel. 69 81 46 58, www.tangs-kantine.de
€€

Tante Fichte NEU

2022: TOP 20 ABENDS, PLATZ 7
EUROPÄISCH Besprechung siehe Seite 36

Fichtestraße 31, Mi–Sa ab 18 Uhr, Winter Di–Sa ab 18 Uhr, Tel. 69 00 15 22, www.tantefichte.berlin
€€€€

The Neighbourhood NEU

NORDAMERIKANISCH Das Neighbourhood, letztes Jahr von Melissa und Christian Günther (aus New York bzw. Potsdam) eröffnet, bietet Mixologie im US-Stil. Mezcal, Tequila, Bourbon und mehr werden hier verwendet, mit dem zusätzlichen Vorteil, dass das Essen vom in San Diego geborenen Koch Yair Valderrama stammt. Ein kleiner Hinweis: Es gibt hausgemachte Tater Tots! Dazu Blumenkohl- oder Chicken Buffalo Wings, Frühstücks-Burritos, Mac 'n' Cheese und andere Gastropub-Grundnahrungsmittel.

Möckernstraße 91, Fr–So 11–22 Uhr, http://theneighborhoodberlin.com
€€

The Panda Noodle

PANASIATISCH Im The Panda Noodle gibt es Dong-Xuan-Center-Atmosphäre mit Augenzwinkern und selbstgemachte asiatische Nudeln in allerlei Variationen und thailändische und pan-asiatische Wohlfühlküche, von chinesische Chili-Nudeln bis zu vietnamesischen Chicken Currys. Überraschende Entdeckung am Lausitzer Platz, empfehlenswert nicht nur zum flinken Lunch.

Lausitzer Platz 12, Mo–Fr 12–16 Uhr, www.facebook.com/ThePandaNoodle
€

Tim Raue

DEUTSCH, FRANZÖSISCH Das Restaurant in der Rudi-Dutschke-Straße bleibt Tim Raues Aushängeschild. Und der Ort, an dem seine entschlossene Umami-Küche tatsächlich spektakulär und nicht bloß wohlfeil schmeckt. Das Abendmenü ist eine Investition, die sich deshalb unbedingt lohnt. Mittags kann man vier Gänge des Meisters der gastronomischen Inszenierung etwas günstiger ausprobieren. Sollte man. Raue ist immer noch ein die kulinarische Landschaft prägender, mit zwei Sternen gekrönter Küchenchef.

Rudi-Dutschke-Straße 26, Di+Mi 18.30–0 Uhr, Do–Sa 12–15 + 18.30–0 Uhr (Reservierungen Lunch bis 13 Uhr, Dinner bis 19.30 Uhr), Tel. 25 93 79 30, www.tim-raue.com
€€€€

Tsu Tsu NEU

JAPANISCH Das japanische Fast-Food-Restaurant am Landwehrkanal hat Hähnchen-Karaage, also frittiertes Hühnchen. So weit, so trendbewusst. Das Tolle an dem Laden ist aber: Die vegane Soja-Variante des in Sake, Sojasauce, Knoblauch und Ingwer marinierten, mit Stärke übezogenen und dann knusprig fritterten Huhns ist viel überzeugender als die fleischhaltige. Serviert werden beide Varianten in sechs-, neun- und zwölfteiligen Menüs. Beste Beilage: ein hausgemachtes Onigiri, gespickt mit marinierten Karotten und Shiitake-Pilzen – natürlich vegan.

Graefestraße 2, tgl. 12–22 Uhr, Tel. 25 73 66 01
€€

Tulus Lotrek

FRANZÖSISCH, DEUTSCH Das Tulus Lotrek, gegründet und beseelt von Ilona Scholl und Max Strohe, zählt zu den lokalen Konzeptküchen dieser Stadt. Das Schöne hier: Ein Besuch macht irre viel Freude. Auch den Testern vom Guide Michelin, die Strohe mit einem Stern hoch gelobt haben. Auf der Tapete verstecken sich Schinken und Tintenfischarme in einem floralen Textildruck. Expressiv ist auch die Küche: Mit Jakobsmuschel, Sellerie, Aprikose, Nussbutter und Perigord-Trüffel wird beispielsweise aus den Insignien der Haute-Cuisine ein herzhafter Spaß, den das junge Team um Gastgeberin Ilona Scholl den Gästen auch just so zu vermitteln versteht. Unter den besten Restaurants dieser Stadt das unbedingt herzlichste.

Fichtestraße 24, Do–Mo ab 18 Uhr, Tel. 41 95 66 87, www.tuluslotrek.de
€€€€

Two Trick Pony

2021: TOP 5 MORGENS, PLATZ 2
Helles Holz, viel Weiß, eine grüne Wand – das Two Trick Pony sieht aus wie viele anderen Cafés der Stunde. Was mit daran liegen könnte, dass sich hier die von uns hochgeschätzte Innenarchitektin Cecilia Buffa verantwortlich zeigt. Aber das Lokal ist mehr als nur eine ewig gleiche Neueröffnung. Hier werden Brunchklassiker in völlig neue Gewänder gekleidet, ohne dabei zu überspannt zu wirken. So das Kopytka, polnische Kartoffelklöße gebraten serviert mit Sauerrahm, Dill, Frühlingszwiebeln und Forellen- sowie Seehasenrogen. Statt Avocado-Toast werden Zucchini sanft gekocht und auf ein dickes Stück Sauerteig gepackt. Unbedingt Platz lassen für den Kokosnusskuchen mit Banane und Creme fraîche.

Bergmannstraße 52, Di+Fr 10–16 Uhr, Küche bis 15.30 Uhr, Sa+So 10–16.30 Uhr, Küche bis 16 Uhr, Sa, So 9.30–19 Uhr, Küche bis 18.30 Uhr, Tel. 866 25 43, www.twotrickpony-berlin.com
€€

Wagner Bistro

FRANZÖSISCH Ein kleiner Laden mit kleinen, günstigen Tellern (bis 12 Euro), die profundes Handwerk schmecken lassen: ein Kalbskopf-Crostini zum Beispiel, der die kluge Forderung, doch bitte „Alles vom Tier" zu verarbeiten, konsequent, kühn und köstlich umsetzt. Am nachhaltigsten beeindruckt aber hat uns ein vegetarischer Teller: Ofenaubergine mit Birne und Salat. Klingt einfach, schmeckt intuitiv. Eine Kneipe, nur eben mit sehr, sehr gutem Essen. Und mit einer wissenshungrigen Auswahl an Naturweinen.

Paul-Lincke-Ufer 22, So–Do 11–2 Uhr, Fr+Sa 11–4 Uhr, Tel. 0176-22 58 33 42, www.wagnercocktailbistro.com
€€

Wirtshaus zum Mitterhofer

ALPENLÄNDISCH Eine kleine Perle in der grünen, ruhigen Fichtestraße. Beliebt ist die Dreierlei-Variation an Knödeln und das Wiener Schnitzel. Das Wirtshaus ist auf Südtiroler Küche spezialisiert.

Fichtestraße 1, Di–Sa 12–20 Uhr, Tel. 69 56 69 09, www.wirtshaus-zum-mitterhofer.de
€€

Zum Heiligen Teufel NEU

2022: TOP 20 ABENDS, PLATZ 12
ITALIENISCH Besprechung siehe Seite 40

Lübbener Straße 23, Di–Fr 12–22 Uhr, Mo+Sa 18–22 Uhr, Tel. 69 00 11 26, zumheiligenteufel.de
€€

Zur kleinen Markthalle

DEUTSCH Wer mitten im Kiez ein besonders lauschiges Plätzchen sucht, ist hier richtig. Im Garten sitzt man unter zwei großen Linden. Die deftige Küche passt zur rustikalen Einrichtung und zu einem nostalgischen Berlin-Gefühl. Überraschend beinahe, dass es auch ein paar leckere vegane Teller gibt.

Legiendamm 32, Di–Sa ab 17 Uhr, Küche bis 21.30 Uhr, Tel. 614 23 56, www.zur-kleinen-markthalle.de
€€

IMBISS

Bal Köfteci

TÜRKISCH Das Familienunternehmen Bal Köfteci, eine griechisch-türkische Fusion, hat sich der Liebe zum gegrillten Hackfleisch verschrieben. Der türkische Klassiker wird in vielen Varianten aufgetischt, meist mit Reis und gegrilltem Gemüse.

Kottbusser Damm 101, tgl. 10.30–1 Uhr, Tel. 695 79 765, www.balkoefte.com
€

Big Stuff Smoked Barbecue

NORDAMERIKANISCH Anna Lai und Tobias Bürger sind Pioniere, was das Smoked Barbecue betrifft. Dieser spezielle Ofen ist einmalig in Berlin. Ergebnis: Das Fleisch kann mit den Händen auseinandergezupft werden, so zart wird es. Dazu gibt es diverse eingelegte Gemüse und Soßen.

Eisenbahnstraße 42/43, in der Markthalle Neun, Mo–Mi 12–16 Uhr, Do 12–22 Uhr, Fr+Sa 12–18 Uhr, So 10.30–16 Uhr, Tel. 0163-629 04 13, www.bigstuff.de
€€

Burgermeister

NORDAMERIKANISCH Der Burgermeister ist der Vater all der hippen Burgerläden der Stadt. In dem ehemaligen gusseisernen Toilettenhäuschen unter der Hochbahn gibt es von mittags bis spätnachts meisterhafte Burger aus reinem Rindfleisch, dazu perfekte Pommes und hausgemachte Dips. Wer nicht Schlange stehen möchte, kommt in der Filiale am Kottbusser Tor oft schneller dran.

Oberbaumstraße 8, Verkehrsinsel am U-Bhf. Schlesisches Tor, So–Mi 12–1 Uhr, Do–Sa 12–3 Uhr, Tel. 403 64 53 20, www.burger-meister.de
€

ChungKing Noodles

2021: TOP 15 ABENDS, PLATZ 7
CHINESISCH Im Laden auf der Reichenberger werden die Nudeln täglich aus Demeter-weizenmehl frisch gewalzt und in drei, mittwochs vier Varianten auf den Tisch gebracht: klassisch mit Schweinehack, vegan mit Shiitakepilzen und Tofu, mit geschmorter Rinderwade und einmal in der Woche für Kenner mit Hähnchenmagen. So minimal wie die Karte ist auch der auf das Nötigste heruntergebrochene und nicht unbedingt gemütliche, aber dafür hyperschicke Gastraum, der sich hinter der knallrot gekachelten Theke am Eingang erstreckt.

Reichenberger Straße 35, Di–Do, Sa 18–22 Uhr, Fr 13–22 Uhr, www.chungkingnoodles.berlin
€€

Curry 36

DEUTSCH Diese Brutzelbude ist über die Kiezgrenzen hinweg bekannt, und während woanders bereits die Bürgersteige hochgeklappt sind, steht man hier noch Schlange. Inzwischen gibt es die Wurst auch in der Bio-Version, zudem Buletten, Fleischspieße, Schnitzel, Krautnudeln und natürlich Pommes.

Mehringdamm 36, tgl. 9–5 Uhr, Tel. 25 80 08 83 36, www.curry36.de
€

Die kleene Aubergine

PANEUROPÄISCH In der „kleenen Aubergine" werden alle vegetarischen und veganen Speisen frisch vor den Augen der Gäste zubereitet. Der kleine Imbiss-Stand in der Marheineke-Markthalle bietet wöchentlich wechselnde Gemüsegerichte, Suppen und Salate zu moderaten Preisen.

Marheinekeplatz 15, in der Marheineke Markthalle, Mo–Fr 12–20 Uhr, Sa 11.30–18 Uhr, Tel. 0163-775 65 85, www.diekleeneaubergine.de
€

Dings Dums Dumpling

PANEUROPÄISCH Auf der Suche nach einem Gastro-Konzept, das aussortierte Lebensmittel verarbeitet, sind drei junge Gründer bei Dumplings, asiatischen Teigtaschen also, gelandet. Die Zutaten für die Füllungen kommen vom Left-over-Supermarkt Sir Plus und geretteten Produkten zweier weiterer Gastro-Grossisten. Der Verkauf der Dumplings als tiefgekühltes, nachhaltiges Convenience-Produkt ist geplant.

Wiener Straße 34, Do–Mo 18–23 Uhr, www.dingsdums.de
€

Gel Gör Köfteci

TÜRKISCH Der Treffpunkt für hungrige Nachtschwärmer und Schichtarbeiter ist eine Institution im Kiez. Im Gel Gör werden täglich frisch gegrillte Köfte im Brot serviert – und das 24/7.

Kottbusser Damm 80, Durchgehend geöffnet, Tel. 69 58 27 53, Facebook: Gel Gör Köfteci
€

Goldies

EUROPÄISCH, NORDAMERIKANISCH Verlässt man eines der besten Restaurant des Landes, das mit drei Sternen prämierte Aqua in Wolfsburg, um eine Pommesbude zu eröffnen? Kajo Hiesl und Vladislav Gachyn haben genau das getan. 2,40 Euro kostet die fachkundig doppeltfrittierte Portion, aber damit fängt der Spaß hinter dem Goldies erst an. In kulinarischen Miniaturen werden klassische Gerichte verschiedener Länderküchen zitiert. Frisierte Fritte mit Street-Credibility.

Oranienstraße 6, Di–Do 12–22 Uhr, Fr+Sa 12.30–23 Uhr, So 12.30–22 Uhr, Tel. 74 78 03 20, www.goldies-berlin.de
€

Grün & Gut NEU

Frische Säfte und Smoothies in Bioqualität und mit viel Liebe. Neben grünen Säften und Smoothies mit 50 Prozent grünem Gemüse gibt es auch Varianten mit Guarana, Datteln, Kakao und Hafermilch oder fruchtig mit Heidelbeere und Chia. Daneben finden sich hier auch Ingwershots und eine gepfefferte Ingwerlimonade auf der Getränkekarte – sogar ein heißer Punsch steht zur Auswahl.

Eisenbahnstraße 42/43, Fr 12–18, Sa 10–18 Uhr, Tel. 30 60 50 77, www.gug-bar.de
€

Hot Pot Soup

EUROPÄISCH, AMERIKA Auf der täglich wechselnden Suppenkarte stehen neue Kreationen und Dauerbrenner wie Rote-Linsen-Kokos oder Karotten-Ingwer-Suppe. Der Saisonrenner im Herbst ist die Kürbis-Mango-Süßkartoffel-Suppe. Große Auswahl an vegetarischen und veganen Suppen, außerdem Hotdogs und Fairtrade Bio-Kaffee und Tee.

Friesenstraße 6, Mo–Do 11–18 Uhr, Fr 11–15 Uhr, Tel. 25 29 40 15, www.facebook.com/HOT.POT.SOUP
€

Kioski NEU

2022: TOP 10 ABENDS, PLATZ 10
Skandinavisch. Besprechung siehe Seite 28

Ritterstraße 9 (im Hof des Mykita-Hauses) Kreuzberg, Mo+Do 9–17 Uhr, Di+Mi 9–15 Uhr, Fr 12–20 Uhr, www.kioski.berlin

Knofi Feinkost

PANEUROPÄISCH, TÜRKISCH Eigentlich ist Knofi für seine hausgemachten mediterranen Pasten bekannt. Doch in dem Feinkostgeschäft mit Imbiss gibt es eine kleine Gewürzecke mit Zucker-Kompositionen sowie Salz-Mixturen wie Meersalz mit Oliven, mit Tomaten, Würzsalz für Pasta, Pizza und Bruschetta.

Bergmannstraße 98, tgl. 9–24 Uhr, Tel. 694 58 07, knofi.de
€€

Konak Grill

TÜRKISCH Die kleinen Köfte-Buletten im Brot kennt in Kreuzberg fast jeder. Die besten gibt es angeblich bei Izmir Köfteçi-si, wie das Konak Grill auch genannt wird. Für nur 4,50 Euro bekommt man eine Portion, die garantiert satt macht. Die Qualität der Speisen entschuldigt auch die manchmal etwas längere Wartezeiten, denn der Imbiss ist immer gut besucht.

Reichenberger Straße 10, Mo–Mi 10.30–2.30 Uhr, Do 10.30–3 Uhr, Fr+Sa 10.30–4 Uhr, So 11.30–2.30 Uhr, Tel. 615 92 66, www.konakgrill.de
€

Kumpel & Keule

Das Schwäbisch-Hällische als Ganzes – der junge Fleischermeister Jörg Föstera bekommt die Landschweine direkt von der fränkischen bäuerlichen Erzeugergemeinschaft geliefert. Zerlegen, Wursten, alles lässt sich in der gläsernen Fleischerei, die auf Qualität, Transparenz und Handwerk setzt, mitverfolgen. Darüber hinaus ist die Marktmetzgerei mit dem vielleicht besten Burger der Stadt auch verlässlicher Anlaufpunkt für Trockengereiftes (Dry Aged) und Besonderes (etwa brandenburgische Aubrac-Rinder).

Eisenbahnstraße 42/43, in der Markthalle Neun, Mo–Sa 9–19 Uhr, Burgergrill 12–18 Uhr, www.kumpelundkeule.de
€€€

Mani in Pasta

ITALIENISCH In einer gläsernen Manufaktur werden die Spagetti gezogen, die Ravioli gefüllt. Die tagesfrische Pasta gibt es auch zum Direktverzehr. Drei bis vier wechselnde Tagesgerichte, darunter mit die beste Carbonara Berlins – ohne Sahne, nur mit Eigelb.

Eisenbahnstraße 42/43, in der Markthalle Neun, Mo 11–17 Uhr, Di–Sa 11–18 Uhr, Tel. 0176-31 54 49 06, www.maniinpasta.de
€€

Mercosy

KOREANISCH Wer die koreanische Küche mag, kommt an Bibimbap nicht vorbei. Das beliebte Reisgericht mit verschiedenen Gemüsesorten, Rindfleisch und einem gebratenen Ei, steht natürlich auf der Karte und wird mittags mit Misosuppe und Eistee zum Menü ergänzt. Zudem werden Kleinigkeiten wie scharfes Beef, Honigkartoffeln, schwarze Bohnen und koreanische Burritos angeboten.

Dresdener Straße 11, tgl. 11–22 Uhr, Tel. 55 21 75 11, www.mercosy.de
€€

Mori Mori

JAPANISCH Mori Mori heißt auf Japanisch so viel wie Vitalität. Und was gibt es Vitalisierenderes, als eine dampfende Ramen-Suppe? Die Shoyu-Variante, eine Hühnerbrühe auf Sojabasis, schmeckt intensiv und bietet genau den richtigen Hintergrund für hausgemachte Nudeln, ein cremiges Onsen-Ei, einige Scheiben marinierten Huhns und Gemüse, das tatsächlich ein intensives Aroma hat. Der kleine, quirlige Laden ist ein herrlich unprätentiöser Ort, um sich eine Suppe lang aus dem grauen Berlin wegzuträumen.

Oranienstraße 201, Mo–Fr 12–23 Uhr, Sa+So 13–23 Uhr, Tel. 35 05 52 27, €€

Mustafas Gemüsekebab

TÜRKISCH Eine Berliner Erfindung durch und durch: der Döner. Als besonderes Schmankerl packt Mustafa frisch gebratenes Gemüse ins Fladenbrot. Das ist allerdings schon lange kein Geheimtipp mehr: Die meterlange Schlange gehört zum echten Mustafa-Döner dazu.

Mehringdamm 32, Mo–Do 10–2 Uhr, Fr 10–5 Uhr, Sa 11–5 Uhr, So 11–2 Uhr, www.mustafas.de
€

Olmo

ITALIENISCH Der Feinkostladen, auch bekannt als Alimentari & Vini, bietet, was man an der italienischen Küche liebt: Von Weinen über Antipasti, Käse, Pasta und Wurst ist fast alles direkt importiert. Mittags wird an Stehtischen warm gespeist.

Skalitzer Straße 23, Mo–Fr 9–20 Uhr, Sa 9–16 Uhr (Sa keine warme Küche), Tel. 611 49 81, www.alimentari.de
€€

Parma di Vinibenedetti

2021: TOP 10 MITTAGS, PLATZ 7

ITALIENISCH Philippe Benedetti lässt seine eigenen Sattelschweine in Brandenburg zu Schinken in feinster Parma- (und Demeter-) Qualität verarbeiten. Und so ist sein Käse- und Schinkenteller vom Sattelschwein ein Aromentanz: 30 Monate gereifter Schinken, hauchdünner Culatello, fettes Lardo und Pancetta. Das Geheimnis seiner Pizzen ist ihr Teig aus gesiebtem Di-Granotenero-Mehl. Andernorts wäre die kleine, charmant unfertig wirkende Enoteca längst überlaufen.

Wrangelstraße 90, Mo, Di 16–23 Uhr, Mi–Fr 12–23 Uhr, Sa 12–15 u. 17–23.30 Uhr, So 12–15 u. 17–23 Uhr, Tel. 0177-47 48 534, www.parmaberlin.de
€€

Salumeria Lamuri - Panini Pranzo Vini

ITALIENISCH Der italienische Feinkostladen hat sich zwar auf das Mittagsgeschäft spezialisiert, aber die frische Trüffelpasta und die Panini können durchgängig tagsüber bestellt werden. Zusätzlich gibt es eine wechselnde Mittagskarte in dem superschönen, kleinen Laden.

Köpenicker Straße 183, Mi–Sa 12–15 Uhr, Do+Fr 15–22 Uhr, Tel. 0175-700 34 19, www.salumerialamuri.wordpress.com
€€

Soup Guerilla

PANEUROPÄISCH Ramen- und Phô-Läden haben in Berlin Konjunktur. Eintopf, Borschtsch oder saisonale Gemüsesuppe sind aber in handwerklich überzeugender Qualität zumindest als informelles Mittagskonzept rar. Da freut es, dass sich ein paar ausgewiesene Küchenprofis der Sache angenommen haben – und beweisen, dass es nur genügend Muße und eines kräftigen Gemüsefonds bedarf, um ganz undogmatisch und für alle vegan zu kochen. Zum Frühstück: Porridge.

Schlesische Straße 31, Mo–Fr 9–17 Uhr, Porridge 10.30–11.30 Uhr, Suppen, Dailys und Bowls 11.30–15 Uhr, Tel. 0174-634 78 84, www.soup-guerilla.de
€

Tsukushiya

JAPANISCH Kazuko Yokoya rüttelt lustvoll an Japan-Klischees. Statt Sushi steht deftige Hausmannskost mit Hang zu Knoblauch, Ingwer und Bonito auf der Karte ihres Delis. Mit Okonomiyaki serviert das Tsukushiya zudem eine japanische Spezialität, auf der Bonitoflocken tanzen.

Dresdener Straße 16, Mo–Do 18–22.30 Uhr, Fr+Sa 18–23 Uhr, Tel. 23 92 92 22, tsukushiya.de
€€

Tutti

OSTAFRIKANISCH Im Tutti wird sudanesische Falafel jeden Tag frisch gemacht. Grillgemüse- oder Hummusteller sind ebenso wie die Erdnuss- und Sesamsoße komplett vegan. Die Linsen- oder Gemüse-Erdnuss-Suppen ebenfalls.

Zossener Straße 17, Mo, Mi–Fr 12–23 Uhr, Di, Sa, So 11–23 Uhr
€

Zola Neapolitan Pizza

ITALIENISCH Am Paul-Lincke-Ufer wird ein Kult um den neapolitanischer Kuppelofen betrieben, in dem die Pizza bei rund 480 Grad nur 60 Sekunden gebacken wird. Unser Liebling: eine authentische Margherita mit extra Sardinen. Der Rand rauchig kross, der Teig luftig-fluffig und dezent säuerlich.

Paul-Lincke-Ufer 39, tgl. 12–22 Uhr, Tel. 27 69 59 38, https://www.zolaneapolitanpizza.de/
€€

BARS & KNEIPEN

Apotheken Bar

COCKTAILBAR Zugegeben, die Idee ist nicht neu. Und die Apotheke in New York eine Barlegende. Es ist aber auch wirklich zu charmant, die Kunst des Trinkens vor den aus dunklem Holz gebauten Apothekerschränken zu zelebrieren. Und: Das hausgemachte Tonic Water ist zu gut, um es nicht auch mal pur zu genießen.

Mariannenplatz 6, So–Mo 19–1 Uhr, Di–Do 18–2 Uhr, Fr+Sa 18–3 Uhr, Tel. 69 51 81 08, www.facebook.com/apothekenbar
€

Bar Franzotti NEU

2022: TOP 5 NACHTS, PLATZ 4

Besprechung siehe Seite 48

Kreuzbergstraße 71, Tel. 01590-194 03 77, www.facebook.com/barfranzotti

Biererei

BIERBAR Craft Beer, und überhaupt Biervielfalt, faszinieren die Berliner nach wie vor. Dass Cihan Caglar dabei als einer der kompetentesten Bier-Experten der Stadt gilt, hat er bereits in seinem Ladengeschäft in der Kreuzberger Oranienstraße zuverlässig unter Beweis gestellt. Eine Tür weiter schenkt die Biererei nun an Ort und Stelle aus. Cihan Caglar hat damit einen ziemlich großartigen Ort für anspruchsvollen Biergenuss in Kreuzberg geschaffen.

Oranienstraße 19, Mo–Mi 14–22 Uhr, Do–Sa 14–24 Uhr, info@biererei-berlin.de
€

Destille

BIER „Echte Kerle" stehen in der Destille, einer der ältesten Kneipen Berlins, hinter der Theke. Alle mit aufgestickten Namen auf den Shirts: Sie sind absolute Publikumsmagneten. Seinen Lieblingskerl darf sich jeder Stammgast selbst aussuchen.

Mehringdamm 67, Mo–Do ab 15 Uhr, Fr–So ab 13 Uhr, Tel. 692 51 24, www.destille-kreuzberg.de
€

Eigengrau

BAR Eigengrau bezeichnet jene Farbwahrnehmung des menschlichen Auges, die sich bei völliger Dunkelheit abspielt. Und mit der Farbenkunde geht es weiter, sobald der Gast die Souterrainbar am Görlitzer Park betritt. Fünf Neonröhren überziehen Wand und Decke des schlichtsachlichen und doch gemütlichen Raumes, sie können mit verschiedenen Farben die Lichtstimmung verändern. Am Tresen ist Jenny Klama die Farbbeauftragte der Bar und serviert Cocktails mit Namen wie „BeerenRot", „LimonenGelb" oder „BernsteinBraun". Auch die alkoholfreien Drinks sind hier keine Autofahrer-Trostpreise, sondern echte Genussgetränke.

Skalitzer Straße 45, Mi–Sa ab 17 Uhr, Brunch Sa+So ab 11 Uhr, Tel. 28 63 81 23, www.eigengrau-bar.de
€€

Frau Luna

2020: TOP 15 ABENDS, PLATZ 12

APÉROBAR Das Paul-Lincke-Ufer sei, so heißt es, die Côte d'Azur Kreuzbergs. Und wie auch der französische Strandurlaub von eben jenen Läden lebt, die einfach unprätentiös sind und angenehm lässig, fügt sich Frau Luna in kurzen Hosen und weißem T-Shirt zwischen all die feineren und hochkulinarischen Lokale, für die das Paul-Lincke-Ufer längst auch steht. Das junge Lokal serviert eine kalte Apéroküche, vor allem Tapas und belegte Brote: fettig, sauer, vollmundig, frisch, immer werden alle Geschmackssinne angesprochen. Die Getränke sind unaufgeregt gut und fair kalkuliert. Sechs offene Weine, diverse Varianten von Spritz oder Negroni. So aufregend war ein so unaufgeregter Ort schon lange nicht mehr.

Paul-Lincke-Ufer 44, Di–So 12–0 Uhr, bei Facebook: Frau Luna Bar
€€

Galander Kreuzberg

COCKTAILBAR Die Bar ist im Stil der 20er-Jahre gehalten, die in der eigenen Barschule ausgebildeten Barspezialisten sind passend gekleidet. Inhaber Dominik Galander, der auch in Charlottenburg eine gleichnamige Dependance betreibt, steht für hohe Qualität zu sehr adäquaten Preisen.

Großbeerenstraße 54, Di–Sa 18–2 Uhr, Tel. 28 50 90 30, www.galander-berlin.de
€€

Heidenpeters

BIER Neben seiner hölzernen, charmanten Bar in der Markthalle betreibt Johannes Heidenpeter auch eine eigene Kleinbrauerei im Keller. Neben Wasser, Hopfen, Malz und Hefe werden auch Koriandersamen, Sternanis und Orangenschalen verwendet. Angeboten werden 10 bis 14 Biersorten – immer mal wieder dabei ist „Thirsty Lady", ein helles Bier, das nach Holunder riecht.

Eisenbahnstraße 42/43, in der Markthalle Neun, Di–Sa 12–20 Uhr, Tel. 0176-22 29 16 88, www.heidenpeters.de
€

Hopfenreich

BIERBAR Mehr als 18 teilweise recht abwegige (Craft-) Biersorten aus Berlin und anderswo gibt es wechselnd vom Fass. Dazu kommen zehn Flaschenbiere. Schlichte Einrichtung, die Betreiber sind die Veranstalter des Berlin Craft Beer Fests.

Sorauer Straße 31, So–Do 16–23.30 Uhr, Fr+Sa 16–3 Uhr, Tel. 88 06 10 80, www.hopfenreich.de
€

NUDELN WELTWEIT

Die Nudel ist globales Comfort Food: vom fernen Osten bis zum nahen Süden wird ihr gehuldigt. Wir feiern sie in all ihren Variationen

CHUNGKING NOODLES

Auf der schlanken Speisekarte gibt es das Nudelgericht der Region Chongqing in drei Variationen, scharf oder schärfer. Dazu Snacks, ein Dessert, abgestimmter Naturwein und eigens gebrautes Bier.

Reichenberger Straße 35, Kreuzberg, www.chungkingnoodles.berlin

MANI IN PASTA RISTORANTE

Im eigenen Restaurant beweist die Pastamanufaktur, dass sie noch viel mehr kann als Pasta. Die steht hier aber trotzdem im Mittelpunkt und bekommt ein etwas feineres Kleid angezogen als in der Manufaktur in der Markthalle Neun.

Reichenberger Straße 125, Kreuzberg, www.maniinpasta.de

BRUDERHERZ (Foto)

Spaghetti, so dünn, dass sie gerade mal 30 Sekunden kochen müssen. Lasagne mit stundenlang geköchelter Bolognese. Ein Kiezitaliener, um den ganz Berlin Charlottenburg beneiden sollte.

Leonhardtstraße 6, Charlottenburg, www.bruderherz-restaurant.de

WEN CHENG

Im Lockdown waren sie für viele Kochprojekt: handgezogene chinesische Biang-Biang-Nudeln. Im Wen Cheng kann man nachschmecken, wie die zentralchinesische Spezialität wirklich schmecken sollte: angenehm zäh und pfeffrig scharf.

Schönhauser Allee 65, Prenzlauer Berg, wenchengnoodles.de

LA BOLOGNINA

Tagliatelle und Ravioli gibt es in der sympathischen La Bolognina in ständig neuen Variationen, genauso wie ihre entfernten Verwandten, die Strozza preti oder die kartoffeligen Gnocchi. Winziger Laden mit viel Charakter.

Donaustraße 107, Neukölln, labolognina.de

THE PANDA NOODLE

Die Nudeln für die wechselnden thailändischen und chinesischen Spezialitäten werden im Haus gemacht, Ehrensache. Die scharfen Dan Dan Noodles mit Szechuan Pfeffer, Chili und Rind sind legendär.

Lausitzer Platz 12, Kreuzberg, www.facebook.com/ThePandaNoodle

NEPALESE MOMO

Statt Late-Night-Döner kann man an der Oberbaumbrücke seit einiger Zeit auch Late-Night-Momos essen. Die Teigtasche des Himalaya wird hier täglich frisch gefüllt und gefaltet, und auf Bestellung gedämpft. Die scharfe Sauce hat es in sich!

Warschauer Straße 48, Friedrichshain, www.nepalese-momo-berlin.de

HAKO RAMEN

Unprätentiös wie eine japanische Ramen-ya. Aber trotzdem natürlich sehr Berlin, schon allein wegen der breiten Auswahl an veganen Alternativen. Und die Nudel? Ist immer perfekt auf den Punkt gegart.

Boxhagener Straße 26, Friedrichshain, www.hakoramen.com

Küche Bar

COCKTAILBAR Hereinspaziert in die Küche. Der freundliche Service trägt flugs die Karte herbei. Darin: Amuse Gueule, Vorspeise, Hauptgang bis zum Dessert. Der Clou: Die Gänge sind flüssig. Pfiffige Cocktailbar-Idee, denn die besten Partys finden nun mal in der Küche statt. Aber kleine, gelungene Speisen von Suppe bis Stulle gibt es natürlich auch.

Tempelhofer Ufer 16, Di–Do 18–0 Uhr, Fr+Sa 18–1 Uhr, Tel. 23 54 29 26, www.kueche-bln.de
€€

Limonadier

COCKTAILBAR Ein junges, ambitioniertes Barteam bereitet herausragende Eigenkreationen mit selbstgemachten Zutaten für ein beträchtliches Stammpublikum. Aber auch Klassiker gelingen hervorragend. Die Wandtapete aus Buchseiten und die Bilderrahmen tragen zum Stil der 1920er-Jahre bei.

Nostitzstraße 12, Di–Do 19–1 Uhr, Fr+Sa ab 19 Uhr, Tel. 0170-601 20 20, www.limonadier-barkultur.de
€€

Lugosi Bar

LONGDRINKS/WEINE Namensgeber Bela Lugosi, Horrorfilmfreunden als Dracula-Darsteller bekannt, genießt Kultstatus. Auf der Karte finden sich neben Standards eine kleine Auswahl offener Weine, Lech-Bier vom Fass und „Gerührtes". Cocktails sucht man hier vergeblich, dafür gibt es klassische Longdrinks. Ein angenehmer Ort zum Vorglühen.

Reichenberger Straße 152, So–Do 19–1 Uhr, Fr+Sa 19–4 Uhr, Tel. 0176-30 44 45 05, www.lugosi-berlin.de
€€

Möbel Olfe

KIEZINSTITUTION 20 verschiedene polnische Wodka-Sorten – wem das zu heftig ist, der hält sich an das polnische Bier. Dienstags ist Frauenabend: weibliche Bedienung, weiblicher DJ. Männer haben zwar Zutritt, aber nichts zu sagen.

Reichenberger Straße 177, Durchgang zum Kottbusser Tor, Di, Do, Sa 17–23 Uhr, Tel. 23 27 46 90, www.moebel-olfe.de
€

Mysliwska

KIEZINSTITUTION Diese lässige Abhänglocation mit dem sympathisch heterogenen Interieur ist ein Urgestein der Kreuzberger Nacht. Seit 1990 wird hier angestoßen.

Schlesische Straße 35, So, Di–Do 19–1 Uhr, Fr+Sa 19–6 Uhr, Tel. 611 48 60
€

Rau & Herzlich

Der Name klingt schon nach dem wahren Kreuzberg. Und tatsächlich umweht das hübsche Ecklokal typisches Berliner Flair und eine bunte Gästeschar. Im Zentrum ein nackter Backsteintresen, drüber Industrieleuchten, drunter schön schrammelige Holzdielen und kerzenbeleuchtete Holztische mit Patina. Die Karte ist klein und saisonal. Derzeit jedoch nur eine abgespeckte raue Herzlichkeit: als kleine Dachterrassenbar für Drinks (von unten anrufen, dann wird man hochgeholt).

Glogauer Straße 9, schönem Wetter ab 18 Uhr, Tel. 61 28 68 72, Facebook: Rau & herzlich
€€

Foto: Jonas Sralov/ Marianna Rinella

Schwarze Traube

COCKTAILBAR Für solche Orte lieben wir Kreuzberg. Sie sind so urig und gemütlich. So Ornament. So Backsteintresen. So Kerzenromantik. Statt Getränkekarte wünscht man sich hier was. Ob ausgefallen, individuell oder ganz klassisch ohne Schnickschnack. Es gibt keinen Drink, den Atalay Aktas nicht erstklassig zubereiten.

Wrangelstraße 24, Mo–Do 19–2 Uhr, Fr–So 19–5 Uhr, Tel. 23 13 55 69, www.facebook.com/schwarzetraube1
€

Trinkteufel

KNEIPE Das Tor zur Hölle? Die liebevoll „Trinki" oder „Toifel" genannte Szenekneipe ist seit vielen Jahren Treffpunkt der Punkszene. Mit Flipper, Kicker und bisweilen, zumindest vor dem Lockdown, auch Livekonzerten.

Adalbertstraße 18, tgl. ab 14 Uhr, Tel. 614 71 28, www.trinkteufel.de
€

Weinverein am Berg

WEINBAR Nah am Gast wie an seinen Winzern hat Tomasz Dorniack bereits in seinem Weinverein Rote Insel in Schöneberg gearbeitet. Dann hat er auch noch eine Weinstube im Nachbarbezirk eröffnet. Weinverein am Berg heißt die originelle Trinkstube. Gekocht wird wenig, aber dafür qualitativ: Die handgemachten Piroggen kommen von der polnischen Lebensmittelhandlung Maly Ksiaze, der Hartkäse von Maître Philippe & Filles, Salami, Paté und französischer Bergschinken von Le Flo, die Fleischwurst von der Fleischerei Genz. Wust-Käse- Fingerfood also, damit eine Hand fürs Glas frei bleibt.

Fidicinstraße 38, Mo–Sa 17–22 Uhr, Tel. 64 43 82 52, https://weinverein.berlin
€€

Würgeengel

COCKTAILBAR Der Inbegriff bartechnischer Verlässlichkeit. Im gleichnamigen Film von Luis Buñuel hindert ein unsichtbarer Zwang eine Festgesellschaft daran, den Raum zu verlassen. Und tatsächlich: Auch diese plüschige Bar im 20er-Jahre-Stil möchte man eigentlich nicht mehr verlassen. Das Drehbuch sieht Old Fashioned, Mint Julep, Mai Tai und klug ausgetüftelte Eigenkreationen vor. Oder ein kaltes Bier.

Dresdener Straße 122, tgl. ab 19 Uhr, Tel. 615 55 60, www.wuergeengel.de
€€

Yorckschlösschen

KIEZINSTITUTION Traditionskneipe mit Live-Musik. Im Sommer lockt der romantische Biergarten, der bei Regen auch komplett abgedeckt werden kann. Normalerweise finden auch mehrmals die Woche Jazz-, Blues-, Swing- und Soul-Konzerte statt, aktuell jedoch nicht. Auch den Sonntagsbrunch gibt es derzeit nicht.

Yorckstraße 15, tgl. 18–0 Uhr, geplant 17–3 Uhr, Tel. 215 80 70, www.yorckschloesschen.de
€

Zur fetten Ecke

KIEZINSTITUTION Wechselnde DJs legen am Wochenende von Punk bis Rock auf, nicht selten wird dazu bis morgens auf den Tischen getanzt, befeuert von 23 verschiedenen Cocktails, dazu Longdrinks und Pilsner Urquell vom Fass. Drink des Hauses ist der Waldmeisterlikör, pur oder aufgefüllt mit Sekt.

Schlesische Straße 16, tgl. ab 15 Uhr, Tel. 44 65 16 99, www.zur-fetten-ecke.de
€

Zyankali-Bar

COCKTAIL Die Bar mit dem Charme des Experimentlabors eines verrückten Wissenschaftlers hat den Standort gewechselt. Das selbst ernannte Institut für Unterhaltungschemie bietet nun mehr Raum – auch Wintergarten und Terrasse – sowie ein breiteres Angebot. Neben Cocktailklassikern, Absinth und Popcorn widmet man sich hier vor allem den fass- und flaschengereiften Cocktails. Für den Sommer gibt es e in alkoholisches Cocktail-Gelato, damit man auch feste Nahrung im Magen hat, warme, auch vegane Snacks. Als Hygienemaßnahmen ist das Trinklabor mit transparenten Zwischenwänden und sind die Tische mit Sauerstoff-Atemmasken ausgestattet.

Gneisenaustraße 17, tgl. ab 16 Uhr, Tel. 68 83 01 70, www.zyankali.de
€

CAFÉ

Albatross

Kaum ein Bäcker steht mehr für die neue Berliner Backkultur als Albatross in der Graefestraße. Neben saftigem Roggenmischbrot und fluffigem Sauerteig steht hier der laminierte Teig in all seinen Varianten im Vordergrund: Plunderstückchen mit saisonalen Früchten oder wechselnden herzhaften Belägen, bretonisches Kouign-Amann, das es mit den Pariser Vorbildern aufnehmen kann, und natürlich die Klassiker Croissant und Pain au Chocolat. Zudem kann man die Backwaren des internationalen Teams auch in zahlreichen Cafés und Restaurants in der ganzen Stadt kosten.

Graefestraße 66/67, Mo–Fr 8–18 Uhr, Sa+So 8–16.30 Uhr, Tel. 0176-80 09 79 82, www.facebook.com/pg/albatrossberlin
€

Annelies

Der Brunchladen verzichtet auf das übliche Avocado-Einerlei und hat eine kulinarische Haltung hinter all der „Pochiere ein Ei und poste es auf Instagram"-Hysterie. Die Karte ist klein und das darauf in wenigen Worten Notierte schlichtweg wunderbar. Wie schmeckt also das Annelies? Klare Teller aus sehr guten Produkten, mit denen wir uns für Momente aus der Stadt hinausschmecken.

Görlitzer Straße 68, Do–Mo 10–17 Uhr, www.facebook.com/anneliesberlin
€€

Barcomi's

Die gebürtige US-Amerikanerin Cynthia Barcomi ist dank ihrer Backbücher inzwischen eine bekannte Größe. Ihr New York Cheesecake gehört zu den Bestsellern, passend dazu gönnt man sich hier an heißen Tagen gerne einen Iced Coffee. Das Café bietet auch Varianten für Veganer an, etwa einen durchaus leckeren Hummus-Bagel. Die Filiale in Mitte ist geschlossen.

Bergmannstraße 21, Mo–Sa 9–19.30 Uhr, Sa+So 10–19.30 Uhr, Tel. 694 81 38, www.barcomis.de
€

Bateau Ivre

2020: TOP 5 MORGENS, PLATZ 5

Wenn man das Bateau Ivre betritt, dieses Gesellschaftslokal für alle, ist irgendetwas anders. Die Gesichter im Service und hinter den Tresen sind noch die selben, an den Tischen sitzen wie immer Stammgäste mit Zeitung, Touristen mit Einkaufstüten vom Voo Store, Kreuzberger Hipster mit Kater. Was ist also anders? Eine ganze Menge – und doch gar nicht so viel. Frühstück gibt es immer noch bis in den frühen Abend, nur die Grundprodukte sind jetzt merklich besser und frischer geworden. Kreuzberger Institution!

Oranienstraße 18, So–Do 9–3 Uhr, Fr+Sa 9–4 Uhr, Tel. 61 40 36 59, www.facebook.com/BateauIvreKreuzberg
€

Beba

Die Museumsgastronomie im Gropius Bau geht mit dem Zeitgeist. Zum einen wachsen im Gastraum nun die Indoor-Salate von Infarm. Zudem ist der Kaffee jetzt hausgeröstet, der Kuchen kommt von Cynthia Barcomi, die die Geschäftspartnerin in dem ansonsten levantisch orientierten Café von Shani Leiderman ist. Indoor-Farming, Kaffeekultur und Levante-Küche: einiges muss sich noch sortieren, aber das Beba weiß, dass Museumsgastronomie mehr kann als Automatenkaffee und fade Tiefkühltorten.

Niederkirchnerstraße 7, im Gropius Bau, Mo, Mi 11.30–18 Uhr, Do+Fr 11.30–20 Uhr, Sa+So 10.30–19 Uhr, Tel. 0157-31 90 70 76, www.gropiusbau.de
€€

Café Strauß

Ein Café auf dem Friedhof mag für manchen merkwürdig anmuten, idyllisch ist die ehemalige Aufbahrungshalle aus roten Ziegeln allemal. Auch der hausgeröstete Kaffee und die feinen Wiener Torten, die belegten Roggenbrotschnitten und die Quiche lohnen den Besuch. Gute Weine gibt es auch. Im Sommer sitzt man auf der ganztägig sonnigen Terrasse.

Bergmannstraße 42, Di–So 10–18 Uhr, Tel. 69 56 44 53, www.cafestraussberlin.de
€

Caffetteria Cicala NEU

2022: TOP MORGENS, PLATZ 3

Besprechung siehe Seite 20

Kottbusser Damm 1, Mo–Do 7–19 Uhr, Fr 7–19.30 Uhr, Sa 7–20 Uhr, So 9–19 Uhr, Tel. 0157-56 47 00 73, caffetteriacicala.com

Chapter One

Okay, es gibt kein WLAN und nur hausgemachte Kleinigkeiten wie Cookies oder Kastenkuchen. Aber es gibt Kaffeesorten, die nach Rhabarber und Hagebutte schmecken. Oder nach Schokolade und Bergamotte. Hier wird Kaffee getrunken (und verkostet) wie andernorts Wein. Die Atmosphäre ist dabei aber niemals elitär.

Mittenwalder Straße 30, Mo–Sa 9–18 Uhr, So 11–18 Uhr, Tel. 25 92 27 99, www.chapter-one-coffee.com
€

Companion Coffee

Als Shawn Barber seine Kaffeebar im Concept Store Voo eröffnete, stand noch der Kaffee im Vordergrund. Die größere Leidenschaft des Baristas gilt aber längst dem Tee, den er etwa aus Indien und Nepal direkt importiert. Mehrmals im Jahr reist er dafür in die Anbauländer, knüpft Kontakte zu den Produzenten und Teebauernfamilien. Zudem: Café in der Weserstraße.

Oranienstraße 24, im Voo Store, Mo–Sa 11–20 Uhr, www.companioncoffee.com
€

Concierge Coffee

Im Eingang eines Gewerbehofs hat sich das Concierge auf 15 Quadratmetern einer ehemaligen Pförtnerloge angesiedelt. Dass Espresso, Flat White und Co. hier so gut schmecken, liegt am Personal, das sein Handwerk versteht.

Paul-Lincke-Ufer 39/40, Mo–Fr 8.30–18 Uhr, Sa+So 12–17 Uhr, Tel. 0176-84 19 59 15, www.facebook.com/ConciergeCoffee
€

Five Elephant

Unter den Berliner Mikroröstereien der so genannten Third-Wave-Bewegung haben die eher „grün" und mineralisch gerösteten Bohnen von Five Elephant einen exzellenten Ruf. Dabei sollte man das kleine Café in der Reichenberger Straße nicht nur für einen Espresso oder Americano besuchen – sondern wegen des fabelhaften Philly-Cheesecake. Und dazu Bagels, Scones, Brioches – alles selbstgebacken.

Reichenberger Straße 101, Mo–Fr 9–18 Uhr, Sa+So 10–18 Uhr, Tel. 96 08 15 27, www.fiveelephant.com
€€

Hallesches Haus

Seit 2015 bespielen ein paar an hübschen Dingen interessierte Menschen das Hallesche Haus als Concept Store, Veranstaltungsort und: Deli. Die Küche ist amerikanisch inspiriert, aber mediterran abgeschmeckt. Die Atmosphäre in dem riesigen Saal ist trotz der Größe kuschelig und freundlich, der Service leider hin und wieder zu cool.

Tempelhofer Ufer 1, Mi–So ab 10 Uhr, www.hallescheshaus.com
€€

Kaffee Neun

Das stets frequentierte Café der Markthalle Neun ist Kiezanker und Ort einer gehobenen, auch ethisch engagierten Kaffeekultur. Gebackenes kommt von Albatros, Frau Zeller oder Sironi, kurz: aus gutem Hause. Der Jogurt mit Früchten von kleinen Bio-Betrieben aus dem Netzwerk der Markthalle Neun.

Eisenbahnstraße 42/43, in der Markthalle Neun, Mo–Sa 9–17 Uhr, Tel. 0175-238 06 63, www.facebook.com/Kaffee9Berlin
€

Kaffeebar

Kreuzberg, australisch abgeschmeckt: Die Kaffeebar in der Graefestraße liegt so nah am Planufer, dass es eine Verschwendung wäre, seine Tasse nicht mit an den Kanal zu nehmen und den Morgen dort zu beginnen. Drinnen ist es aber auch hübsch.

Graefestraße 8, tgl. 9–19 Uhr, www.kaffeebar-berlin.com
€€

Kaffeekirsche Roastery

Das, was wir landläufig Bohne nennen, ist nur die Kaffeekirsche, also die Kaffee- Frucht. Just so heißt auch ein sympathisches Café mit eigener Rösterei. Sortenreine Arabicas werden hier zum fairen Preis (250 Gramm ab 7 Euro) geröstet. Dazu süße und salzige Patisserie aus der eigenen Backstube. Eine weitere Filiale befindet sich in der Adalbertstraße 23.

Böckhstraße 30, Mo–Fr 8–19 Uhr, Sa+So 9–18 Uhr, Tel. 28 44 32 32, https://kaffeekirsche.berlin
€€

Kuchenkultur

Wenn Bassel El Kadri an den Herbst denkt, fallen ihm Apfel-Ingwer- oder Walnuss-Pflaumen-Kuchen ein. Täglich hat der Konditor acht bis 14 Torten und Kuchen im Angebot, alle frisch gebacken. Zu seinen Klassikern gehören Käse-Nuss-Karamell-Tarte und der orientalische Orangenkuchen.

Großbeerenstraße 20, Mo+Di 14–18 Uhr, Mi–So 12–18 Uhr, Tel. 60 93 37 13, www.kuchenkultur.de
€

La Maison

2020: TOP 5 MORGENS, PLATZ 1

Davon, dass das Paul-Lincke-Ufer die Côte d'Azur Kreuzbergs sei, ist ja häufiger die Rede. Hier, ganz im Osten der Uferpromenade, lädt zudem ein großer Boule-Platz zum Savoir-vivre. Und ein Café, das passenderweise La Maison heißt. Verlässlich feine Croissants werden hier gebacken und beispielsweise mit roter Bete und Ziegenkäse herzhaft-vegetarisch belegt. Überhaupt gehört das La Maison zu den Orten, an dem sowohl der Bäcker als auch die Baristi begeistern. Zudem ist der ganztägig sonnenbeschienene Eckladen mit der großen Terrasse eine so einnehmende Lokalität, dass man gut daran tat, den zweigeteilten Raum nur ganz zart zu renovieren. Kurzum: Hier finden das alte und das neue Kreuzberg zueinander.

Paul-Lincke-Ufer 17, tgl. 7–18 Uhr, bei Facebook: La Maison Berlin
€€

Latodolce

In der „gläsernen Patisserie" von Natalia Giordano stellt Patissier Alfredo süße Köstlichkeiten en miniature wie kleine Törtchen und „Icing Cakes" her. Außerdem gibt es Lunchboxen mit Süßem und herzhaften Tramezzini zum Mitnehmen.

Graefestraße 11, Sa–Di, Do 10–18 Uhr, Mi+Fr 10–19 Uhr, Tel. 0173-593 7573,
€€

Mr. Minsch

Auch Kreuzberg 61 hat dank Andreas Minsch eine Konditorei der Extraklasse. Die Torten wie Schweizer Haselnuss, Himbeer-Sahne, Schoko-Schoko oder Schwarzwälder Kirsch warten hinter der großen Glastheke so geduldig wie die zahlreichen Kunden davor.

Yorckstraße 15, Mo–Do 12–18.30 Uhr, Fr–So 10–18.30 Uhr, Tel. 52 66 49 03, www.mrminsch.com
€€

Nano Kaffee

Man sollte keinen Espresso bestellen. Zumindest nicht beim ersten Besuch. Da genießt man am besten einen Longbrew, also eine ganz normale Tasse Kaffee. Auf den ersten Schluck schmeckt man eine mineralische Frische; dann facettenreiche Fruchtnoten. Die „grün" gerösteten Bohnen kommen aus verschiedenen Röstereien des Vertrauens. Toller Laden, weitersagen!

Dresdener Straße 14, Mo–Fr 10–17 Uhr, Sa+So 12–17 Uhr, Tel. 25 20 98 38, www.nano-kaffee.de
€

No milk today

Der Name verrät: Hier wird der vegane Anspruch ernst genommen, ohne dass der Humor darunter leidet. Die Speisekarte ist übersichtlich und überzeugend. Getränke wie der Spinat-Apfel-Banane-Zitronen-Smoothie tragen mit ihren Farben zur Gemütsaufhellung bei. Spannend ist der Kaffee im Vietnam-Style mit Kokosmilch. Auch der selbstgemachte Kuchen ist sehr zu empfehlen. Ganztägig Frühstücken ist hier mit großer Auswahl und glutenfrei möglich, z.B. mit „Lachs" – selbstverständlich aus Karotten.

Fichtestraße 3, Di–So 10–18 Uhr, Tel. 81 79 77 97, www.no-milk-today-berlin.de
€

Passenger Espresso

Der aus eigener Rösterei kommende Kaffee wird auf neuseeländische Art zubereitet, zumindest kommen die meisten Mitarbeiter von dort. Passend zum Kaffee werden ohne viel Schnickschnack Kuchen und Gebäck geboten. Unter den vielen gehypten Kaffeeläden gehört dieser zu den atmosphärisch ausgeruhten.

Oppelner Straße 44, Mo–Fr 8.30–20 Uhr, Sa+So 10–20 Uhr, Tel. 23 57 56 67, www.passenger-espresso.de
€

Pastel NEU

Neben dem namensgebenden Pastel de Nata bietet diese portugiesisch-griechische Backstube eine schöne Auswahl an anderen süßen und salzigen Leckereien, etwa die Pastel de Noz, Blätterteigtörtchen mit herrlicher Nuss-Zucker-Füllung. Neben dem Kreuzberger Café gibt es noch, und das bereits länger, die Backstube in der Dunckerstraße in Prenzlauer Berg.

Wrangelstraße 44, tgl. 10–18 Uhr, www.bekarei.com

Vereinszimmer Lo Spazio

Hier herrscht unverfälschtes italienisches Flair: Tramezzini, Panini und Focaccia sind frisch, üppig und erstklassig belegt. Dazu gibt es sehr guten italienischen Kaffee und köstliche Ricottine. Mittags kommen Suppen, Quiches und einfache Pastagerichte dazu.

Kreuzbergstraße 15, Mo–Fr 8–20 Uhr, Sa+So 9–20 Uhr, Tel. 81 82 87 50
€€

Westberlin

Bei dem Namen und Standort könnte man Retro erwarten, aber nein. Es gibt guten Kaffee. Die Vollkorn-Sandwiches heißen natürlich Stullen, Kuchen und Kalter Hund stehen auf der Theke. Außerdem Kunst-, Architektur- und Modezeitschriften und Berlin-Bildbände zum Blättern.

Friedrichstraße 215, tgl. 12–22 Uhr, Tel. 25 92 27 45, www.westberlin-bar-shop.de
€

EISDIELE

Aldemir Eis

Originelle Eissorten wie Ingwer, Kastanie oder Quark-Sesam sind die Kassenknüller und werden am liebsten in dreifacher Ausführung genommen, denn dann gibt's eine selbst gemachte Waffel dazu. 20 Sorten sind täglich in der Vitrine. Welche, wird nach Lust und Laune entschieden.

Falckensteinstraße 7, März–Sept. tgl. 10–24 Uhr, Okt.–Feb witterungsabhängig, Tel. 611 83 68
€

Die Eismacher

Buntes Eis kann suspekt wirken – aber Grün und Lila zeugen hier nicht von maßlos eingesetzten Farbstoffen, sondern von ungewöhnlichen Zutaten. Ube ist eine lilafarbene Süßkartoffel, Pandan ein grünes, asiatisches Schraubendrehergewächs. Schoko und Vanille gibt es auch. Die Milch kommt vom Demeter-Hof.

Körtestraße 10, tgl. 14–18 Uhr (Sommer), Tel. 52 28 33 28, www.eismacher-berlin.de
€

Duo – Sicilian Ice Cream NEU

Wer das Frühstück aus Sizilien vermisst, wird an der Skalitzer Straße glücklich. Denn die Eisdiele Duo serviert Granita e Brioche: eine Art flüssiges Sorbet – traditionell in den Geschmacksrichtungen Pistazie, Mandel oder Zitrone –, das zu einem Hefeteig-Brioche gegessen wird. Glasklar das beste sizilianische Eis der Stadt.

Skalitzer Straße 82, tgl. 10–20 Uhr, bei schönem Wetter auch länger, Tel. 0157-79 52 70 20, www.duoicecream.de

Eissalon tanne B

Seit fast zwanzig Jahren wird das Eis am Lausitzer Platz selbst hergestellt – ohne Geschmacksverstärker, Stabilisatoren und Farbstoffe. In der Waffel oder im Becher to go, viele Sorten sind vegan. Zudem auch Kuchen wie New York Cheesecake oder Kalter Hund.

Eisenbahnstraße 48, tgl. 11–18/19 Uhr, Tel. 69 56 78 11, www.tanneb.de
€

Lecko'Mio

Wunderschöne Eisdiele für handgemachtes Eis und außergewöhnliche Eisbecher mit Toppings wie hausgemachtes Lemon-Curd, essbaren Blüten und mehr. Neben den Klassikern lässt sich Eiskönigin Nadja auch spannende Sorten wie Popcorn, Lakritz oder Grüner Apfel einfallen.

Graefestraße 80, bei Sonnenschein Di–So 13–19 Uhr, Tel. 0151-176 059 81, www.leckomio-gelateria.de
€

Rosa Canina

Hausgemachtes Eis von klassisch bis extravagant, aber immer mit höchstem Qualitätsanspruch und bio. Zu den Klassikern der über 30 Sorten gehören Himbeer-Basilikum-Sorbet und Pistazieneis. Es gibt auch veganes und lactosefreies Schokosorbet.

Eisenbahnstraße 42/43, in der Markthalle Neun, rosacanina.eu
€€

Vanille & Marille

Hier bekommt man nicht nur Eis auf die Hand, hier kann man auch in riesige Becher abgefüllte Spezialitäten mit nach Hause nehmen. So lassen sich Sorten wie Madagaskar-Vanille, Walnuss-Feige oder Prosecco-Minze gemütlich auf dem Sofa verzehren. Das gilt auch für die Filialen in Steglitz, Tempelhof und Schöneberg.

Hagelberger Straße 1, tgl. 11–23 Uhr (Mitte März bis Mitte Oktober), Tel. 78 95 47 31, www.vanille-marille.de
€

GÄRTEN & STRÄNDE

Birgit und Bier

In dem Biergarten kann man den ganzen Tag – und die Nacht gleich dazu – verbringen: eine Bar mit Wein und Craft-Beer-Sorten und Pilsener Tankbier wie auch ein Pizza-Stand sorgen für das leibliche Wohl. In den späteren Abendstunden gibt's Cocktails und DJ-Musik zum Tanzen.

Schleusenufer 3, Mo–Mi 14–2 Uhr, Do 14–3 Uhr, Fr 14–6 Uhr, Sa 12–6 Uhr, So 12–4 Uhr, Tel. 0162-266 11 81, www.birgit.berlin
€

Freischwimmer

Es gibt ein paar Sachen vom Grill und diverse Flammkuchen, doch nur wegen des Essens kommt niemand hierher. Es sind die Atmosphäre und die schöne Aussicht aufs Wasser. Die Gegend hat sich in den letzten Jahren stark geändert, das Freischwimmer bleibt aber Konstante.

Vor dem Schlesischen Tor 2, Mo–Fr ab 12 Uhr, Sa+ So ab 10 Uhr (Brunch), Tel. 610 743 09, www.freischwimmer-berlin.com
€€

Golgatha

Im Kreuzberger „Kiezwohnzimmer" werden die Kartoffeln noch eigenhändig geschält. Für wenig Geld bekommt man üppige Portionen, dazu ein Kreuzberger Klosterbier oder ein süffiges Karg-Hefeweizen aus Oberbayern. Das Publikum im „tanzbaren Biergarten" ist bunt gemischt.

Dudenstraße 40, im Victoriapark, tgl. ab 9 Uhr, Tel. 785 24 53, www.golgatha-berlin.de
€

Van Loon

Seit vielen Jahren liegt der holländische Frachtensegler im Urbanhafen fest vor Anker und reicht aus seiner Kombüse vorwiegend deutsche Küche. Wenn die Sonne auf dem Wasser des Kanals glitzert, dann schmecken die selbstgeräucherten Fischvariationen besonders gut.

Carl-Herz-Ufer 5, im Urbanhafen, Mo–Fr 13–20 Uhr, Sa 13–22 Uhr, So 12–20 Uhr, Tel. 692 62 93, www.vanloon.de
€€

MITTE

Niemand isst ja nur, um satt zu werden. Schon gar nicht zwischen Friedrichstraße und Alexanderplatz, wo Berlin das Brodeln nicht nur den Töpfen überlässt. Die Stadt als Bühne, die Gesellschaft im Lokal. Eine italienische Fleischerlegende auf dem Trottoir der Torstraße. Ecke Unter den Linden ein vegetarischer Stern. Ein Restaurant in einem Literaturhaus. Und danach an die Bar.

Das interessiert uns die Bohne: die kleinste, schönste Weinbar der Stadt: → *Bean Weinbar S. 111*

Aus New York und auf die Hand: magische Pizzastücke → *Magic John's, S. 114*

Stijn Remi, den man aus dem famosen Lode & Stijn kennen könnte, ist aufgewachsen mit der Kultur des Grand Cafés in den Niederlanden. Sein eigenes Grand Café ist beim Suhrkamp-Verlag eingezogen. → *Remi S. 116*

Verliebt haben wir uns in Dana Canals Patisseriekünste, als wir zum ersten Mal ihr herrliches Eis probierten – aber verfallen sind wir ihrem Laden wegen den herausragenden Éclairs. → *Canal, S. 121*

Vegetarischer Stern: Heinz „Cookie" Gundillis (m.) und Stefan Hentschel (r.) vom → *Cookies Cream, S. 112*

Was wir vom Humboldt Forum halten? Zumindest sind wir gespannt auf sein Dachrestaurant.

Das beste Steakhaus dieser Stadt ist ein Italiener: Gastgeber Giacomo Mannucci hat deshalb extra ein Praktikum bei der toskanischen Fleischerlegende Dario Cecchini gemacht. → *To the Bone, S. 116*

Fotos: Katja Hiendlmayer / BEAN; Aida Baghernejad; Robert Rieger; Stephanie von Becker; cookies cream; Cordia Schlegelmilch/ Lebenswelten catering & events; Saksia Uppenkamp

Distinktion, Diskretion und delikate Fleischeslust: einen Mythos wie den Grill Royal erkocht nicht nur die Küche. Letztere ist nicht erst unter Roel Lintermans herausragend gut. → *Grill Royal, S. 113*

RESTAURANTS

3 Minutes sur Mer

FRANZÖSISCH Hier sitzt man wie in einem Nouvelle-Vague-Film. Die Restaurantküche bietet mit Klassikern wie Tatar, Weinbergschnecken und Steak frites und kreativen Kombinationen wie Schwarzfederhuhn mit Taboulé, Mais und Aprikose oder Kalbszunge mit Sellerie und Estragon-Creme eine gehobene Bistro-Küche. Besonders beliebt ist die Bouillabaisse: Sie schmeckt so intensiv, als würde sie am Hafen von Marseille serviert.

Torstraße 167, Di–Sa 18–23 Uhr, Tel. 67 30 20 52, www.3minutessurmer.de
€€€

Acht&Dreissig

DEUTSCH Mit Stefan Scharrschmidt aus Chemnitz steht im Acht&Dreissig – benannt nach der Hausnummer – ein erfahrener Küchenchef am Herd. Er ist Garant für eine ambitionierte deutsche Küche. Als Tapas werden etwa Kalbsleber Berliner Art, Eisbein oder Königsberger Klopse angeboten – alles modern interpretiert. Mit 32 Euro ist das Simmentaler Rinderfilet das teuerste Gericht auf der Karte.

Oranienburger Straße 38, Mo–Fr 17–22 Uhr, Fr+Sa 17–23 Uhr, Tel. 37 46 50 31, www.restaurant38berlin.de
€€

Al Contadino

ITALIENISCH An einem neuen Ort in Mitte empfängt das Al Contadino mit gewohnter Herzlichkeit seine Gäste. Im hellen italienischen Gastraum werden vorzügliche Antipasti und erstklassige Weine serviert, auf der Tageskarte steht so manche besondere Spezialität wie etwa Fischsuppe, Seewolf-Carpaccio, karamellisierter Ziegenkäse oder gegrillter Thunfisch.

Auguststraße 36, Mo–Sa 18–0 Uhr, Tel. 281 90 23, www.alcontadinoweinbar.de
€€

Austernbank Seafood Restaurant

FISCHRESTAURANT Im ehemaligen Tresorraum eines gründerzeitlichen Bankgebäudes am Gendarmenmarkt inszeniert die Austernbar das Ambiente der legendären „Grand Central Oyster Bar“ in New York. In der offenen Küche werden Fisch und Meeresfrüchte zubereitet. Eine Hummer-Bisque oder ein halber Hummer gehören genau so zum beliebten Standard-Programm wie die Meeresfrüchteplatte, diverse Austernsorten und Kaviar.

Behrenstraße 42, Di–Sa ab 16 Uhr, Tel. 767 75 27 24, austernbank-berlin.de
€€€

Balthazar am Spreeufer

DEUTSCH Das Balthazar 2 von Inhaber und Küchenchef Holger Zurbrüggen ist mittlerweile seine Nummer Eins, nachdem er vor gut zwei Jahren das gleichnamige Kudamm-Restaurant geschlossen hat. Die Karte ist klein gehalten und offeriert neben vier Vorspeisen und einem Zwischengang noch jeweils drei Fleisch- und Fischgerichte sowie drei Desserts. Unter den angebotenen Gerichten sind Spezialitäten wie etwa Felsenfisch aus Grönland oder Gewürzbraten vom Brandenburger Hirsch.

Spreeufer 2, Di–Sa 17–22 Uhr, Tel. 30 88 21 56, www.balthazar-spreeufer.de
€€€

Bandol sur Mer

FRANZÖSISCH Der angesagte Stern-Franzose residiert in einem früheren Döner-Grill. Sternekoch Andreas Saul verwöhnt die höchstens 20 Gäste kulinarisch, während Sommelier und Gastgeber Alexander Seiser für einen tadellosen Service und die Weinpflege verantwortlich zeichnet. Beim angebotenen 7-Gänge-Menü kommen vorwiegend regionale Produkte wie Rote Bete, Brennnessel oder Birne zum Teil spektakulär zum Einsatz.

Torstraße 167, Do–Mo 18–23 Uhr, Tel. 67 30 20 51, www.bandolsurmer.de
€€€€

Bean

2021: TOP 5 NACHTS, PLATZ 1
Eine der schönsten Lokalitäten der Stadt ist diese 40 Quadratmeter kleine, die mehr als nur eine Naturweinbar ist, unbestritten. Es gibt auch ein feines Champagnersortiment (15 Positionen) und hochwertige, bis zu 35 (!) offene Weine. Trinkempfehlungen: eine Scheurebe vom Weingut Seehof mit 72-stündiger Maischestandzeit. Oder der SantYuste Vino de Pueblo, ein Verdejo von 2018, der so frisch und salzig wie die Atlantikbrandung schmeckt. Die Preise sind ob der vielen Probierschlücke, die Magdalena Karkosz zur Entscheidungshilfe reicht, mehr als fair. Ach ja, das Bean ist die zweite Bar von Gonçalo de Sousa Monteiro, der eine Tür nebenan bereits die geschmacks- wie stilsichere Cocktailbar Buck & Breck betreibt. Im Bean serviert der gebürtige Portugiese zudem frisch zubereitete Kleinigkeiten (nicht nur) aus der Dose, etwa Dorschleber oder Blutwurst mit Rosenkohl und Bohnenpüree.

Brunnenstraße 177, Di–Sa 17–0 Uhr, www.bean.berlin
€€

Berliner Republik

DEUTSCH In der Hauptstadtkneipe der Berliner Republik wird Altberliner Rustikal-Küche serviert. Das reicht von Klassikern wie der Kartoffelsuppe, der Bulette und dem Rixdorfer Bockwurstsalat bis hin zum Stolzen Heinrich, der Kohlroulade und dem Eisbein. Auf der Höhe der Zeit erweist sich auch das vegetarische Angebot mit Königsberger Klopsen oder Tofu-Currywurst.

Schiffbauerdamm 8, tgl. 10–5 Uhr, Tel. 30 87 22 93, www.die-berliner-republik.de
€€

Bocca di Bacco

ITALIENISCH Das elegante Restaurant auf der Friedrichstraße serviert italienische Gourmetküche. Die bietet etwa gegrillte Krake, Jakobsmuschel-Carpaccio, Steinbutt mit Kürbis oder gegrillte Entenbrust mit Lakritzsauce. Der Gast kann dem Team am Herd in der offenen Show-Küche bei der Zubereitung der Speisen zusehen. Die erlesene Weinkarte hat 350 Positionen überwiegend italienischer Herkunft.

Friedrichstraße 167/168, Mo–Sa 12–15 Uhr u. 18.30–22 Uhr, Tel. 20 67 28 28, www.boccadibacco.de
€€€

Bötzow-Privat

DEUTSCH Das Bötzow-Privat ist eines dieser Restaurants, die nach der Renovierung aussehen wie davor, will heißen: Der Charme einer alten Berliner Eckkneipe wurde beibehalten. Tatsächlich neu ist das kulinarische Konzept: Statt deutscher und alpenländischer Klassiker bekommt man dort nun italienische Tapas. Statt Bier aus Bayern und dem Schwarzwald (offene) Weine und Prosecco zu fairen Preisen. Im Sommer kann man die auf der Gehwegterrasse genießen.

Linienstraße 113, Mo–Sa 17–0 Uhr, Küchenschluss 23 Uhr, Tel. 28 09 53 90, www.boetzow-privat.de
€€

Borchardt

ÖSTERREICHISCH Traditioneller Lieblingstreffpunkt der Schönen und Reichen sowie der Prominenz aus Politik, Wirtschaft, Kunst und Kultur. Allein sein legendäres Wiener Schnitzel macht das Borchardt zur Institution. Mittags gibt es das erschwinglichere Tagesmenü mit einem Hauptgang mit Fleisch oder Fisch und einem Dessert. Abends, beim großen „Sehen und Gesehenwerden“, geraten Essen und Trinken zu einer willkommenen Nebensache.

Französische Straße 47, tgl. 11.30–0 Uhr, Tel. 81 88 62 62, www.borchardt-restaurant.de
€€€

Braufactum Berlin am Hausvogteiplatz

DEUTSCH Aus 16 Hähnen fließen Brauspezialitäten von Braufactum und anderen internationalen Handwerksbrauern. Aus der Küche kommen Burger, Pulled Pork, Salate und Suppen. Angeschlossen ist ein Eventraum für Bierverkostungen und Brauseminare. Gut für Gruppen und Craft-Beer-Fans.

Hausvogteipl. 3-4, tgl. 17–0 Uhr, Tel. 55 87 25 62, www.braufactum-hausvogteiplatz.de
€€

Brechts Steakhouse

NORDAMERIKANISCH, PANEUROPÄISCH Brechts Steakhouse ist aus dem einstigen Brechts hervorgegangen. Folglich gibt es dort statt des ehemals angebotenen Wiener Schnitzels nun Steaks. Die stammen vorzugsweise von Rindern aus den USA, Australien oder Irland. Für alle, die sich durch die Vielfalt der verschiedenen Steak-Sorten probieren wollen, gibt es sonntags ab 12 Uhr ein Tasting mit acht exquisiten Steak-Spezialitäten für 89 Euro.

Schiffbauerdamm 6/7, tgl. 12–14.30 u. 17–22 Uhr, Tel. 27 57 20 37, www.brechts.de
€€€

Café und Restaurant Spreeblick

DEUTSCH Wie der Name schon verrät, ist das Restaurant im Nikolaiviertel eines mit Blick auf den Stadtfluss und die Bronzeplastik des „Heiligen Georg als Drachentöter“ vor der Tür. Auf die Teller gelangt deftige Berliner Küche von Currywurst bis Eisbein, aber auch Wildschweinkeule, gefüllte Paprikaschote oder Zilles Bulette.

Propststraße 9, tgl. ab 11 Uhr, Tel. 242 52 47, www.spreeblick-nikolaiviertel.de
€€

Foto: Robert Rieger/ Freunde von Freunden

Cantina

SÜDAMERIKANISCH, PANASIATISCH Dieses tatsächlich sehr gute Restaurant ist gleich doppelt versteckt, im Hinterzimmer der legendären Bar Tausend, die sich wiederum hinter einer schlichten Stahltür verbirgt. In einem Brückenpfeiler direkt unter der Friedrichstraße. Nichts, das auf eine Bar hinweisen würde, erst recht nicht auf ein Restaurant. Dort ist der Argentinier Octavio Osés Bravo Küchenchef. Seine Teller reisen einmal um das Mittelmeer, bedienen sich in Italien, auf der Iberischen Halbinsel und vor allem in der Levante-Küche des östlichen Mittelmeerraums, ohne auch nur für einen Bissen in allzu populäre Aromenklischees abzugleiten. Eine großartige Location, die nun eine ebensolche Küche gefunden hat.

Schiffbauerdamm 11, in der Bar Tausend, Fr+Sa ab 20 Uhr, Tel. 27 58 20 70, www.tausendberlin.com
€€€

Capvin NEU

2022: TOP 20 ABENDS, PLATZ 13
ITALIENISCH Besprechung siehe Seite 41

Weinbergsweg 24, Mo–Do 12–23 Uhr, Fr+Sa 12–0 Uhr, Tel. 44 04 70 80, www.capvin.de

Chicago Williams BBQ

NORDAMERIKANISCH Wer sorgfältig zubereitetes Fleisch aus dem Smoker liebt, ist im Chicago Williams BBQ genau richtig. Dort gibt es Ribs und frische Bratwurst ebenso wie handwerklich gebraute Biere. Es wird amerikanische Hausmannskost serviert, gepaart mit Bieren aus ausgewählten deutschen Brauereien. Und wer den Laden auch als Lebensgefühl mag, kann ihn dann als Basecap oder College-Jacke mit nach Hause nehmen.

Hannoversche Straße 2, tgl. 17–0 Uhr, Küche bis 23 Uhr, Tel. 28 04 24 22, www.chicagowilliamsbbq.de
€€

Clärchens Ballhaus

2021: TOP 15 ABENDS, PLATZ 5
DEUTSCH Das Clärchens – Original seit 1913 – hat von allem eine gute Prise. Von der guten alten Zeit mit Patina, Geschichten und Gemenschel. Und vom frischen Wind der Jetztzeit, der seit dem Betreiberwechsel durch die achtsam sanierten Gasträume der Berliner Kultgaststätte weht. Aus Simon Dienemanns Ballhausküche strömt eine neue kulinarische Brise. Er modernisiert Wirtshausklassiker aus Berlin, Wien und Budapest – mit reichlich handwerklichem Feingefühl und einem Hang zu regionalen Produkten. Im Clärchens liebt man Rituale: Während mittwochs schon wieder die Tangopärchen übers Spiegelsaal-Parkett kreiseln, werden dienstags um 18.30 Uhr im historischen Hofgarten die Kerzen entzündet.

Auguststraße 24, Restaurant: Di–Fr 17–22 Uhr, Sa, So 14–22 Uhr, Tel. 555 78 54 40, www.claerchensball.haus
€€

Cocolo Ramenbar

JAPANISCH Immer noch eine der ersten Adressen für die traditionell hergestellten asiatischen Nudeln Ramen und Sushi. Am Tresen kann man dem fingerfertigen Küchenteam bei der Arbeit zusehen. Der Laden im Retro-Chic mit minimalistischer Ausstattung ist meist gut besucht.

Gipsstraße 3, Mo–Sa 18–22 Uhr, Tel. 28 38 66 22, www.kuchi.de
€€

Cookies Cream

FRANZÖSISCH, PANASIATISCH Das vegetarische Gesellschaftslokal verbindet lässigen Hinterhof-Charme mit einer nie verkopften Gourmetküche, inzwischen mit einem Michelin-Stern prämiert. Die beiden Köpfe hinter dem Cookies Cream: Clublegende Heinz „Cookie" Gindullis und der noch immer junge Küchenchef Stephan Hentschel, der selbst nicht einmal Vegetarier ist. Ein Ausschnitt aus seiner Karte: Parmesanknödel mit Perigordtrüffelsud an Spinat und Pinienkernen sowie überraschende Desserts, zum Beispiel Sellerie-Eis mit Apfel, Walnuss und Kräutern oder Süßdolde und Erdbeersorbet an Baiser und Buchweizen.

Behrenstraße 55, Di–Sa 17–23 Uhr, Tel. 27 49 29 40, www.cookiescream.com
€€€€

Cordo

2020: TOP 20 ABENDS, PLATZ 3
PANEUROPÄISCH Man muss es tatsächlich ein Ereignis nennen, mit welcher Lässigkeit der junge Küchenchef Yannic Stockhausen aus der ehemaligen Cordobar ein Fine-Dining-Lokal gemacht hat, das um die klare Sprache einer regionalen Produktküche weiß, ohne sich allzu sehr aufs brutal lokale Neuberliner Repertoire zu verlassen. Stockhausen, gebürtiger Hamburger mit Stationen in Frankreich und im Wolfsburger Aqua, ist ein so präziser Küchenhandwerker, dass er die Allüren einer sogenannten Pinzettenküche selbstbewusst hinter sich lassen kann. Gestaltet sind seine Teller, gewiss, aber doch vor allem aus dem Bauch heraus. Jeder Garpunkt, jede Konsistenz – genau so! Dazu hat er den Mut, auch Grenzgänge wie ein von fermentiertem Rettich begleitetes Kalbshirn zu wagen. Starke Weinkarte mit einem Fokus auf Österreich und die Biodynamik.

Große Hamburger Straße 32, Mi–Sa 19–23.30 Uhr, So 18–22 Uhr, Tel. 27 58 12 15, www.cordobar.net
€€€€

Crackbuns NEU

NORDAMERIKANISCH Braucht Berlin noch einen Burgerladen? Vielleicht nicht, aber für Sliders im Miniaturformat hat unser Herz noch Platz. Der US-amerikanischen Fastfood-Klassiker kommt hier im Doppel und vor allem mit hohem Anspruch an Qualität daher – hausgebackene japanische Buns (deren Fluffigkeit nur mit Wölkchen zu vergleichen ist!) und Gemüse-Patties, Biofleisch sowie ungewöhnliche Kombinationen wie Milkshakes mit Honig und Wasabi oder schwarzem Sesam und Schokolade. Übrigens ist es keine Überraschung, dass der ganze Laden stark von japanischer Esskultur inspiriert ist: Hinter ihm steckt das Team vom Zenkichi und House of Small Wonder.

Auguststraße 63, tgl. 12–22 Uhr, www.crackbuns.com
€€

Crackers

2020: TOP 15 ABENDS, PLATZ 5
PANEUROPÄISCH Heinz „Cookie" Gindullis hat aus dem Keks einen Cracker gemacht. Das legendäre Cookies in der Friedrichstraße, vielleicht der wichtigste Berliner Club der Nachwendejahre, ist seit fünf Jahren ein Restaurant. Wo eine Etage höher, im Cookies Cream, unter einem Michelin-Stern vegetarisch gekocht wird, gibt es auf der herrlich intuitiven Karte des Crackers sogar eine Grillsektion. Und sonst? Lachs aus Wildfang als Fish'n'Chips, ein im ganzen gereichter Kopfsalat und eine sehr urbane Lässigkeit. Ein cooler und sehr guter Laden, dem es gelingt, einen intimen Abend auf einer gleichzeitig großen Bühne zu inszenieren.

Friedrichstraße 158, So–Do 18.30–1 Uhr, Fr+Sa 18.30–2 Uhr, Tel. 680 73 04 88, www.crackersberlin.com
€€€

Cu29

2020: TOP 10 MITTAGS, PLATZ 5
FRANZÖSISCH, PANEUROPÄISCH Cu29 nennt sich das Restaurant-Café der James-Simon-Galerie auf der Museumsinsel. Interieur und Aufbau folgen der klaren Beton–Holz–Glas–Materialität des Architekten David Chipperfield. Auf der Karte von Küchenchef Veit Kuschkow stehen mehrheitlich moderne Gerichte wie die ziemlich gute Lachs-Curry-Bowl am Mittag. Abends wird das Angebot von einem Spitzkohl-Baba-Ganoush mit einem Mecklenburger Entrecôte gerahmt. Spätestens, wenn Sie mal Berlinbesuch haben, oder selbst Berlinbesucher*in sind, sollten sie das Cu29 für eine Pause einplanen.

Eiserne Brücke, in der James-Simon-Galerie, Di–So 12–18 Uhr
€€

Dae Mon

KOREANISCH, JAPANISCH Zwischen Monbijoupark und Hackeschem Markt ist das Dae Mon kulinarischer Hotspot. Die Philosophie der offenen Küche von Inhaber Stefan Reinhardt setzt Küchenchef Raphael Schünemann im avantgardistisch eingerichteten Restaurant auf hohem Niveau um. Wobei aus der ehemals panasiatischen Ausrichtung inzwischen durchaus weltläufiges Fine Dining geworden ist, das sich der asiatischen Küche vor allem an ihren Würz- und Garmethoden und hinsichtlich der kompromisslosen Produktqualität bedient.

Monbijouplatz 11, Di–Sa ab 17 Uhr, Tel. 26 30 48 11, www.dae-mon.com
€€€€

Der Hahn ist tot

FRANZÖSISCH, DEUTSCH Mit ländlichen Menüs in Wohnzimmeratmosphäre begeistert das Restaurant am Zionskirchplatz seine Gäste. Dort essen zu gehen, fühlt sich so an, wie bei guten Freunden eingeladen zu sein. Doch das hat sich rumgesprochen: Einen Platz zu ergattern, ist die größte Herausforderung. Zum 24-Euro-Festpreis gibt es ein deutsch-französisches Vier-Gang-Menü, die Weine sind gut und günstig. Die Suppe holt man sich selbst, Salat wird in Schüsseln für alle auf den Tisch gestellt. Der Hahn steht als Coq au vin immer auf der ansonsten wechselnden Karte.

Zionskirchstraße 40, tgl. 17–23.30 Uhr, Tel. 65 70 67 56, www.der-hahn-ist-tot.de
€€€

Deutsches Historisches Museum

DEUTSCH Von der Terrasse aus mit Blick auf den Berliner Dom, das Humboldt-Forum, auf Spree und Lustgarten schmecken Kaffee und Kuchen besonders gut. Dort und im großzügigen Innenbereich auf der Nordseite des im Umbau befindlichen Museums werden regionale Gerichte mit Produkten aus dem Umland zubereitet. Der Elsässer Flammkuchen ist ebenso zu empfehlen wie der klassische Käse- oder Apfelkuchen.

Unter den Linden 2, tgl. 10–18 Uhr, Tel. 20 64 27 44, www.dhm.de
€€

District Môt – Saigon Street Food

VIETNAMESISCH Ein Lokal für fortgeschrittene Anhänger der vietnamesischen Küche. Benannt nach einem Bezirk in Saigon, gibt es im District Môt authentisches Street Food. Man sitzt auf bunten Plastikhockern. Wer sich traut, bestellt knusprig gebackene Hühnerfüße oder Schweineohren. Aber auch bei uns längst übliche asiatische Normalkost ist selbstverständlich im Angebot.

Rosenthaler Straße 62, tgl. 12–0 Uhr, Tel. 20 08 92 84, www.districtmot.com
€€

Djimalaya

ISRAELISCH Im urbanen Lokal mit Holzmöbeln und Betonwänden werden vegetarische Gerichte und Spezialitäten aus Israel serviert. Landestypisch sind etwa das Pitabrot-Sandwich Sabich, die Eiertomatenspeise Shakshuka, das Auberginenpüree Baba Ghanoush sowie Falafel und Hummus.

Invalidenstraße 159, tgl. 12–23 Uhr, Tel. 60 93 51 13, www.djimalaya.de
€€

Einstein Unter den Linden

ÖSTERREICHISCH, ALPENLÄNDISCH Das Einstein ist nicht irgendein Berliner Restaurant: Am Rande des Regierungsviertels ist es ein beliebter Treffpunkt für Politiker, Lobbyisten und Medienleute. Entsprechend behutsam hat sich das Einstein zuletzt gewandelt. Österreichische Klassiker in möglichst guter Qualität möchte man bieten. So zählen Tafelspitz, Käsespätzle oder Salonbeuschel zu den beliebten Klassikern der alpinen Küche. Aber auch als Caféhaus kann das Einstein wie einst begeistern. Unser Lieblingsgericht: die Freiland-Ente vom Geflügelhof in Bokelholm in Schleswig-Holstein, die man hier im Ganzen brät und in zwei Gängen serviert.

Unter den Linden 42, Mo–Fr 8–22 Uhr, Sa+So 9–22 Uhr, Tel. 204 36 32, einstein-udl.com
€€€

einsunternull

2020: TOP 15 ABENDS, PLATZ 1
DEUTSCH Silvio Pfeufers Menü hält den Spannungsbogen auf jedem Teller und über den gesamten Abend hinweg und ist dermaßen mit handwerklicher Könnerschaft grundiert, dass man diese Exzellenz nicht mal mehr bemerkt. Hier kocht ein junger gebürtiger Lichtenberger mit den besten Zutaten der ganz nahen und etwas weiteren Umgebung einfach brutal gut. Patron Ivo Ebert indes ist der gewohnt galante Gastgeber geblieben. Ein noch immer wichtiges Lokal, nicht nur aufgrund seines Michelin-Sterns.

Hannoversche Straße 1, Do–Mo ab 19 Uhr, Tel. 27 57 78 10, www.einsunternull.com
€€€€

Entrecôte

FRANZÖSISCH Das Entrecôte bringt den Geist Pariser Brasserien nach Berlin ins historische Zeitungsviertel.

Und setzt dabei natürlich auf typisch französische Küche in bester Qualität. Die schmeckt man bei Escargots und Foie Gras oder dem namensgebenden Steak vom Angusrind mit Sauce Béarnaise bis zu Tarte Tatin. Mit einem Mittagsangebot „Plat du jour" mit täglich wechselnden Gerichten für 13 bis 14 Euro stehen auch schon mal deftigere Gerichte wie Kalbstafelspitz oder Prager Schinken mit Sauerkraut auf der Karte. Eine der verlässlich besten Fleischadressen der Stadt.

Schützenstraße 5, Mo–Fr 12–14 u. 17–23 Uhr, Sa 17–23 Uhr, Tel. 20 16 54 96, www.entrecote.de
€€€

Fleischerei

DEUTSCH, PANEUROPÄISCH Die Wände in der ehemaligen Fleischerei Epler sind nach wie vor gekachelt. Das kühle Interieur markiert einen interessanten Kontrast zur modern-rustikalen Küche. Für Mittagsgäste werden zwei beziehungsweise drei Gänge für 11,90/13,90 Euro angeboten. Dafür gibt es etwa Klopse, Rindergulasch oder Schnitzel Wiener Art, wahlweise ergänzt durch Tagessuppe und/oder Dessert. Am Abend wird Fleisch im großen Stil aufgetischt. Da gehen die Portionspreise bis auf 92 Euro in die Höhe. Dafür gibt es dann aber auch ein 1000-Gramm-Tomahawk-Steak vom Irish Nature Hereford Rind.

Schönhauser Allee 8, tgl. 17–0 Uhr, Tel. 50 18 21 17, www.fleischerei-berlin.com
€€€

Fresko NEU

ITALIENISCH In die Bar Milano geht man, um italienische Aperitivo-Kultur zu atmen. Nebenan nun der eigene, auf das Wesentlichste und Beste reduzierte Deli. Im Feinkostladen: eine Sorte Pasta, ein Olivenöl, ein sieben Jahre gealterter Reis, eine exquisite Haselnusscrème und ein handgetrocknetes Salz. Das Herz des Geschäfts ist ein fast raumgroßer, vollverglaster begehbarer Kühlschrank mit kaltem Prosecco, frisch hausgemachtem Pesto, Oliven und Mortadella aus Bologna und einige der vielleicht cremigsten Burrata, Stracciatella und Mozzarella, die Berlin jemals probiert hat. Zudem eine tägliche Auswahl von Piadinas und Wraps, Salaten und italienischen Klassikern wie Parmigiana und Lasagne. La vita è deliziosa!

Brunnenstraße 11, Mo–Sa 10–19 Uhr
€€€

Friedel Richter

EUROPÄISCH, NORDAMERIKANISCH Bistrogerichte aus aller Welt und Steaks in Bioqualität gibt es im modern gestylten Gastraum. Das Friedel Richter punktet mit Steaks vom Landwert-Hof in der Nähe von Stralsund und Fisch aus der Müritz. Das Gemüse stammt aus der Uckermark. Besonderheiten im Salat sind Wildkräuter wie Fette Henne, Gewürztagetes, Melde, Blutampfer sowie Sellerieblätter und Chrysanthemen. Während der Wildsaison ist auch das Rehragout mit Polentakrokette und Aubergine ein durchaus verlockendes Angebot.

Torstraße 199, Mo–Sa 18–23 Uhr, Tel. 548 16 911, www.friedelrichter.de
€€€

Gärtnerei

OSTEUROPA In dem modern-gemütlichen Gastraum mit floralen Motiven an der Wand und ansprechendem Lichtkonzept ist Gemüse der Favorit. Zur Auswahl stehen beim Tagesmenü drei Gänge (35 Euro). Ansonsten stehen etwa Rote-Bete-Sashimi, gegrillte Riesengarnelen, Spinatknödel, Freilandhuhn oder Wiener Schnitzel auf der kleinen, aber ambitionierten Karte. Bei den Weinen sind hauptsächlich Österreicher vertreten, schließlich kommt auch der Wirt von dort.

Torstraße 179, tgl. 17–22 Uhr, Tel. 24 63 14 50, www.gaertnerei-berlin.com
€€€

Ganymed Brasserie

FRANZÖSISCH Das alteingesessene Restaurant am Schiffbauerdamm befindet sich direkt neben dem Berliner Ensemble. Es punktet mit französischer Küche, mit Tranchieren und Flambieren am Tisch im Brasserie-Ambiente und Terrasse mit Spreeblick. Neben Klassikern der französischen Küche hat sich das Ganymed auf frische Meeresfrüchte spezialisiert. Ein Klassiker des Hauses ist das Chateaubriand für zwei Personen mit grünen Bohnen, getrüffeltem Kartoffelgratin und Sauce Béarnaise für 69 Euro.

Schiffbauerdamm 5, tgl. 12–23 Uhr, Tel. 28 59 90 46, www.ganymed-brasserie.de
€€€

Gendarmerie

DEUTSCH In den Räumlichkeiten einer ehemaligen Bank hat sich dieses anspruchsvolle Restaurant eingerichtet. In dem kathedralenartigen Szene-Lokal mit 17 Meter langer Bar, künstlerischem Flair und moderner Berliner Küche mit Fokus auf Meeresfrüchten und Fisch. Zudem kann das imposante Holzrelief „Bacchanal" – mit 14 x 5 Metern das größte Kunstwerk seiner Art – bestaunt werden.

Behrenstraße 42, Di–Sa ab 16 Uhr, Tel. 76 77 52 70, restaurant-gendarmerie.de
€€€

Gogogi

KOREANISCH Im stylischen Lokal mit Teakholzmöbeln und urbanem Ambiente werden koreanische Speisen serviert – auch im Außenbereich. Beliebt sind etwa der Glasnudelsalat, die Kimchi-Variationen, Bibimbaps, Dumplingsuppen und koreanisches Barbecue. Auch mittags punktet das Gogogi mit einem günstigen Lunch-Angebot mit Preisen von 7 bis 12 Euro. Abends ist es immer voll.

Weinbergsweg 24, Mo–Do 12–23 Uhr, Fr 12–0 Uhr, Sa 15–0 Uhr, So 15–23 Uhr, Tel. 55 24 61 41, www.gogogi.de
€€

Good Bank

EUROPÄISCH Wo die Lebensmittel in der Gastronomie herkommen, bleibt oft im Dunkeln. Im Good Bank hingegen ist alles glasklar und in helles Licht getaucht. Dort wächst das Essen quasi vor den Augen des Gastes heran, als Salat direkt hinter dem Tresen. Indoor Farming nennt sich das so hippe wie nachhaltige Konzept. Die anderen Zutaten für die diversen Bowls, Suppen, Säfte und Kuchen wachsen natürlich nicht im Restaurant, schmecken aber trotzdem ziemlich gut.

Rosa-Luxemburg-Straße 5, Mo–Sa 11.30–21 Uhr, Tel. 33 02 14 10, www. good-bank.de
€€

Grill Royal

EUROPÄISCH, NORDAMERIKANISCH Es ist eigentlich schon alles über das Grill Royal gesagt worden: Über die ausschweifenden Partys auf den sehr, sehr schicken sanitären Anlagen. Über die Kunstszene, aus der heraus das Grillrestaurant ja sogar entstanden ist. Über die (internationale) A-Prominenz, die, wenn sie denn in Berlin essen geht, noch immer verlässlich im Grill landet. Nun, wollen wir über das Kulinarische reden. Das Grill Royal ist noch einmal besser und überraschender geworden, ohne sich zu offensiv einem Fine Dining zuzuwenden. Wo sonst in Berlin hat ein lässiger Laden ein solches Niveau?

Friedrichstraße 105b, tgl. 17–0 Uhr, Tel. 28 87 92 88, www.grillroyal.com
€€€€

Heimlich treu

PANEUROPÄISCH, NORDAMERIKANISCH Die gelungene Symbiose aus Geselligkeit und kulinarischem Anspruch ist der große Pluspunkt dieses Konzepts. Die Abendkarte bietet Gaumenkitzel wie Pulpo mit Wassermelone, Seeigel mit Pomelo oder Tatar mit Trüffel und Parmesan. Ungewöhnlich auch Tomate mit Basilikum und Pumpernickel zum Dessert. Alles handwerklich perfektes Soulfood. Die Preise auf der kleinen Karte mit sechs Vorspeisen, vier Zwischengerichten, vier Hauptgängen und zwei Desserts bewegen sich dabei durchweg im fairen Bereich.

Anklamer Str. 38, Lunch Mo–Fr 12–15 Uhr, Dinner tgl.18–1 Uhr, Tel. 48 49 45 99, www.heimlichtreu.de
€€€

India Club

INDISCH Auf der Rückseite des noblen Hotel Adlon gibt es mit dem India Club ein authentisch nordindisch ausgerichtetes Restaurant. Unter der Regie von Chefkoch Manish Bahukhandi aus Neu-Delhi werden Gerichte und Spezialitäten aus dem Tandoori-Ofen angeboten. Da Liebhaber der indischen Küche gerne auch auf Fleisch verzichten, gibt es eine große Auswahl an vegetarischen Gerichten, die mit Gewürzen wie Kurkuma, Ingwer, schwarzem Senf, Kardamom, Kreuzkümmel, Safran, Curry, Nelken, Zimt und Minze zubereitet werden.

Behrenstraße 72, im Hotel Adlon, Mi–So 18–23.30 Uhr, Tel. 20 62 86 10, www.india-club-berlin.com
€€€

Italofritzen

ITALIENISCH Schon der Name ist ein lustiglistiges Spiel mit den Erwartungshaltungen und der vielbeschworenen Authentizität. Aber in einer Stadt, in der ein Türke auch schon mal Promi-Wirt eines Italieners sein kann, scheint vieles möglich. Im Italofritzen betreiben ein paar Berliner einen Italiener – in bester Hauptstadtlage, zu allen Tageszeiten und für jeden Geschmack. Das Konzept scheint anzukommen und ist mit Klassikern wie Pizza und Pasta auch so richtig italienisch.

Friedrichstraße 105, tgl. 7–0 Uhr, Tel. 40 52 05 94, www.italofritzen.com
€€

Joseph

ISRAELISCH Schmuck ausgestattet ist das Joseph: kleine goldrandige Tische, ein langer Tresen, dahinter eine kleine offene Küche. Der Service ist kumpelhaft, die teils nur Englisch sprechenden Mädels und Jungs setzen sich für die Bestellung mit an den Tisch. Das israelische Street Food gelangt sprintmäßig an seinen Bestimmungsort. Bei Pickles und beim eingelegten Gemüse muss man nicht mit zu viel Säure kämpfen. Das macht Spaß, ebenso das saftige, Grill- und Raucharomen verströmende Huhn mit Joghurt auf Laffa. Als Einstieg ins Israeli-Street-Food eine gute Wahl.

Friedrichstraße 113, Mo–Fr 12–23 Uhr, Sa 18–23 Uhr, Tel. 314 95 07 00, www.josephberlin.de
€€€

Katz Orange

PANDEUTSCH Im Klinkerbau der ehemaligen Josty-Brauerei inszeniert Gastro-Entrepreneur Ludwig Cramer-Klett eine internationale Küche, die immer wieder mit den Mythen des Regionalen spielt. Legendär ist der (tatsächlich köstliche) Schweinebraten. Das Ceviche ist von der Rottstocker Lachsforelle aus Brandenburg, die Spare Ribs kommen vom Mecklenburgischen Freilandschwein. Auch immer mehr vegetarische Gerichte finden sich auf der regelmäßig wechselnden Karte. Die nonchalante Bar serviert Cocktails auf hohem Niveau, das Publikum ist jung und weltläufig.

Bergstraße 22, tgl. 17–23 Uhr, Tel. 983 20 84 30, www.katzorange.com
€€€

Kink

2021: TOP 20 ABENDS, PLATZ 13

PANEUROPÄISCH Man könnte dieses Kink vielleicht ein Gesellschaftslokal nennen. Wegen der luftigen, mit Geschmack und Verstand ertüchtigten Räume, der Empore und der Bar, die dem Restaurant gleichberechtigt zur Seite steht. Vor allem aber wegen der Küche, die so unangestrengt wie zeitgenössisch einen längeren Abend begleitet. Etwa mit einem sensationellen Carpaccio vom Simmentaler Rind oder gebrannten Romana-Herzen. Im Ceviche (von der Dorade) macht eine Spreewaldgurke Laune. Wählt man die Getränkebegleitung (unbedingt!), kommt neben stets lustvollen Weinen auch das ein oder andere Glas von der Bar.

Schönhauser Allee 176, Di–Sa ab 18 Uhr, Tel. 41 20 73 44, kink-berlin.de
€€€

Kopps

PANEUROPÄISCH Modernes Flair, raffinierte vegane Gourmet-Küche aus regionalen Bioprodukten sowie Cocktails und Fingerfood sind die Markenzeichen des Kopps. Dort wird täglich unter Beweis gestellt, dass eine findige, gutbürgerliche Küche auch fleischlos funktionieren kann. Das Abendmenü gibt es wahlweise mit drei bis sieben Gängen, ausgepreist mit 42 bis 74 Euro. Zur Auswahl stehen sieben Gerichte, die nur kurz und nüchtern auf der Karte mit ihren wesentlichen Bestandteilen annonciert werden.

Linienstraße 94, So–Do 12–14 u. 17.30–21.30 Uhr, Fr+Sa 17.30–22.30 Uhr, Tel. 43 20 97 75, www.kopps-berlin.de
€€€

Kuchi Mitte

PANJAPANISCH Das Kuchi ist ein modernes japanisches Restaurant mit einem umfangreichen Angebot an Sushi.

Zudem gibt es Ramen-Nudelsuppen. Das liebevoll eingerichtete Lokal mit künstlerisch gestaltetem Innenhof lädt zu frisch zubereiteten Speisen wie der „My Best Friend's Roll" mit frittiertem Gemüse, Lachs und einer Kuchi-Spezialsauce ein. Das Sushi-Angebot ist vielfältig, da kommen auch Vegetarier voll auf ihre Kosten.

Gipsstraße 3, Mo–Sa 12–22 Uhr, So 18–22 Uhr, Tel. 28 38 66 22, www.kuchi.de
€€€

La Banca

ITALIENISCH Im luxuriösen Hotel de Rome ist das La Banca die repräsentative Spielfläche für die Kreationen von Chefkoch Fulvio Pierangelini. In dem edlen und zugleich entspannten Restaurant wird authentische italienische Küche mit Berliner Kreativität verbunden. So gehören etwa Kalbsfilet mit Thunfischsauce, gerösteter Pulpo mit Borlottibohnen oder pochierter St. Petersfisch mit Friggitelli-Paprika und Miesmuscheln zu den kulinarischen Höhepunkten der La-Banca-Küche.

Behrenstraße 37, im Hotel de Rome, Frühstück Mo–Fr 7.30–10.30 Uhr, Sa, So, Feiert. 8–11 Uhr, Lunch Mo–Fr 12–15 Uhr, Dinner tgl. 18–21 Uhr, Tel. 46 06 09 12 01, www.roccofortehotels.com
€€€€

La Bigoudène

FRANZÖSISCH Im kleinen, ehemaligen Weinkeller werden Crêpes und saisonale bretonische Gerichte im Gastraum mit roten Ziegelwänden und Bistromöbeln angeboten. Spezialität sind die Buchweizen-Galettes, eine pikante, deftige Crêpes-Variante, beispielsweise mit Schinken-Käse oder Ziegenkäse-Rosmarin-Füllung.

Zionskirchstraße 28, Mo–Sa 18–23 Uhr, So 10–23 Uhr, Tel. 24 72 91 10, www.labigoudene.de
€€

Liu Chuan Chuan Xiang & Nudelhaus

2020: TOP 10 MITTAGS, PLATZ 3
CHINESISCH Es verhält sich mit dem Liu Chuan Chuan Xiang recht genregemäß: Es gibt, mal abgesehen von ein paar winkenden Plastikpandabären, kein erkennbares Designkonzept. Dafür praktisch abwaschbares Kunststoffmobiliar und Apfelschorle aus der PET-Flasche. Und eben diese handgezogenen Nudeln von fast cremiger Konsistenz und wunderbarem Mundgefühl, dazu Koriander, Frühlingszwiebeln und die auf Chili-Öl basierenden Saucen, die diese Suppen so unverschämt umami machen. Auch das ist typisch für asiatische Suppen- und Ramenläden: Die Tische sind für gewöhnlich alle besetzt, die Gäste wechseln aber zügig.

Kronenstraße 72, tgl. 11.30–15 Uhr, Mi–So auch 15–22 Uhr, Tel. 0163-925 32 15
€€

Lokal

DEUTSCH Das Lokal ist ein stilsicherer Mix aus puristischem Ambiente und roh belassenem Holzmobiliar. Einfach unaufgeregt schick, modern und bodenständig – was auch auf die Küche zutrifft. Auf der täglich wechselnden und saisonal geprägten Karte finden sich zum Beispiel Heilbutt mit Kohlrübe, Fenchel oder Pumpernickel. Die Beeren zum Dessert harmonieren mit Malz, der Stör in der Vorspeise mit Pastinake. Vorreiter einer aufrichtigen Lokalküche und ein Ort von aufrichtiger Gastlichkeit. Eine echte Empfehlung!

Linienstraße 160, Mo–Fr 12–23 Uhr, Lunch 12–15.30 Uhr, Sa+So 16–23 Uhr, Dinner tgl. ab 18 Uhr, Tel. 28 44 95 00, www.lokal-berlinmitte.de
€€€

Lorenz Adlon Esszimmer

FRANZÖSISCH Kaviar, Hummer und ausgewählte Weine in elegantem Ambiente mit Kamin und Blick auf das Brandenburger Tor: Im Gourmet-Restaurant des Nobelhotels Adlon kreiert Zwei-Sterne-Koch Hendrik Otto kulinarische Kunstwerke der französischen Küche. Die als „Hendrik-Otto-Quintessence" gepriesenen Kreationen werden als Vier- bis Acht-Gang-Menü angeboten und kosten mit Weinbegleitung zwischen 240 und 350 Euro.

Unter den Linden 77, Fr+Sa 19–22 Uhr, Tel. 22 61 19 60, lorenzadlon-esszimmer.de
€€€€

Lucy's NEU

EUROPÄISCH Lucy Fischers Devise: regional, saisonal, frisch und lecker. In ihrem Deli bietet sie eine gesunde, vollwertige vegetarische Küche, die sich nach hundertprozentigem Genuss und nicht nach Verzicht anfühlt. Dafür kommen vor allem lokale und biologische Zutaten zum Einsatz. Wenn es dann einmal eine Avocado ist, dann eine nachhaltig angebaute. Die Frühstückskarte mit Breakfast Plates wird durch eine Oats Bar für Wunsch-Oats-Bowls bereichert. Auch die veganen und vegetarischen Lunchgerichte können zu einer eigenen Bowl komponiert werden.

Brunnenstraße 24, Mo–Fr 8–15.30 Uhr, Sa+So 9–15.30 Uhr, Tel. 0171-962 05 54, www.lucys.berlin
€€

Lutter & Wegner am Gendarmenmarkt

DEUTSCH, ÖSTERREICHISCH 1811 pachteten die Kaufleute Johann Christoph Lutter und August Friedrich Wegener das Lokal in der Charlottenstraße, der Weinkeller besaß Weltruf. In Offenbachs 1851 uraufgeführter phantastischer Oper „Hoffmanns Erzählungen" besangen in diesem Weinkeller die Musen zusammen mit den Geistern des Weins die Macht des Alkohols. Heute betreibt Gastro-Multi Josef Laggner das Lokal. Das Restaurant mit Terrasse ist bekannt für seine Weinauswahl, Wiener Schnitzel und die Kunst im Gastraum.

Charlottenstraße 56, tgl. 12–22 Uhr, Küche bis 21.30 Uhr, Weinhandlung tgl. 10–22 Uhr, Weinstube tgl. 18–22 Uhr, Tel. 20 29 54 15, www.l-w-berlin.de
€€€

Mädchenitaliener

ITALIENISCH Es wird so um die Jahrtausendwende gewesen sein, als die gebürtige Konstanzerin Silke Opladen die eigentlich naheliegende Idee hatte: einen Mädchenitaliener. Die Stimmung ist locker-familiär. In der offenen kleinen Küchenecke hinter dem Tresen wird eine Auswahl an Pastagerichten zubereitet. Dazu gibt es Wein, gerne aus der Heimat der Gastgeberin. Zwei Klassiker der Küche: Tagliatelle mit frischen schwarzen Trüffeln oder selbige mit frischen Feigen und Fenchelsalami und zuckersüßem Honig.

Alte Schönhauser Straße 12, Mo–Sa 13–22 Uhr, Tel. 40 04 17 87, www.maedchenitaliener.de
€€€

Magic John's

2021: TOP 10 MITTAGS, PLATZ 9
ITALIENISCH New York liegt auf der Oranienburger Straße. Zumindest kulinarisch. Denn dort ist der nächste Pizzaladen der Stunde, das Magic John's eingezogen um, nein, nicht den neapolitanischen Kuppelofen, sondern die Pizza kultur der Ostküste zu feiern: ein Teig so dünn, dass man die Stücke in der Mitte zusammenfalten kann, eine gut gewürzte Tomatensauce, viel Käse und dazu nach Wahl Oregano, Chiliflocken und Parmesan zum Nachwürzen. Die Auswahl ist angenehm limitiert: sechs Varianten, eine davon vegan, zwei mit Fleisch. Gegessen wird am Tresen vor Ort oder im nahen Monbijoupark. Dazu eine Dose Bier der sympathischen Reinickendorfer Brauerei Motel – perfekt.

Oranienburger Straße 48, tgl. 12–23 Uhr, letzte Bestellung 22 Uhr, Tel. 91 57 07 00, www.magicjohns.com
€€

Mama Trattoria

ITALIENISCH Mama, ein Hamburger Franchise-Konzept, ist mit zwei Filialen in Berlin vertreten, in Westend und im touristischen Herzen der Stadt am Pariser Platz. Eine gute Alternative zu den üblichen Fastfood-Angeboten mit allerlei Antipasti, Salaten, Pasta und Pizza in nahezu allen erdenklichen Variationen.

Pariser Platz 6a, So–Mi 12–22 Uhr, Do–Sa 12–22.30 Uhr, Tel. 20 21 93 93, www.mama.eu
€€

Mani

ISRAELISCH Das Mani gehört zum gleichnamigen Hotel, die Küche ist modern israelisch-orientalisch, kombiniert mit französischen Elementen. Als Vorspeise kann man unter einem guten Dutzend Chuzpeles wählen, eine Art Tapas. Für 9 bis 15 Euro gibt es da etwa Lammkebab, Pulpo, gebeizten Wildlachs oder Hähnchensabich. Bei den Hauptgerichten ist der Wolfsbarsch im Salzteig eine besondere Delikatesse und der geräucherte Kürbis mit Perlgraupenrisotto und mariniertem Feta ein Leckerbissen.

Torstr. 136, Mo–Sa ab 19 Uhr, Tel. 53 02 80 82 55, www.amanogroup.de
€€€

Mogg

NORDAMERIKANISCH, ISRAELISCH Das bekannte Deli gibt es seit 2012 in der ehemaligen jüdischen Mädchenschule. Dort werden Sandwiches und Feinkost im New-Yorker-Stil angeboten. Auch wenn Berlins Brooklyn eigentlich in Neukölln liegt, gibt es das beste Pastrami im Mogg. Darüber hinaus begeistern Gerichte wie Matzah-Ball-Suppe, legendärer Käsekuchen und Shashuka zum Frühstück. Zum Lunch werden Sandwiches von einer kleinen, anspruchsvollen Weinauswahl begleitet.

Auguststraße 11-13, tgl. 12–21 Uhr, Tel. 0176-64 96 13 44//330 06 07 70, www.moggandmelzer.com
€€

Monsieur Vuong

VIETNAMESISCH Im Familienbetrieb an der Alten Schönhauser Straße gibt es solide vietnamesische Küche zu vergleichbar günstigen Preisen. Kein Wunder, dass der Mittagstisch beim Mitte-Publikum (und Mitte-Besucher*innen) heiß begehrt und oft kein freier Platz mehr zu finden ist. So beliebt, dass es längst auch ein Kochbuch zum Restaurant gibt.

Alte Schönhauser Straße 46, So–Do 12–21.30 Uhr, Fr+Sa 12–22.30 Uhr, Tel. 99 29 69 24, www.monsieurvuong.de
€€

MontRaw

PANFRANZÖSISCH Das mediterrane „Casual Fine Dining"-Restaurant ist umgezogen, hat jedoch seine kreativen Gerichte aus hochwertigen Zutaten in einer entspannten Atmosphäre mitgenommen. Auf der Karte finden sich etwa ein tunesisches Tuna Tatar, gegrillte Aubergine mit Linsen-Schaum und Yemenite Curry Fisch, Seafood Kebab oder frittierte Jerusalem Artischocke. In den alten Räumen wurde die Mezze Bar by MontRaw eröffnet.

Torstraße 189, Di–Do 18–23 Uhr, Fr–So 18–0 Uhr, Tel. 25 78 27 07, www.montraw.com
€€€

Nanoosh

ISRAELISCH, LIBANESISCH Die US-Gastrokette Nanoosh bietet seit 2012 in Mitte mediterrane Küche an, die vom östlichen Mittelmeerraum beeinflusst wurde, vor allem aus Israel und dem Libanon. Es gibt Fisch, Pasta, Suppen und Salate. Hummus-basierte Gerichte sowie Falafel und Wraps sind sehr beliebt. Probiertipp: Der Hummus-Hähnchen-Wrap und dazu hausgemachter Bio-Tee oder erfrischende Zitronenlimonade.

Mohrenstraße 50, Mo–Fr 11.30–20 Uhr Uhr, Sa 12–20 Uhr, Tel. 20 14 38 70, nanoosh.com
€€

Nauta

PERUANISCH, AMERIKA Im Nauta an der Szene-Meile Kastanienallee geht es um die Küche Perus, die auch von japanischen Einwanderern geprägt wurde. Und so folgt in einem gekonnten kulinarischen Stil-Mix auf ein feines Lachs-Sashimi mit Avocado, Gurke, Koriander, Ingwer und Jalapeño ein Ceviche, danach ein Pulpo mit Edamame, Pak Choi, schwarzen Oliven, Chili und Kochbanane. Aber auch außergewöhnliche Gerichte wie Rinderherz mit Pulpo und Garnelen oder Aal mit Thunfisch und Garnelen haben ihren Platz auf der Speisekarte gefunden.

Kastanienallee 49, Di–Sa 18–22 Uhr, Tel. 0174-386 34 66, www.nautaberlin.com
€€

Ngon NEU

VIETNAMESISCH Vietnamesische Küche ist gesundes Fast- und Streetfood. Das Ngon tritt den Beweis an, dass es auch Casual Dining sein kann. Die Lage im ersten Stock einer DDR-Schwalbennest-Architektur ist schräg, verbindet aber Berlin – der Ausblick auf den Fernsehturm und das Humboldtforum ist großartig – mit einer vietnamesischen, charmant-opulenten Indoor-Kulisse. Sommer- und Winterrollen, das ist bekannt in der auch die vegetarisch- und vegan-affinen Vietnam-Küche . Aber es gibt noch so viel mehr: Lotuswurzelbrühe, gebratene Körbchenmuscheln, pochierte Pho-Nudeln oder hausgemachter Zitronengras-Tofu. Mit der enorm hübschen Anrichtung wahrlich einen Reise nach Vietnam.

VEGETARISCHE STERNE

Vorbei sind die Tage, als Fine Dining nicht ohne Fleisch zu denken war. Auch die Sterneküche kann fleischlos, gemüsegrün und umamistark

COOKIES CREAM

Im Cookies Cream ist vegetarische Küche nicht die Ausnahme, sondern die Regel. Gesellschaftslokal mit Hinterhof-Charme und nie verkopfter Gourmetküche – und immer überraschenden Desserts.

Behrenstraße 55, Mitte, www.cookiescream.com

CORDO

Gartenrundgang statt Hafenrundfahrt: das vegetarische Menü im immer lässigen Cordo steht dem omnivoren in nichts zurück. Klare Produktküche mit regionalem Bezug ohne Pinzettenküchenallüren.

Große Hamburger Straße 32, Mitte, www.cordobar.net

TULUS LOTREK (Foto)

Ernsthaftigkeit war gestern: Das Tulus Lotrek steht beispielhaft für Fine Dining, das sich selbst nie zu ernst nimmt. Und genau deswegen Freude macht. Auf der vegetarischen Karte: Döner mit Knoblauch und Scharf – aus Sellerie.

Fichtestraße 24, Kreuzberg, www.tuluslotrek.de

EINSUNTERNULL

Ein Restaurantbesuch wie ein Film: die Küche schafft es immer, den Spannungsbogen auf jedem Teller und über den gesamten Abend hinweg zu halten. Das vegetarische Menü gehört immer selbstverständlich dazu.

Hannoversche Straße 1, Mitte, www.einsunternull.com

RESTAURANT TIM RAUE

Einst sagte Tim Raue in Interview, dass er mit veganer Küche nichts anfangen könne. Das hat sich mittlerweile geändert, und statt vegetarischer werden nun komplett pflanzenbasierte Menüs im Restaurant Tim Raue angeboten.

Rudi-Dutschke-Straße 26, Kreuzberg, www.tim-raue.com

FACIL

Burrata mit Wasseremelone, Fenchel und Erdnuss. Pochiertes Landei mit Kartoffelrisotto und Senfschaum. Borschtsch mit Eukalyptus und Estragon. Das vielleicht leiseste Sternerestaurant der Stadt hat ein spektakuläres vegetarisches Menü. Und das auch zum Lunch, dafür bleibt das Facil an Samstagabenden geschlossen.

Potsdamer Straße 3, im The Mandala Hotel, Tiergarten, www.facil.de

SKYKITCHEN

Vegetarisches Fine-Dining ist längst oben angekommen. Im 19. Stock über der Landsberger Allee, der Blick reicht bis nach Brandenburg. Dorthin wo die Zutaten wachsen.

Landsberger Allee 106, Lichtenberg www.skykitchen.berlin

CODA

René Frank ist Deutschlands einziger Patissier, der ein Zwei-Sterne-Restaurant führt. Aber natürlich schmeckt es im verdammt coolen Coda nie nur süß. Tatsächlich eine neue kulinarische Erfahrung.

Friedelstraße 47, Neukölln, www.coda-berlin.com

Foto: Philipp Dreyer

Rathausstraße 23, Mo–Do 17–24 Uhr, Fr–So 12–24 Uhr, Tel. 0174-192 33 59, ngonberlin.de
€€€

Night Kitchen

ISRAELISCH Das Night Kitchen aus Tel Aviv bespielt kulinarisch die umgekrempelte Pferdekopfremise in den Heckmann-Höfen. Die zentrale Bar lässt keinen Zweifel daran, dass zum Essen auch das Trinken gehört. Beides passiert hier, daher der Name, bis weit nach Mitternacht. In der offenen Küche wird mediterrane Kost mit osteuropäischem Einschlag präzise inszeniert. Wir lieben den Laden für die gegrillten Kurkuma-Garnelen, den Schweinebauch mit geräuchertem Weißkohl und die vibrierende Atmosphäre.

Oranienburger Straße 32, tgl. 17–0 Uhr, Tel. 23 57 50 75, www.nightkitchenberlin.com
€€€

Nola's am Weinberg

ALPENLÄNDISCH Im Nola's bekommt man moderne Schweizer und alpine Küche in stilvoller Umgebung. Mit Blick auf den Volkspark am Weinberg mit See werden Rösti und andere alpine Köstlichkeiten verzehrt. Begehrt sind aber auch die diversen Fondues (ab zwei Personen). Wenn es kälter wird, ist der Gastraum ein gemütlicher Rückzugsort.

Veteranenstraße 9, Mo–Fr 12–22 Uhr, Sa,+So 10–22 Uhr, Tel. 44 04 07 66, www.nola.de
€€

Osterberger

2021: TOP 15 ABENDS, PLATZ 20
EUROPÄISCH Feines Bistro, retro-schick aufgemacht, aber mit einer Leichtigkeit, die eben auch gut für ein Glas Wein und einen Happen ist. Das Steak Tatar mit Bio-Eigelb, Brotchip und Rotweinschalotten ist ein klassischer Einstieg. Vegetarische Modernität herrscht beim Misotofu mit Urkarottenpüree und süßsaurem Blumenkohl. Ein Blick über den französischen Tellerrand leistet der krosse Schweinebauch mit Edamame und Kümmeljus. Alte Schule darf der Service für sich verbuchen, keine Tellerträger, sondern schmucke Profis.

Elisabethkirchstraße 2, Di–Sa ab 17.30, Küchenschluss 22.30 Uhr, Tel. 26 56 56 61, www.osterberger.de
€€€

Pantry

PANEUROPÄISCH, PANASIATISCH Das ein wenig aus der Mode gekommene Wort Fusion beschreibt am besten der Stil der Pantry-Küche mit ibero-pazifischen Spezialitäten: Sashimi, Schweinebauch und Charolais-Rind. Hier kommen die Trends auf den Teller – im hippen und zugleich rustikalen Innenraum oder auf der schönen Hofterrasse. Angenehm, wie unaufgeregt dieser durchaus hippe und zwischenzeitlich gehypte Laden geblieben ist.

Friedrichstraße 120, tgl. 17–1 Uhr, Tel. 28 09 11 13, www.pantry-berlin.com
€€

Papà Pane di Sorrento

ITALIENISCH Das lebhaft italienische Restaurant mit hoher Decke in der Ackerhalle ist für seine Pizza bekannt. Im Sommer beflügeln eher leichte Ingredienzen die Gerichte, im Herbst und Winter geht es auch etwas deftiger zu.

So wird als leichte Variante die knusprig-leichte weiße Pizza ohne Tomaten, aber mit Mozzarella, zitronenmariniertem Spinatsalat, Bündnerfleisch und Trüffeln serviert. In der kälteren Jahreszeit gibt es dann etwa mit Brie gratiniertes Rinderfilet auf einer Essenz aus scharfer Salami.

Ackerstr. 23, Mo–Fr 16–0 Uhr, Sa, So 12–0 Uhr, Tel. 28 09 27 01, www.papàpane.com
€€

Peterpaul

DEUTSCH Feine deutsche Küche im Tapas-Format: Da kommen Sauerbraten, Rinderroulade oder Fischstäbchen auf den Teller. Durch die reduzierte Größe der Portionen und den entsprechend günstigen Preis kann so von vielen der angebotenen Gerichte gekostet werden. Das ausgewogene Lichtkonzept und die modern-bequeme Möblierung machen einen Aufenthalt zu einem besonderen Erlebnis. Die angebotenen Weine erweisen sich als ebenbürtige Begleiter der kleinen Köstlichkeiten.

Torstraße 99, Di 18–0.30 Uhr, Mi–Sa 18–1 Uhr, So 18–23 Uhr, Tel. 43 77 30 43, www.peterpaul.berlin
€€

Petrarca

ITALIENISCH In der geselligen italienischen Weinbar mit Kronleuchtern und Rückenlehnen aus Weinkorken werden hauptsächlich Antipasti angeboten. Neben ein oder zwei (Pasta-)Hauptgerichten serviert der kleine Italiener originelle Vorspeisen-Kreationen wie marinierten Lachs in Apfelessig-Granatapfel-Vinaigrette mit Salat oder Paprika mit Gorgonzola und Pistazien.

Novalisstraße 8, Mo–Fr 12–22 Uhr, Tel. 98 34 35 52, www.petrarcaberlin.com
€€

Pizzeria Napoletana

ITALIENISCH Zugegeben, zu googlen ist diese Kuppelofenpizzeria eher nicht. Also einfach vorbeigehen, in einer der zentralen Randlagen, die lange so typisch waren für diese Stadt. Wenn sich die Chausseestraße aber jetzt zur gastronomischen Schlagader mausert, könnte das auch an dieser Pizzeria liegen, die nicht viel macht, aber vieles richtig. Gute Produkte, viel Herzlichkeit und Pizzaiolos, die das neapolitanische Nationalgericht verstehen. Fluffig, leicht säuerlich und, auch das sollte gesagt werden, überraschend leicht verdaubar. Und wer lieber ganz draußen sitzen möchte, kann die Pizzen mit zum nahen Nordhafen nehmen

Chausseestraße 56, So–Do 16–22 Uhr, Fr+Sa 16–23 Uhr, Tel. 36 44 35 46, www.pizzeria-berlin.com
€€

Prince

PANASIATISCH Im stylischen Lokal mit großen Kakteen, Lounge-Möbeln und Barbereich werden asiatische Tapas und Cocktails serviert. Man sitzt auf Polstermöbeln oder an langen Tafeln und bekommt originelle Vorspeisen wie gebackene Garnelen mit Wasabi-Mayonnaise oder Entenfleischrolle mit Gemüse. Frisch aus dem Dämpfer kommen Dumplings mit Huhn, Schwein oder Garnelen. Wer es nicht ganz so exotisch mag, kann auch das Tatar von Lachs oder vom Rind ordern.

Rosa-Luxemburg-Straße 9–11, So–Do 7–23.45 Uhr, Fr+Sa 7–0 Uhr, Tel. 70 09 39 67, www.prince-berlin.com
€€

Remi

2021: TOP 20 ABENDS, PLATZ 3

EUROPÄISCH Lode van Zuylen und Stijn Remi von famosen Lokal Lode & Stijn sind aufgewachsen mit der Grand-Café-Kultur in den Niederlanden. Die übersetzen sie nun ins zeitgenössische Berlin. Entstanden ist das Remi, ein luftiger gläserner Gastraum mit offener Küche. Ab mittags kann man einkehren, zum unkomplizierten Lunch oder auf einen Kaffee. Abends läuft das junge Team zur Höchstform auf. Wobei alle wunderbaren Teller - beim Menü wie à la Carte – nie nerdig oder überspreizt, sondern sehr lässig daherkommen. Das Pancetta vom Apfelschwein mit Blaubeeren und Radicchio etwa oder ein als Weißkohlsalat interpretierter Kohlrabi: Gastgeber Stijn Remi rehabilitiert den Begriff „lekker".

Torstraße 48, Do–Sa Mittagessen 12–15 Uhr, Abendessen, 17–22.30 Uhr, Getränke 15–17 Uhr, Tel. 27 59 30 90, remi-berlin.de
€€€

Rotisserie Weingrün

DEUTSCH Im edel-rustikalen Ecklokal werden Horcher-Weine aus der eigenen Produktion und raffinierte Fleischgerichte wie Hähnchen oder Rippchen vom Flammenwandgrill angeboten. Für Berlins Gastronomie-Legende Herbert Beltle ist die Rotisserie nach der Schließung des Aigners und der Übergabe des Alten Zollhauses an das Rutz-Team das letzte noch unter seiner Regie geführte Restaurant. Trotz der etwas abgelegenen Lage unweit des Spittelmarkts ist das Grill-Restaurant immer gut besucht – ohne Reservierung ist fast nichts zu machen.

Gertraudenstraße 10-12, Mo–So 17–23 Uhr, Tel. 20 62 19 00, www.rotisserie-weingruen.de
€€

Rutz Restaurant & Weinbar

FRANZÖSISCH Drei-Sterne-Koch Marco Müller kochte noch nie so gut wie derzeit. Wahre Begeisterung lösen immer wieder seine Saucen, Fonds und Reduktionen aus, die mal mit Säure, mal mit Frucht die einzelnen Komponenten zu einem Ganzen zusammenführen. Serviert wird das alles in einem auf das Wesentliche reduzierten Gastraum im Obergeschoss der Weinbar. Seit dem Frühjahr 2020 hat er noch eine neue kulinarische Spielwiese, das bisherigen Alte Zollhaus in Kreuzberg, jetzt Rutz Zollhaus.

Chausseestraße 8, Di–Sa 17.30–22 Uhr, Tel. 24 62 87 60, www.rutz-restaurant.de
€€€€

Schwarzwaldstuben

DEUTSCH Bereits seit 2001 werden die Gäste im gemütlichen und hellen Gastraum mit langer Bar und Außenbereich mit schwäbisch-badischer Küche verwöhnt. Da wird zum Start etwa Berglinsen oder Wurstsalat gereicht, danach kann es einer der diversen Flammkuchen, Maultaschenvariationen oder Badisches Schäufele sein. Und als Dessert darf natürlich nicht der karamellisierte Kaiserschmarrn mit Schokocreme, Kirschen und Sauerrahmeis fehlen.

Tucholskystraße 48, So–Do 12–21 Uhr, Fr+Sa 12–22 Uhr, Lunch 12–16 Uhr, Sa, So, Feiert. 9–15 Uhr Frühstück, Tel. 28 09 80 84, www.schwarzwaldstuben-berlin.com
€€

Shiori

JAPANISCH In dem japanischen Restaurant kann man an der langen Theke vor der offenen Küche dem Koch bei seiner Arbeit zuschauen. Tempura wird in Fett ausgebacken, die Makrele abgeflämmt und das Tataki kurzgebraten. Wer ins Shiori geht, hat keine Wahl. Es wird gegessen, was der Küchenchef in dem nur einen Menü zusammengestellt hat. Etwas für neugierige Entdecker. Für das Acht-Gang-Menü „Omakase" werden 77 Euro berechnet. Unter den Japanern dieser Stadt einer der entschlossensten.

Max-Beer-Straße 13, Mi–So Menübeginn 19 Uhr, nur mit Reservierung, Tel. 24 33 77 66, www.shioriberlin.com
€€€€

Sophieneck

DEUTSCH In bester Mitte-Lage treffen sich Berliner, Touristen und Studenten in der gemütlicher Schank- und Speisewirtschaft, um in Alt-Berliner Atmosphäre Bauernfrühstück, Eisbein oder Sülze zu essen. Beliebt sind die saisonalen Angebote wie Spargel und Pfifferlinge. Im Sommer werden die Tische auf den Bürgersteig gestellt und bieten freien Blick auf den Trubel auf der Großen Hamburger Straße.

Große Hamburger Straße 37, Mi–So ab 17 Uhr, Tel. 283 40 65, www.sophieneck-berlin.de
€€

The Brooklyn

NORDAMERIKANISCH, STEAKHAUS In Sachen Fleisch stimmt in dem Restaurant wirklich alles: Das zertifizierte Nebraska-Angus-Rind wird von Küchenchef Andreas Peter direkt aus den USA importiert und reift auf dem Seeweg. Im ebenfalls eigens importierten, bis zu 850 Grad heißen Spezialofen wird das Steak nur kurz gebraten, hat außen eine fast schwarze, knusprige Kruste und ist innen so zart, wie man es sich nur wünschen kann.

Köpenicker Straße 92, So–Mi 17.30–23.30 Uhr, Fr+Sa 17–23.30 Uhr, Tel. 20 21 58 20, www.thebrooklyn.de
€€€

The Klub Kitchen

Das weiß designte Café bietet aparte Frühstücks- und Lunchkreationen mit Quinoa, Guacamole und Roastbeef an. Es herrscht Selbstbedienung. Zwei Dutzend Außenplätze ermöglichen bei gutem Wetter auch das Essen im Freien. Die Preise für die Gerichte liegen bei höchstens 10 Euro. Dafür gibt es etwa Lachsfilet mit Süßkartoffeln, Brokkoli und Parmesan. Aber auch Bowls, Pasta-Gerichte oder Spinat-Knödel stehen auf der Karte. Jüngst eröffnet: The Klub Kitchen West (Charlottenburg, Uhlandstr. 175, Mo–Sa 12–20 Uhr).

Almstadtstraße 9-11, Mo–Sa 12–20 Uhr, Tel. 23 45 58 77, www.theklubkitchen.com
€€

The NoName

PANEUROPÄISCH Das Restaurant flankiert den Eingang zu den Heckmann-Höfen, links von der Neuen Synagoge. Noch unter der Ägide des jungen Berliner Kochs Vicenzo Broszio, der das The NoName kürzlich verließ, wurde es mit 16 Gault-Millau-Punkten ausgezeichnet. In dem stilsicher eingerichteten Gastraum geht es einerseits gehoben, andererseits lässig zu und, so deutet es die Dekoration an, auch ein bisschen berlinerisch „kinky". Der Fokus liegt auf Menüs. Neu ist ein Hochtisch mit einem À-la-carte-Angebot zum Reinschnuppern ebenso wie das Separee „Secret Table" für Gruppen.

Oranienburger Straße 32, Di–Do, Sa ab 17 Uhr, Fr ab 12 Uhr, letzte Bestellung 21 Uhr, Tel. 28 87 77 88, www.the-noname.de
€€€€

The Store Kitchen

PANEUROPÄISCH Im Erdgeschoss des Soho-House befindet sich The Store. Anders als im elitären Club in den oberen Etagen, darf dort jeder rein. Und für einen Lunch lohnt sich das. Das Salatbuffet ist prima, die Brote ebenso. Oder man entscheidet sich für das Grillhähnchen mit Butterbohnen. Mit vollem Mund raunt man sich dann zu, dass dieses Kitchen sehr nach London schmeckt. Es passt aber auch sehr gut nach Berlin.

Torstraße 1, im Soho-Haus, Mo–Sa 12–18 Uhr, Tel. 405 04 45 50, www.thestores.com
€€

The Tree

CHINESISCH Mit seinem urbanen Ambiente, den hausgemachten Nudeln und rohen Holzmöbeln vor Backsteinwänden ist dieses charmante Restaurant das, was man fototauglich nennt. Aber es ist dort nicht nur schön, sondern auch ausgesprochen lecker. Im The Tree wird mit Gewürzen aus der Provinz Sichuan gekocht. Die Nudeln sind nicht nur haus-, sondern auch handgemacht. So gibt es Vorspeisen mit Spinat und Granatapfelkernen, oder Nudeln im Tontopf mit Erbsenpaste, Hackfleisch, Ei, Schoten, Morcheln, Erdnüssen, Koriander und Sesam.

Brunnenstraße 167, Mo–Fr 12–15 + 17.30–22 Uhr, Sa+So 13–22 Uhr, Tel. 0176-20 65 42 51, www.facebook.com/thetree.berlin
€€

To the Bone

ITALIENISCH Giacomo Mannuccis To the Bone ist der beste Italiener unter den Berliner Grillrestaurants. Und das beste italienische Steakhaus der Stadt. Dafür sprechen schon die trockengereiften Cuts vom toskanischen Chianina-Rind, die direkt von Metzgerlegende Dario Cecchini geliefert werden. Warum das To the Bone darüber hinaus noch einer unserer liebsten Läden ist? Wegen der Weinauswahl. Wegen des glamourösen, stets geschmackssicheren Interieurs. Wegen des Live-Jazz am Donnerstag, den sehr guten Drinks und überhaupt der Liebe zum Handwerk und zu den Details.

Torstraße 96, tgl. ab 18 Uhr, Tel. 40 75 34 40, www.tothebone.bonita.berlin/de/home
€€€

Toca Rouge

CHINESISCH, PANASIATISCH Moderne, kreative chinesisch-asiatische Fusionsküche in stylischem Ambiente für hungrige Hipster. Alles ist traditionell und zugleich mit extravaganten Zutaten aufgepeppt. So wird etwa das süße Rindfleisch mit Birne und Zucchini akzentuiert, die zart geschmorte Barbarie-Entenbrust von Süßkartoffelchips und dunkler Barbeque-Zimtstern-Soja-Sauce begleitet.

Torstraße 195, Mo–Fr 12–23.30 Uhr, Sa 18.30–23.30 Uhr, Tel. 84 71 21 42, www.tocarouge.de
€€€

Tuans Hütte

THAILÄNDISCH, JAPANISCH Kompaktes thailändisches Restaurant und strohgedeckte Sushibar mit japanisch-thailändischen Mittagsmenüs. Ein wahrer Sushi-Palast, denn eine Platte mit mehr als 30 Teilen für 30 Euro ist ein nahezu unschlagbares Angebot. Der Schärfegrad der Kokos-Huhn-Speisen mit grünem oder rotem Curry ist dem europäischen Gaumen angepasst, daher sind auch die ein absoluter Renner.

Dircksenstraße 40, Mo–Sa 12–23.30 Uhr, So 13–22 Uhr, Tel. 283 69 40, www.maothai.de
€€

Volk Mitte

2021: TOP 15 ABENDS, PLATZ 15
Die Meeresfrüchteplatte ist so pur und simpel gemacht, dass man gar nicht umhinkommt, durchweg hervorragende Produkte zu schmecken. Überhaupt ist das handtuchkleine Meeresfrüchtelokal von Gastgeberin Margaux Arabian – ihre Mutter Ghislaine Arabian führt in Paris ein Zwei-Sterne-Lokal – ein Muss für die Fans von Köstlichkeiten aus dem Meer. Neben dem Volk Mitte betreiben Margaux Arabian und ihr Lebensgefährte Oliver Chesler auch noch eine Austernbar auf dem Gelände des Urban Spree an der Warschauer Straße.

Brunnenstraße 182, Mi+Do 18–23 Uhr, Fr 12–22 Uhr, Sa+So 13–23 Uhr, Tel. 0173-686 38 83, www.volkmitte.de
€€€€

Von und Zu Tisch

WEIN Der kleine Gourmet-Tempel ist liebevoll eingerichtet und engagiert geführt. Das Angebot ist mit Delikatessen aus aller Welt breit aufgestellt. An Sommerabenden wird der Feinkostladen zur lauschigen Wein- und Feinkostbar mit einigen Tischen am Gipsdreieck, gegenüber vom Laden.

Auguststraße 52, Mo–Sa 12–19.30 Uhr, Tel. 24 62 68 97, www.vontischzutisch.com
€€€

Yafo

ISRAELISCH Das Yafo war ein modernes israelisches Restaurant mit urbanem, gemütlichem und hin und wieder rumpeligen Wohnzimmerambiente. Warum die Vergangenheitsform? Weil das Yafo das angestammte Ecklokal in der Gormannstraße verlassen musste und nun im ungleich schickeren Amano Hotel an der Augustraße Ecke Rosenthaler untergekommen ist. Dort gibt es Falafel, Schawarma, Hummus sowie einige originellere Sachen wie Artischockensalat oder gegrillte Calamari. Ob der Imagetransfer vom Altberliner Ecklokal in den Hotelneubau indes gelingt, muss noch bewiesen werden.

Auguststr. 43 tgl. ab 13 Uhr, Tel. 80 94 15 22 86, www.yafoberlin.com
€€

Yamyam

KOREANISCH Koreanisches Fastfood und vegetarische Gerichte in zwangloser, kinderfreundlicher Atmosphäre mit Terrasse. An den langen weißen Tischen, die fast zu jeder Tageszeit voll besetzt sind, werden vom umsichtigen Service Gerichte wie Bibimbap, asiatische Wraps und diverse Suppenvarianten serviert.

Alte Schönhauser Straße 6, Mo–Do 12–22 Uhr, Fr+Sa 12–23 Uhr, So 12–22 Uhr, Tel. 24 63 24 85, www.yamyam-berlin.de
€€

Yumcha Heroes

CHINESISCH Klassische chinesische Teekultur und kreativ neu interpretierte, handgemachte Dim Sun werden in modernem Ambiente serviert. Im Yumcha Heroes gibt es nicht nur eine feine Auswahl an handgemachten, frischen Dumplings mit unorthodoxen Füllungen wie etwa Garnelen und Wasserkastanie oder Rindfleisch mit Ingwer, sondern auch experimentelle Hauptgerichte wie Yezhu, Wildschwein mit Süßkartoffel, Kumquats, Pfeffer und Zimt.

Weinbergsweg 8, tgl. 12–22 Uhr, geöffnet nur für außer Haus, Tel. 76 21 30 35, 80 20 49 50, yumchaheroes.com
€€

Zenkichi

JAPANISCH Im stilvollen, zurückhaltenden Lokal mit Bambus-Elementen werden feine japanische Menüs angeboten. Kleine, durch Rollos abgetrennten Plätze sind typisch Izakaya, japanisch für Kneipe, wo zum Bier oder Sake kleine, herzhafte Speisen serviert werden. Ebenfalls typisch Izakaya sind Gerichte wie die Miso Auster, die so salzig-umami schmeckt, dass man gleich noch ein Kirin-Bier ordern möchte. Wer es eleganter mag, ordert das achtgängige Omakase-Menü.

Johannisstraße 20, Abholung Do–Mo 16–20 Uhr, Tel. 24 63 08 10, www.zenkichi.de
€€€

IMBISS

Beets & Roots

PANPANEUROPÄISCH Modernes Restaurant in urbanem Ambiente für Wraps, Salate, Suppen und vegetarische Gerichte aus der Schüssel. Darum dreht sich alles an der Theke des mit Beton und Leuchtstoffröhren kühl designten Deli. Der Schwerpunkt liegt dabei auf vegetarischer Kost, mit italienischen oder orientalischen Zugaben akzentuiert.

Große Hamburger Straße 38, Mo–Fr 11–21 Uhr, Sa+So 12–20 Uhr, Tel. 0176-830 563 71 (Büro), www.beetsandroots.de
€€

Bistro Ribelle

PANITALIENISCH, FRANZÖSISCH Im Ribelle gibt es gesunde und schmackhafte Speisen wie frisch zubereitete Panini zum Frühstück, originelle warme Gerichte zum Mittagessen, selbstgemachte Kuchen, Kekse und Salzstrudel am Nachmittag und einen Aperitivo, um den Tag ausklingen zu lassen. Als Lunch-Angebot ab 7 Euro gibt es etwa afghanischen Linseneintopf, Buddha Bowl oder Boeuf Bourguignon.

Reinhardtstraße 9, wechselnde Öffnungszeiten, teils Mo oder Fr geschlossen, sonst 11.30–16 Uhr, Do auch bis 20 Uhr, Sa+So geschlossen, Tel. 84 71 06 27, www.bistro-ribelle.de
€€

FISCH

Gute Fischrestaurants legen auf Nachhaltigkeit ebenso viel Wert wie auf Geschmack, der uns an Meer, See und Ozean transportiert

FISH KLUB & WINE (Foto)

Das beste Fischrestaurant Berlins liegt im Kellergeschoss eines Shoppingcenters. Und ist eigentlich ein Fischgeschäft, ebenfalls das beste der Stadt. Koch Francisco Hernández war zuvor im Nobelhart & Schmutzig.

Wilmersdorfer Straße 46, im Wilma Shoppen, Charlottenburg, fishklubberlin.com

LESENDRO

Das montenegrinische Fischrestaurant ist zurück und wohnt jetzt in der Arminiusmarkthalle als niedrigschwelliger Ort für Freund:innen von mediterranem Fisch vom Grill, als Antipasti und Carpaccio.

Arminiusstraße 2–4, in der Arminiusmarkthalle, Tiergarten, lesendro.eatbu.com

ERGÜN

Während der Bruder in Istanbul die Fische fängt, sorgt Ergün Cetinbas für das heimelige Gefühl unter dem S-Bahnbogen in Tiergarten. Seine Lieblingsgerichte sind die gegrillte Dorade oder gebratene Sardellen. Wir würden beides nehmen.

Lüneburger Straße 382, Tiergarten, www.fischbude.metro.rest

FUNKY FISCH

Kann The Duc Ngo, der längst offiziell gekrönte König der Kantstraße, auch ein mediterranes Fischrestaurant? Er kann! Weil der Charlottenburger Großgastronom wie kaum ein anderer versteht, dass zu guter Produktqualität eben auch eine lässige Attitüde gehört. Funky eben.

Kantstraße 135-136, Charlottenburg, www.funky-fisch.de

THE CATCH

Der „Catch", das sind Fische und Meeresfrüchte, die direkt von Fischmärkten aus Spanien und Japan bezogen werden. Und gegrillt, kalt mariniert oder als Sushi serviert werden. Beste Qualität, schickes Design und nicht minder schicke Gäste.

Bleibtreustraße 41, Charlottenburg, www.thecatch.berlin

FISCHSCHUPPEN

Die Fische im Aquarium des kleinen Gastraums bleiben an Ort und Stelle. Vorne aber liegt ein ausgesuchtes Sortiment von Matjes, Lachs, Thunfisch und Meeresfrüchten für den Verkauf und den Verzehr vor Ort. Letzterer lohnt auch für Fish & Chips und Fischbrötchen.

Boxhagener Straße 68, Friedrichshain, www.fischschuppen-berlin.de

CHOI

Koreanisches Menü-Restaurant mit fast kontemplativer Atmosphäre. Das sympathisch geführte Choi öffnet die klar fokussierte asiatische Produktküche für eine breitere, kulinarisch neugierige Öffentlichkeit. Herausragende Fischgänge.

Fehrbelliner Straße 4, Prenzlauer Berg, www.choiberlin.de

ROGACKI

Charlottenburger Institution. Ob nun zum Austernschlürfen oder für eine ehrliche Scholle zum Kartoffelsalat. Eine der authentischsten Berlin-Erlebnisse.

Wilmersdorfer Straße 144/145, Wilmersdorf, www.rogacki.de

Cô Cô bánh mì deli

VIETNAMESISCH Moderne Sandwichbar mit traditionellen vietnamesischen Baguettes, gesunden Snacks und Getränken. Weil das Lokal mit den vietnamesischen Baguettes Bánh mì-Baguettes das erste seiner Art in Berlin war, trägt es sie direkt im Namen. Die Einrichtung ist stilvollstylish.

Rosenthaler Straße 2, tgl. 11–22 Uhr, Tel. 55 87 59 98, banhmi@co-co.net
€€

Daluma

EUROPÄISCH Angesagte Saftbar mit reduziertem Design, in der Smoothies und kalt-warme vegane Menüs serviert werden. Die Basics sind Linsen, Reis und Pasta. Neben den Hauptgerichten sind kaltgepresste Smoothies und Säfte im Angebot. Bowls gibt es den ganzen Tag. Zum Frühstücksangebot gehören Cerealien, Chia-Pudding, probiotisches Müsli oder Kokosjoghurt mit Toppings aus Beeren und Nüssen. Aber auch Salziges wie Avocado-Toast, pochierte Bio-Eier, Lachs oder Bio-Hirsch-Meatballs wird angeboten.

Weinbergsweg 3, Do–Fr 8–19 Uhr, Sa 9–19 Uhr, So 10–19 Uhr, Tel. 20 95 02 55, www.daluma.de
€€

Dolores

MEXIKANISCH, NORDAMERIKANISCH Burritos und Quesadillas werden von der Soße bis zum Reis auf Wunsch des Gastes belegt oder befüllt. Was man auf keinen Fall verpassen sollte, ist die Guacamole. Sie ist ebenso hausgemacht wie die Tortilla Chips.

Rosa-Luxemburg-Straße 7, tgl. 11.30–22 Uhr, Tel. 28 09 95 97, www.dolores-berlin.de
€

Drive – Little Green Rabbit

PANEUROPÄISCH Unter den Linden/Ecke Friedrichstraße gibt es mit dem Little Green Rabbit die gesunde Imbiss-Alternative mit ordentlich belegten Klappstullen sowie interessanten Bowls. Im Angebot sind Backkartoffeln mit verschiedenen Belagen wie Schafskäse, Räucherlachs, Quinoa oder Räucherlachs, Flammkuchen, diverse Salate und Suppen, die es in kleiner und großer Ausführung gibt. Sympathische Lunch-Alternative auch für Leute ohne Führerschein.

Unter den Linden 21, tgl. 11–18 Uhr, Tel. 20 92 13 00, www.drive-volkswagen-group.com/gastronomie
€€

Kebap with Attitude

TÜRKISCH Kebap with Attitude, der Name zitiert ein wichtiges Hip-Hop-Album, das Ladendesign einen Berliner U-Bahnhof. Beides deutet an, womit wir es zu tun haben: mit Street (Credibility) Food. Und mit dem, noch vor der Currywurst, typischsten aller Berliner Teller. Wurde der Döner – with Attitude gibt es ihn im Brot (7 Euro) und auf dem Teller (12 Euro) – nicht gar an der Spree erfunden? Anfang der 1970er-Jahre war das, in West-Berlin. In der Gipsstraße machen drei junge Gründer aus dem Döner nun ein kulinarisches Ereignis.

Gipsstraße 2, tgl. 12–22 Uhr, Tel. 35 52 99 66, www.eatkwa.de
€€

Foto: Sasha Kharshenko

Ma'loa

AMERIKA Hier gibt es Poké-Bowls mit japanischen, polynesischen und kalifornischen Zutaten. Hawaiianischer Fischsalat ist ein Gastro-Trend. In die Bowl kommen zerkleinerte Fischstücke, meistens Lachs oder Thunfisch, Reis oder Gemüsenudeln, Avocado, Edamame, Zwiebeln, Rote Bete, Sesam oder Seealgen, plus diverse Marinaden, alles frei kombinierbar.

Oranienburger Straße 7, tgl. 11–21.30 Uhr, Tel. 28 42 72 38, www.maloa.com
€€

Mealux Station

CHINESISCH Renaissance des Bubble Teas auch im kleinen chinesischen Imbiss Mealux Station am Checkpoint Charlie. Es wäre aber wirklich schade, den Laden nur wegen der quietschsüßen (und typischerweise leider in arg viel Plastik verpackten) Teekreationen zu besuchen oder zu meiden, denn auf der Karte finden sich auch Spezialitäten wie chinesischer Gurkensalat oder eingelegte Tofuhaut, in Berlin sonst schwer zu findendes gefülltes chinesisches Fladenbrot und eine Auswahl an netten Nudelsuppen und -bowls, mit und ohne Fleisch. Exotisierende China-Klischees gibt es hier übrigens keine, der Laden ist ein einfacher, moderner Imbiss mit etwas kitschiger Himmeldecke, wie er ganz ähnlich auch in Pekings jungen Vierteln stehen könnte. Und ist damit ein kleines, umamistarkes Portal in das wirklich kosmopolitische Berlin von Morgen.

Zimmerstr. 12, tgl. 11–22 Uhr, Tel. 25 35 92 68, www.mealux-station.jimdosite.com
€€

Momos

PANASIATISCH Modernes Selbstbedienungsrestaurant für vegetarische Dumplings, Suppen und Säfte aus Biozutaten. Momos sind die gesunde Alternative zu Pizza, Burger & Co. Die gefüllten Teigtaschen werden gedämpft, angebraten oder in Suppe serviert. Die Auswahl der Füllungen wechselt regelmäßig und reicht von Spinat-Schafskäse bis zu Kreationen wie Süßkartoffel-Erbse oder Tofu-Shiitake-Brokkoli.

Chausseestraße 2, tgl. 12–15 u. 18–21.30 Uhr, Tel. 0160-26 88 177, www.momos-berlin.de
€€

Quà Phê

VIETNAMESISCH Spätestens seit dem Erfolg von Toca Rouge und Long March Canteen sehen asiatische Restaurants unverputzter aus als früher. So auch das Quà Phê. Im vietnamesischen Restaurant und Café in urbanem Ambiente werden Sandwiches aus gedämpftem Hefeteig angeboten, Bánh Bao. Außerdem gibt es Reis-Crêpes und japanische Mochi-Reisbällchen, Suppen und andere Snacks.

Max-Beer-Straße 37, tgl. 12–20 Uhr, Tel. 97 00 54 79, contactquaphe@gmail.com
€€

Quy Nguyen Vegan Living

VIETNAMESISCH Ob Pho, Reisgerichte, Udon-Nudeln oder Teigtaschen: Alle Gerichte feiern ausgelassen die Aromen vietnamesischer Küche. Es gibt frische Kräuter, bissfestes Gemüse, marinierte Sojafilets voller Röstaromen, cremige Currys. Und das alles ohne Geschmacksverstärker und tierische Produkte.

Oranienburger Straße 7, Mo–Sa 12–22.30 Uhr, So 13–22.30 Uhr, Tel. 282 89 95, quynguyenberlin@gmail.com
€€

Ribo

Auf die hausgemachten Maultaschen mit viel Petersilie, in Brühe oder mit Salat serviert, sowie die Flammkuchen kann man sich immer freuen. Außerdem gibt es eine kleine wechselnde Mittagskarte und frisch gepresste Säfte. Morgens ist das Ribo eine gute Anlaufstation für ein kleines französisches Frühstück, also eine frische Backware und guter Café. Hier ist Mitte noch richtig nachbarschaftlich.

Ackerstraße 157, Mo–Fr 8.30–18 Uhr, Sa 9–17 Uhr, Tel. 0176-21 45 52 03, www.caferibo.de
€

Schillinger's Swing Kitchen

EUROPÄISCH Ein Team um den umtriebigen Wiener Burger-Gastronom Charly Schillinger will in Berlin mitspielen und schlägt mit gleich zwei Filialen in Mitte auf, um sein Fastfood-Franchisekonzept auch hierzulande zu verkaufen. Die Österreicher garnieren ihren Auftritt allerdings mit vielen Hinweisen auf die Klimafreundlichkeit ihrer veganen Küche. Riesig sind die Burger aus Sojapatties auf jeden Fall. Besser sind die kleineren „Edgy Burger", darin steckt ein handmariniertes Cutlet. Die haben den richtigen Biss und einen fein-säuerlichen Geschmack.

Rosenthaler Straße 63, Mo–Mi 12–21 Uhr, Do–So 12–21.30 Uhr, www.swingkitchen.com
€€

Smartdeli Sushi & More

JAPANISCH Kleiner japanischer Imbiss mit selbstgemachten Nudelsuppen, japanischem Barbecue, Teriyaki, Sushi oder Spinat mit Sesamsauce. Wenn es schon ein Bier sein soll, dann ein japanisches – oder gleich ein Sake. Matcha gibt es in der Tasse oder als hausgemachtes Eis, dazu Cheese Cake und Tiramisu. Charmanter Laden.

Novalisstraße 2, Mo–Sa 12–22, letzte Bestellung 21.30 Uhr, im Winter Sa bis 18 Uhr, Tel. 20 68 70 37, www.smartdeli.org
€€

Tak Tak Polish Deli

OSTEUROPA Im Imbiss von DJ Karol Kasierski gibt es Piroggen, gefüllte Teigtaschen, und Bigos, einen Sauerkohleintopf. Zwar sind Piroggen mit getrockneter Tomate, Pute oder Hüttenkäse keine kulinarische Revolution, aber die Füllungen sind harmonisch aufeinander abgestimmt, bio, frisch und nicht zu fettig. Neben traditionellen Rezepten für Pierogi, Bigos, Urek und andere Suppen werden auch vegetarische und vegane Gerichte angeboten.

Brunnenstraße 5, Mo–Fr 11.30–23 Uhr, Sa 13–23 Uhr, So 13–22 Uhr, Tel. 0151-40 43 26 18, www.taktak-polishdeli.de
€

Tommis Burger Joint

NORDAMERIKANISCH Im hip-rustikalen Imbiss mit Tischen vorm Lokal werden hausgemachte Burger mit Bio-Fleisch und Pommes serviert. Eine Burgerbraterei, deren Ursprünge im Hafen Reykjavíks liegen und die nach London auch in Berlin eine Filiale eröffnet hat. Die Pattys aus Angusbeef werden medium rare gebraten, ein Extralob gibt's für das Eichhofener Pils.

Invalidenstraße 160, tgl. 12–22 Uhr, Tel. 52 13 21 90, www.burgerjoint.net
€

What do you fancy love? East Berlin NEU

Hipp und angesagt, da war schnell klar, dass es nicht bei einem Laden bleibt. Dem Deli im Westen der Stadt folgte also East Berlin. Bagels und Brote mit Creamcheese oder Tomate-Mozzarella, verschiedene Müsli, Cookies und im Glas Ingwer- und andere Tees, Strawberry Power und andere Superfood Shakes sowie frische Säfte.

Linienstraße 41, Mo–Fr 8–18 Uhr, Sa+So 9–18 Uhr, www.whatdoyoufancylove.de
€€

Wiener Brot

ALPENLÄNDISCH Sarah Wiener macht sich in ihrer Steinofen-Backstube – die von ihrer Restaurant- und Catering-Insolvenz nicht betroffen ist – für „Slow Baking" stark. Es gibt das mit Anis, Fenchel und Kümmel gewürzte Hausbrot, Dinkel-Roggen-Kernbrot mit Sonnenblumen- und Kürbiskernen oder Süßes wie Buchteln. Sitzmöglichkeiten gibt es vor dem Laden, um Kaffee zu trinken und Snacks zu essen.

Tucholskystraße 31, Mo–Fr 7–19 Uhr, Sa 8–16 Uhr, Tel. 32 51 65 26, www.wienerbrot.de
€

BARS & KNEIPEN

Amano Bar

COCKTAILBAR Die Dachterrasse des Amano-Hotels ist ein perfekter Ort für den ersten Drink des Tages. Zwar wird hier nicht das ganze Repertoire der im Erdgeschoss liegenden Bar von Chef Martin Bauermann serviert, sehr ordentliche Longdrinks bekommt man aber allemal.

Auguststraße 43, So–Do 17–2, Fr+Sa 17–4 Uhr, Tel. 809 41 50, www.amanogroup.de/de/eat-and-drink/amano-rooftop-bar
€€

Amo Bar

2020: TOP 5 NACHTS, PLATZ 4
COCKTAIL Das Ur-Amano gilt zu Recht als eine der Keimzellen für eine neue Ära der Hotelbars in Berlin. Klingen manche Drinks auch simpel – Mojito, Cuba Libre oder Gin Tonic etwa –, verbergen sich dahinter ausgefeilte Techniken, die einen optisch und aromatisch köstlichen Abend garantieren.

Friedrichstraße 113, im Hotel Amo bei Amano, Mo–Sa ab 19 Uhr, www.amanogroup.de/de/eat-and-drink/amo-bar
€€

Anna Hirsch

Von außen eher unspektakulär, von innen fantasie- und liebevoll. So lässt sich die kleine Bar beschreiben. Klobige Holzflächen und ein krakeliger Tannenbaum zieren die Fassade, die Getränkekarte ist ein kleines Kunstwerk: ein Bilderbuch.

Torstraße 221, Di–Sa ab 19 Uhr, Tel. 12 02 08 01, www.annahirsch.de
€

Bar Milano

Mailänder Flair mit Drinks und kleinen Speisen im edlen Stein-Interieur. Schöne Menschen, draußen wie drinnen, die in der verlängerten Partyzone rund um den Rosenthaler Platz genau das machen: Party. Und das schon zur besten Vorabendzeit. Die Bar hat sich auf Aperitivos spezialisiert – Spritz, Negronis und Campari.

Brunnenstraße 11, Mo–Sa ab 17 Uhr, Tel. 47 37 70 11, www.barmilanoberlin.com
€€

Beavis Bar

TASTING BAR Handwerklich gefertigte Destillate stehen im Mittelpunkt der kleinen Bar am oberen Ende des Volksparks am Weinberg. Als „Craft Spirits Tasting Bar" bezeichnen die gastfreundlichen Betreiber ihre Getränkegaststätte. Dabei liegt der Fokus nicht so sehr auf einer Mixkultur, sondern auf dem puren Genuss der vielfältigen Getränke. Sehr anregend sind die diversen Gin-Tonic-Varianten, bei denen der Gast selbst das richtige Mischungsverhältnis der Zutaten ausprobieren kann.

Veteranenstraße 11, Di–Sa ab 17 Uhr, Tel. 89 54 51 11, www.beavis.bar
€€

Bijou Bar

COCKTAILBAR Edle Hölzer und bequeme Ledersessel sorgen für Entspannung nach Abenteuern im Großstadtdschungel. Hier gibt es sehr gute Drinks mit hohem Spaßfaktor. Das Barteam lässt die 1990er-Jahre aufleben, glücklicherweise aber mit deutlich besseren Zutaten.

Monbijouplatz 1, tgl. 15–23 Uhr, Tel. 61 62 03 00, www.monbijouhotel.com
€

Bonbon Bar

COCKTAILBAR Die Bar glänzt mit schwarzem Art-déco-Tresen im avantgardistischen Ambiente und täglich wechselnden Szene-DJs. Erwachsene Kiez-Trinker versammeln sich um den Tresen neben der Tanzfläche. Die Empfehlungen der Barkeeperinnen sind verlässlich. Ob Klassiker oder Varianten wie Whisky Sour mit Holunder – Drinks, Service und Präsentation stimmen einfach.

Torstraße 133, So–Di 19–3 Uhr, Mi 18–3 Uhr, Do–Sa 19–5 Uhr, Tel. 24 62 87 18, www.bonbonbar.de
€€

BrewDog

BIERBAR Die selbsternannten Bierrebellen von Brewdog aus Schottland hat es nach Berlin verschlagen. Neben bis zu 20 eigenen Sorten aus dem Hahn werden auch Biere von Gastbrauern ins Angebot eingepflegt. Die Musik ist laut und populär, die Pizzen sind mindestens überdurchschnittlich. Übrigens: Seit dem vergangenen Sommer bespielen Brewdog auch die deutlich größere Craft-Beer-Brauerei am alten Gasometer in Mariendorf (ehedem Stone Brewing).

Ackerstraße 29, So–Do 12–0 Uhr, Fr +Sa 12–2 Uhr, Tel. 48 47 77 70, www.brewdog.com
€€

Buck & Breck

COCKTAILBAR Die stilsichere Bar mit Türklingel ist auf gehobene Cocktails spezialisiert. Klassische Shortdrinks mit Premium-Spirituosen erfreuen die Gäste, die den diskreten Eingang finden. Die Bar ist ein Gesamtkunstwerk vom Tresenblock über die schwarzen, mit Kunstwerken versehenen Wände bis zu den Handgriffen des Barteams. Ein wunderbarer, authentischer und entrückter Ort.

Brunnenstraße 177, tgl. ab 18 Uhr, Tel. 0176-32 31 55 07, www.buckandbreck.com
€€

Eschschloraque

Dem Eschschloraque blieb eine Sanierung bislang erspart. Schon allein das macht die Bar zum Klassiker. Abgedrehte elektronische Klänge beschallen den dunklen Raum, der mit schräger Stahlkunst und skurrilen Monsterfiguren geschmückt ist. Nachmittags gibt es Kaffee und Kuchen, abends ein grundsolides Bar-Programm.

Rosenthaler Straße 39, tgl. 14–4 Uhr, Tel. 30 87 25 73, www.eschschloraque.de
€€

Gaststätte W. Prassnik

Berliner Eckkneipen-Ambiente mit günstigem Bier. Wer eine Kippe rauchen will, muss deshalb nicht vor die Tür gehen. Zu verdanken ist das dem Betreiber Benjamin Tragelehn, der großen Wert darauf legt, dass das Eckkneipen-Feeling in seiner Gaststätte nicht verloren geht.

Torstraße 65, tgl. ab 19 Uhr, Tel. 41 71 51 20, www.mangelwirtschaft.de

Lemke am Hackeschen Markt

BIERBAR Selbstgebrautes Bier aus Mitte. Drei Sorten – Pils, Dunkles, Weizen – stehen immer auf der Karte. Das vierte Bier ist je nach Saison Märzen, Maibock, Weihnachtsbock, Amber Ale oder Stout. Dazu gibt es Gerichte vom Grill wie Rump- oder Nackensteak, aber auch Krakauer, Nürnberger und andere Würste aus aller Welt. Brauereiführung mit Verkostung für 15 bis 40 Euro.

Dircksenstraße 143, S-Bahnbogen 143, Mo–Do 16–22 Uhr, Fr+Sa 15–23 Uhr, So 15–21 Uhr, Tel. 24 72 87 27, www.hm.lemke.berlin
€€

Melody Nelson Bar

COCKTAILBAR Stimmungsvolle Cocktailbar mit Samt- und Ledermöbeln, gedämpftem Licht, Workshops und Catering. Nur der Schriftzug über der Tür verrät, dass sich hinter der unscheinbaren Fassade eine Bar verbirgt. Wo früher die Stammgäste der Kneipe „Zur Jette" ihr Bierchen zischten, setzen die Betreiber jetzt auf Cocktail- Klassiker nach alten Rezepten.

Novalisstraße 2, Mo–Sa ab 19 Uhr, Tel. 0177-744 67 51, www.melodynelson.de
€€

Mikkeller

BIERBAR Schlicht, poppig, stylisch, gemütlich: Die typische Mikkeler-Ästhetik prägt auch die Bar der dänischen Avantgarde-Brauer. Das freundliche Team zapft aus 24 Hähnen Anspruchsvolles ins Glas, darunter Sauerbiere im belgischen Stil oder auch ein kerniges Stout. Dazu gibt es liebevoll ausgewählte Kleinigkeiten, etwa charaktervollen Käse aus der Kreuzberger Markthalle Neun.

Torstraße 102, Mo+Di 14–23 Uhr, Mi+Do 14–0 Uhr, Fr+Sa 13–2 Uhr, Tel. 0176-83 14 11 03, www.mikkeller.dk/location/mikkeller-berlin
€

Neue Odessa Bar

KIEZBAR Die moderne Bar in Mitte glänzt mit stilvollem Holzinterieur im Kerzenlicht, zeitgenössischen Cocktails und Snacks. Eine gute Mischung aus abgewetzt und trendy. Die hervorragenden Weine bezieht der Inhaber direkt vom Weingut Château de Roquefort. Cocktails oder ein schlichtes Bier werden mit einem Lächeln serviert.

Torstraße 89, tgl. 19–4 Uhr, Tel. 0171-839 89 91, www.neueodessabar.de
€

Newton Bar

COCKTAILBAR Stylische Bar in hohem Raum mit Ledersesseln und wandgroßen Fotografien von Helmut Newton. Lauschiges Licht und dunkles Holz – die Newton Bar am Gendarmenmarkt ist eine stilvolle Cocktailbar, die auch gerne für Geschäftsgespräche genutzt wird. Die große Whiskey-Auswahl, das klassische Cocktailangebot und die Zigarren passen zum Ambiente.

Charlottenstraße 57, tgl. 12–24 Uhr, Tel. 202 95 40, www.newton-bar.de
€€

Reingold

COCKTAILBAR Elegante Lounge-Bar mit Bildern an den Wänden, Barhockern, Ledersofas und Terrasse mit Kerzen. Das Gold im Namen spiegelt sich in der Lichtgestaltung und dem eleganten Zusammenspiel der edlen Hölzer mit dem diskreten Ledermobiliar wider. Hinter dem scheinbar endlos langen Tresen mixt ein hervorragend geschultes Team. Den Weg in das geheimnisvolles Hinterzimmer weist das Wandbild mit Klaus und Erika Mann.

Novalisstraße 11, Mi, Do 20–2 Uhr, Fr+Sa 20–5 Uhr, Tel. 28 38 76 76, www.reingold.de
€€

Roberta Bar

Eine Bar im Retro-Stil mit großem Angebot an Drinks in einem hohen Raum, wo geraucht werden darf und DJs auflegen. Beliebt ist der Treff bei Tatort-Fans und Stammgästen aus der Nachbarschaft. Wer Wilco, Bob Luman oder Lee Perry den elektronischen Klängen vieler anderer Berliner Bars vorzieht, ist bei Roberta genau richtig.

Zionskirchstraße 7, tgl. ab 18 Uhr, Tel. 44 05 55 80, www.roberta-bar.de
€

Rooftop Hotel de Rome

Der wahrscheinlich schönste Blick über Berlin und die leckerste Lavendel-Limonade der Stadt. Zu den perfekt gemixten Cocktails gesellen sich sommerliche und saisonale Gerichte. Wer sich etwas Besonderes gönnen möchte, sollte die „Meeresfrüchte Etagere" mit Sashimi vom Schwertfisch probieren.

Behrenstraße 37, tgl. 12–23 Uhr (bei gutem Wetter), Küche bis 21 Uhr, Tel. 46 06 09 12 10, www.roccofortehotels.com
€€€

Schoppebräu

Ihr Slogan „Hopfen, Malz und Muskelschmalz" sagt eigentlich alles über das Schoppebräu. Die Craft Biere sind allesamt unfiltriert und nicht wärmebehandelt. In den angebotenen Braukursen werden Fragen vieler Biertrinker erklärt.

Schönhauser Allee 176, Mo–Fr 9–15 Uhr, Tel. 32 52 85 51, 0176-43 42 19 86, www.schoppebraeu.de
€

Ständige Vertretung Berlin (StäV)

Große rheinische Kneipe mit Fotogalerie, rustikalem Mittagstisch, Sauerbraten, Kölsch und prominenten Gästen. Die StäV ist auch ein guter Ort für die Mittagspause, direkt an der Spree gibt es Küche aus dem Rheinland. Jeden Tag steht ein neues Gericht auf der Karte. Mittwochs isst man hier ausschließlich vegetarisch, freitags gibt es Fisch. Filiale am neuen Hauptstadt-Airport BER.

Schiffbauerdamm 8, tgl. 10–2 Uhr, Lunch Mo–Fr 11–15 Uhr, Tel. 282 39 65, www.staev.de
€€

The Castle

PUB Angesagte Adresse für handwerklich gute Biere, rund 20 vom Fass. In dem heimeligen Pub mit Biergarten und unvergleichlicher Atmosphäre werden ebenfalls Gin und Cider ausgeschenkt. Dazu Pizza und Nachos. Vor Corona standen auch Konzerten, Karaoke und Quiz auf dem Programm.

Invalidenstraße 129, Mo–Do 14–1 Uhr, Fr+Sa 14–2 Uhr, So 13–1 Uhr, Tel. 0151-67 67 67 57, www.thecastleberlin.de
€€

Torbar

COCKTAILBAR Die Torbar ist das zweite Berliner Restaurant von Dieter Meier, Documenta-Künstler, Entrepreneur und sprechsingende Hälfte des Elektropop-Duos Yello. Das Speisenprogramm ist mit Tatar vom handgeschnittenen Rindfleisch, Rinderfilet-Variationen, ganzer Müritz-Forelle, Austern und vegetarischen Angeboten ansprechend zusammengestellt. Die Cocktails mit Namen wie „Oh Yeah", „Singapur Sling", „Leuchtkäfer" oder „Garten-Gimlet" sind vom Namen her und in der Komposition sehr originell.

Torstraße 183, Do–Sa ab 11 Uhr, Tel. 55 20 25 82, www.torbarberlin.eatbu.com
€€€

Weinbar Freundschaft

WEINBAR Freundschaft heißt diese große Weinbar mit kleiner Küche. Und den beiden grandiosen Gastgebern Willi Schlögl und Johannes Schellhorn, die man noch aus der Cordobar oder dem Nobelhart & Schmutzig kennen könnte. Wie auch die beiden kommen die Weine gerne aus Österreich, wobei die naturnah und biodynamisch ausgebauten Tropfen überwiegen. Dazu serviert der neue Küchenchef Marc Bierstedt eine unaufgeregt großartige Kneipenküche auf Höhe der Zeit. Eine so charmante wie kompetente Adresse.

Mittelstraße 1, Mo–Fr 18–2 Uhr, Tel. 80 49 24 44
€€

Windhorst

COCKTAILBAR In der reduziert eingerichteten Cocktailbar mit beleuchteter Theke werden beliebte Klassiker und Eigenkreationen serviert. Zentral und doch versteckt liegt die entspannte Oase für Barfreunde, in der Betreiber Günter Windhorst seine anspruchsvolle Getränkephilosophie lebt. Bei Bedarf dient die Schinkenschneidemaschine der Stärkung der Hungrigen, Musik kommt vom Plattenspieler. Die saisonal aktualisierte und immer wieder neue Karte macht Lust auf weitere Besuche.

Dorotheenstraße 65, Mo–Do 18–23 Uhr, Fr 17–23 Uhr, Sa 19–23 Uhr, Tel. 20 45 00 70, www.windhorst-bar.de
€€

CAFÉ

19grams

Moderner Laden in urbanem Ambiente mit stilvollen Möbeln, Backsteinwänden, Frühstück und Brunch. Zugegeben, die Lage ist erklärungsbedürftig: im toten Winkel zwischen Stadtbahn und Rochstraße. Neben Kaffee gibt es einiges zum Frühstück und zum Lunch, und zwar handwerklich, lecker, saisonal und zeitgenössisch. Exemplarisch eine gefühlt ganze Dose Anchovis auf Toast und in Walnusspesto. Mehr als zwanzig verschiedene Kaffee-Röstungen gibt es auch zum Mitnehmen.

Karl-Liebknecht-Straße 13, Eingang auf der Hackeschen Meile, Mo–Fr 8–18 Uhr, Sa+So 9–18 Uhr, Tel. 27 57 78 09, www.19grams.coffee/de
€€

Auf die Hand

Inhaberin Stefanie Arnan zeigt, dass ein Imbiss auch gesund sein kann. Vom Brotsalat mit Flusskrebsen bis zum Milchreis mit Kirschen bietet sie kleine Speisen für anspruchsvolle Esser an. Auf die Hand zum Mitnehmen, schnell und natürlich hausgemacht.

Luisenstraße 45, Mo–Fr 8–18 Uhr, Tel. 48 82 37 59, www.auf-die-hand.de
€€

Ben Rahim

Einer der besten Kaffeeläden der Stadt verbirgt sich in einer nicht allzu überlaufenen Ecke der Hackeschen Höfe. Der namensgebende Ben Rahim ist ein wahrer Kaffeenerd, der die besten, seltensten Bohnen ausfindig macht für Espressogetränke, Filterkaffees und arabischen Ibr q, Kaffee in seiner ursprünglichsten Form.

Sophienstraße 7, Mo–Fr 8–18 Uhr, Sa+So 10–18 Uhr, Tel. 28 88 60 34, www.benrahim.de
€

Black Apron

2020: TOP 5 MORGENS, PLATZ 3

Ihr hippes Café-Konzept importierte Özlem Sögüt aus Hildesheim in einem betonschlichten, sehr kühlen und sehr coolen Ambiente. Sie kennt die neue, urbane Leidenschaft nach dem handwerklich Gebackenen. In dem radikal sanierte Ladenlokal gibt es auch sogenannte Superfood Balls. Powersnacking statt Powernapping, wir entscheiden uns für ein Bananenbrot und einen amerikanisch interpretierten Käsekuchen.

Invalidenstraße 1, Mo–Fr 8–18 Uhr, Sa+So 10–18 Uhr, Tel. 91 46 94 49, www.blackapron-bakery.com
€

Die Espressonisten

Kaffee ist ein Handwerk, für das gute Gerätschaft benötigt wird. Die Espressonisten kümmern sich darum, indem sie Kaffeemaschinen verkaufen. Klare Empfehlung für die Freunde guter Dinge – und den noch besseren Kaffee, der am Checkpoint Charlie auch direkt in die Tasse gebrüht wird. Dazu gibt es Kleinigkeiten zu essen.

Zimmerstraße 90, Mo–Fr 9–18 Uhr, Sa 10–18 Uhr, Tel. 36 40 94 94, www.espressonisten.de
€

Distrikt Coffee

Café in städtischem Ambiente mit Frühstück, Mittagskarte und Produkten aus nachhaltiger Herstellung. Im Distrikt Coffee ist die Karte englischsprachig, die Schlange vor der Tür oft lang. Der Kaffee kommt von den Berliner Fjord Coffee Roasters und der Tee von Companion aus Kreuzberg. Aber auch das Speisenangebot kann sich sehen lassen, etwa der Räucherlachs auf geröstetem Bagel oder Tahini-Kardamon-Müsli mit Joghurt, Ahornpflaumen und Basilikum.

Bergstraße 68, Mo–Fr 8.30–16 Uhr, Sa+So 9–16 Uhr, www.distriktcoffee.de
€€

Du Bonheur

Das Du Bonheur ist bekannt für die besten Croissants der Stadt und für die vielen kleinen gebackenen Tartelettes und Törtchen und die großartigen, endlich mal nicht überzuckerten Macarons. Großartiges, geschmackssicheres Handwerk. Sehr schöner, sehr französischer Laden am Rand von Mitte.

Brunnenstraße 39, Mi–Fr 8–19 Uhr, Sa+So 9–19 Uhr, Tel. 56 59 19 55, www.dubonheur.de
€€

Father Carpenter Coffee Brewers

Moderner Café in urbanem Ambiente mit zeitgenössischer Frühstücks- und Lunch-Küche und Tischen draußen. Als die Mauer gerade gefallen war, war hier mal eines der ersten besetzen Häuser in Mitte. Heute brüht der Australier Kresten Thøgerson im hübschen Hinterhofladen Kaffee. Die Bohnen dafür kommen aus der hauseigenen Rösterei Fjord Coffee Roasters. Die Speisekarte wechselt saisonal und listet verlockendes wie veganes Bananenbrot, Eggs Benedict oder Portobello Pilze auf.

Münzstraße 21, Mo–Fr 9–18 Uhr, Sa 10–18 Uhr, So, Feiert. 10–16 Uhr, Tel. 40 04 40, www.fathercarpenter.com
€€

Fechtner Delikatessen

Frühstückslokal für Ernährungsbewusste mit Brunch, Mittagskarte, moderner Einrichtung und Sitzfenster. Das Fechtner ist benannt nach der Urgroßtante der Betreiberin, die von 1923 bis 1946 ein Feinkostgeschäft in Berlin betrieb. Im Fechtner weiß man um den Zeitgeist zwischen Green Eating, Nordic Cuisine und regionaler Bodenständigkeit. Der Käse kommt von Fritz Blomeyer, das Brot von Zeit für Brot. Hier hat sich jemand um jedes Produkt Gedanken gemacht.

Torstraße 114, Mo, Do, Fr 8–18 Uhr, Di 8–17 Uhr, Sa+So 9–18 Uhr, Tel. 27 01 91 86, www.fechtner-delikatessen.de
€€

Five Elephant Mitte

Modernes, stilvolles und mithin hippes Café. Kris Schackman und seine Kreuzberger Rösterei Five Elephant machen auch in der Alten Schönhauser Straße einen klasse Kaffee aus direkt gehandelten Bohnen. Und sie verkaufen dort auch Sophie Schackmans wunderbaren Käsekuchen. Exklusiv in der Schönhauser Allee gibt es hingegen ein sagenhaftes Espresso-Softeis, das man unbedingt einmal gekostet haben sollte.

Alte Schönhauser Straße 13/14, Mo–Fr 9–18 Uhr, Sa+So 10–18 Uhr, Tel. 28 48 43 20, www.fiveelephant.com
€€

Hackbarth's

Etablierte, zeitlose Café-Bar mit großer Messingtheke, serviert werden Kuchen, kleine Snacks und Longdrinks. Was in den 1990er-Jahren eines der ersten Cafés im Viertel war, wird auch heute zu jeder Tages- und Nachtzeit von Medienschaffenden, Studenten und Mitte-Promis frequentiert. Im schnörkellos eingerichteten Ambiente gibt es Frühstück, Kaffee, Kuchen, Tapas und Quiches.

Auguststraße 49a, tgl. 10–4 Uhr, Tel. 282 77 04
€€

House Of Small Wonder

Japanisch grundiertes Frühstücks-, Brunch- und Lunch-Café. Schon seit 2010 gibt es in Brooklyn ein Lokal gleichen Namens mit identischer Karte und ähnlichem Ambiente. Mittags wird japanische Küche jenseits von Sushi, etwa Hühnchenbouletten mit Sesam und Ei oder Okinawan Taco Rice mit Tex-Mex-Einflüssen angeboten. Der „All Day Brunch" basiert auf Produkten aus Bio-Anbau. In diesem Sommer ist das House of Small Wander aus der Johannisstraße in die Jüdischen Mädchenschule, den ehemaligen Pauly Saal, umgezogen. Grund sei einer Dauerbaustelle in der alten Location. Ob der Umzig eine Interimslösung bleibt, ist noch unklar. Eigentlich wollte der umtriebige Gastronom Shaul Margulies im Pauly Saal ein Restaurant namens Candyman eröffnen.

Auguststraße 11–13, tgl. 9–22 Uhr, Tel. 27 58 28 77, www.houseofsmallwonder.de
€€

Kaschk by BRLO

2022: TOP 5 NACHTS, PLATZ 2
Besprechung Seite 47

Linienstraße 40, Mo–Do 8–2 Uhr, Fr 8–4 Uhr, Sa 10–4 Uhr, So 10–2 uhr, ww.kaschk.de
€

Los Angeles Cold Press c/o Bonanza Coffee

Ein bisschen Kalifornien, ein bisschen Berlin: Los Angeles Cold Press wird von einem Geschwisterpaar geführt, das sich die Arbeit zwischen der Wüste Kaliforniens und dem Großstadtdschungel Berlins aufteilt. Die Säfte tragen Namen wie „Malibu Ginger" mit viel Ingwer, Apfel und Zitrone, „Hot in Hollywood" mit Ananas, Gurke und Cayennepfeffer oder „Sunset Melon" mit Wassermelone, Minze und Limette. In Berlin kann man sich den leckeren Saft auch liefern lassen.

Jägerstraße 58, Mo–Fr 8–19 Uhr, Sa 10–19 Uhr, So 10–18 Uhr, Tel. 0176-60 98 23 01, www.lacoldpress.com
€

Princess Cheesecake

Trotz des anglophilen Namens arbeitet die Tortenmanufaktur in der Tucholskystraße radikal regional. Eier, Milch, Quark, Beeren, alles aus Brandenburg. Es gibt zwar nicht nur Käsekuchen, einen Quark- oder Frischkäseanteil haben die Torten aber alle: von der Champagnertorte über den Königlichen Käsekuchen bis zur Zitronen-Käse-Tarte. Neu: Lieblingsmenschen-Kuchen-Lieferungen in ganz Berlin (Gebühr 10 Euro).

Tucholskystraße 37, tgl. 10–20 Uhr, Tel. 28 09 27 60, www.princess-cheesecake.de
€

Rausch Schokoladenhaus

Superlativ ist wahrlich der passende Begriff für dieses Schokoladenhaus. Die Pralinentheke ist knapp 25 Meter lang und zeigt eine tägliche Auswahl von bis zu 300 Pralinensorten. Dazu kommt eine sorgfältige Auswahl an Schokoladentafeln, darunter sogenannten Plantagenschokoladen, Süßtafeln, die aus hochwertigstem Edelkakao gefertigt wurden. Täglich werden Trinkschokoladen-Variationen frisch zubereitet, dazu kann aus einer Vielfalt an Törtchen und anderen Leckereien – hergestellt in der umgebauten Manufaktur in der ersten Etage – gewählt werden.

Charlottenstraße 60, Mo–Sa 10–19 Uhr, So+feiertags 11–19 Uhr, Tel. 75 78 80, www.frausch.de
€€

Sofi Bakery NEU

2022: TOP 5 MORGENS, PLATZ 1
Besprechung siehe Seite 18

Sophienstraße 21, im Hinterhof, Mo–Fr 7.30–18.30 Uhr, Sa+So 8.30–17.30 Uhr, www.sofiberlin.com
€

The Barn

Die trendige Kaffeebar bietet Kaffeespezialitäten aus eigener Rösterei sowie Kuchen und Sandwiches. The Barn ist berühmt für die verwendeten hochwertigen Kaffees. Beim Essen setzt das Café auf Frische und Regionalität.

Auguststraße 58, Mo–Sa 9–18 Uhr, So 10–18 Uhr, www.thebarn.de
€€

Zeit für Brot

Bäckermeister Pierre Stelling backt hinter einer Glasscheibe – und verkauft seine Produkte, frisch gebacken, auch vor Ort als Frühstück mit einer reichhaltigen Auswahl an Wurst, Käse und Marmelade. Stellings Signaturgericht aber ist und bleibt die Zimtschnecke. Es gibt es auch eine Filiale im Weinbergsweg 2. Trotz weiterer Ableger in Frankfurt, Hamburg und Köln nach wie vor ein entschieden handwerklicher Backbetrieb.

Alte Schönhauser Straße 4, Mo–Fr 7–20 Uhr, Sa 8–20 Uhr, So 8–18 Uhr, Tel. 28 04 67 80, www.zeitfuerbrot.com
€

EISDIELE

Canal Berlin

Verliebt haben wir uns in Dana Canals Patisseriekünste, als wir zum ersten Mal ihr herrliches Eis probierten – aber verfallen sind wir ihrem Laden wegen den herausragenden Éclairs. Gefüllt mit luftiger Mousse oder intensiver Pistaziencreme aus Sizilien, Maracuja oder hausgemachtem Karamell, liebevoll dekoriert mit Schokoladenganache, Blüten und Früchten sind sie essbare Kunst – und gehören zu dem besten, was Naschkatzen in Berlin genießen können. Weiteres Ladenlokal in den Hackeschen Höfen.

Linienstraße 54, tgl. 12–19 Uhr, www.canal.berlin
€€

Cuore di vetro

Dieser tatsächlich italienische Eisladen hat einige ausgefallene Sorten, Feinkost und kleine Gerichte im Sortiment. In der kleinen Gelateria mit urbanem Einrichtungsstil werden neben den fantastischen Eissorten mit Bio-Milch (Highlights sind die nicht zu süßen Sorbets aus frischen Früchten) auch Antipasti angeboten. Das dunkle, aromatisch tiefe und dennoch cremige (vegane) Schokoladeneis ist eines der besten Berlins.

Max-Beer-Straße 33, Sommer, tgl. 12–23 Uhr, Feb–Nov tgl. 12–21 Uhr, Tel. 0173-185 24 73, www.cuoredivetro.berlin
€

Süße Sünde

Die „Süße Sünde" ist klein, pinkfarben und mit einem güldenem Engel über der Eisvitrine. Die rund 16 Sorten werden in einer kleinen Manufaktur in Schöneiche bei Berlin produziert. Beim Milcheis stammt die Milch ausschießlich von regionalen Biomolkereien aus dem Lobetal, wo die Kühe auf der Weide gehalten werden. Bei Sorbets wird auf einen hohen Fruchtanteil geachtet. Es wird, so viel wie möglich, regional eingekauft. Der Honig wird etwa von den Bienen einer Schöneicher Imkerei gesammelt. Fruchtsaucen, Karamell, Zimtstreusel & Co. entstehen ebenso in Handarbeit in der Manufaktur. Weiterer Berliner Standort: Niederbarnimstraße 21 in Friedrichshain (Mo–Fr 12.30–20 Uhr, Sa+So 12.30–21 Uhr). Neu: Eis für Hunde aus geretteten Bananen – Warenwert wird an Tierschutzheim gespendet – mit Heidelbeeren und laktosefreiem Joghurt.

Weinbergsweg 21, tgl. 13–22 Uhr, Tel. 0163-259 60 58, www.suesse-suende-eis.de
€

NEU KÖLLN

Man kann Neukölln nicht dankbar genug sein, Anfang des vergangenen Jahrzehnts die Nischen für eine neue Berliner Esskultur bereitgehalten zu haben. Zwischen Rixdorf und Landwehrkanal ist eine immer entdeckungshungrige Food-Szene erwachsen geworden. Und bleibt offen für junge Konzepte und neue Aromen

Wenn eines der besten Restaurants der Stadt im zweiten Hinterhof einer kopfsteingepflasterten Seitenstraße liegt, dann ist man in Berlin. Das eins44 taugt also gleich doppelt als Entdeckung. → *eins44, S. 123*

Vielleicht die beste Bar Berlins, mindestens aber die entdeckungsdurstigste. → *Velvet, S. 126*

Sarah Hallmann, Gastgeberin im sehr, sehr wunderbaren Hallmann & Klee. → *Hallmann & Klee, S. 123*

Die Sonnenallee ist so etwas wie eine Potenz von Berlin: laut, schnell, viel. Und sie ist köstlich. Weswegen Menschen wie Gal Ben Moshe aus dem Charlottenburger Restaurant Prism hier gerne einkaufen.

Oliver Bischoff, neben Küchenchef René Frank Gastgeber im doppelt Michelin-besternten Coda, ist eigentlich Interieurdesigner für die Gastronomie. Sieht man, oder? → *Coda Dessert Dining, S. 123*

Bierkultur: Brauereineubau von Berliner Berg in der Treptower Straße. → *Berliner Berg, S. 127*

Ein Café, in dem aus der übrig gebliebenen Milch Ricotta gekäst wird:. → *Isla Coffee, S. 127*

Fotos: eins44; Clemens Niedenthal; F. Anthea Schaap; White Kitchen

RESTAURANTS

Ammazza Che Pizza

ITALIENISCH Alles so schön bunt hier. Auf die Tische aber kommt italienische Klassik. Die Pizzen, das Kerngeschäft, widersetzen sich dem aktuellen Trend zum neapolitanischen Kuppelofen. Sie kommen römisch-knusprig auf den Tisch. Nette Adresse, nicht nur für die Nachbarschaft.

Maybachufer 21, Di–So 12–22.30 Uhr, Tel. 89 61 65 56, www.ammazza.de
€€

Aviv030 NEU

2022: TOP 10 MITTAGS, PLATZ 3
ISRAELISCH Besprechung siehe Seite 24

Richardstraße 76, Mi–Sa 12–22 Uhr, So 12–18 Uhr, Tel. 98 44 99 93, aviv030.com
€€

Babbo Bar

ITALIENISCH Das ist genau das Restaurant, in dem man sich an den letzten Italienurlaub zurückerinnern möchte: alles ganz bodenständig und pur, aber von bester Qualität, die noch einmal zugenommen hat, seit Giacinto D'Ambrosi das Lokal übernahm.

Donaustraße 103, Mo–Sa 18–0 Uhr, Küche bis 23 Uhr, Tel. 56 82 90 00, www.babbo-bar.com
€€€

Barettino

ITALIENISCH Wir empfehlen die Fusilli mit der sizilianischen Salsiccia und gerade genug Sugo, dass zwischen Wurst und Nudel dieser wunderbar tiefenaromatische Kitt entsteht. Der Kaffee kommt aus Italien, die Biere sind aus Bayern, dem Schwarzwald und Berlin, die Weine ganz undogmatisch aus allen Ecken der alten Welt – und die Stammgäste auch, die im Reuterkiez wohnen. Frühstück, und davon reichlich, gibt es bis zum späten Nachmittag.

Reuterstraße 59, tgl. 10–23 Uhr, Tel. 25 56 30 34, www.barettino.com
€€

Barra

2020: TOP 15 ABENDS, PLATZ 2
Sellerie, Apfel und Young Buck, ein nordirischer Blauschimmelkäse. Oder Erbsen, Rettich und Seeteufel. Diese beiden Gerichte stehen exemplarisch für das, was es im Barra zu essen gibt. Auf der Karte gilt: keine Exzentrik nur um der bloßen Exzentrik willen. Aber die besten Grundprodukte kommen von Bauern und Produzenten ganz aus der Nähe. Daniel Remers und Neil Paterson in der Küche und Sommelier Kerry Westhead haben zusammen einen Ort geschaffen, der die zeitgenössische Kulinarik, nicht nicht nur in Berlin, derzeit vielleicht am besten auf den Punkt bringt.

Okerstraße 2, Fr–Mo ab 18.30 Uhr, Tel. 81 86 07 57, www.barraberlin.com
€€€

Beuster Bar

Die Beuster Bar versteht sich in der Kunst, kulinarische Ambitionen in einen lässigen Kneipenabend zu kleiden. So mag man das ja in Berlin: Es geht ums Ausgehen, nebenbei darf es noch schmecken. Und ja, es schmeckt: Tatar und Moules frites – das klingt vielleicht nicht nach Revolution, findet aber auf höchstem Niveau statt. Die frankophile, die alpine, die Berliner Küche: In der Beuster Bar spielt man mit Zutaten – und verhebt sich dabei nie.

Weserstraße 32, tgl. ab 18 Uhr, Tel. 41 95 97 80, www.beusterbar.com
€€

Buchholz Gutshof Britz

DEUTSCH Sternekoch Matthias Buchholz hat vor Jahren schon das Restaurant First Floor verlassen und sich als Restaurantchef auf dem Gelände des ländlichen Gutshofs Britz seinen eigenen Traum erfüllt. Wenn es das Wetter erlaubt, sitzt man draußen an Vierertischen neben dem Kräuterbeet. „Frisch und regional" ist das Motto, und das heißt: Kochen ohne Tamtam, dafür mit Herzblut und Können.

Alt-Britz 81, Do–Mo 12–22 Uhr, letzte Platzierung 20 Uhr, Tel. 60 03 46 07, www.matthias-buchholz.de
€€€

Café Botanico

ITALIENISCH Von Bärlauch bis Zitronenmelisse wachsen 200 Wild- und Gemüsepflanzen in einer biozertifizierten Permakultur-Gärtnerei im Hinterhof eines grauen Neuköllner Mietshauses. Das beste: Was hier wächst, wird gleich in der Küche zu köstlichen italienischen Spezialitäten verarbeitet. Risotto, Fettuccine oder kleine Gerichte wie die Trippa (Kutteln nach römischer Art) sind im besten Sinne Slow Food. Natürlich, aromatisch, mit ursprünglichen Produkten. Frühstücken kann man hier auch.

Richardstraße 100, Di–Fr 17–22 Uhr, Sa+So 15–22 Uhr, Tel. 0175-111 20 55, www.cafe-botanico.de
€€

Café Pêle-Mêle

EUROPÄISCH Das Pêle-Mêle hat sich dem Wohl der Veganer verschrieben. Dabei geht es nicht um Dogmatismus, sondern um Genuss. Es gibt hausgemachte Kuchen und Torten, Kaffeespezialitäten, Salate und Suppen sowie eine große Frühstückskarte und einen wechselnden Mittagstisch.

Innstraße 26, tgl. 10–19 Uhr, Tel. 36 46 75 23, www.pele-mele-berlin.de
€€

Café Pilz

2021: TOP 15 ABENDS, PLATZ 19
ISRAELISCH Einfach machen – das ist das Motto des Café Pilz. Der Laden erinnert im besten Sinne an das experimentelle Berlin der Neunziger und frühen Zweitausender, an Do-it-yourself-Kultur und Montagsbars. Nur eben jetzt zum Sattwerden. Benannt nach einem legendären Restaurant in Tel Aviv, serviert das winzige Lokal israelisch-levantinische Küche in preisgünstigen Kleinigkeiten, begleitet von libanesischem Wein. Alles hier ist vegan, was man allerdings gar nicht merkt, außer man weiß es.

Weisestraße 58, Do–Sa 12–22 Uhr, Tel. 01512-430 21 59
€€

Café Villa Rixdorf

DEUTSCH, REST DER WELT In Rixdorf, wo Neukölln noch Dorfcharakter verströmt, verbirgt sich im Hof dieses eleganten Restaurants ein quirliger, teilüberdachter Biergarten. Im Zentrum der Karte stehen gehaltvolle Fleischgerichte: Eisbein, Leber oder die Schlachteplatte für zwei. Auch auf der Terrasse sitzt man gut.

Richardplatz 6, tgl. 11–1 Uhr, Tel. 68 08 60 00, www.villa-rixdorf.com
€€

Chicha Berlin

PERUANISCH Starke 14 Punkte im Gault Millau 2019 hat Simon Amaru Castro Mendoza mit seiner peruanisch inspirierten Küche erkocht. Die Ceviches begeistern mit ihrem Dreiklang aus Säure, Süße und Herzhaftigkeit. Abhanden gekommen ist dem Chicha der Thunfisch: Unter Mendoza arbeitet die Küche nämlich nicht nur saisonal, sondern auch nach verbindlichen ethischen Grundsätzen. Bester Peruaner Berlins.

Friedelstraße 34, Mi–So 18–0 Uhr, Tel. 62 73 10 10, www.chicha-berlin.de
€€

Coda Dessert Dining

Handwerklich herausragende, hübsch anzuschauende, vor allem aber geschmacklich feinsinnige Teller stehen auf der Karte dieses weltweit ersten Dessert-Restaurants, das vom Guide Michelin mit nicht nur einem, sondern zwei begehrten Michelin-Sternen ausgezeichnet wurde. Zucker spielt in der Küche des Spitzenpatissiers René Frank quasi keine Rolle. Intensiv, intellektuell, inspirierend: Eine urbane, weltläufige und auf den Punkt formulierte Adresse.

Friedelstraße 47, Do 19.30–23 Uhr, Fr+Sa ab 18.30 Uhr, Tel. 91 49 63 96, coda-berlin.com
€€€€

Crazy Bastard Kitchen NEU

2022: TOP 20 ABENDS, PLATZ 17
Besprechung siehe Seite 43

Weserstraße 168, tgl. 17–22 Uhr, Tel. 25 73 30 62, www.crazybkitchen.com
€€

Didi Pa

2021: TOP 10 MITTAGS, PLATZ 8
AFRIKA/WESTAFRIKANISCH Die vielfältigen Küchen des afrikanischen Kontinents sind in Berlin leider unterrepräsentiert – umso großartiger ist Berlins einziges ghanaisches Lokal. Auf Twi, einer der Amtssprachen Ghanas, bedeutet „didi pa" soviel wie „gut essen" – und dieses Versprechen löst der kleine Familienbetrieb auch ein. Zum Beispiel mit westafrikanischen Klassikern wie Jollof, süßer, tomatiger Reis, den man einfach so essen kann oder, noch besser, mit einer saftigen gegrillten Hühnerkeule, Red-Red, einem Kidneybohnen-Eintopf mit Kochbananen, oder Fufu, einem Brei aus Maismehl, dazu Erdnusssuppe.

Sonnenallee 31, Di–Sa 11.30–22 Uhr, So 13–22 Uhr, didipa1@gmx.de
€€

Dr. To's

PANASIATISCH Unverputzte Wände, derbe Holzmöbel, beiläufig-ironisch ergänzt durch ausgewählten China-Kitsch – das trifft definitiv den Geschmack des Neuköllner Publikums. Ebenso das kulinarische Angebot – besonders gut sind „Mamas Dumplings", gefüllt mit Rindfleisch und Wasserkastanie oder Tofu-Pilz-Sellerie.

Weichselstraße 54, tgl. 18–0 Uhr, Tel. 0178-398 88 29, www.dr-tos.de
€€

eins44

DEUTSCH, FRANZÖSISCH Der junge Küchenchef Tim Tanneberger – ein eins44-Eigengewächs, wie man passend zu seiner durchaus gemüsebegeisterten Küche sagen könnte – hat aus diesem sehr guten ein herausragendes Restaurant gemacht. Kohlrabi und Lauch, zum genau richtigen Grad verbrannt und von einer intensiven Morchelsauce begleitet – so einen Hauptgang muss man sich erst einmal trauen. Überhaupt auffallend: der leise, immer aber definierte Auftritt. Auf den Tellern. Vom Service. In einer Weinbegleitung, die von entdeckungsdurstigen Naturweinen über reifere Jahrgänge bis zu einem mit Kamillenblütensirup angereichertem BRLO-Bier viele Register zieht.

Elbestraße 28/29, tgl. 18–23 Uhr, Tel. 62 98 12 12, www.eins44.com
€€€€

Enzo Ristorante & Pizzeria

ITALIENISCH Seit über dreißig Jahren versorgt Inhaber Enzo Cambise die Neuköllner mit Pasta und Steinofenpizza. Eine nette Idee sind auch die Menüs am Freitag und Samstag: Eine Vorspeise und ein Fleisch- oder Fischgericht nach Wahl, dazu ein Glas Wein plus Espresso für 16,50 Euro (bitte vorbestellen). Außerdem lohnt es, eine Flasche der eigens importierten Weine aus dem Friaul mitzunehmen.

Erkstraße 10, Mo–Sa 12–0 Uhr, Tel. 68 08 79 46, restaurant-enzo.de
€€

Ezsra NEU

2022: TOP 20 ABENDS, PLATZ 1
WEIN Besprechung siehe Seite 30

Schönstedtstraße 14, ezsra-berlin.com
€€

Gazzo Pizza

2020: TOP 15 ABENDS, PLATZ 19
ITALIENISCH Das Eis. Wir müssen über dieses Eis reden – auch wenn es in diesem Laden im Reuterkiez eigentlich um Pizza geht. Seit das Gazzo im Juli 2018 im nunmehr schon fast bourgeoisen Teil Neuköllns eröffnet hat, wird nämlich mehr über dieses Eis, genauer gesagt Softeis, gesprochen, als über die auch sehr soliden Pizzen. Dieses Softeis wird frisch aus Brandenburger Büffelmilch gestrudelt und entweder mit Shortbread und Obst angerichtet, oder mit pfeffrigem Olivenöl und Salzkristallen. Bevor man zum Eis kommt, lohnt sich auch die Pizza, die aus Sauerteig geknetet wird und nicht so streng neapolitanisch tut, wie es sonst zurzeit in den ambitionierten Pizzaläden der Stadt der Fall ist.

Hobrechtstraße 57, tgl. 12–22 Uhr, www.gazzopizza.com
€€

Hallmann & Klee

PANEUROPÄISCH Am Böhmischen Platz hat Sarah Hallmann ein so licht wie schlicht gestaltetes Speisekammerrestaurant (Beton, Holz, eine offene Küche) geschaffen. Beim Salat zum Lunch kommen Fenchel, warmgeräucherter Lachs und ein pochiertes Ei auf einem handgetöpferten Teller. Und dreierlei selbstgebackenes Brot. Für gute 14 Euro. So ein Teller macht nicht bloß satt, er öffnet Perspektiven.

Böhmische Straße 13, Di–Sa ab 18 Uhr, Sa+So 9.30–16 Uhr, Tel. 23 93 81 86, www.hallmann-klee.de
€€€

Hugo Ball

FRANZÖSISCH Erlebt nun etwa auch der Flammkuchen seine kulinarische Neubesinnung? Das Hugo Ball am S-Bahnhof Sonnenallee jedenfalls hat sich dem krossen, geselligen Gericht verschrieben. Mit Speck und Zwiebeln, mit Thymiankartoffeln und würzigem Greyerzer, mit Rucola, Walnüssen und Roter Bete. Das Ecklokal hat Patina, die Weine sind unkompliziert, die Limonaden hausgemacht.

Saalestraße 38, tgl. ab 18 Uhr, Küche bis 22 Uhr, Tel. 68 23 13 57, www.hugoball.de
€€

Jemenitisches Restaurant

JEMENITISCH Falafel und Co. sucht man vergeblich, die Küche ist eher von indischen und ottomanischen Einflüssen geprägt. Schafot, ein Brotsalat mit Joghurt, kommt in Großfamiliengröße. Schmorgerichte wie Fahsa, in einem Tontöpfchen brutzelndes, butterzart zerfallenes Rindfleisch, sind zu empfehlen. Mit Teig kann die Jemenitische Küche ebenfalls gut umgehen, die knusprigen Käse-Samosas sind ganz wunderbar, wie auch das ungewöhnliche Ratib-Brot mit Honig, angesiedelt irgendwo zwischen Zupfbrot und Strudelteig.

Karl-Marx-Straße 172, tgl. 13–22 Uhr, Tel. 98 39 35 79, jemenrestaurant.de
€€

Jimmy Woo

VIETNAMESISCH Wer das Jimmy Woo besucht, der sollte unbedingt den Papaya- oder den Labsalat probieren, denn dafür ist das Restaurant bekannt. Oder man isst eine Sommerrolle, die mit Reispapier umwickelt und mit Gemüse, Apfelstücken, Reisnudeln und allerlei anderen leckeren Zutaten gefüllt ist. Die Suppen wärmen auch in den kältesten Winternächten.

Friedelstraße 24, tgl. 12–22.30 Uhr, Tel. 0157-35 78 53 69, www.jimmy-woo.de
€€

Kitten

2021: TOP 10 MITTAGS, PLATZ 5
ISRAELISCH Wo Katie's Blue Cat die Friedelstraße verlässlich seit Jahren mit wunderbaren Backwaren und Kaffee versorgt, dockt nun die kleine Schwester Kitten an und bespielt die herzhafte Seite des Lebens mit einem Best-of israelischer Wohlfühlküche. Auf der Karte: Klassiker wie seidiges Hummus, Shakshuka und der obligatorische geröstete Blumenkohl.

Friedelstr. 30, Fr–Di 11–20 Uhr, Tel. 62 72 07 57
€€

Knödelwirtschaft

ALPENLÄNDISCH Wer Wirtshaus hört, denkt nicht unbedingt an ein junges Publikum, eine aufrechte, handwerkliche Küche und eine lässige Stimmung. Womit wir bei der Knödelwirtschaft sind, eine Südtiroler Enklave in Neukölln, klein und immer brechend voll. Vier Sorten zur Auswahl, alle paar Monate wechselnd. Aber immer mit Käse- und Speckvariante auf der Karte. Unsere Favoriten: die Rotkraut- und die Löwenzahnvariante. Flädlesuppe, Tafelspitz und Gulasch gibt es auch. Dazu einen Gespritzten, und zum Dessert einen „Verdeckten Ermittler" (Espresso mit Haselnussschnaps).

Fuldastraße 33, Mo–Fr ab 18 Uhr, Sa, So, Feiert. ab 16 Uhr, Tel. 96 60 04 59, www.knoedelwirtschaft.de
€€

La Bolognina

ITALIENISCH Tagliatelle und Ravioli gibt es in der sympathischen La Bolognina in ständig neuen Variationen, genauso wie ihre entfernten Verwandten, die Strozza preti oder die kartoffeligen Gnocchi. Legendär: die stets zu gut besuchten, brodelnden Dienstagabende.

Donaustraße 107, Di–Sa 17–23 Uhr, Tel. 55 63 44 54, labolognina.de
€€

La Pecora Nera

ITALIENISCH Das La Pecora Nera wirkt wie ein richtiger Kiez-Italiener: ein bisschen vollgestellt, aber sehr gemütlich. In der Theke lagern italienische Köstlichkeiten wie Schinken oder Antipasti. Das Angebot ist überschaubar: Es gibt vier Sorten frische Pasta, drei verschiedene Polentas, Fisch und Steak. Das La Pecora Nera sieht sich in der Tradition einer venezianischen Osteria mit Hausmannskost aus Norditalien, Pizza sucht man hier vergebens.

Herrfurthplatz 6, Di–So ab 18 Uhr, Tel. 68 83 26 76, www.pecoraberlin.de
€€€

Lavanderia Vecchia

ITALIENISCH Versteckt auf einem Neuköllner Hinterhof findet man dieses Kleinod der italienischen Küche. Die offene Edelstahlküche in der ehemaligen, in einer Mischung aus Industriedesign und ländlichem Ambiente eingerichteten Wäscherei begeistert mit ständig wechselnden Gerichten. Das erfolgreiche Konzept: Jeden Abend gibt es jeweils eine fünfgängige Menüfolge für 45 Euro (inklusive Wasser, halber Flasche Wein, Kaffee, Digestif). Günstiges Mittagsangebot.

Flughafenstr. 46, 2. Hof, Fr–So 18–21 Uhr, To-go, Self-Service 13–20 Uhr, Tel. 62 72 21 52, lavanderiavecchia.wordpress.com
€€€

Life Berlin

JAPANISCH Im Life Berlin am Maybachufer geht es um die auch japanische Tradition von (in Tempura-Teig) frittiertem Fisch und Fleisch. Im Izakaya-Style soll das Essen das Trinken begleiten. Oder umgekehrt.

Maybachufer 39, Mi+Do 12–14.30 u. 18–21 Uhr, Fr–So 12–15.30 u. 18–21 Uhr, Tel. 23 56 17 30, www.facebook.com/lifeberlinlife
€€

Louis

DEUTSCH, ÖSTERREICHISCH Groß, größer, Louis. Bevor man das Schweineschnitzel „Wiener Art" bestellt, sollte man wissen, dass hier das wahrscheinlich umfangreichste Schnitzel der Stadt serviert wird. Schafft kaum jemand, aber das macht nichts, weil die Servicekräfte Übriggebliebenes gern zum Mitnehmen einpacken – für die Lieben daheim oder den ganz späten Hunger.

Richardplatz 5, tgl. 12–22.30 Uhr, Tel. 681 02 10, www.cafe-restaurant-louis.de
€€

MenMen Ramen House

JAPANISCH Die Suppen der schlicht eingerichteten japanischen Nudelbar können sich mit den besten in Berlin messen. Die Brühe der Shoyu Ramen: kräftig und fettig. Die Nudeln: bissfest. Die Algenblätter: salzig. Ein geschmackliches Gegengewicht sind z.B. der süßliche, in Soya gedünstete Schweinebauch oder die fermentierten Bambussprossen. Das Kimchi ist höllisch scharf – und von den drei Saucen ist die klassische Essigsauce die beste.

Pannierstraße 55, Mo–Do, So 12–23 Uhr, Fr+Sa 12–23.45 Uhr, Tel. 74 78 61 99, www.menmen-ramen.de
€€

Middle Berlin NEU

ISRAELISCH Hinter dem Middle Berlin stecken bekannte Gesichter: das Küchenteam aus dem im Kitten auf der Neuköllner Friedelstraße. Nun hat es nebenan im Reuterkiez einen eigenen Laden eröffnet. Dort allerdings wird nicht gekocht – dafür gegessen. Wie das? Die große Kitten-Küche beliefert das Bistro täglich frisch, vor Ort werden die Platten mit Hummus, Labneh, Harissa, Zhug, Fermentiertem, Gebackenem und Frischem nur noch zusammengestellt. Besonders gut: der an Frische kaum zu überbietende Salat mit Kräutern, Erbsen und einem raffinierten Dressing mit Salzzitronen, zu dem man unbedingt den salzig-cremigen Feta bestellen sollte. Die Hauptrolle spielen die Drinks – von denen sich der Arrak Sour schon deshalb empfiehlt, weil er so wunderbar nach Mittelmeerurlaub schmeckt.

Mainzer Staße 39, Do–Di 10–22 Uhr, hello@middleberlin.com
€€

Monella

ITALIENISCH Graue Wände, schwarze Fliesen und gedimmtes Licht – an diesem Ort verweist zunächst alles auf die Partys, die hier dem Vernehmen nach zu späterer Stunde starten. Doch es geht schon früher los. Denn das Monella bringt zusammen, was so noch nicht zusammengekommen ist: durch und durch neapolitanische Pizza und wirklich gute Brandenburger Bioproduzenten. Dazu gute Drinks, unkomplizierte, fair ausgepreiste Weine und meisterhaftes Tiramisu.

Weichselstraße 17, tgl. 18–23 Uhr, Bar o.e., Tel. 0174-474 43 33, www.monella.berlin
€€

Musashi

JAPANISCH Seit der Wiedervereinigung existiert das Musashi an der Grenze zwischen Neukölln und Kreuzberg und hat den Bewohnern rohen Fisch mit Reis schmackhaft gemacht. Das Sushi ist ebenso klassisch wie die Nudelsuppen und die anderen warmen Gerichte, die das kleine Lokal anbietet.

Kottbusser Damm 102, Mo–Sa 12–22.30 Uhr, So 14–22 Uhr, Tel. 693 20 42, bei Facebook: Musashi
€€

Osteria Sippi

ITALIENISCH Sonntags oder montags trifft man hier eigentlich immer die Wirte und Köche aus der erweiterten Nachbarschaft. Das kann man durchaus als Ritterschlag für das im besten Sinne klassische Familienrestaurant werten.

Sanderstraße 10a, tgl. ab 18 Uhr, Tel. 61 65 35 08, www.sippi-osteria.com
€€

Paolo Pinkel und das Schnabulat

INTERNATIONAL Mitten auf der belebten Karl-Marx-Straße wetteifern drei Küchen und eine lange Bar um die Aufmerksamkeit der trendigen Neuköllner. Koreanische, zypriotische und sizilianische Spezialitäten werden alle an den jeweiligen Theken bestellt und bezahlt, bevor sie an den Tisch gebracht werden. Die weltumspannende Gastronomie ist köstlich, wenn man sich auf die Partyatmosphäre und die „Zu-cool-für-die-Schule"-Stimmung einlassen kann.

Karl-Marx-Straße 55, Restaurant: tgl. 17.30–23 Uhr, Bar tgl. ab 17.30 Uhr, Tel. 25 80 39 80, paolopinkel.berlin
€€

Paran

KOREANISCH Die Inneneinrichtung ist mehr Insta denn eigenständige Identität, dennoch ist es hell und freundlich. Doch es geht hauptsächlich um spannendes Essen jenseits solider Klassiker wie Bibimbap, Bulgogi und Korean Fried Chicken: Im Paran kann man sich in das Seoul von heute reinschmecken. So gibt es etwa den Streetfood-Snack Tteokbokki und Fischkuchen mit einer amüsanten und für westlich geprägte Gaumen völlig unbekannten Konsistenz in einer angemessen scharfen Sauce. Selten zu finden: „neo-koreanisch", es fehlt das traditionelle gekochte Ei. Dafür sorgen geschmolzener Mozzarella und frittierte Seetangröllchen für den Knusperfaktor.

Sanderstraße 17, Di–So 12–21 Uhr, Tel. 63 31 70 00, www.paranberlin.de
€€

Shed

2021: TOP 15 ABENDS, PLATZ 17
Weine, die nach Leichtigkeit, nach Früchten, nach Meeresrauschen, nach Liebe zum Handwerk schmecken, sind das Herz des Neuköllner Bistros. Dieser ist von den Machern des wenige Straßenecken entfernten W-Pizza. Zur entdeckungsdurstigen Auswahl an hervorragenden, gerne auch mal abenteuerlichen oder fordernden Naturweinen aus Deutschland, Frankreich, Italien, der Tschechischen Republik, Rumänien und Südafrika sollte man unbedingt argentinische Empanadas essen, gefüllt mit Rinderragout oder konfierten Tomaten und Mozzarella zum Beispiel, oder Sandwiches mit hausgemachtem Pastrami, frittierten Kapern und Estragon-Senf-Mayonnaise, Steak oder Hähnchen. Für den größeren Hunger empfehlen sich die fluffigen Ricotta-Parmesan-Gnocchi, am besten nur mit Pesto angemacht, oder gleich die gehaltvollen Tagesgerichte wie feines Entrecôte oder Kotelett vom Ibérico-Schwein mit fermentiertem Gemüse, das anlässlich unseres letzten Besuchs den Herbst eingeläutet hatte. Und danach ein saftiger Brownie mit genau der richtigen Menge knusprigem Meersalz, um es in eine geradezu erwachsene Nascherei zu verwandeln.

Pannierstraße 24, Di–Fr 18–0 Uhr, Sa 16–0 Uhr, www.1shed.com
€€

Style Stallone

Für die Sandwichbar zwischen zwei Neuköllner Naturweinbars braucht man starke Nerven. Betreiber Til hat einen eigenwilligen Stil, ein Bad-Taste-Spektakel, das gleichzeitig anziehend und abstoßend wirkt. Doch der Empfang ist süffig, mit einem naturtrüben Pinkus Spezial Bio-Bier vom Hahn. Die Karte bietet Sandwiches (6,90 € bis 10,90 €), Fritten-Varianten (ab 2,50 €) und sogar Steak frites de luxe: ein 300 Gramm schweres Black-Angus-Entrecôte vom Gut Kerkow bei Angermünde. Alleine die Sandwiches sind wunderbare Crossover-Überraschungen, etwa das mit Kroketten aus Duroc-Schwein und Garnelen belegte und mit einer Sweet-Chili-Sauce für Asia-Flair sorgende Style Kroket Sandwich.

Reuterstraße 57, Do–Sa ab 17.30 Uhr, Tel. 55 47 73 31, www.style-stallone.de
€€

Tabibito

JAPANISCH Seit bald 30 Jahren bekommen Berliner:innen am Rathaus Neukölln grundsolides Sushi. Entsprechend gut besucht ist das Tabibito, das bereits in zweiter Generation geführt wird. So klein der Laden ist, so überschaubar und klassisch bleibt die Karte. In die Rollen kommt Lachs, Thunfisch oder Garnele, drum rum Sesam oder Stint-Rogen.

Karl-Marx-Straße 56 56, tgl. 12–23 Uhr, Tel. 624 13 45, www.tabibito-berlin.de
€€

Terz NEU

2022: TOP 10 MITTAGS, PLATZ 1
DEUTSCH Besprechung siehe Seite 22

Herrfurthplatz 14, Mi–So 8–22 Uhr, Tel. 23 59 80 92, www.terz.berlin
€€

Tisk

DEUTSCH Eigentlich haben sie uns schon mit den Grüßen aus der Küche gekriegt: eingelegte (Spreewald-)Gurken, danach Blutwurst-Kroketten auf geräuchertem Apfelmus. Wer solche Teller auf den Tresen stellt, muss es mit seinen Gästen vollmundig meinen. Und auch ein wenig sentimental. Schließlich ist das das große Thema dieses Tisk: die Neuinterpretation der Berliner (Kneipen-)Küche. Broiler, Herrengedeck, solche Sachen eben.

Neckarstraße 12, Di–Sa 18–23 Uhr, Tel. 398 20 00 00, www.tisk-speisekneipe.de
€€€

Victoria Tacos NEU

MEXIKANISCH Am Maybachufer gibt es nicht nur gefüllte Maisfladen und bottled Cocktails, sondern auch ein aufblasbares Gummiboot für die hedonistische Pose auf dem Landwehrkanal. Mehr Neuköllnklischee geht nicht. Mehr Vollmundigkeit vielleicht – spätestens seit die Taqueria El Oso in der neueröffneten Markthalle Pfefferberg die Latte gerade für vegane und vegetarische Tacos merklich höher gelegt hat. Was nicht heißt, dass Victoria Tacos einen schlechten Job macht. Der Jackfruit Quesabirria (3,50 Euro) etwa, ein vegetarischer Taco-Tortilla-Hybrid, gefüllt mit Chilis und geschmolzenem Käse, ist echt gut, braucht aber einen Klecks Salsa, um richtig Spaß zu machen.

Pannierstr. 32, Mi–Fr 17–22 Uhr, We 14–22 Uhr, Tel. 0177-793 51 24, www.victoriatacos.com
€€

W Pizza

ITALIENISCH Das gute an den neuen Pizzaläden in Berlin ist, dass man die Pizza nicht mehr nur als Fast Food wahrnimmt – Hauptsache heiß und fettig. Ausgerechnet der neapolitanische Kuppelofen, in dem eine Pizza bei ziemlich exakt 486 Grad gerade mal 60 Sekunden gebacken wird, hat dem universellen Leibgericht wieder kulinarische Aufmerksamkeit beschert. Der Teig: fluffig und trotzdem kross. Darauf eine perfekt süß-säuerliche Tomatensauce und zum Beispiel traumhafte Büffelmilch-Stracciatella als Belag.

Fuldastr. 31, Mo–Fr 18–22 Uhr, Sa 17–22 Uhr, So 18–21 Uhr, Tel. 98 37 05 64, wpizza.de
€€

IMBISS

Al Pasha

LIBANESISCH, SYRISCH Der Imbiss ist schon vormittags proppenvoll. Der Grund: Gerichte wie Hummus und seine Verwandten wie Foul (Saubohnen und Kichererbsen in Sesam sauce), Fatte (Kichererbsen in Joghurt) und Musabaha (marinierte Kichererbsen in Tahini) sind zwischen Beirut und Damaskus typische Frühstücksgerichte. Serviert werden sie mit Oliven, eingelegten Rüben, Gemüse, Minze und Fladenbrot.

Sonnenallee 77, tgl. 8–19 Uhr, Tel. 62 90 35 49
€

Azzam

LIBANESISCH Die Libanesen lieben es, die Palästinenser auch, ebenso die Israelis: Hummus vereint zumindest kulinarisch die Geschmäcker zahlreicher Völker des Nahen Ostens. Im Restaurant Azzam wird das Hummus frisch zubereitet. Nur die klassischen Zutaten – Kichererbsen, Öl, Sesam, Salz, Zitrone, Knoblauch – wandern hier in die pürierte Kichererbsen-Paste.

Sonnenallee 54, tgl. 7–23 Uhr, Tel. 0176-82 39 93 38
€

BBI – Berlinburger International

NORDAMERIKANISCH Die Optik stimmt: BBI, ein kleines Ladenlokal im Herzen des Ausgehviertels Nordneukölln, serviert keine Burger, sondern Gesamtkunstwerke, die nur der Holzstab in der Mitte zusammenhält. Bei der Zubereitung setzt man vor allem auf ausgefallene Zutaten wie bulgarischen Schafskäse, Guacamole, Safranhollandaise und Süßkartoffelchips.

Pannierstraße 5, Mo–Do 12–23 Uhr, Fr+Sa 12–0 Uhr, So 12–22 Uhr, Tel. 0160-482 65 05, www.berlinburgerinternational.com
€

Imren

TÜRKISCH Imren gibt es mehrere in der Stadt, doch einen der besten Döner Berlins gibt es nur in der Filiale am Rathaus Neukölln. Das Fleisch ist saftig und zart gewürzt, der Salat frisch und die Saucen hausgemacht und nicht aus der Mayo-Tube. Unbedingt auch die frisch gebackenen Teigspezialitäten wie Pide, Gözleme und Lahmacun probieren.

Karl-Marx-Straße 75, Mo–Sa 9–3 Uhr, So 9–0 Uhr, www.imren-grill.de
€

Kanki Shop NEU

SAFTLADEN Im Nahen Osten sind Saftstände und -lokale ein alltäglicher Anblick. Neben dem klassischen Granatapfel- oder Orangensaft können das auch Mischungen mit Melonen und Eiscreme, Karotten und Mango sein. An diese Tradition knüpft der freundliche Späti an der Erkstraße an, der auch noch bis spätabends frische Säfte zum fairen Preis presst. Neben den Klassikern mit frischer Wassermelone, Granatäpfeln, Äpfeln oder Orangen gibt es auch Bananen, Mango, Ingwer und mehr, alles auch als Milkshake erhältlich. Zudem eine sehr gute Bierauswahl.

Erkstraße 16, Mo–Sa 8–2 Uhr
€

Kumru NEU

TÜRKISCH Gibt es hier das ausgewogeneste, feinste Sandwich der Stadt? Nein. Sollte man diesen Laden trotzdem kennen? Unbedingt! Bei Berlin Kumru wird eine Streetfood-Spezialität aus der türkischen Hafenstadt Izmir zelebriert, die es so nirgendwo anders in Berlin gibt. Ein weiches Sesambrötchen, gefüllt mit verschiedenen gebratenen Wurststreifen, Käse, Tomaten, Eingelegtem und Saucen. Danach braucht man erstmal einen Verdauungsschlaf – keine Überraschung, dass eines der Sandwiches gar „Atom" heißt. Kein Gourmettempel, aber eine kulinarische Kulturerfahrung für späte Nächte und heißhungrige Tage.

Kottbusser Damm 77, tgl.10–22 Uhr, Tel. 54 86 02 02
€

Mae Charoen

THAILÄNDISCH Der freundliche Thai-Imbiss setzt nicht zu kulinarischen Höhenflügen an, gefällt aber mit solidem thailändischen Küchenhandwerk. Die üblichen Verdächtigen wie etwa Wan-Tan-Suppe, gebratene Reisnudeln und diverse Currys kommen in ordentlicher Qualität und zu kleinen Preisen auf den Tisch.

Sonnenallee 134, Mo–Sa 11.30–23 Uhr, So 15–23 Uhr, letzter Sa im Monat geschlossen, Tel. 56 82 93 81, sonnenallee-thai.food.blog
€

Mmaah

KOREANISCH Die hübsche kleine Imbissbude zwischen dem Sommerbad in Neukölln und dem Tempelhofer Feld bietet Klassiker der koreanischen Küche: etwa Bulgogi (süßlich-scharf mariniertes und kurz angebratenes Rindfleisch), Hotgogi (die Variante mit Huhn) und Mandu (gefüllte Teigtaschen mit Gemüse, Pilzen und Tofu). Und natürlich Kimchi, den feuerscharfen fermentierten Kohl. Alles frisch zubereitet und ohne Zusatzstoffe, alles supergut.

Columbiadamm 160, tgl. 12–22 Uhr, Tel. 0159-01 73 53 15, www.mmaah.de
€

Puffer-Imbiss

Er ist eine Legende: der Kartoffelpuffer- und Eierkuchenstand am Hermannplatz. Jeden Morgen bereitet der Chef wohl noch selbst die Kartoffelmasse zu, dazu gibt's dann nach Wahl zum Beispiel ganz klassisch Apfelmus oder hausgemachten Kräuterquark. Übrigens: die Eierkuchen sind auch ganz großes Kino!

Hermannplatz 1, Mo–Fr 10.30–19 Uhr, Sa 10.30–17 Uhr, Tel. 692 94 94
€

Sorrel NEU

2022: TOP 5 MORGENS, PLATZ 2
EUROPÄISCH Besprechung siehe Seite 19

Pannierstraße 40, So, Mo, Do 11–16 Uhr, Fr+Sa 11–23 Uhr, www.sorrel.berlin
€€

BARS & KNEIPEN

Alter Roter Löwe Rein

KULTURKNEIPE Nur ein kleiner roter Löwe über der Eingangstür erinnert noch an das englische Pub, das dieser Bar ihren Namen gab. Das ehemalige Old Red Lions Inn okkupieren nun Musik- und Getränke-Liebhaber, die zwar gerne mal einen kickern, denen die Nuancen eines guten Pastis und die Vorzüge eines guten Bieres vom Fass dennoch nicht fremd sind – und die sich zudem an diversen Kleinkunstdarbietungen und Tanznachmittagen erfreuen.

Richardstraße 31, Di–So 18–3 Uhr, Tel. 0151-20 68 86 70, www.facebook.com/Loewerein
€€

Ankerklause

INSTITUTION Auf der überdachten Terrasse über dem Landwehrkanal sitzt man, ohne nass zu werden, auch bei Regen luftig draußen. Und genießt mit Blick aufs Wasser und die schönen Trauerweiden Frühstück, Mittagssnack oder Bier. Bis 16 Uhr kann man frühstücken, die wöchentlich wechselnde Tageskarte bietet einfache, aber gute und günstige Küche. Abends gibt es Hamburger und Salate oder den Antipastiteller. Und nachts bei Bier und Schnaps ist es hier meist rappelvoll. Passend dazu liefert die legendäre Jukebox eine wahrlich wilde Musikmischung.

Kottbusser Damm 104, tgl. 10–3 Uhr, Tel. 693 56 49, www.ankerklause.de
€€

Geist im Glas

COCKTAILBAR Seit 2012 ist das Gift im Glas eine verlässlich tolle und verlässlich späte Bar. Verdammt gute Drinks gibt es, gerne mit den kreativen Schnapsinfusionen. Am Wochenende öffnet die Bar früher, um die besten (Buttermilk-)Pancakes der Stadt zu servieren, mit gehaltvoller Dulce de Leche und mit Bourbon geblendetem Ahornsirup.

Lenaustraße 27, Mi–So ab 18 Uhr, Brunch Sa+So 10–15 Uhr, Tel. 01525-135 38 16, www.geistimglas.berlin
€€

Herr Lindemann

COCKTAILBAR Die große Bar mit der behaglichen Atmosphäre einer alten Stadtvilla bereichert Rixdorf. Hier lebt Peter Edinger seine Leidenschaft für Heilkräuter aus. Auch der namensgebende Herr Lindemann verkaufte Kräutlein, bis er wegen der psychedelischen Wirkung seine Kräutermanufaktur schließen musste. Spirituosen-Kräuter-Mischungen sind also Programm. Köstlich der „Ziegenpeter" mit der aphrodisierenden Wirkung von Ziegenkraut, Rum, Wermut, Grapefruit, Zitronen und Bitter.

Richardplatz 16, Mo, Mi, Do, So 18–2 Uhr, Di 18–3 Uhr, Fr+Sa 18–4 Uhr, bei Facebook: Bar Herr Lindemann
€€

Jaja

2022: TOP 20 ABENDS, PLATZ 8

WEINBAR Besprechung siehe Seite 37

Weichselstraße 7, Mi–Sa 18–23.55 Uhr, Tel. 52 66 69 11, jajawein.de
€€

Kauz und Kiebitz

EDELSCHNAPS Die moderne Interpretation einer klassischen Kiez-Kneipe. Der „kuratierte Schwips“ wird vom Wirt angeboten, und ein Publikum aus allen Altersgruppen nimmt die Offerte dankend an. Sorgfältig ausgewählte Spirituosen, eine spannende Bierauswahl an einem guten Dutzend Zapfhähnen. Das freundliche Barpersonal serviert moderne Herrengedecke oder souveräne Longdrinks. Jeden Dienstag gibt es den „Street Food Tuesday“ mit Gastköchen und Leckerem aus aller Welt.

Reuterstraße 47, Di–Sa ab 18 Uhr, Tel. 62 72 75 61, www.kauzundkiebitz.de
€€

Klunkerkranich

SZENELADEN Echtes Gipfelglück im eher flachen Neukölln kann man auf dem Dach der Neukölln Arcaden erleben. Im Dachgarten mit der spektakulären Aussicht gibt es zwei Floors, einen für Konzerte, der andere ist ein Dancefloor und kann auch für Stand-Up-Comedy und Lesungen genutzt werden. In Hochbeeten wachsen Kräuter, die in den Cocktails Verwendung finden. Wenn die zulässige Ladung Gäste erreicht ist, bilden sich allerdings schon mal lange Warteschlangen, also möglichst früh hingehen.

Karl-Marx-Straße 66, auf den Neukölln Arcaden, Saison tgl. 17–23 Uhr (bei schönem Wetter), www.klunkerkranich.org
€

Lager Lager

BIERBAR Diese freundliche Mischung aus Geschäft und Taproom hat ihren Namen aus dem epochalen Titelsong des in Edinburgh spielenden Generationenfilms „Trainspotting“: „Shouting Lager, Lager…“ Aus mehreren Zapfhähnen fließen wechselnde Biere aus lokalen wie internationalen Mikrobrauereien. Auch mitgebrachte Flaschen und Growler können befüllt werden. Rare, weitgereiste Flaschenbiere stehen in den Regalen. Eine Handvoll Tische und Bänke bieten einen urigen Rahmen für nette Biergespräche.

Pflügerstraße 68, Mo–Sa 12–21 Uhr, Tel. 23 90 39 19, www.lagerlagerberlin.de
€€

Lenaustuben

FUSSBALLKNEIPE Einmal kam Frank Zander auf ein Bier vorbei. Und die Ikone der Berliner Eckkneipe sah, dass es gut war: an den Tresen Altneuköllner neben Hipstern und Studenten, die sich über die niedrigen Preise freuen. Allerdings passen nur etwa 40 Leute in die Kneipe. Auch schön!

Hobrechtstraße 62, Mo–Do 16–2 Uhr, Fr–Sa 14–4 Uhr, So 14–2 Uhr, Tel. 693 48 54
€

Mahlower Klause

FUSSBALLKNEIPE Auf den ersten Blick typische Berliner Eckkneipe mit Dartraum, Sky-Abo und halb auf dem Tresen liegenden Stammgästen. Das besondere an ist ihr Wirt. „Engel“ ist noch einer von der alten Schule. Selbst bei erhöhtem Hipster-Andrang, besonders bei Borussia-Dortmund-Spielen, behält er stets die Ruhe und weiß beim Abschied haargenau, was jeder einzelne getrunken hat. Toll!

Weisestraße 63, Mo–Do 11–0 Uhr, Fr–Sa ab 10 Uhr, So 10–20 Uhr, Tel. 622 91 86, www.mahlower-klause.de
€

Mosto

WEINBAR Das sympathisch rumpelige Mosto interpretiert das bekannte Motiv der Neuköllner Sperrmüllkneipe als entdeckungsdurstige Naturweinbar. Wir wissen nicht, was uns besser gefällt: die zügig wechselnden, durchweg ausgesuchten Weine oder die faire Auspreisung, die uns auch gern zur ganzen Flasche greifen lassen. Während man so trinkt, könnte man in ausgewählten Magazinen blättern, die sich auch, aber nicht nur, dem Kulinarischen widmen.

Friedelstraße 29, Di–Do 15–21 Uhr, Fr+Sa 15–22.30 Uhr
€€

Muted Horn

BIERBAR Ein großes rosa Neonschild mit der Aufschrift „Muted Horn“ weist den Weg zu den 22 Zapfhähnen, die mit spannenden internationalen Bieren immer wieder neu bestückt werden. Der Tresen bildet den geselligen Mittelpunkt des ansonsten kühl gehaltenen Raumes. Ein großes Gitter links vom Eingang stellt eine ausgesuchte Bibliothek zur Verfügung. Wundervoll die Idee der Probier-Bretter zu 9,50 Euro.

Flughafenstraße 49, Mo–Fr ab 17 Uhr, Sa+So ab 15 Uhr, Tel. 91 56 92 56, www.themutedhorn.com
€€

Posh Teckel

INSTITUTION Der gekrönte Vierbeiner ist Stammgast. Als Bild und Figürchen schmückt er Tresen, Wände und auch die Leuchtreklame vor der Kiezkneipe. Ob im luftigen Barraum oder dem lauschigen Kabuff nebenan – überall gibt es familiär zusammengeschobene Tische und daran wild zusammengewürfelte Gästegrüppchen, die britischen Evergreens lauschen und dazu zum Beispiel Wodka mit Traubenschorle trinken.

Pflügerstraße 4, Mi–So 17–23 Uhr, Tel. 61 50 72 68, www.poshteckel.de
€

Rotbart

KNEIPE/KONZERTE Rixdorf boomt! Auch nachtlebentechnisch. Das Rotbart Rixdorf, eine ehemalige Neuköllner Eckkneipe, ist fast immer gerammelt voll und am Wochenende schwofen Hipster und Alternativos zu Singer-Songwritern und DJs.

Böhmische Straße 43, tgl. ab 18 Uhr, Tel. 49 08 07 40, www.rotbart-rixdorf.de
€

Sameheads

Wer im Urlaub auf nichts verzichten will, bucht All Inclusive. Wer in der Berliner Tag- und Nachtszene nichts verpassen will, geht ins Sameheads. Abends ein Bierchen, nachts ein Tänzchen zu feinen Tunes vom DJ oder wechselnden Bands. Lokale Designer bieten ihre Prunkstücke im Shop an, außerdem gibt es Kunst. Noch Fragen?

Richardstraße 10, durchgehend geöffnet, Tel. 70 12 10 60, www.sameheads.com
€€

The Truffle Pig

2020: TOP 10 NACHTS, PLATZ 1

Im Hinterzimmer der famosen Kiezkneipe Kauz & Kiebitz haben die Berghain-Designer vom Studio Karhard eine Lokalität geschaffen, die unter Barkeeper Damien Guichard zu einer der spannendsten dieser Stadt avancierte. Guichard, den man aus dem brutal lokalen Velvet kennt, verbindet dort seine galanten Gastgeberqualitäten mit einer zeitgemäßen Trinkkultur, gerne mit gemüsigen, fermentierten und immer handwerklichen Aromen. So etwa einen durchs Leinentuch gesiebten Milk Punch mit Kokosnussöl, Cognac, Sherry und Bananenlikör oder einen Gin-Sake-Erdbeer-Shrub mit Zitrone und Gurkengeist.

Reuterstraße 47, Mi–Sa ab 20 Uhr, Tel. 0176-34 33 85 58, www.trufflepigberlin.de
€€

Tier

COCKTAILBAR Ein herausragender Pionier der Cocktailkultur im Umbruchbezirk Neukölln. 1970er-Jahre-Möbel auf der einen Seite, schlichte Holztischgarnituren auf der anderen. Entspannte Bar ohne Etikette mit herausragenden Cocktails und einer freundlichen und kompetenten Tresenmannschaft.

Weserstraße 42, tgl. ab 18 Uhr, Tel. 0163-700 90 03, www.tier.bar
€€

Velvet

INSTITUTION Prinzessinnengarten Smash heißt einer der Drinks. Benannt nach dem Ort, an dem Ruben Neideck die Kräuter einsammelt, einen Teil davon dann in heißem Wasser blanchiert und die übrigen zum Trocknen an die Leine hängt. Die blanchierten Kräuter kommen in die Zentrifuge, werden ausgewrungen, kulinarisch richtiger: geklärt. Was bleibt, ist die pure, intensive Kräuteressenz. Die Bar liefert die flüssige Version einer brutal lokalen und saisonalen Küche – und die lässt sich wunderbar trinken.

Ganghoferstraße 1, tgl. ab 18 Uhr, www.velvet-bar-berlin.de
€€

Zum Böhmischen Dorf

BIERBAR Bierliebhaber können sich freuen, denn in der Bierbar „Zum Böhmischen Dorf“ wird das erste Tankbier Deutschlands ausgeschenkt. Ein Bier also, das ohne die übliche Kohlensäurezufuhr direkt aus dem Tank in die Gläser läuft. Das gilt unter Kennern als Spezialität, da das Bier so besonders frisch beim Gast ankommt.

Sanderstraße 11, Mo–Sa 17–23 Uhr, So 16–23 Uhr, Tel. 62 72 74 20, 444 79 67, www.zumböhmischendorf.de
€

CAFÉ

21 Gramm

2020: TOP 5 MORGENS, PLATZ 2

Das 21 Gramm ist nicht das erste Café auf einem Berliner Kirchhof. Ach was, Café: Abends ist das 21 Gramm zudem Kneipe und Weinlokalität mit einer kleinen, empfehlenswerten Speisekarte. Unkomplizierte Sachen von handwerklicher Qualität. Der Cremant von Jülg etwa macht auch zu den pochierten Eiern samt Roastbeef Spaß. Ist das jetzt noch Frühstück oder schon ein Mittagessen? Am Nachbartisch reicht die gemischte Frühstücksplatte beinahe für zwei und die Pancakes sind einfach nur herrlich lecker.

Hermannstraße 179, So, Di–Do 10–22 Uhr, Fr–Sa 10–23 Uhr, Frühstück Di–Fr 10–15 Uhr, Sa+So 10–16 Uhr, Tel. 76 79 58 10, www.21gramm.berlin
€€

Bona Kollektiv

Ein Kollektiv von jungen Polinnen und Polen, die das Thema Brunch um allerlei Authentisches aus Osteuropa bereichern. Kwas beispielsweise, einen irgendwo zwischen Malzbier und Cola changierenden Brottrunk aus der Ukraine. Wem das zu kühn ist: Auch der Kaffee und die Tees sind sehr gut. Das Bona Kollektiv ist auch deshalb ein so toller Laden, weil diese kulinarische Osterweiterung nicht gleich zu einer „Philosophie“ verklärt wird. Oder zum Hype. Guter Laden, tolles Team.

Hermannstraße 178, Mo–Fr 9–17 Uhr, Sa+So 10–18 Uhr, bei Facebook: Bona Kollektiv
€€

Brammibal's Donuts

Die Donutkette Brammibal's ist in wenigen Jahren vom kleinen Streetfoodtruck zu einem wahren Kringel-Imperium gewachsen. Aus gutem Grund: Jessica Jeworutzki und ihr Team bei Brammibal's (das übrigens nach dem Spitznamen ihres Mitgründers benannt ist) legen Wert auf Qualität – und auf Details. Das Angebot wechselt jeden Monat – und weiß immer wieder zu überraschen. Zu den beliebtesten Klassikern gehören Boston Creme, Tiramisu und Weiße-Schokolade-Erdbeere. Schnell sein, die Läden sind immer fix ausverkauft!

Maybachufer 8, Mo–Sa 10–20 Uhr, So+Feiert. 11–19 Uhr, www.brammibalsdonuts.de
€

Bullys Bakery

Als dem ehemaligen Gastgeber die Hektik und Geschäftigkeit Berlins zu viel geworden waren, beschlossen Behzad Karim-Khani und Achille Farese (beide betreiben auch die Lugosi Bar mit dem intimen Restaurant Karloff), Bullys Bakery zu übernehmen und seine entspannte Atmosphäre und die hohe Qualität zu bewahren. Heute ist die Cola hausgemacht und die frischgepressten Säfte sind nie smoothiesüß, sondern zeugen vom aromatischen Sachverstand des Barkeepers Kharim-Khani. Dazu Focaccias, pur und auf den Punkt, und sehr guten Kuchen. Ein Kleinod zum Tagevertrödeln.

Friedelstraße 7, Mo–Do 8–18 Uhr, Fr 9–18 Uhr, Sa+So 10–18 Uhr, bei Facebook: Bullys Bakery
€€

Companion Tea & Coffee

Companion Tea ist, neben dem ungleich größeren Paper & Tea in Mitte beziehungsweise Charlottenburg, die derzeit spannendste, grundsätzlichste unter den Berliner Tee-Manufakturen. Zugegeben, die meisten werden dennoch auf einen Kaffee kommen, ins Companion Tea & Coffee. Wir hoffen aber, sie bleiben auf einen Tee. Großartige Backwaren, wenn nicht aus dem eigenen Backofen, spannende Frühstücks- und Lunchteller mit asiatischem Twist.

Weserstraße 166, Mo–Fr 9–18 Uhr, Sa+So 10–18 Uhr, www.companioncoffee.com
€€

Das grüne Café NEU

Das grüne Café dient nicht nur als Nachbarschaftstreff, sondern es soll auch die Möglichkeit geschaffen werden, Gemüse und Salat selbst zu ernten.

Mohriner Allee 71, Mo–Fr 11–16 Uhr, instagram.com/das_gruene_cafe
€€

Geschwister Nothaft Café

Hier am S-Bahnhof Sonnenallee ist die Gentrifizierung noch nicht so weit vorangeschritten wie weiter nördlich in Neukölln, das Publikum ist noch wesentlich durchmischter – somit geht das Geschwister Nothaft Café beinahe noch als Geheimtipp durch. Trotzdem hat sich das helle Café durch einen Durchbruch deutlich vergrößert, und die Speisekarte zeugt von neuen Neuköllner Zeitgeist: Auch hier ist der Superfood-Trend mit Quinoa, Avocado und Chia angekommen. Außerdem gibt es guten Kaffee: Der schmeckt nicht nur gut, sondern ist auch aus fairen Bohnen gemahlen.

Schwarzastraße 9, Mo–Fr 8–18, Sa+So 9–18 Uhr, www.facebook.com/geschwisternothaft
€

Gorilla NEU

2022: TOP 5 MORGENS, PLATZ 4
Besprechung siehe Seite 20

Hermannstraße 211, Mi–So 8–17 Uhr
€

Isla Coffee

Peter Duran war eigentlich zum Plattenauflegen nach Berlin gekommen. Geblieben ist er als Cafébesitzer mit Baristahintergrund. Der Ort will ein Zero-Waste-Café sein und so wenige Ressourcen wie möglich verbrauchen. Wie das schmeckt? Köstlich! Etwa, wenn der Ricotta für das Birnen-Walnuss-Sandwich aus der beim Milchaufschäumen übrig gebliebenen Milch selbst geschöpft wird oder übriggebliebene Backwaren aus dem Isla in den besten Breadpudding der Stadt verbacken werden.

Hermannstr. 37, Mo–Fr 8–18 Uhr, Sa+So 9–18 Uhr, www.facebook.com/Islacoffeeberlin
€€

Katie's Blue Cat

Ngoc Duong steht hinter der Theke, bereitet einen Kaffee nach dem anderen zu und schiebt verschiedene Kuchenstücke auf kleine Teller. Olivia Wood, die zweite Inhaberin, arbeitet in der warmen Backstube nach nordamerikanischer und englischer Backtradition. Wichtig ist den beiden, dass man auch hierzulande völlig unbekannte Backwaren entdecken kann, zum Beispiel Anzac Bisquits, australische Kekse mit Kokosnuss, Haferflocken, Sonnenblumenkernen und Golden Syrup.

Friedelstraße 31, Mo–Fr 8–18 Uhr, Sa+So 9.30–19 Uhr, Tel. 62 90 33 80, www.katiesbluecat.de
€

Martin's Place

In Israel hat er das Patisserie-Handwerk gelernt, im Sacher in Wien hat er auch schon gearbeitet: Joseph Martins Torten sind kleine Kunstwerke. Vor acht Jahren eröffnete er als Familienunternehmen seine Kuchenmanufaktur in Berlin. Frische Zutaten, traditionelles Handwerk und Freude am Experimentieren lautet seine Philosophie, die zu wöchentlich rund 20 ausgefallenen Kreationen wie Limettencreme-Tarte oder Mohn-Birne mit französischer Schokolade führt. Typisch israelisch: Sesamtorte mit Pistazien.

Pannierstraße 29, Di–So 11–17 Uhr, Tel. 28 87 91 79, www.martinsplace.de
€€

Populus Coffee

Die spinnen, die Finnen. Oder auch nicht. Zumindest nicht, was Kaffee angeht: Im Populus wird selbst geröstet, getrunken mit Blick auf Efeu und Kanal. Backwaren und Sandwiches stillen dazu noch den kleinen Hunger.

Maybachufer 20, Mo–Do 9–17 Uhr, Fr, So 9–18 Uhr, Sa 10–18 Uhr, www.populuscoffee.de
€€

Schaumschläger

Hier vertraut man noch auf Handarbeit: Vom Brot über Kuchen zum Bohnenmus wird alles selbstgemacht. Das Café in Neukölln ist eine tolle Adresse für Veganer: Hausgefertigte Pasten, Hummus, Couscous-Salat, Gemüse, Oliven, Marmelade und veganer bzw. glutenfreier Kuchen laden zu einem Besuch ein.

Hobrechtstr. 11, Mo–Sa 8–19 Uhr, So 10–18 Uhr, Tel. 60 90 25 96, cafeschaumschlaeger.com
€€

She said NEU

Eigentlich ist das She Said ein queerfeministischer Buchladen, in dem der Fokus auf Büchern von weiblichen, nichtbinären und queeren Autor*innen liegt. Aber in diesem herrlich bunten und sehr gut kuratierten Buchladen befindet sich auch ein kleines angeschlossenes Café, das man nicht verpassen sollte: täglich frischgebackene Scones, Quiches, Kuchen und Süßes, dazu Kaffee von Vote Coffee und Tee von Companion Coffee & Tea, auch gerne in neuen Varianten gedacht wie „Shakerato", ein Espresso mit Rhabarbersaft, oder „London Fog", ein Schwarztee mit hausgemachtem Vanillesirup und Hafermilch. An den knallroten Tischen draußen kann man wunderbar das Neuköllner Treiben beobachten oder in einem guten Buch versinken.

Kottubsser Damm 79, Mo–Fr 11–18 Uhr, Sa 10–18 Uhr, www.shesaid.de
€

The Future Breakfast

Wer vor lauter hippen Brunchläden kein aufrichtig handwerkliches, entschlossen saisonales und vollmundig geschmackssicheres Frühstück mehr findet, dem sei dieses (gar nicht mal so) kleine Café empfohlen. Und das Bircher-Müsli, mit einer tiefenaromatischen Birne und hausgemachtem Quark (8 Euro). Vier Gerichte stehen auf der wechselnden Karte, dazu Sandwiches, vegane Brownies oder Cheesecake im Glas.

Böhmische Straße 46, Mo–Fr 9–18 Uhr, Sa+So 10–18 Uhr, Tel. 0176-80 54 56 67, thefuturebreakfast.com
€€

Two and Two

Zwei Frauen, Eri aus Tokio und Tose aus Paris, betreiben gemeinsam das französisch-japanische Café Two and Two. Wir empfehlen dazu die wunderbaren Cannelés (also: kleine Kuchen) in diesem wunderbaren Café mit angeschlossener Papeterie.

Pannierstraße 6, tgl. 11–18 Uhr, Tel. 53 79 15 78, www.twoandtwoberlin.com
€€

Vux

Im veganen Vux wird zu Punk in dezenter Lautstärke geschlemmt. Es gibt feine Torten, Kuchen, Brownies, Quiches, Suppen und exotische Smoothies – alles handgemacht von den Besitzern Urte Böhm und Arilson de Oliveira. Mittlerweile stehen neben der klassischen Schwarzwälder-Kirschtorte auch Eigenkreationen wie der Limetten-Kokos-Cheesecake oder Pfirsich-Grünteecreme auf Schokobiskuit in der Vitrine.

Wipperstraße 14, Mi–Sa 12–19 Uhr, So 12–18 Uhr, www.vux-berlin.com
€

YaMe NumNum

In den ehemaligen Räumen des Lava wird nun Brunch (Sa+So 9–16 Uhr) mit asiatischem Twist und australischem Akzent aufgetischt. Auf der Karte die Klassiker: Eggs Benedict, Avocadostulle, Frenchtoast. Aber hier kommen die Eier mit Wasserspinat daher, Avocados werden als Tempura serviert, das Frenchtoast zieht sich als hipper Armer Ritter eine herzhafte Kimchi-Speckrüstung an. Daneben gibt es Omelettes, Pancakes in der süßen Variante und als herzhafte vietnamesische Bánh Xèo. Die Sushi-Kreationen sind ein Mix aus Tradition und dem YaMe-Brunch-Konzept, auch vegan und vegetarisch. Sushi derzeit nur zum Abholen.

Flughafenstraße 46, Sushi-Abholung Di–Do 12–21 Uhr, Fr–So 16–21Uhr, Tel. 0177-877 04 93
€€

EISDIELE

Eisderix

„Manchmal reicht auch einfach ein verdammt gutes Schokoladeneis", ist das Motto der drei Freunde, die seit 2017 die kleine Eisdiele Eisderix betreiben. Übrigens benannt nach ihrem Zuhause, Rixdorf. Hier gibt es eher weniger von den experimentellen Eissorten mit Chiasamen oder Trüffelöl, aber dafür das vielleicht beste Mangosorbet Berlins.

Übrigens haben die sympathischen Eismacher mit dem Kuno15 nun auch eine Dependance am Lietzensee in Charlottenburg.

Böhmische Straße 48, tgl. 13–19 Uhr, Tel. 0176-86 70 32 46, eisderix.de
€

Fräulein Frost

Egal ob Pistazie, weiße Schokolade mit roter Grütze oder Stachelbeere, das Eis bei Fräulein Frost ist selbstgemacht und lecker. Besonders beliebt ist die Diele bei jungen Familien, weshalb es zu Stoßzeiten am Nachmittag sehr voll werden kann, aber: Anstehen lohnt sich!

Friedelstraße 38, tgl. 12–19 Uhr, Tel. 95 59 55 21, fräulein-frost.de
€

Mos Eisley

Vor einem Besuch auf dem Tempelhofer Feld sollte man sich auf jeden Fall im Neuköllner Mos Eisley noch ein Eis besorgen. Verarbeitet werden ausschließlich frische Zutaten, auf Aromenzusätze und Konservierungsstoffe wird komplett verzichtet. Die Auswahl reicht von Käsekucheneis (in Schwarz: die seltene Sorte heißt „Darth Vader") und Fruchtsorbets bis hin zu Eis mit Schuss, zum Beispiel mit Caipirinha-Geschmack. Außerdem im Angebot: Eistorten.

Herrfurthplatz 6, tgl. 12–19 Uhr, Tel. 23 93 94 60
€

Spoonful Berlin

Aus der 2014 gegründeten handwerklichen Eisdiele in Rixdorf – die sich mit Spoonful Berlin neu benannt hat und die Eisdielen dem neuen Namen anpassen will – sind inzwischen mehrere Filialen zwischen Wedding, Kreuzberg und Neukölln geworden. Neben Milcheis, unter anderem in den Sorten Macha oder Zimt-Honig-Apfel, finden sich überproportional viele laktosefreie und vegane Eissorten in den Vitrinen.

Karl-Marx-Platz 17, Mo–Do 12–19 Uhr, Fr+So 12–20 Uhr, Sa 14–19 Uhr, Tel. 0160-91 31 89 76, www.eismanufaktur-berlin.de
€

GÄRTEN & STRÄNDE

Berliner Berg Brauerei

Natürlich – sagen Michéle Hengst und Robin Weber – hätten sie sich in ganz Berlin umgeschaut. Aber eigentlich sei es doch klar gewesen, dass sie den Bezirk nicht verlassen wollten, in dem 2015 die Geschichte ihrer Brauerei begonnen hatte. In einem Hinterhof in der emporstrebenden Kopfstraße im Schillerkiez. Daher der Name Berliner Berg. Ganz im Osten von Nordneukölln steht nun die richtige, eigene Brauerei – mit einem Fenster in der Fassade, aus dem Frischgezapftes im charmanten Gastgarten samt Spielplatz und Sonnensegel gereicht wird. Dazu werden immer wieder (Street-Food-) Köch:innen eingeladen.

Treptower Straße 39, Fr 18–22 Uhr, Sa+So 12–22 Uhr, Tel. 6443 59 06, www.berlinerberg.com
€€

PRENZLAUER BERG

Vom Experimentallabor zum Symbol für das neue Berlin und zurück: in den letzten Jahren haben sich immer mehr gastronomische Pioniere im Bezirk angesiedelt und neu erzählt, wie Berlin schmecken, riechen, feiern kann. Aber mit neuem Qualitätsanspruch, der Genuss und Nachhaltigkeit verbindet und als georgische Supra oder Tacos, mit Wild aus Brandenburg und perfekten Drinks serviert.

Ein Ort für Fine-Dining-Einsteiger und alle, die unkompliziert gut essen wollen: Gegenwartsküche trifft auf vollmundig süddeutsch-frankophile Grundierung. Ein Ort zum Wohlfühlen → *Bricole, S. 129*

Von der Datsche in die Stadt: Vadim Otto Ursus serviert Fermentiertes und Regionales gekonnt als großstädtische Gegenwartsküche → *Otto, S. 131*

Trinken im Beckett statt Warten auf Godot: wenig Raum, große Cocktails → *Becketts Kopf, S. 133*

Einer der geschichtsträchtigsten Biergärten der Stadt ist zurück → *Pratergarten, S. 135*

Khinkali, Khachapuri und Lobio, heruntergespült mit Rkatsiteli: alles Fremdwörter? Am Kollwitzplatz gibt es köstlichen Nachhilfeunterricht in georgischer Kulinarik. → *Der blaue Fuchs, S. 129*

Fotos: Simone Artale; Robert Rieger; Becketts Kopf; Betty Muller; Der blaue Fuchs

RESTAURANTS

Akemi

PANASIATISCH Sushi, Sashimi, Garnelen-Dumplings, ein mürbe gegrilltes Rindersteak mit Süßkartoffelpommes: Das Akemi bietet eine ambitionierte Fusion-Küche abseits der geschmacklichen Beliebigkeit asiatischer Bufett-Restaurants. Und schöner ist es auch: Die Einrichtung ergänzt kongenial das Essenskonzept.

Rykestraße 39, tgl. 12–0 Uhr, Tel. 44 01 31 88, akemi-berlin.squarespace.de
€€

Altberliner Restaurant

DEUTSCH Hier kommt, wie könnte es auch anders sein, deftige Altberliner Küche auf den Tisch: selbst eingelegter Sauerbraten mit Apfelrotkohl und Klößen, Eisbein mit Sauerkraut, Erbspüree und Kartoffeln, Strammer Max oder Würzfleisch.

Fürstenberger Straße 1, Di–Sa 17–23 Uhr, So 12–22 Uhr, Tel. 449 51 51, www.altberliner-restaurant.de
€€

AV Restaurant NEU

2022: TOP 20 ABENDS, PLATZ 19
DEUTSCH Besprechung siehe Seite 44

Schönhauser Allee 44, Di–Fr 12–15 u. 17–22 Uhr, Sa ab 12 Uhr durchgehend, Tel. 27 01 88 51, www.avrestaurantberlin.com
€€€

Bangkok Bites NEU

2022: TOP 20 ABENDS, PLATZ 15
THAILÄNDISCH Besprechung siehe Seite 42

Knaackstraße 22, tgl. 12–23 Uhr, Tel. 0176-57 68 58 85

Blackbeards

NORDAMERIKANISCH Vom Grill und aus dem Smoker kommen Beef Brisket, Rippchen, Pulled Pork und Filetburger. Die Lieferanten sind größtenteils aus dem Umland.

Pappelallee 55, Di–Sa 17–23 Uhr, So 17–22 Uhr, Tel. 0157-56 69 78 21, www.blackbeards.berlin
€€

Bricole

FRANZÖSISCH, DEUTSCH Küchenchef Steven Zeidler hat die kulinarische Gegenwart auf der Zunge, ohne die DNA seiner süddeutsch-frankophilen Küche zu verleugnen. Wenn dann schon im zweiten Gang die Wohlfühlkombination Kartoffel und Eigelb mit Lardo und Kalbsbries kombiniert wird, ist zudem klar, dass hier keinesfalls gastfreundliche Kalkulation (vier bis sechs Gänge ab 49 Euro) vom knappen Wareneinsatz subventioniert wird. Unsere Empfehlung für Fine-Dining-Einsteiger und alle, die einfach nur gut essen wollen.

Senefelderstraße 30, Di–Sa ab 18.30 Uhr, Tel. 84 42 13 62, www.bricole.de
€€€

Brot & Salz

ALPENLÄNDISCH Die feine Salzkruste auf dem noch warmen Brot macht dem Namen dieses unprätentiösen Österreichers alle Ehre. Neben Wiener Schnitzel, Saftgulasch, Tafelspitz und Backhendl hat Inhaber Murat Yildiz Gerichte wie Saltimbocca und Lamm-Merguez auf der Karte.

Prenzlauer Allee 27a, Mo–Sa 10–22 Uhr, Tel. 33 94 53 00, www.brotundsalz-restaurant.de
€€€

Cat Tuong

VIETNAMESISCH Gras an den Wänden, Chrysanthemen im Glas – das Cat Tuong ist nicht nur ein vegetarisches (und teilweise veganes) vietnamesisches Restaurant, sondern auch ein hübsch anzuschauendes. Außerdem wird hier nicht bloß Industrie-Hühnchen gegen Tofu getauscht. Stattdessen gibt selbstgemachter Seitan den Gerichten ordentlich Würze.

Kastanienallee 89, tgl. 12–23.30 Uhr, Tel. 85 61 47 61, www.cat-tuong.de
€€

Chez Maurice

FRANZÖSISCH Hier werden Klassiker wie Entenstopfleber, Weinbergschnecken und Wachtelbrüste serviert. Zudem kann man sich Menüs nach eigenen Wünschen zusammenstellen lassen. Die Weinkarte ist mit rund 200 Sorten üppig bestückt.

Bötzowstraße 39, Mo–Do 17–0 Uhr, Fr–So 17–1 Uhr, Tel. 425 05 06, www.chez-maurice.com
€€€

Choi

2020: TOP 10 ABENDS, PLATZ 15
KOREANISCH Koreanisches Fine Dining könnte man das nennen, was in dem kleinen, intimen, 20 Plätze fassenden Souterrain- Restaurant von Sooyeon Choi serviert wird. So kommt etwa der Dumpling, ein koreanischer Street-Food-Klassiker, hier mit säuerlich-pikantem Kohl und feinen Röstaromen auf die handgetöpferten Teller. Sehr zu empfehlen sind die viergängigen Menüs, bei denen man zwischen Fisch, Fleisch oder einer vegetarischen Option wählen kann. Glücklich, wer dabei das mit Birne, Honig und Sesamöl marinierte Tatar als Zwischengang bekommt.

Fehrbelliner Straße 4, Di–So 18–23 Uhr, Tel. 0176-61 94 19 32, www.choiberlin.de
€€€

Chutnify

INDISCH Das Restaurant zeigt, dass indisch anders, vor allem zeitgenössischer geht. Kein in Rahmsauce ertränktes Hühnchen. Stattdessen: der Duft von Koriander. Und ein Bhel Puri: Reis, Tomaten, rote Zwiebeln und Erdnüsse ergeben eine simple, frische Vorspeise. Die toll gemachten Dosas (gefüllte Pfannkuchen) an authentischen Chutneys sind ein wunderbares Street-Food-Gericht.

Sredzkistraße 43, So–Do 12–22 Uhr, Fr+Sa 12–23 Uhr, Tel. 44 01 07 95, www.chutnify.com
€€

Dan's Dim Sum & Noodles

CHINESISCH Eigentlich ist so eine grob gefasste asiatische Küche nicht das beste Zeichen, aber: Die Dim Sum sind einwandfrei. Handgemacht, die Bao fluffig, die Jiaozi mit dünnem Teig. Und wirklich herausragend sind die gebratenen Nudeln mit Tofu und Gemüse.

Gleimstr. 17, Mi–Mo 16–23 Uhr, Tel. 47 37 21 22, www.facebook.com/dansdimsumberlin
€€

Der blaue Fuchs

GEORGISCH Der blaue Fuchs hat allerlei feine georgische Weine mit nach Berlin gebracht. Zu ihnen passt die Vorspeisenplatte, auf der verschiedene georgische Pasten, Käse und Salate durchdekliniert werden. Oder man probiert das Khachapuri Atscharuli: ein langgezogenes Schiffchen mit einem rohen Ei im noch warmen Käse, das man schnell verrühren muss, um dann die Ränder ebenjenes Teigschiffchens abzureißen und in die seidige Käsemasse zu tauchen. Wer dann immer noch nicht satt ist, sollte das Hühnchen in Milch und Knoblauch bestellen.

Knaackstraße 43, Di–Do 16–0 Uhr, Fr+Sa 12–0 Uhr, Tel. 26 07 42 44, www.derblauefuchs.metro.bar
€€€

Estelle Dining

2021: TOP 15 ABENDS, PLATZ 10
ITALIENISCH Family Style Food, Sharing, nichts Neues, aber wunderbar stilsicher und herrlich unaufgeregt. Dazu eine urbane, nie nur zeitgeistige Modernität und ein meterhohes, so solide wie zeitgenössich-mutig bestücktes Weinregal. Im Fokus steht der 700-Kilo-Steinofen, in dem bei 450 Grad auf einer Etagere servierte, äußerst kreative Gemüsepizzen gebacken werden. Zwiebeln finden sich darauf – geröstet, verkohlt und eingelegt oder karamellisiert mit Grünkohl, Topinambur und Meerrettich. Dazu passen Crudités mit weißem-Bohnen-Miso in der Bagna-Cauda-Version, sprich als Gemüsefondue mit Olivenöl-Sardellen-Knoblauch-Sauce zum Dippen.

Kopenhagener Straße 12a, Mi–Fr 17–22 Uhr, Sa+So 13–22 Uhr, Tel. 44 01 20 36, estelle-dining.com
€€€

Frau Mittenmang

PANEUROPÄISCH Kreative, saisonale internationale Küche hat sich Frau Mittenmang auf ihre Kochfahne geschrieben. Dabei stehen bei ihr Gerichte mit Fleisch und vegetarische Speisen Seite an Seite. Und so kann der Gast etwa bei den hausgemachten Ravioli zwischen Garnele und Schweinebauch oder Parmesan, Schwarzwurzel und Rosenkohl wählen. Aber auch Ausgefallenes wie Herz und Leber von der Ente steht auf der Karte, dazu eine kleine Auswahl fein ausgesuchter Weine.

Rodenbergstraße 37, Di–Sa 18–22 Uhr, Tel. 444 56 54, www.fraumittenmang.de
€€€

Gasthaus Alt Wien

ÖSTERREICHISCH Mitten im Bötzowviertel wird Gästen eine Schnitzellandschaft serviert, die golden knusprig über den Tellerrand reicht und den Erdäpfelsalat unter sich begräbt. Der marinierte Tafelspitz ist sensationell zart. Das Saftgulasch schmeckt deftig und wird von einem überdimensionierten, ebenfalls fluffigen Semmelknödel begleitet.

Hufelandstraße 22, Di–Sa 18–23 Uhr, So 12–22 Uhr, Tel. 70 12 96 10, www.altwien-berlin.de
€€€

Gobento

JAPANISCH Markus Schinke, Inhaber und Koch, nennt die Küche seines etwas versteckt liegenden Go Bento „japanisch-asiatischen Freestyle". Die Küche ist ein bisschen avantgardistisch, dabei aber gut ausbalanciert, das Interieur eher schlicht. Getränke darf man selber mitbringen und Kinder essen hier kostenlos.

Stubbenkammer Straße 5, Mi–Sa 19–21.30 Uhr, Tel. 0176-23 66 26 93
€€

Gugelhof

FRANZÖSISCH, DEUTSCH Mit aufmerksamem Service und zuverlässiger Küche bewirten die Gugelhofer seit vielen Jahren ihre Gäste zur vollsten Zufriedenheit. Während die einen deftiges Choucroute mit Wurst und Schäufele bevorzugen, genießen die anderen feinen Baeckeoffe mit Schweine-, Rind- und Lammfleisch oder Tarte Flambée zum Elsässer Riesling. Neuerdings gibt es auch Frühstück: immer samstags und sonntags ab 10 Uhr.

Knaackstraße 37, Mo, Mi–Fr 17–23 Uhr, Sa+So 12–23 Uhr, Tel. 442 92 29, www.gugelhof.eatbu.com
€€€

Guten Dag NEU

KOREANISCH Bei Guten Dag gibt es nicht viel Auswahl. Aber bekanntlich muss man nur eine Sache richtig gut machen – und das ist bei dem koreanischen Imbiss: das Fried Chicken. Ja ohnehin ein Nationalgericht im dem asiatischen Land, wird das Wohlfühl-Essen hier perfektioniert. Krosse Panade, zartes Fleisch, je nach Laune mit oder ohne Knochen und mit Soja beziehungsweise scharfer Soße (oder eben beiden zusammen). Als Beilage ein bisschen Kimchi, der eingelegte Kohl ist ja wahnsinnig gesund – das gleicht dann die frittierte Sünde auch wieder aus. Irgendwie.

Schönhauser Allee 71/72, tgl. 12–22 Uhr, Tel. 0176 -72 60 62 87, gutendag-berlin.de
€€

Habba Habba

MITTLERER OSTEN „Habba Habba" sind arabische Spezialitäten wie Halloumi und Falafel in Form von Wraps oder in Schalen. Empfehlung des Hauses ist das Sesam-Halloumi mit Granatapfelsauce. Wer größeren Hunger hat, bestellt das Granatapfel-Hähnchenfilet mit Korianderkartoffeln, Rucolasalat, Römersalat, Minze-Joghurt und Mandeln.

Kastanienallee 15, tgl. 11–23 Uhr, Tel. 36 74 57 26, www.habba-habba.de
€€

Herr Rossi

ITALIENISCH Heute nur Fisch, erklärt die Bedienung mit der Speisekarte unterm Arm, einer großen Schiefertafel, die sich alle Gäste teilen und die durchs Lokal zum jeweiligen Tisch wandert. Gut schmeckt es bei Herrn Rossi dennoch allemal!

Winsstraße 11, Mo–Sa 18–0 Uhr, Tel. 53 06 10 77, bei Facebook: Herr Rossi
€€

Hirsch & Eber

DEUTSCH, NORDAMERIKANISCH Raue Holzlatten an der Wand, knapp zehn Tische und die offene Grillküche sorgen für das passende Ambiente für das durchaus wilde Restaurant-Thema. Es gibt unter anderem ein Reh- oder Hirsch-Tagesgericht in guter Brandenburger Wild-Qualität, ein halbes Dutzend Burger, und gute Bio-Fritten.

Kollwitzstraße 87, Do+Fr 17.30–22 Uhr, Sa 13–22 Uhr, So 17–22 Uhr, Küchenschluss 21 Uhr, Tel. 23 91 49 64, hirschundeber.com
€€

Holy Everest

2020: TOP 10 MITTAGS, PLATZ 7

HIMALAYA Rajesh Lama arbeitete im Himalaya als Sherpa und Bergführer. Und war irgendwann mit seinen Momos, gefüllten nepalesischen Teigtaschen, nach Berlin gekommen. Die erzählen von der Universalität der Teigtasche, ob nun als Ravioli, Maultasche, Dumpling oder eben Momo. Erst auf Streetfood-Märkten unterwegs, hat Rajesh Lama nun sein eigenes Restaurant. Es heißt wie einst sein Stand auf dem „Street Food Thursday": Holy Everest. Paradies für Veganer*innen – und ihre fleischessenden Freund*innen!

Gleimstraße 54, Di–Do, So 12–23 Uhr, Fr+Sa12–0 Uhr, Tel. 1521-724 19 48, www.facebook.com/holyeverest
€€

I Due Forni

ITALIENISCH Jüngerer, aber größerer Bruder des Il Casolare in Kreuzberg. Nicht unumstritten und immer laut. Der unfreundliche Service ist legendär und den Salat muss sich der Gast selber schneiden. Dennoch ist der Laden voll und bei Gruppen und Touristen beliebt: Die Pizza ist einfach zu gut.

Schönhauser Allee 12, tgl. 12–0 Uhr, Tel. 44 01 73 33
€€

Il Pane e le Rose

ITALIENISCH Helle Räume, abgewetzter Dielenboden, bereits zur Auftakt-Bruschetta fühlt man sich wie in einer ländlichen Trattoria in Italien. Ausgesprochen gut sind die Antipasti, auf der täglich wechselnden Karte findet sich auch viel Fischiges wie Lachs-Carpaccio oder Jakobsmuscheln und Salate. Aber auch die hausgemachte Pasta, die Pizzen und die Panna Cotta schmecken, wie es sein soll.

Am Friedrichshain 6, Mo–Do 17–23 Uhr, Fr–So 12–23 Uhr, Tel. 423 19 16
€€

Ilsebill

PANEUROPÄISCH Fleisch und Fisch als Beilage? Im Ilsebill an der Kastanienallee steht die Küche so gesehen Kopf. Und macht gerade deshalb Veganer, Vegetarier, Fleisch- und Fischesser gleichermaßen glücklich. Unterstrichen wird das Ganze vom ebenfalls stimmigen retro-bunten Styling: 30 Plätze, Blumentapete, Backsteinwand, Leuchtschrift, viel Pink und Grün, dazu sehr ordentliche Weine aus Deutschland, Österreich, Italien.

Kastanienallee 100, Di–Sa 11–1 Uhr, Tel. 0177-454 21 87, www.restaurant-ilsebill.de
€€€

Juki

KOREANISCH, JAPANISCH Das Juki serviert panasiatische Vorspeisen und koreanische Hauptgerichte. Besonders das Barbecue ist der Stolz des Hauses: Die Hauptgerichte werden roh an den Tisch gebracht, damit die Gäste diese selber auf dem Tischgrill zubereiten können. Dazu gibt es Gemüse und Reis – und zwar so viel man will.

Lychener Straße 13, Di–So 18–23 Uhr, Küche bis 22 Uhr, Tel. 44 32 46 36, www.juki.me
€€

Kanaan

ISRAELISCH Auch nach dem Umzug ist das Konzept am neuen Ort gleich geblieben: vegan-vegetarische israelisch-palästinensische Küche. Es gibt Gerichte wie Marrokanisches Matbutcha, dabei handelt es sich um gekochte Tomaten mit Paprika, Knoblauch und Zwiebeln. Dazu: frische Salate, klassisches Hummus, Falafel oder Jemenitisches Mallawach, Blätterteig-Gebäck mit Dips und Beilagen. Neu ist, dass jetzt auch Alkohol ausgeschenkt wird.

Schliemannstraße 15, Mi–Do 18–22 Uhr, Fr–So 12–22 Uhr, Tel. 01590-134 80 77, www.kanaan-berlin.de
€€€

Khushi

INDISCH Traditionelles indisches Essen, es gibt sowohl die gehaltvolleren nordindischen Spezialitäten als auch die recht scharfen Gerichte aus dem Süden des Landes. Probiert haben sollte man das 24 Stunden in Joghurt mit indischen Gewürzen marinierte Tandoori Chicken.

Kollwitzstraße 37, Di–So 12–23 Uhr, Tel. 48 49 37 90/91, www.khushi-berlin.de
€€

Koempul NEU

2022: TOP 10 MITTAGS, PLATZ 9

INDONESISCH Besprechung siehe Seite 28

Lychener Straße 6, Mo–Fr 12–15 + 17–20 Uhr, Sa+So 12–20 Uhr, Tel. 0176-55 66 86 41, www.facebook.com/koempulrestaurant
€€

Konträr NEU

Natürlicher Wein und kleine Teller? Pablo Gomez, der einst im gefeierten Animal in LA gearbeitet hat, und sein Partner Taran Schiffer starteten im Juni mit kubanischen Roastbeef- und Brokkoli-Focaccia-Sandwiches im New-York-Stil und Austern Rockefeller. Jetzt realisieren sie ihr Hauptkonzept: kleine Gerichte mit großen, kräftigen Aromen und keinem Mangel an Innereien. Wenn Sie schon immer mal einen Schluck slowenischen Small-Batch-Rosé mit einem Bissen Schweineohr-Pommes kombinieren wollten, ist dies der richtige Ort dafür.

Winsstraße 53, Di–So 12–23.30 Uhr, Tel. 98 39 74 66, www.konträr.com
€€

La Buvette

FRANZÖSISCH Francois Gourdon und Jana Posdiech sind mit ihrer Weinbar La Buvette umgezogen. Weiterhin dominieren lange Bänke und eine lange Theke aus dunklem Holz. Und wie bisher sind die guten französischen Weine sehr moderat kalkuliert. In der Küche ist mehr Platz, sodass Francois auch Klassiker wie Steak frites und geschmorte Entenkeulen anbieten kann.

Gleimstraße 41, Di–Sa 18–22 Uhr, So 18–21 Uhr, Mittagstisch Fr 12–14 Uhr, Tel. 88 06 28 70, www.labuvette.berlin
€€

Lecker Song

CHINESISCH Das Lecker Song bietet fast ausschließlich kleine, hübsch anzuschauende chinesische Teigtaschen, Dim Sum genannt. Gekocht wird nach Familienrezepten, meist aus Omas Kochbuch, wie der beliebte „Kakao-Traum" mit Kürbis, Erbsen und Curry, oder die „Geldbörse" mit Ingwer, Kohl, Glasnudeln, Karotten und Pilzen. Auf der Karte stehen viele Varianten, im Bambuskorb gedämpft oder auf Wunsch gebraten und mit Essig-, Soja oder wahlweise scharfer Sauce serviert. Ein Traum!

Schliemannstraße 19, Mo–Sa 12–22 Uhr, So 16–22 Uhr, Tel. 26 37 44 47
€€

Les Valseuses

FRANZÖSISCH Hier steht das Essen im Vordergrund. Die Einrichtung ist puristisch, die Küche französisch: Steaks, Entrecôte, Tartar sind das ganze Jahr zu haben, ebenso die Burgunder-Schnecken in Maître d'Hotel-Butter beispielsweise oder die Crème brulée. Je nach Jahreszeit kommen dann Gerichte wie etwa ein Cassoulet von konfierter Gänsekeule und Wurst auf weißen Bohnen dazu. Alles schmeckt so, wie es schmecken soll: deftig und gut. Auch Vegetarier werden hier froh.

Eberswalder Straße 28, tgl. 18.30–23 Uhr, Tel. 75 52 20 32, www.facebook.com/Lesvalseuses/
€€

Lucky Leek

EUROPÄISCH Statt wie andere vegane Restaurants Fleischgerichte zu imitieren, hat man sich im Lucky Leek dazu entschieden, eine eigene Küche zu erfinden. So darf man beispielsweise Kartoffel-Walnuss-Cannelloni in Riesling-Trüffelrahm genießen. Freitags, samstags und an Feiertagen gibt es ausschließlich Menüs – unbedingt vorher reservieren!

Kollwitzstraße 54, Mi–So 18–22 Uhr, Tel. 66 40 87 10, www.lucky-leek.com
€€€

Mamay

VIETNAMESISCH Klare Formen und ein stimmiges Farbkonzept. Das vietnamesische Restaurant ist ganz in Weiß und Grau gehalten, aufgelockert durch einige rote Farbakzente wie Seidenkissen auf den asiatischen Holzmöbeln. Aus der Küche kommen Papayasalat oder Ente mit Süßkartoffeln. Exotisches Gemüse wie vietnamesischer Wasserspinat erweitert den Geschmackshorizont der Gäste.

Schönhauser Allee 61, tgl. 11.30–23.30 Uhr, Tel. 444 72 70, www.mamay-berlin.de
€€

Mamida NEU

2022: TOP 20 ABENDS, PLATZ 14

ITALIENISCH Besprechung siehe Seite 42

Dunckerstraße 80, Di–So 17–22 Uhr, Tel. 01517-558 69 20, www.mamidaberlin.com
€€

MaoThai Stammhaus

THAILÄNDISCH Auf zwei Etagen wird im MaoThai die perfekte thailändische Atmosphäre geschaffen. Die Servicekräfte servieren in traditionellen Thai-Gewändern, auch die Deko ist original. Zu empfehlen ist der Klassiker Pad Khi Mau: krosse Ente mit verschiedenem Gemüse.

Wörther Straße 30, Di–Fr 12–15 u. 17–22 Uhr, Sa, So, Feiert. 13–22 Uhr, Tel. 441 92 61, www.maothai.de
€€

Massai

AFRIKA Die Inneneinrichtung mischt Modernes geschickt mit traditionellen Farben, Skulpturen und Mustern Afrikas. Die Speisekarte führt quer durch den Kontinent. Fleisch vom Springbock, Krokodil, Zebra oder Strauß. Dazu Fufu (ein Brei aus Maniok oder Yams), Kochbananen und Schwarzaugenbohnen. Bei den Bieren gibt's Bekanntes und Exotisches – etwa Bananenbier aus Ghana. Und im Winter steigt am Wochenende eine afrikanische Kaffeezeremonie.

Lychener Straße 12, tgl. 17–0 Uhr, Tel. 48 62 55 95, www.massai-berlin.de
€€€

Mezze Bar by MontRaw

MITTLERER OSTEN Das MontRaw ist in die Torstraße gezogen und hat parallel dazu in seinen ehemaligen Räumen die Mezze Bar by MontRaw eingerichtet. Die große Eckterrasse ist ein Rückzugsort im quirligen Kollwitzkiez. Der für das MontRaw aus Israel übergesiedelte Koch Ben Barabi serviert dort Gerichte aus seiner levantinischen Heimatküche mit mediterranen Einflüssen. Exemplarisch hausgebackene Brioche, cremiger Labneh-Frischkäse, Aubergine in einer pikanten Vinaigrette und eine vegane Harissa-Aioli.

Straßburger Straße 33, Do–So 17–23 Uhr, Tel. 25 78 27 07, www.themezzebar.com
€€€

Mrs. Robinson's

PANEUROPÄISCH, PANASIATISCH Die Karte dieses fantastischen kleinen Lokals garnieren eine weltläufige Produktküche mit asiatischen Geschmackseindrücken und die lässig-lustvollen Happen des Street Food – mit Tellern, die durchaus selbstbewusst „Fine Dining" sagen. Die Karte wechselt ständig. Da wird dann zum Beispiel ein Seewälder Spanferkel mit Aubergine, Miso, Erdnüssen und Flusskrebsen serviert, oder auch Austern mit Tempura, grünen Tomaten, fermentiertem Limequat und grünem Chili. Die Weinkarte ist überschaubar, aber gut kuratiert.

Pappelallee 29, Do–So ab 18 Uhr, So Brunch ab 12.30 Uhr, Tel. 54 62 28 39, www.mrsrobinsons.de
€€€€

Omoni

JAPANISCH, KOREANISCH Dass das Omomi immer gut besucht ist, liegt an dem spannenden Mix aus koreanischer und japanischer Küche, den ausgezeichneten Bowls und köstlichen Tees wie dem Mogwa-cha mit Quitte. All das genießen Gäste zwischen viel Holz, Teppichen an der Wand und asiatischem Minimalismus. Sushi-Must-eat: Die Kopenhagener Roll mit Okraschote, Spargel, Avocado, Lachs und Schwarzer-Bohnen-Sauce.

Kopenhagener Straße 14, Prenzlauer Berg, Mi–So 17–23 Uhr, Tel. 23 61 92 44
€€

Onkel Ho

VIETNAMESISCH Seinen Namen verdankt das Restaurant dem vietnamesischen Revolutionär und Politiker Ho Chi Minh. Neben Bioprodukten werden viele frische vietnamesische Kräuter und traditionelle Gewürze für die Zubereitung der Speisen verwendet. Zu den beliebtesten Gerichten gehören das Hühnchen mit einer Curry-Kokos-Soße und die leckere Nudelsuppe mit Rindfleisch.

Gleimstraße 10a, Mo–Fr 12–0 Uhr, Sa+So 13–0 Uhr, Tel. 44 35 63 79, onkel-ho.net
€€

Orlando NEU

ITALIENISCH Sizilien, das liegt in Prenzlauer Berg. Also fast. Denn im Orlando wird sizilianische Genusskultur zelebriert: Caponata, Arancini, sizilianischer Käse. Und dazu natürlich sizilianische Weine und gut gemixte Drinks, inspiriert von der Insel. Im Orlando werden leckere Zutaten direkt von der italienischen Insel mit dem Besten von Bauernhöfen aus Brandenburg kombiniert. Hier kann man auf ein entspanntes Apéro vorbeischauen und aus dem hauseigenen Laden mit nach Hause nehmen, was man besonders schmackhaft findet.

Rhinower Straße 10, Di–Fr 15–21 Uhr, Sa 12–21 Uhr, Tel. 23 56 75 55, www.orlandoberlin.com
€€

Osmans Töchter

TÜRKISCH Osmans Töchter im Prenzlauer Berg war Berlins vielleicht erstes Restaurant mit moderner türkischer Küche, mittlerweile sogar zusätzlich mit einer Filiale in Charlottenburg. Und die Töchter sind weiterhin beliebt: quirlige, meist junge Menschen, oft in Grüppchen, teilen sich überschwänglich warme und kalte Vorspeisen wie Weinblätter mit Sauerkirschen und Pinienkernen. Das Tahincremige Hummus, wahlweise mit Sucuk oder geräucherter Paprika, die ohne Scheu gewürzten, dunklen Köfte und die roten Linsen-Bällchen sind gutgemachte Hausmannskost.

Pappelallee 15, Mo–Sa 17.30–1 Uhr, So 17–1 Uhr, Tel. 0172-274 46 62, www.osmanstoechter.de
€€

Otto

2021: TOP 15 ABENDS, PLATZ 1
Vieles (die von japanischen Küchentechniken inspirierten, gegärten oder fermentierten Saucen etwa) produziert Vadim Otto Ursus in seiner Datsche kurz hinter Chorin selbst. Anderes besorgt er in der nahen Umgebung: Feldhasen und ein im Ganzen verarbeitetes Wildschwein. Saiblinge aus dem Fläming, Beutebrot aus Moabit oder gezüchtete Austernpilze aus der Uckermark. Apropos Saibling: Der kommt im Ganzen, kurz gegrillt und an einem lange gereiften fermentierten Saiblingsgräten-Fond auf die mit Linoleum bezogenen Tische des sehr kleinen (und sehr, sehr schönen) Lokals. Dazu eine kleine, gute Naturwein-Auswahl und handwerkliches Bier.

Oderberger Straße 56, Di–So 12–18 Uhr, Tel. 25 97 71 59, www.otto-pantry.net
€€€

Pappa e Ciccia

ITALIENISCH Beste regionale Produkte, eine rasche Zubereitung – so einfach und hoch hängt der sympathische Italiener seine kulinarischen Ziele. Klassiker werden zeitgenössisch weiterentwickelt, auch mal dekonstruiert. Lasagne, die Kernkompetenz des Pappa e Ciccia wird dabei nicht aus den Augen verloren, im Gegenteil. Es ist immer wieder ein Gaumengenuss, sie neu zu entdecken: Es gibt täglich mehrere Varianten.

Schwedter Straße 18, Mo–Sa ab 18 Uhr, Tel. 61 62 08 01, www.pappaeciccia.de
€€

Pasternak

OSTEUROPA Kneipe, Restaurant oder Café? Auf alle Fälle sitzt man gut und in originelller Umgebung – dunkle Holzvertäfelung, Sofas, Sessel im Stil der 1920er-Jahre – und genießt russisch-jüdische Klassiker wie Borschtsch, Pelmeni oder Boeuf Stroganoff. Abends gibt es manchmal russische Live-Musik. Der Sonntagsbrunch ist wirklich außergewöhnlich: mit ganzen Fischen, Pelmenis und vielem mehr – allerdings sollte man reservieren.

Knaackstraße 22–24, tgl. 9–1 Uhr, Küche bis 23.30 Uhr, Tel. 441 33 99, www.restaurant-pasternak.de
€€€

Pizza Nostra

ITALIENISCH Täglich wechselnde Gerichte, wie die eingerollte Pizza „Rollo" mit grünen Bohnen, Kartoffeln, Basilikum und Pesto, werden mittags angeboten. Dabei werden immer saisonale Gemüsesorten verarbeitet.

Lychener Straße 2, tgl. 12–0 Uhr, Tel. 41 71 70 00, www.pizzanostra.de
€€

Pizza Pane

ITALIENISCH Wie der Name schon erahnen lässt, gibt es hier original italienische Pizzen mit frischen Zutaten sowie Salate, Vorspeisen, Tiramisu und italienische Getränke. Der Pizzateig wird natürlich von Hand gemacht und ist dünn und kross.

Kastanienallee 28, tgl. 12–0 Uhr, Tel. 0176-69 39 62 60, pizzapane@hotmail.de
€€

Restaurant Lorbeer

DEUTSCH Deutsche, saisonale Küche mit feinem Fleisch oder Fisch, aber auch für Vegetarier und Veganer steht einiges auf der Karte. Für das kreative Kochhandwerk werden möglichst regionale Produkte aus ökologischer Erzeugung verwendet, die man in Risotto, Spätzle und Co. deutlich herausschmeckt.

Pappelallee 77, tgl. ab 17 Uhr, Tel. 26 34 93 30, www.restaurantlorbeer.de
€€

Restorani Tbilisi

GEORGISCH, OSTEUROPA Der Laden brummt und zeigt damit, welches Potenzial die georgische Küche in Berlin hat. Galt doch diese schon zu Sowjet-Zeiten als die Haute Cuisine des real existierenden Sozialismus. Die Speisekarte zählt die Klassiker auf. Etwa das Chatschapuri, ein mit georgischem Käse gefülltes Hefe-Quarkbrot, das wahlweise mit Ei serviert wird und wie in Georgien schmeckt: leicht würzig und nicht zu fettig. Original georgische Estragon-Limonade oder georgische Weine sind ausgezeichnete Begleiter.

Schönfließer Straße 15, Di–Sa 17–23 Uhr, So, Feiert. 14–23 Uhr, Küche bis 22 Uhr, Tel. 23 92 70 15, www.restorani-tbilisi.de
€€

Salt n Bone

BRITISCH Betrieben wird der Gastro-Pub von Iren. Sechs wechselnde Biere vom Fass gibt es, aber auch eine Auswahl illustrer internationaler Flaschenbiere. Und es gibt Pub-Food. Scotch Eggs etwa, also mit Brät ummantelte, hartgekochte Eier. Die Hauptrolle im Salt n Bone spielt neben dem Bier aber das Fleisch. Es gibt Rippchen, halbe Hähnchen, Fish and Chips und ein paar vegetarische Gerichte.

Schliemannstraße 31, tgl. 18–22 Uhr, Tel. 91 44 88 85, www.saltnbone.de
€€

Sasaya

JAPANISCH Vielleicht der beste Japaner der Stadt: So puristisch-schlicht die Einrichtung ist, so experimentell das Sushi. Neben den Klassikern Maki und Nigiri gibt es hier spektakuläre Inside-Out-Rolls, die unorthodox mit Chili, Mayonnaise und Röstzwiebeln gewürzt und zu kleinen Kunstwerken aufgetürmt werden. Eine große Sake-Auswahl, tolle Drinks und ein extrem aufmerksamer Service bleiben zudem im Gedächtnis.

Lychener Str. 50, Do–Mo 12–15 u. 18–20 Uhr, Tel. 44 71 77 21, www.sasaya-berlin.de
€€

Sathutu NEU

2022: TOP 20 ABENDS, PLATZ 5
SRI LANKISCH Besprechung siehe Seite 35

Rykestr. 15, Di–Fr 18–22 Uhr, Sa 10–22 Uhr, Tel. 49 98 97 96, www.sathutu.berlin
€€

Savanna

OSTAFRIKANISCH Eritreisch-äthiopische und moderne afrikanische Küche hat sich das Restaurant auf die Fahnen geschrieben. Der gemütliche Sitzbereich auf der Terrasse vor der Tür ist mit bepflanzten Terrakottakästen abgegrenzt.

Sredzkistraße 26, Di–So ab 16.30 Uhr, Tel. 44 31 86 21, www.savanna-berlin.de
€€

Schankhalle Pfefferberg

DEUTSCH In der alten Schankhalle der historischen Brauerei bekommt man herzhafte Kleinigkeiten wie Quark-, Lachs- oder Pulled-Pork-Stullen, typische Brauhausgerichte wie Blutwurst mit Kartoffelstampf, Schnitzel oder Zanderfilet mit Schmorgurken. Ergänzt wird das rustikale Programm durch vegetarische Speisen wie Quinoa Risotto mit Waldpilzen. Vor allem aber bekommt man das Bier, das hier seit 2013 gebraut wird. Das Pfefferbräu, ein knackiges Helles mit einer kräftigen Würze und ausgeprägten Hopfennoten, ein dunkles Malzbier, naturtrüb im Glas und mild im Geschmack.

Schönhauser Allee 176, Di–So 16–23 Uhr, Tel. 47 37 73 60, schankhalle-pfefferberg.de
€€

Schneiderei

ITALIENISCH, BRITISCH, FRANZÖSISCH Die Schneiderei ist einer dieser Läden, in dem die Köche an ihren freien Tagen essen. Wer jetzt denkt, es hier nur mit einem weiteren Exil-Israeli zu tun zu haben, mit Hummus, Shakshuka und Tahini, unterschlägt die Jahre, in denen der Küchenchef etwa in London oder im legendären The Fat Duck hinter dem Herd stand. Die Küche in der Schneiderei weiß dementsprechend um das Herzhaft-Herzliche der britischen Gastro-Pup-Kultur: Lammfilet mit angeflammtem Wintergemüse oder fangfrischer Barsch an einer tiefenaromatischen Hühnersauce. Klare Kompositionen, kein Chi-Chi, ehrliche Teller.

Dunckerstraße 69, Di–Sa 18–0 Uhr, Tel. 01575-813 65 07, bei Facebook: Schneiderei Berlin
€€

Sigismondo

ITALIENISCH Die Mittagskarte in der Bar-Salumeria wechselt täglich. Für unter zehn Euro bekommt man zum Beispiel Risotto mit Auberginencreme oder Pasta Casereccia mit Thunfisch-Ragout. Dazu gibt es immer ein Getränk und Salat.

Kopenhagener Straße 6, Mo–Fr 8–19 Uhr, Sa 9.30–18 Uhr, Tel. 81 70 01 32, www.barsigismondo.com
€

Standard – Serious Pizza

ITALIENISCH Die Pizzen kommen aus einem neapolitanischen Kuppelofen. Der Teig ist angenehm luftig und dennoch kernig-aromatisch. Typisch neapolitanisch ist auch die kleine Karte: zehn Standard-Pizzen, darunter die „Siciliana" mit Sardellen, Kapern, schwarzen Oliven, aber auch ein „Taste of Brandenburg" mit dünn gehobelten Kartoffeln, Rosmarin und herrlicher Wildschweinsalsiccia.

Templiner Straße 7, Mo–Fr 17–22.30 Uhr, Sa+So 13–22.30 Uhr, Tel. 48 62 56 14, www.standard-berlin.de
€€

Takumi Nine

JAPANISCH Sehr japanisch: klein, voll, mit Fokus auf einem Gericht, auf Ramen, deren Nudeln aus einer Manufaktur in Sapporo importiert sind. Das Beste ist ihre Konsistenz. Egal, wie lange man an der intensiven Hühnerbrühe löffelt, die Nudeln darin bleiben wunderbar fest im Biss. Die Preise sind stolz. Die Dependance in Mitte ist das Takumi Nine Sapporo.

Pappelallee 19, Mo–Fr 12–15, 18–22.30 Uhr, Sa, So, Feiert. 13–22 Uhr, www.takumininberlin.de
€€

EIS (AUCH IM WINTER)

Eis ist viel zu schade, um es nur im Sommer zu schlecken. Diese Eisdielen und Restaurants servieren auch im Winter das (eis)kalte Glück

JONES ICE CREAM (Foto)

Grapefruit & Earl Grey, Banane, Schokolade & Marshmallow, Whisky & Pecan, Erdbeersorbet, das nach einem ganzen Erdbeerfeld schmeckt: Jede Kugel Eis bei Gabrielle Jones ist ein Erlebnis für sich.

Goltzstraße 3, Schöneberg, www.jonesicecream.com

CANAL

Daniella Canals Eclairs sind kleine essbare Kunstwerke – doch darüber sollte man ihr Eis nicht vergessen. Im Sommer genießen wir Pfirsich-Olivenöl, im Winter freuen wir uns über cremige Kokosnuss, die an lange Tage am Strand erinnert.

Linienstraße 54, Mitte, www.canal.berlin

GIMME GELATO

Vielleicht das beste Eis Charlottenburgs mit klassischen Eissorten wie Vanille, Schokolade und Erdbeere, aber auch außergewöhnliche Sorten wie Honig-Lavendel oder Kirsche-Hibiskus.

Wundtstraße 15, Charlottenburg, www.gimmegelato.de

DUO – SICILIAN ICE CREAM

Intensiver kann man Sizilien nicht schmecken – besonders, wenn die Eiskugeln in die optionale Pistazienglasur getaucht werden. Zwei Häuser weiter betreibt das Duo übrigens eine zweite Eisdiele mit „experimentellen" Sorten wie Bufala und Olivenöl.

Skalitzer Straße 82, Kreuzberg, www.duoicecream.de

GAZZO PIZZA

Schon die Pizza ist sehr gut, doch das Highlight des Neuköllner Gesellschaftslokal ist das zarte Softeis aus Brandenburger Büffelmilch, besonders köstlich mit pfeffrigem Olivenöl und Meersalz.

Hobrechtstraße 57, Neukölln, www.gazzopizza.com

ROSA CANINA

Mittlerweile zu einem kleinen Imperium mit vier Filialen angewachsen, versorgt das Unternehmen Eisfans mit naturnahen und immer einfallsreichen Sorten – Vanille mit Kürbiskernöl überzeugt auch Skeptiker:innen!

Eisenbahnstraße 42/43, in der Markthalle Neun, Kreuzberg, rosacanina.eu

FLORIDA EIS

CO_2-neutrale Eisproduktion geht nicht? Geht doch! Und Spandauer Lokalmatador Florida Eis zeigt wie. Und dass das auch wunderbar schmecken kann, ob aus dem Supermarkt – oder in einer der eigenen Filialen.

Altstädter Ring 1, Spandau, www.florida-eiscafe.de

TENZAN LAB

Visionäres japanisches Kratzeis, handgedrechselt aus kristallklaren Eisblöcken und weich wie frischgefallener Schnee. Saisonale Sortenvielfalt zwischen Tradition und Moderne.

Wörther Straße 22, Prenzlauer Berg, www.tenzan-lab.com

Taquería El Oso NEU

2022: TOP 20 ABENDS, PLATZ 9
MEXIKANISCH Besprechung s. Seite 38

Schönhauser Allee 176c, in der Markthalle Pfefferrberg, Di–So 12–22 Uhr, www.instagram.com/taqueria_el_oso_berlin
€€

The Bird

NORDAMERIKANISCH Ob mit Käse und Bacon oder mit Avocado und scharfer Sauce – die Karte im seit 2006 bestehenden The Bird hält eine Vielzahl von Burgern bereit. „The Drunk Ghetto" kommt sogar mit einem Schuss Jägermeister, Whiskey oder Wodka daher. Daneben gibt es aber auch Steaks, Chicken Wings und Vegetarisches.

Am Falkplatz 5, Mo–Do 17–21.30 Uhr, Fr 16–22.30 Uhr, Sa 12–22.30 Uhr, So 12–21.30 Uhr, Tel. 51 05 32 83, www.thebirdinberlin.com
€€

Thüringer Stuben

DEUTSCH Mit Holzvertäfelung und Hirschgeweih präsentiert sich das Lokal rustikal bis zur Schmerzgrenze. Auch die Thüringer Spezialitäten – natürlich mit fantastischen Thüringer Klößen serviert – sind von modernen Einflüssen unberührt.

Stargarder Str. 28, Mo–Sa ab 16, So ab 12 Uhr, Tel. 446 33 39, www.thueringer-stuben.de
€€

Umami

PANASIATISCH Im Umami sorgen dunkle Wände, viel Holz und Laternen für eine Spelunkenatmosphäre. Den Küchenstil bezeichnet man hier als Indochine – die Gerichte bieten einen Querschnitt durch die südostasiatische Küche. Neben den obligatorischen Sommerrollen, Dumplings und Phos stehen Curry- und Wokgerichte auf der Karte.

Knaackstraße 16, tgl. 12–23 Uhr, Tel. 28 86 06 26, umami-restaurant.de
€€

Vinpearl

PANASIATISCH, JAPANISCH, VIETNAMESISCH Wer sich nicht entscheiden kann zwischen vietnamesischer oder japanischer Küche, sollte ins Vinpearl gehen. Das Restaurant vereint beide Küchenrichtungen. Jeden Tag gibt es drei wechselnde Gerichte zur Auswahl – mit Hühnerfleisch, Rindfleisch und Fisch.

Raumerstraße 14a, tgl. 12–0 Uhr, Tel. 47 37 75 13, www.vinpearl.de
€€

Walid – Speisemeisterei

DEUTSCH Die Walid – Speisemeisterei steht für eine ambitionierte und produktaffine überwiegend deutsche Küche, die durchaus um die feineren Aromen weiß, es aber doch immer auch herzhaft und herzlich nimmt. Regional, saisonal und undogmatisch. Okay, ein (richtig gutes) Schnitzel gäbe es auch, aber hier kommt es in einer mit Meerrettich abgestimmten Sommervariante und das Brot von Florian Domberger zeigt exemplarisch, wie wichtig dem Gastgeber die guten Produkte sind.

Wichertstraße 55, Mi–So 18–0 Uhr, Küche bis 22 Uhr, Tel. 40 04 57 55, www.walid.berlin
€€€

Wen Cheng NEU

2022: TOP 10 MITTAGS, PLATZ 5
CHINESISCH Besprechung siehe Seite 25

Schönhauser Allee 65, Mo–Fr 17–21 Uhr, Sa+So 12–21 Uhr, www.wenchengnoodles.de
€€

Zula

ISRAELISCH, LIBANESISCH Kichererbsen werden in rauen Mengen verarbeitet, denn Hummus in verschiedenen Varianten ist die Spezialität im Zula. Zum Beispiel als Hummus con Carne oder die klassische Version mit selbstgebackenem Brot.

Husemannstraße 10, tgl. ab 11 Uhr, Tel. 41 71 51 00, www.zulaberlin.com
€€

Zum dritten Mann

ÖSTERREICHISCH Die Küche setzt auf eine überschaubare Auswahl österreichischer Spezialitäten in guter Qualität. Selbstredend, dass man hier ein wunderbares Schnitzel bekommt. Highlights sind die süßen Mehlspeisen. Die Weinkarte bietet dazu österreichische Klassiker.

Kollwitzstr. 87, Mi–Fr 17–22 Uhr, Sa 12–22 Uhr, So 14–22 Uhr, www.zumdrittenmann.de
€€€

Zum Schusterjungen

DEUTSCH Veränderungen gibt es im Schusterjungen wenig, schließlich legt man Wert auf Tradition. Aufgetischt werden deutsche rustikale Gerichte in einem Ambiente, das mit viel Holz und wenig Chichi gut zum kulinarischen Angebot passt.

Danziger Straße 9, tgl. 12–0 Uhr, Küche bis 23 Uhr, Tel. 442 76 54, www.zumschusterjungen.com
€€

IMBISS

Der Fischladen

PANEUROPÄISCH Original Fish & Chips mit weißem Wels wie auch eine Berliner Variante mit Bio-Raubwels: die Fischladen-Imbissküche in einer ehemaligen Fleischerei ist kreativ. Vielfältig die Auswahl an der Theke: Es gibt Frischfisch wie Steinbeißerfilet, Räucherfisch à la Bückling und Sprotten sowie Austern, Muscheln und andere Meeresfrüchte.

Schönhauser Allee 128, Mo–Sa 10–22 Uhr, So 13–22 Uhr (derzeit, Tel. 40 00 56 12, www.derfischladen.com
€€

Fischfabrik

PANEUROPÄISCH Zwischen Austern und Krabben, Riesengarnelen, Matjesfilet, Fischburgern und Fisch & Chips fällt es jedem Fischliebhaber schwer, eine Auswahl zu treffen. Vor allem, wenn man weiß, dass für das winzige Bistro mit dem ironischen Namen alles frisch vom Lieferanten kommt bzw. eigenhändig auf dem Fischmarkt ausgesucht wurde.

Danziger Straße 24, Mo–Sa 10–22 Uhr, So 14–22 Uhr, Tel. 01515-254 23 87, www.fischfabrik.eatbu.com
€

Lia's Kitchen

NORDAMERIKANISCH Bei Lia gibt es hausgemachtes, gesundes Fast Food zu vernünftigen Preisen. So sind etwa vier vegane Burger-Varianten mit unterschiedlichen Saucen im Angebot wie der Chili Bean Burger, ein Schwarze-Bohnen-Patty mit einer hausgemachten, scharfen Chili-Sauce, oder ein Oyster-Shiitake Mushroom Burger mit Senfsauce. Dazu oder stattdessen eine Big Salad Bowl.

Kollwitzstraße 47, tgl. 12–22 Uhr, Tel. 68 32 46 37, www.liaskitchen.de
€€

Liquid Garden

„Kickstarter", „Detox Dani", „Brainjuicer". Schon die Namen klingen gesund: Chili, Weizengras und Sellerie oder doch lieber Hagebutte, Grünkohl und Wirsing? Neben Smoothies gibt es auch Bowls, die mindestens genau so gesund sind.

Stargarder Straße 72, Mo–Fr 8–16 Uhr, Sa 9–16 Uhr, Tel. 0176-80 00 33 78, www.liquidgarden.berlin
€€

Maria Bonita

MEXIKANISCH Die schöne Maria rühmt sich, das erste mexikanische Restaurant in Berlin gewesen zu sein. Das meint man ernst. Denn hier geht es nicht um Texmex, sondern um original mexikanische Küche von Mexikanern für Berliner. Die handgemachten Burritos, Quesadillas oder Tacos eignen sich wunderbar zum Mitnehmen, auch in den vegetarischen Ausführungen.

Danziger Straße 33, tgl. 12–22 Uhr, www.mariabonita.de
€€

Markthalle Pfefferberg NEU

Schändlich geradezu, dass das Sockelgeschoss des Pfefferbergs so lange verwaist war. Nun ist dort eine Markthalle eingezogen. Mit Käse von Fritz Blomeyer, einem mexikanischen Konzeptstore, einer handwerklichen Metzgerei. Mit österreichischen Naturweinen und tschechischem Tankbier. Und mit den Pizzen vom Salami Social Club und den extrem guten Tacos der Taquería El Oso, die es unlängst sogar ins mexikanische Fernsehen geschafft hatten. Wenn es hier in Berlin endlich etwas werden sollte mit einer nonchalanten Aperó-Kultur, dann wäre diese Markthalle der geeignete Ort dafür.

Schönhauser Allee 176, tgl. ab 12 Uhr, Tel. 47 37 73 60, schankhalle-pfefferberg.de
€€

Meierei

ALPENLÄNDISCH Während ihre Gäste alpenländische Schmankerl verzehren, tüfteln Sandra Hirsch und Hubert Roth schon an der nächsten Köstlichkeit. Klassiker schon jetzt: Die warme Hirse, ein Brei mit Früchten und Himbeersahne. Genau so gut: die Allgäuer Käsepätzle.

Kollwitzstraße 42, Mo–Sa 8–16 Uhr, warme Küche bis 15 Uhr, Tel. 92 12 95 73, meierei.net
€€

Merhaba

TÜRKISCH Der Döner in dem angenehmen türkischen Imbiss wird immer wieder hoch gelobt. Kein Wunder, besteht er doch aus bestem Neuland-Fleisch und auch die anderen Zutaten sind frisch und knackig. Zudem ist der Service überaus freundlich.

Greifswalder Straße 32, tgl. 10–22 Uhr, Tel. 177-334 44 40, www.meraba.de
€

BARS & KNEIPEN

August Fengler

TANZBAR Verlässliche Bargröße im Helmholtzkiez, für den Einstieg in den Abend oder auch, um die Nacht ausklingen zu lassen. Eine gute Mischung aus Szenepublikum und alteingesessenen Kiezbewohnern trifft sich allabendlich zum Biertrinken, Kickern oder Tanzen.

Lychener Straße 11, Di–Do 19–4 Uhr, Fr+Sa 19–6 Uhr, So+Mo 19–3 Uhr, www.augustfengler.de
€

Becketts Kopf

Die räumlich kleine, getränketechnisch aber ganz große Bar zur Verfeinerung der Sinne liegt versteckt im hinteren Teil der Pappelallee. Ungewöhnliche Zutaten rings um Arrak, Korenwijn und Obstbrände, perfekt balancierte Aromenkombinationen und souveräne Präsentationen zeigen, warum zuweilen der Begriff „Mixologie" für die gehobene Form der Barkultur verwendet wird. Den literarischen Namen der Bar belegt das Menü. Statt „Warten auf Godot" soll das Blättern im Werk von Beckett bevorzugt werden, denn zwischen den Buchseiten sind die köstlichen und anspruchsvollen Drinks beschrieben.

Pappelallee 64, Di–So 20–2 Uhr, Wochenende länger, Tel. 44 03 58 80, becketts-kopf.de
€€

Birra

BIERBAR Die Spezialitäten der Lambrate-Brauerei aus Mailand erfreuen die Besucher des urig-rustikalen Schankraums mit holzgescheuerten Tischen und roten Wänden. Mehr als 20 Jahre gibt es den Craft-Beer-Pionier bereits und die Auswahl an Sorten ist verlockend: India Pale Ale, Wiener Lager, Weizenbier oder ein intensiv gehopftes Bockbier. Dazu: Teller mit italienischen Köstlichkeiten.

Prenzlauer Allee 198, So–Mi 18–0 Uhr, Do–Sa 18–1 Uhr, Tel. 37 47 70 71, www.facebook.com/birra2016/
€

Bornholmer Hütte

TRADITIONSBAR Seit über 100 Jahren gibt es die Hütte schon. Heute wird in der Traditionseckkneipe – laut dem Wirt wurde sie 1977 das letzte Mal gestrichen (hellbeige) – gerne Fußball geschaut und im Keller wartet die historische Kegelbahn im Originalzustand von 1904.

Bornholmer Straße 89, tgl. 16–0 Uhr, Tel. 445 52 69
€

Bryk Bar

COCKTAIL So ein schöner Raum mit den dunklen Farben, schwarzen Kacheln, Kunstobjekten und dem verschachtelten Rückbuffet. Die sympathische und kreative Barchefin Cordula Langer regiert den eleganten Tresen. Aufwendige Eigenkreationen faszinieren mit Kräutern. Spannend auch die Gin & Tonics, die mit aromatisiertem Rauch behandelt sind.

Sredzkistraße 65, tgl. 16–23 Uhr, Tel. 22 46 80 55, www.bryk-bar.com
€€

Cantine Sant'Ambroeus

WEINBAR Ihre doppelte Beschränkung macht diese charmante Wein-Boutique mit integrierter Bar gewissermaßen doppelt gut. Bei Marco Callegaro gibt es einzig italienische Weine und diese auch nur, wenn sie weitgehend naturbelassen, also etwa spontanvergoren und ohne den Einsatz von Zuchthefen ausgebaut worden sind. Aber keine Sorge: Der gebürtige Mailänder will niemanden bekehren. Ihm geht es nicht um Dogmen, sondern um eine bäuerlich-handwerkliche Weinkultur und ihren eigensinnigen Geschmack.

Hufelandstraße 17, Di–Fr 15–21 Uhr, Sa 10.30–21 Uhr, So 12.30–21 Uhr, Tel. 01521-333 28 42, www.cantinesantambroeus.com
€€€

Fifty Cocktail Heroes

COCKTAIL Fifty Cocktail Heroes lautet nicht umsonst der Name der Cocktail-Bar. Wer eintritt, wird mit fröhlichen Gastgebern und ausgefeilten Drinks belohnt. Keine Avantgarde kommt hier ins Glas, aber gekonntes Handwerk mit Gespür fürs Zeitgenössische. Dazu läuft 1980er- und 1990er-Jahre-Hip-Hop. Die Karte wechselt ständig, und irgendwann soll sie aus den Drinks von 50 befreundeten Barkollegen bestehen: Fifty Cocktail Heroes.

Sredzkistr. 62, Mi–Sa ab 19 Uhr, Tel. 32 66 25 95, www.facebook.com/fiftycocktailheroes
€€

Herman

BIERBAR Ein Botschafter belgischer Braukunst: 130 Biere umfasst das Sortiment – die legendären Starkbiere der Trappistenmönche ebenso wie spontan vergorene Lambic-Biere, zahlreiche Fruchtbiere und hochprozentige Traditionsmarken. Vom Fass fließen immer vier verschiedene Biere, die ständig wechseln.

Schönhauser Allee 173, So–Do 17–1 Uhr, Fr+Sa 17–2.30 Uhr, Tel. 44 31 28 54, www.facebook.com/bravebelgians/
€

Immertreu

COCKTAILBAR Das verrucht-elegante Interieur passt zu dem namensgebenden Kriminellensyndikat aus den 1920er-Jahren. Ein langer Tresen legt den Blick frei auf ein opulentes Spirituosensortiment mit zahlreichen Raritäten. „Zahlreich" ist dabei ganz wortwörtlich gemeint: 1200 Spirituosen stehen hier im Regal.

Christburger Straße 6, Mo–Sa ab 20 Uhr, Tel. 0157-85 92 12 21, www.bar-immertreu.de
€€

Kohlenquelle

BIERBAR Das Eckcafé mit Selbstbedienung und abendlichem Barbetrieb war früher eine Brennstoffhandlung. Auch heute findet sich hier eine Rarität, nämlich der lässige Nachwende-Prenzlauer Berg: mit Wohnzimmercharme und nicht eben hektischem Barpersonal. Unter der Woche gibt es einen empfehlenswerten Mittagstisch sowie eine Abendkarte – ausschließlich Bioqualität.

Kopenhagener Str. 16, Mo–Fr 10–3 Uhr, Sa+So 11–3 Uhr, Tel. 60 98 74 91, kohlenquelle.de
€€

Lamm Bar

2020: TOP 10 NACHTS, PLATZ 3
COCKTAILBAR Das Design ist cool und modern industriell, ohne dabei ungemütlich zu wirken. Nackte Wände, bequeme Sitzmöbel und ein abgetrennter Raucherbereich wirken entspannt und zeitlos.

Zugegen ist ein Publikum aus Stammgästen zwischen 20 und 60 Jahren. Das trinkt etwa „Hippie Gurke", eine Kreation aus Gin, Hibiskus und geklärtem Gurkensaft oder einen „Dr. Jürgen Bach, eine Kombination aus Tequila, Schokolade, Orangenlikör und Limette. Lämmchen. Wir wünschen uns: Määäh-r davon!

Wisbyer Straße 1, Mo–Sa ab 18 Uhr, Tel. 0163-221 27 03, www.lammbar.de
€€

Luxus Bar

BAR Die Luxus-Bar trägt den Luxus nur im Namen. Obwohl gleich um die Ecke vom Kollwitzplatz gelegen, kommt sie herrlich unprätentiös daher: entspannt, nett, gutes Bier, leckere Drinks, freundliche Bedienungen – und rauchen darf man auch.

Prenzlauer Allee 197, Mo–Do 20–2 Uhr, Fr+Sa 20–3 Uhr, www.facebook.com/luxusbarberlin
€€

Metzer Eck

KNEIPE Urige Eckkneipe mit guter Kiezmischung und fünf Biersorten vom Fass (darunter ein Schwarzbier), einem großen Biergarten und separatem Raucherraum. Zu essen gibt es deftige Berliner Küche wie Buletten oder Hackepeterstulle.

Metzer Straße 33, Mo–Sa 16–0 Uhr, Tel. 442 76 56, www.metzer-eck.de
€

Monterey Bar

BIERBAR Was für eine großartige Auswahl – 250 verschiedene Biere soll es hier geben. Selbst fortgeschrittenste Bierkenner staunen da. Dazu Whiskey und Rock'n'Roll.

Danziger Straße 61, Mo–Fr 17–0 Uhr, Sa+So ab 13–0 Uhr, Tel. 0175-367 05 36, info@montereybar.com
€

Oderquelle

INSTITUTION Drumherum mögen die Asia- und India-Läden durchwechseln, die Oderquelle bleibt auch nach einem Inhaberwechsel bei ihrem Konzept einer Kneipe mit besserer traditioneller deutscher Küche ohne modernen Schnickschnack.

Oderberger Straße 27, Mo–Sa 17–23 Uhr, So 12–23 Uhr, Tel. 44 00 80 80, www.oderquelle.de
€€

Saphire Bar

COCKTAILBAR Eine Hochburg für Liebhaber ausgefallener Drinks: Der Gast wählt aus 400 Spirituosen. Auf der Cocktailkarte stehen rund 130 Kreationen, darunter viele Signature Drinks. Die Einrichtung der Bar, die im Sommer 2021 erwachsen wird und ihren 18 Geburtstag feiern kann, ist ebenso schlicht und edel wie die Drinks, und am Wochenende ist eine Reservierung keine schlechte Idee. Im Sommer können Cocktails & Co auf der großen Terrasse genossen werden.

Bötzowstraße 31, tgl.19–20 Uhr, geplant So–Do 19–2 Uhr, Fr+Sa 19–4 Uhr, Tel. 25 56 21 58, saphirebar.de
€€

Schwarzsauer

ABSACKER Frühmorgens auf der Kastanienallee und noch Lust auf einen Absacker? Dann ins Schwarzsauer, den einzigen Laden, in dem garantiert noch was los ist. Die Musik ist laut, der Tresen lang, die Drinks sind stark, Rauchschwaden hängen in der Luft, und es gibt immer genug Leute, die man sich angucken kann, wenn es mal nichts zu sagen gibt

Kastanienallee 13, Mo–Sa 9–4 Uhr, Tel. 448 56 33, Facebook: Schwarzsauer
€€

Zum starken August

BIERBAR Die Bar sieht aus wie ein Zirkus, doch die Stars in der Manege sind die Biere. 40 Biere aus der Flasche und dann nochmal zehn vom Fass, davon sieben Craft-Biere, die wechseln, wenn ein Fass leer ist. Dazu Veranstaltungen von Bingo am Montag, Kartenlegen am Dienstag bis zur Burlesque-Show am Wochenende. Nicht gerade unbeliebt bei Touristen, der Laden. Aber die kennen sich eben auch beim Bier aus.

Schönhauser Allee 56, So–Do 17–1.30 Uhr, Fr+Sa 17–4.30 Uhr, Tel. 25 20 90 20, www.zumstarkenaugust.de
€

CAFÉ

Allans Breakfast Club

Nicht überliefert ist, ob der Australier Allan auch in seinem Laden übernachtet. Fest steht, dass sein Breakfast Club sowohl als späte (Wein-)Bar als auch als (moderat frühes) Frühstückslokal wunderbar funktioniert. Als letzteres vielleicht am allerbesten mit einem Best-of des internationalen Comfort Foods. Eine Wohlfühlzone ist das ABC auch atmosphärisch.

Rykestraße 13, Mo, Mi, Do 9.30–16 Uhr, Fr 9.30–23, Sa+So 9.30–18 Uhr, www.facebook.com/allansbreakfastclub
€€

Anna Blume

Gemütliche Nischen mit weichen Sofas, Kronleuchtern und über allem der Duft von Torten, Kaffee und Blumen. Das beeindruckende Kuchenbuffet stammt von den Bäckern des gegenüberliegenden Sowohlalsauch, der Duft von den Blumensträußen, die die Floristin im Nebenraum bindet.

Kollwitzstraße 83, tgl. 8–22 Uhr, Tel. 44 04 87 49, www.cafe-anna-blume.de
€€

Bäckerei Siebert

1906 eröffnete Gustav Siebert, der Urgroßvater von Lars Siebert, in der Schönfließer Straße eine Bäckerei. Sie existiert bis heute, ist inzwischen Berlins älteste Bäckerei. Backvormischungen oder tiefgekühlte Industrie-Teiglinge sind für Siebert ein Tabu. Es wird nach alten Traditionen gebacken. Das braucht Zeit: Zwölf bis 16 Stunden benötigt Sauerteig zum Reifen. Apropos Zeit: Pfannkuchen mit Eierlikör-Creme gibt es rund ums Jahr.

Schönfließer Straße 12, Di–Fr 6.15–18.30 Uhr, Sa 6–12.30 Uhr, Tel. 445 75 76, www.baeckerei-siebert.de
€

Bekarei

Neben den einschlägigen Kaffeespezialitäten wie Galao und Co. sowie Frühstück und kleinen Mittagsangeboten gibt es eine erfreuliche Auswahl an süßen wie salzigen Leckereien, etwa die Pastel de Noz, Blätterteigtörtchen mit herrlicher Nuss-Zucker-Füllung.

Dunckerstraße 23, tgl. 7.30–18.30 Uhr, Tel. 34 62 22 30, www.bekarei.de
€

Bonanza Coffee Heroes

Bereits 2006 eröffnete der kleine Laden in der Oderberger, inspiriert von der hohen Londoner Kaffee-Kunst. Hier gibt es einen der besten Kaffees des Bezirks. Akribisch wird auf die exakte Brühtemperatur und die perfekte Menge frisch gerösteter Bohnen geachtet. Geröstet wird im Kreuzberger Hauptsitz an der Adalbertstraße.

Oderberger Straße 35, Mo–Fr 8.30–18 Uhr, Sa+So 10–18 Uhr, Tel. 208 48 80 20, www.bonanzacoffee.de
€

Butter

Die Tageskarte wechselt zwei Mal pro Woche und bietet sowohl Vegetarisches als auch Fleischgerichte aus dem deutschen und mediterranen Raum. Das Frühstück ist nicht nur bei Kiezbewohnern beliebt.

Pappelallee 73, tgl. ab 9 Uhr, Tel. 52 68 59 33, www.cafe-butter.de
€€

Café Frieda NEU

Am Helmholtzplatz ist mit dem Frieda ein ganz in Weiß gehaltenes Café-Deli-Weinlokal eingezogen. Die Speisekarte mit Patisserie, kleinen Tellern und Snacks liest sich wie eine Logikklausur: Bestimmte herzhafte Gerichte werden „den ganzen Tag", von 12 bis 18 Uhr, serviert. Danach wird daraus „Aperitivo". Ab 10 Uhr bereits kann man Gebäck bestellen, bis es ausverkauft ist, und dann wäre da noch das zweistündige Zeitfenster für das „petit dejeuner", in dem nach der Hälfte der Zeit Rohmilch-Softeis bis zur Schließung um 21 Uhr serviert wird. Ganz einfach, oder? Einfacher die kulinarische Strategie: Sauerteig, Naturwein, kleine Brandenburger Bauernhöfe, japanische Akzente wie Amazake im Softeis und Ponzu im Tatar.

Lychener Straße 37, Mi–So 10–22 Uhr, Küche bis 18 Uhr, Tel. 44 71 98 00, www.cafefrieda.de
€€

Café Liebling

Der Liebling ist ein Rund-um-die-Uhr-Versorger. Hier treffen sich die Prenzl'berger zum Frühstück. Oder zum Mittag, wenn Suppen und Salate serviert werden. Andere wiederum finden es hier nachts am schönsten: Der Helmholtzplatz versinkt im Dunkeln – und man erkennt beim dritten Drink endlich die Vogelmotive in der Wanddeko.

Raumerstraße 36a, Mo–Sa 9.30–1 Uhr, So 10–24 Uhr, Tel. 26 31 88 61
€€

Café Morgenrot

Kollektive Selbstverwaltung: Unter der Woche gibt es ab 10 Uhr ein veganes Frühstück mit selbstgemachten Tofu- Aufstrichen und von Freitag bis Sonntag (11–15 Uhr) ein umfangreiches veganvegetarisches All-you-can-eat-Buffet, für das der Gast nach Gutdünken zahlt.

Kastanienallee 85, Di–Do 13–1 Uhr, Fr+Sa 10–3 Uhr, So 10–0 Uhr, Brunch all you can eat: Fr–So 11–15 Uhr, Tel. 44 31 78 44, morgenrot.blogsport.eu
€€

Cookies & Co

2021: TOP 5 MORGENS, PLATZ 4

Das Cookies & Co hat sich schnell in unsere Herzen gebacken. Mira und Ori Koretsky kommen aus Israel, aus ihrem Backofen kommen auch die süßen Sachen im wunderbaren Kanaan. Allerdings können die beiden nicht nur süß. Ihre Cookies sind immer mit einer Prise Meersalz gebacken. Und neben tollen Frühstücksspeisen gibt es auch hausgemachte Brioches.

Senefelderstraße 4, Sa+So 10–17 Uhr, Tel. 0173-375 48 96, cookiesandco.eatbu.com
€

Five Elephant

2021: TOP 5 MORGENS, PLATZ 5

The Barn, 19grams und nun also auch Five Elephant: Die Berliner Kaffeeröstereien der Third-Wave-Bewegung schicken sich seit geraumer Zeit an, zu Filialisten zu werden. Entwarnung aber: Das sehr klar und cosy, aber doch weniger durchdesignt als die Mitte-Location gehaltene Café im Kollwitzkiez fühlt sich nicht an, als wäre es nur eine weitere Filiale. Ein zugewandtes Team schafft eine vertraute Atmosphäre, beherrscht aber auch das Tempo, das es braucht, um morgens vor dem Büro nur flink auf einen Kaffee und ein Granola-Müsli vorbeizuschauen. Fast unnötig zu erwähnen, dass es auch der legendäre Käsekuchen aus dem Kreuzberger Stammhaus in die Kollwitzstraße geschafft hat. Und wer nun zu weit weg vom Kollwitzkiez wohnt, einen weiteren Five Elephant gibt es jetzt auch im KaDeWe.

Kollwitzstraße 98, Mo–Fr 8–18 Uhr, Sa+So 10–18 Uhr, www.fiveelephant.com
€€

Frank Café NEU

2022: TOP 10 MITTAGS, PLATZ 7

Besprechung siehe Seite 27

Schönhauser Allee 176, tgl. 8.30–18 Uhr, Tel. 41 20 73 45, www.frankcafe.de
€€

Godshot

Hier stehen verschiedene Bohnensorten für den perfekten Kaffeegenuss zur Auswahl. Aufwändig mit Latte Art bedacht zieren Herzen und Farnblätter die Milchschaumkrönchen auf dem Edelkaffee. Unbedingt zu empfehlen ist der heiße Kakao aus frisch geraspelter Schokolade.

Immanuelkirchstraße 32, Mo–Fr 8.30–17 Uhr, Sa 10–17 Uhr, So 11–17 Uhr, Tel. 0179-511 26 43, www.godshot.de
€

Haferkater

Der Franzose Leandro Burguete, der den Haferbrei während eines Auslandssemesters in England lieben lernte, darf tatsächlich als Trendsetter in Sachen Berliner Porridge gelten. Gemeinsam mit seinen Freunden Levin Siert und Anna Schubert betreibt er seit 2015 den Haferkater – ein heiliger Ort für Liebhaber des gekochten Haferfrühstücks. Weitere Locations im S-Bahnhof Friedrichstraße und in ... Köln, Dresden, Bonn und Frankfurt.

Eberswalder Straße 26, Mo–Fr 8–16.30 Uhr, Sa–So 9–17 Uhr, Tel. 47 05 89 36, www.haferkater.com
€

Kaffeerösterei und Konditorei Pakolat

Wie zu Großmutters Zeiten sieht es aus in der Kaffeerösterei und Konditorei. Die Kuchen und Torten sind nach alten Rezepten selbstgebacken, aber modern umgesetzt. Die Schokoladen-Bananentorte hat Kultstatus und ist in jedem Fall zu empfehlen.

Raumerstraße 40, Mo–Fr 10–19 Uhr, Sa+So 10–18 Uhr, Tel. 44 79 38 83, kaffee-pakolat.de

€

No Fire No Glory

Das Café bezeichnet sich selbst als „Speciality Coffee and Brunch Paradise". Aufgebrüht werden hier wechselnde Sorten, meist aus nur einem Anbaugebiet, alle aus Direct Trade. Ergänzt wird das Angebot durch hausgebackene Tartes oder die Puddingtörtchen Pastel de Nata – und seit Neuestem eben auch durch einen Brunch, bei dem Ei-Liebhaber voll auf ihre Kosten kommen.

Rykestraße 45, tgl. 9–17 Uhr, Brunch bis 14 Uhr, Tel. 28 83 92 33, www.nofirenoglory.de

€€

Nothaft Café

Es riecht nach Currywurst, denn Konnopkes goldene Imbissbude liegt vis-à-vis. Wurst gibt es im Café Nothaft nicht, dafür köstlich-kreativ gegrillte Sandwiches mit Brot von „Zeit für Brot". Dazu ein Flat White – der passt auch zum süßen Finale in Form eines veganen Bananen-Walnuss-Brotes oder Lemon-Cakes, wie alle Kuchen täglich hausgebacken.

Schönhauser Allee 43a, Mo–Fr 8–18 Uhr, Sa+So 9–18 Uhr

€

Patisserie Jubel NEU

Einst war hier mal eine Metzgerei, seit einiger Zeit zaubern hier Kai Michels und Lucie Friedrichs filigrane Tartelettes, Cupcakes und Törtchen, die noch besser schmecken als sie aussehen. Vor Ort gibt es zudem sehr guten Kaffee.

Hufelandstraße 10, Di–So 11–18 Uhr, Tel. 55 21 61 50, jubel.berlin €€

Sowohlalsauch

Im Schatten der berühmten Kuchen und Torten bietet das Sowohlalsauch den ganzen Tag über ein Frühstücksangebot, das sich nicht verstecken muss. Die Platte für zwei mit Shrimps, diversen Käse- und Wurstsorten, gefüllten Crêpes und Salat lässt den Tag gut beginnen.

Kollwitzstraße 88, derzeit nur Backstube tägl. 6–20 Uhr, Feinkostladen Mo–Sa 9–20 Uhr, Tel. 442 93 11, www.tortenundkuchen.de

€€

Werkstatt der Süße

Georg Fuhrmann zählt unbestritten zu den Besten im Geschäft mit den süßen Träumen. In seiner Werkstatt der Süße – Café mit 30 Plätzen und Verkaufsladen zugleich – arbeitet er nur mit besten Produkten. Seine Pralinen im ständig wechselnden Sortiment werden traditionell handwerklich und ohne Aroma- und Konservierungsstoffe hergestellt. Dauerbrenner sind seine Schokocrisp-Törtchen und Zimtstreusel mit Quittenmousse.

Husemannstraße 25, Di–So 10–18 Uhr, Tel. 32 59 01 57, www.werkstatt-der-suesse.de

€€

Wim Kaffee

Der japanische Barista Shiori Hara macht mit leisen Gesten perfekten Kaffee. Dazu gibt es vielleicht noch ein Bananenbrot und auf keinen Fall allzu viel mehr. Sehr kleiner, aber sehr guter Laden, für den Kiez und für die Stadt.

Rhinower Straße 1, Mo–Fr 8–17 Uhr, Sa+So 9–17 Uhr, Tel. 176-28 01 98 92

€

EISDIELE

California Pops

Wassereis? Fruchteis! Ohne Farbstoffe und bis zu 70 Prozent Frucht. Und als Clou: Das Ganze als Eis am Stil. Nach eigenem Gusto wird das täglich in der eigenen Manufaktur frisch hergestellte schräg-kreative Stil-Eis mit Dips und Toppings finalisiert. Die kleine Eisdiele setzt auf natürliche Zutaten und verzichtet auf Farb- und Zusatzstoffe.

Eberswalder Straße 32, Mo–Do 14–19 Uhr, Fr 14–20 Uhr, Sa 13–20 Uhr, So 13–19 Uhr, www.california-pops.de

€

Early Bird

Lorenzo Lodi, ein Quereinsteiger, hat die Kunst und mehr noch das Handwerk des Eismachens in der Scuola di Gelato naturale von Manuele Pre gelernt, so etwas wie der Slow-Food-Akademie unter den Eiswerkstätten. Das mit einer 70-prozentigen venezolanischen Schokolade hergestellte Stracciatella-Eis ist gewiss dasBeste in der Stadt.

Winsstr. 68, tgl. 8–18 Uhr, Tel. 0159-01 83 16 15, www.facebook.com/earlybirdgelato

€

Eispatisserie Hokey Pokey

Im März 2021 haben sich die Par Creamery und Hokey Pokey zusammengeschlossen und die Räumlichkeiten in der Oderbergerstraße renoviert. In der Eispatissereie Hokey Pokey gibt es nun die besten Sorten aus beiden Läden, als Kugeleis im Becher oder in der Waffel. Zudem wird eine kleine Auswahl an 520 Milliliter-Bechern für den heimischen Eisgenuss angeboten. Weitere Filiale an der Stargarder Straße (Feb.–Nov. tgl. 12–19 Uhr, Tel. 0176-80 10 30 80).

Oderberger Straße 38, März–Okt. tgl. 12–22 Uhr, Tel. 01511-523 63 68

€

Kleine Eiszeit

Die kleine Eisdiele ist seit über 20 Jahren eine Institution im Berliner Sommer und lockt noch immer zahlreiche Schleckermäuler in die Stargarder Straße. Womit? Mit solidem Eishandwerk und einer neuerdings erwachten Lust am Experiment. Im Sommer gibt es bis zu 28 verschiedene Eissorten, die Kugeln zwischen 1,50 und 2,50 Euro. Toll ist auch das Softeis!

Stargarder Straße 7, März bis Oktober tgl. 12–19 Uhr, an warmen Tagen auch länger, Tel. 447 90 37, www.kleine-eiszeit-berlin.de

€

Rosa Canina

Hausgemachtes Eis von klassisch bis extravagant, aber immer mit höchstem Qualitätsanspruch und alles bio. Nur reinste Früchte, Gewürze und Schokoladen kommen in die Kugeln. Zu den Klassikern der über 30 Sorten in der Kühlvitrine gehören Himbeer-Basilikum-Sorbet und Pistazieneis. Es gibt auch veganes und lactosefreies Schokosorbet.

Pasteurstraße 32, März–Okt Mo–Fr ab 13 Uhr, Sa+So ab 12 Uhr, Tel. 23 93 06 81, www.rosacanina.eu

€

GÄRTEN & STRÄNDE

Pfefferbräu Biergarten

Ein schöner Biergarten in Berlin, in dem man unter Sonnenstrahlen picheln: In der alten Schankhalle der historischen Brauerei und genauso auf der Sonnenterrasse über der Schönhauser Allee bekommt man Burger, Schnitzel oder Blutwurst mit Kartoffelstampf, Röstzwiebeln und Dunkelbiersauce – und natürlich das köstliche „Treberbrot", zum Beispiel mit mit Flank-Steak, Grillgemüse und Gremolata. Vor allem aber bekommt man das Bier, das hier seit 2013 gebraut wird.

Schönhauser Allee 176, tgl. 16–23 Uhr, Tel. 47 37 73 62 40, www.schankhalle-pfefferberg.de

€€

Prater Biergarten

Mit fast 170 Jahren auf dem Buckel gilt der Prater als der älteste Biergarten Berlins. Hier treffen sich Anwohner, Geschäftsleute, Studenten und internationale Szenetouristen mitten in der Stadt unter Kastanienbäumen. Das süffige Prater Pils kommt aus einer Brauerei in Frankfurt an der Oder, das Essen frisch vom Grill, die gute Laune ganz von selbst

Kastanienallee 7–9, April bis Sept. bei schönem Wetter Mo–Fr ab 16 Uhr, Sa+So ab 12 Uhr, Tel. 448 56 88, www.prater-biergarten.de

€

LÄDEN

Liv Emaille

Es war eine Schnapsidee, die Stephan Antusch im Jahr 2006 dazu bewog, ein Fachgeschäft für Emailleprodukte zu eröffnen. Einen besseren Standort als Prenzlauer Berg konnte er dabei kaum wählen: Binnen weniger Jahre gelang es dem Inhaber, einen aus der Mode gekommenen Werkstoff wieder en vogue zu machen. Abgesehen von „Omas Waschschüsseln" ist das Sortiment, das er in seinem Laden „Liv Emaille" führt, alles andere als eingestaubt. Es ist modern, schick, günstig. „Und auch nachhaltig. Gerade das wissen immer mehr Menschen zu schätzen", so Antusch. Im hinteren Teil des Ladens dreht sich alles ums Kochen und Backen. Auch gibt es Backformen von Gugelhupf bis zur Muffinpalette, die weitaus ökologischer sind als ihre zuletzt angesagten gummierten Alternativen. Zudem führt Antusch auch eine stattliche Auswahl an Aufbewahrungsboxen. Stecker fürs Kräuterbeet, individuell beschriebene Straßenschilder, Seifenschalen und Kerzenhalter ergänzen das umfangreiche Sortiment.

Stargarder Str. 9, Prenzlauer Berg, Tel. 34 62 73 05, Mo–Do, Sbd 10–18 Uhr, Fr 10–19 Uhr, www.emaille.de

€

SCHÖNE BERG

Die genüsslichste Foodmeile Berlins? Vielleicht die Achse Goltz- und Akazienstraße. Mittags, abends und in der Nacht

Berlin hat gute italienische Restaurants. Das Lagalante ist noch besser. → *Lagalante, S. 137*

Fine Dining in der Mittagspause: Felix Mielkes spektakuläre Schüsseln. → *Schüsseldienst, S. 138*

Feinschmeckeretage, ach was, Feinschmeckeretagen: Obwohl der Umbau noch nicht mal abgeschlossen ist, hat sich das KaDeWe als weltläufiger und sehr berlinerischer Food-Ort neu erfunden. → *KaDeWe, S. 137*

RESTAURANTS

April

PANEUROPÄISCH Das April ist ein beliebtes Kiezrestaurant mit Brasserie-Charme, langen Wandbänken und Kronleuchtern, das auf jede kulinarische Tageszeit eingestellt ist. Die Frühstücke tragen originelle Namen wie „rührender Auftritt" für Kräuter-Rührei oder „kräftige Erscheinung", für eine Wurstplatte mit Wacholderschinken und Linsensalat. Mit Maultaschen, Enchiladas, Chili con Carne und Flammkuchen werden alle Geschmäcker befriedet.

Winterfeldtstraße 56, Mo–Fr ab 9.30 Uhr, Sa+So ab 9 Uhr, Küchenschluss 22.30 Uhr, Tel. 216 88 69, www.restaurant-april.net
€€

Bamboo Bay

PANASIATISCH Auf dem EUREF-Campus haben sich unter der Leitung des ehemaligen Sternekochs Thomas Kammeier gleich mehrere Gastronomien erfolgreich etabliert. Und nicht nur die Mitarbeiter des Campus legen etwa im Bamboo Bay gerne eine kulinarische Pause ein. Auf der wöchentlich dreimal wechselnden Karte stehen Sushi und asiatisches Street Food.

EUREF-Campus 12, Mo–Fr 11–16 Uhr, Tel. 78 95 05 90, bamboobay.berlin €

Bar Tolucci

ITALIENISCH Eine sympathische, unaufgeregte Trattoria, die sich im Kiez einen Namen gemacht hat. Große Bürgersteigterrasse, netter Service und eine gute Küche, die mit Klassikern, überzeugenden Steinofen-Pizzen, und kreativer Tageskarte überzeugt. Dazu anständige offene Haus- und ausgesuchte Flaschenweine.

Eisenacher Straße 86, So–Fr 10–1 Uhr, Sa 12–1 Uhr, Tel. 214 16 07, www.bar-tolucci.de
€€

Bejte Ethiopia

OSTAFRIKANISCH Dass die äthiopische Küche würzig und scharf sein kann, zeigen im familiären Bejte Ethiopia Gerichte wie „Ye-bere zilzl tibs", gebratene Rindfleischstreifen mit Cayennepfeffer. Zur Küche des ostafrikanischen Landes gehören auch Gemüsegerichte wie Kichererbsenmus oder gekochte Linsen mit Tomatensauce. Grundlage jeder Mahlzeit ist „Injeral" – mit dem säuerlichen Brotfladen werden die Saucen aufgetunkt.

Zietenstraße 8, Mo–Fr 16–0, Sa+So 14–2 Uhr, Tel. 262 59 33, www.bejte-ethiopia.de
€€

Bob & Thoms

2020: TOP 15 ABENDS, PLATZ 17
FRANZÖSISCH, DEUTSCH Ehrliches und kreatives Fine Dining in minimalistischen Räumlichkeiten von einem eingespielten Duo mit langjährigem Gastro-Background. Gastgeber Oliver Körber, Spitzname Bob, könnte man aus dem Alt Luxemburg kennen. Küchenchef Felix Thomas war Sous-Chef im Skykitchen. Nur zwölf bis 15 Gäste werden pro Abend bewirtet. Die begeben sich nach einem Glas Crémant vom Pfälzer Weingut Jülg auf eine viergängige Aromenreise eines vegetarischen, kontemporären oder klassischen Menüs. Handwerklich hervorragend mit Leidenschaft für die Haute Cuisine.

Welserstraße 10–12, Di–Sa ab 18 Uhr, Tel. 20 92 94 92, www.bobthoms.de
€€€

Bonvivant

2020: TOP 15 ABENDS, PLATZ 14
EUROPÄISCH Das Konzept des schmucken Cocktail-Bistros funktioniert perfekt: Kreatives vegetarisches Soulfood trifft in entspannter Atmosphäre auf erstklassige Cocktailkreationen. Ottmar Pohl-Hoffbauer, Berliner Pionier der saisonalregionalen Bio-Küche, arbeitet eng mit Brandenburger Bauernhöfen zusammen. Der ungewöhnlichste Cocktail ist der Swedish Mule: Vodka, Räucherpfeffer, Limette, Ingwer und ein Gürkchen am Spieß.

Goltzstraße 32, Mi–Fr 18–0 Uhr, Sa+So 10–15 u. 18–0 Uhr, Tel. 61 72 26 02, bonvivant.berlin
€€

Brasserie Colette

FRANZÖSISCH In der Brasserie des Zwei-Sterne-Kochs Tim Raue bekommt man Top-Qualität fürs Geld. Serviert werden in ungezwungener Atmosphäre vornehmlich französische Klassiker wie etwa Steak frites oder Foie Gras-Berliner, aufgepeppt mit Raues typischer Handschrift. Die Weinkarte ist entsprechend gut sortiert.

Passauer Straße 5–7, tgl. 12–15, 18–23 Uhr, Tel. 21 99 21 74, www.brasseriecolette.de
€€€

Chay Village

VIETNAMESISCH Suppen sind in Vietnam ein Gericht für jede Tageszeit und so sollte man auch in dem sympathischen vegetarischen und veganen Lokal nicht auf eine klare Brühe mit Ingwerwurzel, Tofu und Bitter-Pak-Choi verzichten. Traditionelle Gewürze und frische Zutaten schmeckt man beim Weißkrautsalat mit geröstetem Porree und Erdnüssen heraus, und die Sommerrollen mit würzigem Tofu und Reisnudeln sind ein saisonunabhängiger Appetizer.

Eisenacher Straße 40, Mo–Fr 11.30–22 Uhr, Sa, So, Feiert. 14–22 Uhr, Tel. 89 20 45 54, www.chayvillage.de
€€

Chi Chi Kann

CHINESISCH Funktionales Ambiente und eine China- und Asia-Fusion-Küche, die zeigt, wie feurig scharfes Essen sein kann – man sollte die Chili-Schoten-Hinweise auf der Speisekarte ernst nehmen. Für die glutamatfreie Frischeküche müssen zuweilen kleine Wartezeiten in Kauf genommen werden. Die lohnen, denn das Chi Chi Kann ist mehr als ein Standard-Chinese: Das zeigen Quallensalat, Tausendjährige Eier, Tofu nach Shanghai-Art und die Peking-Ente in fünf Gängen.

Goltzstraße 52, tgl. 12–23 Uhr, Tel. 54 71 66 51, www.chichikan.de €€

Da Jia Le

CHINESISCH Die nordostchinesische Dongbei-Küche ist teils ungewöhnlich, wie Eisbeinscheiben in Knoblauch-Essig-Soße oder Schweineohr zeigen. Es gibt auch gute vegetarische Gerichte, der süß-sauer-scharfe Tofu-Blätter-Salat oder gebratener Chinakohl mit Morcheln. Getrunken werden Craft-Beer und deutsche Weine.

Goebenstraße 23, Mo, Di 16–23 Uhr, Mi–So 12–23 Uhr, Tel. 21 45 97 45, dajiale-berlin.de
€€

Ebe Ano

WESTAFRIKANISCH Gebratene Kochbanane oder Yamswurzel, Ziegensuppe oder Ohablätter mit Rindfleisch, getrocknetem

Fotos: Lily Roggeman; Florian Kottlewski; KaDeWe/ The KaDeWe Group

Fisch, Palmöl und Wasserbrotwurzel – die nigerianische Küche ist ein echter Exot. Kennenlernen können Foodies die Hausmannskost im traditionellen, gemütlichen und kleinen Restaurant fußläufig des Viktoria-Luise-Platzes, dessen Name Ebe Ano „wo es passiert" bedeutet.

Bamberger Straße 49, Di–So 16–20 Uhr, Tel. 47 38 45 90, www.ebeano-berlin.de
€€

Faelt NEU

2022: TOP 20 ABENDS, PLATZ 3
EUROPÄISCH Besprechung siehe Seite 32

Vorbergstraße 10a, Di–So 17.30–22 Uhr, Tel. 0160-93 27 74 62, www.faelt.de
€€€€

Gokan

KOREANISCH Ein kleines, minimalistisches gehaltenes Lokal mit richtig guter koreanischer Küche. Das im Sommer eröffnete Gokan überzeugt mit hübsch angerichteten und in kupferfarbenen Schüsseln und auf kupfernen Platten angerichteten Speisen à la Hweh-deop-bap, rohem Lachs auf Reis und Salat mit Chili-Vinaigrette oder Tofu-Kimchi. Signature-Dish sind die Tisch-Barbecues (ab 2 Pers.).

Leberstraße 9, Mo–Fr 12–15 + 18–22 Uhr, Sa, So, Feiert. 18–22 Uhr, Tel. 172-721 70 00, www.gokanberlin.de
€€

Gottlob

EUROPÄISCH Das entspannte Café-Restaurant ist einer der Fixpunkte im Akazienkiez. Vor allem die Sonnenplätze auf der Bürgersteig-Terrasse und im kleinen, lauschig mit Grün bewachsenen Vorgarten sind äußerst beliebt. Ab neun Uhr morgens gibt es verschiedene Frühstücks-Varianten und bis spät abends wird in dem typischen Ecklokal eine mediterrane wie internationale Küche serviert.

Akazienstraße 17, Mo–Do 9–1 Uhr, Fr+Sa 9–2 Uhr, So 10–1 Uhr, Tel. 78 70 80 95, gottlobgasthaus.eatbu.com
€€

Heuberger

DEUTSCH Im Sommer ist das Heuberger ein überaus netter Biergarten, im Winter eine gemütliche Speisestube. Natürlich wird die bodenständige schwäbisch-alpenländische Küche mit Maultaschen, Flammkuchen, Schnitzel & Co. auch im Garten serviert. Empfehlenswert sind die saisonalen Gerichte von der Tageskarte etwa zur Spargel- oder Gänsezeit.

Gotenstraße 1, tgl. 12–0 Uhr, Biergarten (in der Saison) 12–23 Uhr, Tel. 78 95 73 37, www.wirtshaus-heuberger.de
€€

Ho Lo and Friends

PANASIATISCH Der sympathische Vietnamese hat sich innerhalb kurzer Zeit viele Freunde gemacht. Die Indochina-Küche überzeugt mit Frühlings- oder Sommerrollen, Dumplings oder Saigon Beef in guter Qualität und zu günstigen Preisen.

Schwäbische Straße 16, Mo–Do 12–23 Uhr, Fr 12–0 Uhr, Sa+So 12.30–0 Uhr, Tel. 91 48 83 19, www.facebook.com/holoberli
€€

Il due Emigranti

ITALIENISCH Kontinuierlich hat sich das „Il due" seit den 1980er-Jahren von einer einfachen Pizzeria zu einem veritablen Ristorante mit sardischen Wurzeln entwickelt. Die Pizza ist allerdings immer noch sehr gut. Auch die saisonalen Gerichte von der Tageskarte, etwa mit Steinpilzen, sind grundsätzlich eine Empfehlung wert, ebenso die offenen Hausweine.

Belziger Straße 38, Mo–Sa 16–0 Uhr, So 11–0 Uhr, Tel. 782 63 26
€€

KaDeWe

INTERNATIONAL Das größte, exquisiteste und kuratierteste Kaufhasu erfindet sich gerade neu. In der Feinschmeckeretage und den verschiedenen Restaurants kann man das schon schmecken. Wir sitzen gerne in der Hähnchenrotisserie vom BRLO Brwhouse, die im Herbst 2021 wieder eröffnen wird – und natürlich an der Austernbar.

Tauentzienstraße 21-24, Mo–Do, Sa 10–20 Uhr, Fr 10–21 Uhr, Gastronomie 12–22 Uhr, Spätkauf 10–20 Uhr, Tel. 21 21-0, www.kadewe.de
€€€

La Cantine d'Augusta

FRANZÖSISCH Sébastian Gorius' kleines Stück Frankreich in Berlin kommt als ein nach der Oma benannter Feinkostladen mit Bistro daher. Käse bezieht er vom befreundeten, schon als Bester seines Fachs ausgezeichneten Bernard Mure Ravaud. Bei den Weinen sind es Entdeckungen wie ein weißer Côte du Rhône von Saint-Joseph, die es glasweise zu probieren gilt.

Langenscheidtstraße 6A, Mo–Do 12–20 Uhr, Fr+Sa 10–20 Uhr, So 10–15 Uhr, Tel. 95 59 76 17, lacantinedaugusta.com
€€

La Cocotte

FRANZÖSISCH Freunde der französischen Küche kommen in der entspannten Lokalität mit Bar und hübschem Vorgarten voll auf ihre Kosten. Eine „Cocotte" ist ein eiserner Schmortopf und so stehen verschiedene Schmorgerichte wie etwa der bekannte Coq au vin hier im Fokus. Aber auch Bistro-Klassiker wie Weinbergschnecken oder Entenleberpastete stehen auf der Karte – und natürlich gut kalkulierter Champagner und feine Weine.

Vorbergstraße 10, Mo–Sa 18–23 Uhr, Tel. 78 95 76 58, www.lacocotte.de
€€€

La Piazetta

ITALIENISCH Dieses Lokal könnte sich auch in einem Mailänder Vorort befinden. Ein solides Angebot italienischer Klassiker von Antipasti über Pasta bis zu Pizza kommt „subito" und zu kleinen Preisen auf den Tisch. Was das eher jüngere Publikum ebenso zu schätzen weiß wie den süffigen Hauswein.

Kolonnenstraße 18, tgl. 12–22 Uhr, Tel. 81 82 15 49, www.la-piazetta-berlin.de
€€

Lagalante

ITALIENISCH In dem kleinen, individuell eingerichteten Ristorante kocht sich der Süditaliener Antonio Lagalante frisch und authentisch durch die verschiedenen italienischen Regionen. Dabei wechseln die Gerichte wie mit Grana Padana gefüllte Rinderröllchen in einer würzigen Tomatensauce auf der bewusst überschaubar gehaltenen Speisekarte je nach Saison und Angebot beinahe täglich. Dazu werden trinkfreudig kalkulierte Stiefel-Weine ausgeschenkt.

Grunewaldstraße 82, Di–So 18–22.30 Uhr, Tel. 98 37 52 96, www.lagalante-restaurant.de
€€€

LandWirt

DEUTSCH Die Birkenstämme und der Familienname des bayerischen Inhabers Ludwig Bauer senden klare Signale: In der gemütlichen Speisestube mit gerade einmal neun Tischen wird ehrlich, gut und mit regionalen Produkten gekocht. Mal sind es ungewöhnliche Kombinationen, wenn warmer Spitzkohl auf Pfifferlinge und Büffelmozzarella trifft, mal Lieblingsspeisen der Kindheit wie Falscher Hase mit Karotten und Kartoffelpüree.

Regensburger Straße 7, tgl. ab 12 Uhr, Tel. 21 99 72 80, www.landwirt-berlin.de
€€€

Lenzig

FRANZÖSISCH Gelungene Ganztags-Location mit breitem internationalen Angebot. Eine große Frühstücksauswahl läutet den Tag in der klassisch, ein wenig im französischen Bistro-Stil eingerichteten Restauration ein. Mittags und abends gibt es für jeden etwas von Gemüsefritten über Schnitzel Wiener Art und Lamm Marokkanisch bis zum Hausklassiker, dem Doppelburger.

Eisenacher Straße 75, tgl. 9.30 bis 23.50 Uhr, Küchenschluss 22.30 Uhr, Tel. 781 17 19, www.restaurant-lenzig.net
€€€

Lochner Weinwirtschaft

DEUTSCH In der gemütlichen Weinstube lässt es sich gut einen oder zwei Schoppen nehmen. Das liegt nicht nur an den ausgesuchten und korrekt kalkulierten Weinen mit Schwerpunkt auf deutschen Anbaugebieten, sondern auch am schmackhaften Essen: von typischen Weinbegleitern wie Schinken und Käse bis zu Tafelspitz und Backhendl.

Eisenacher Straße 86, Di–Sa ab 17 Uhr, warme Küche bis 22 Uhr, Tel. 23 00 52 20, www.lochner-weinwirtschaft.de
€€€

Malafemmena

ITALIENISCH „In Bufala we trust" – die blaue Leuchtschrift in der großen, aber gemütlichen Trattoria mit Backsteinwänden kommen verschiedene Mozzarella- und Tomatensorten auf die 60 bis 90 Sekunden im 460 Grad heißen Ofen gebackenen Pizzen. An die 20 Sorten stehen zur Auswahl, darunter auch die Neapel alle Ehre machende Pizza Margherita. Auch die feinere italienische Küche ist, etwa mit gegrilltem Scarmoza mit gerösteten Artischockenherzen oder Loup de Mer mit Zitronen-aromatisierten Kartoffeln, präsent.

Hauptstraße 85, Mo–Fr 16.30–23, Sa+So 12–23.30 Uhr, Tel. 84 18 31 82, malafemmena.restaurant
€€

Maultaschen Manufaktur

DEUTSCH In Schwaben gäbe es so viele Maultaschen-Rezepte wie Hausfrauen, sagt Ulrich Morof. Dementsprechend bietet er die selbstgemachten Nudelteigtaschen in seiner bodenständigen Gaststätte mit offener Küche mit verschiedensten Füllungen. Passend dazu: Fassbiere der Rothaus Brauerei im Hochschwarzwald.

Yorckstr. 45, Mo–Fr 17–23 Uhr, Tel. 76 72 46 66, www.maultaschen-manufaktur.de
€€

Papaya

THAILÄNDISCH Gemüseschnitzereien gehören im Papaya einfach dazu. Der sympathische, unkomplizierte Thailänder mit mehreren Restaurants serviert am Winterfeldtplatz in einer kleinen Lokalität solide Gerichte aus dem Nordosten des Landes. Das bedeutet Unbekanntes wie Khao Soy Papaya, Eiernudeln mit Huhn in gelbem Kokos-Curry, und Bekanntes, so Sommerrollen, Satéspieße oder Pad Thai.

Winterfeldtstraße 42, tgl. 12–16 u. 17–21 Uhr, Tel. 61 29 00 12, www.papaya-service.de
€€

Petite Europe

ITALIENISCH Die alteingesessene Trattoria direkt am Kleistpark, sie wurde 1967 eröffnet, ist praktisch jeden Abend voll. Kein Wunder, glänzt sie doch seit Jahren mit gleichbleibender Qualität bei Antipasti, Pizza, Pasta und Carne zu günstigen Preisen. Die unkomplizierte Atmosphäre tut ihr Übriges.

Langenscheidtstraße 1, Di–So 17–0 Uhr, Tel. 781 29 64, petite-europe-berlin.de
€€

Pizzaklub

ITALIENISCH Die nach neapolitanischem Rezept zubereitete Pizza wird auf einem Holzbrett serviert. Gabeln gibt es nur auf Wunsch, was nicht schlimm ist, denn in Italien fällt der belegte Teigfladen ohnehin unter die Rubrik Fingerfood.

Katzlerstraße 10, Mo, Di, Do–Sa 17–22 Uhr, So, Feiert. 15–22 Uhr, Tel. 23 63 94 00, www.pizzaklub.de
€€

Pizzeria Roma

ITALIENISCH Die angeblich älteste Pizzeria in Berlin. Ob es im Gründungsjahr 1965 wirklich noch keine andere Pizzeria in der Stadt gab, ist nicht mehr wichtig, wenn die Steinofen-Pizza erst einmal gut belegt und dampfend auf dem Tisch steht. Aber auch die typischen italienischen Vorspeisen und die Pasta sind in dem Ecklokal bei den Gästen aus dem Kiez beliebt.

Belziger Straße 60, tgl. 11–23 Uhr, Tel. 781 15 80, www.roma-berlin.de
€€

Platia NEU

GRIECHISCH Die Platia ist der neue Place to be in Schöneberg nicht nur für die griechische Community. Der Name ist gut gewählt, erinnert die Location in den Bricks Höfen der ehemaligen Hauptpost doch an einen griechischen Dorfplatz – mit der typischen geselligen Atmosphäre. Kulinarisch setzt Chef Athanasios wie schon zuvor beim Ousies und Beim Ousia auf das Konzept der Meze: kleine Speisen von Fava über hausgemachte Bauernwurst bis zu Lammrückenstreifen aus der Pfanne, die gemeinsam bestellt werden und auf dem Tisch in die Mitte kommen.

Hauptstraße 27, Di–So 17–24 Uhr, Tel. 66 50 88 51, taverne-platia.de
€€€

Prometeo

ITALIENISCH „Authentische neapolitanische Pizza" verspricht die unweit des Sozialpalastes befindliche Trattoria. Für die ist der

Pizzabäcker den ganzen Tag am Ofen zugange, den man von jedem Platz im Lokal sehen kann – und der aus Vulkanasche-Ziegelsteinen vom Vesuv besteht und mit Holz befeuert wird. Das Essen ist gaumenbeglückend. Dazu ein ordentlicher Nero d'Avola und eine tolle Atmosphäre.

Goebenstraße 3, Di–So 12–22 Uhr, Tel. 23 63 88 37, www.prometeo.pizza
€€

Raststätte Gnadenbrot

DEUTSCH Den szenigsten kulinarischen Boxenstopp einer Raststätte gewährt das Gnadenbrot. Das Lokal mit rustikalem Interieur ist ein Ort für Nachtschwärmer, die Lust auf deftige Hausmannskost haben. Rinderrouladen mit Rotkohl und Klößen, Königsberger Klopse und täglich wechselnde Suppen holt man sich von der Essensausgabe ab. Dort stehen auch Bembel mit Besteck sowie ein Brotkorb, das „Gnadenbrot". Mayo, Senf und Ketchup zapft man sich aus Spendern selber ab.

Martin-Luther-Straße 20A, Mo–Fr 15–0 Uhr, Sa+So 14–0 Uhr, Tel. 21 96 17 85, raststaette-gnadenbrot.de
€€

Renger-Patzsch

FRANZÖSISCH Schon lange, früher als Storch, heute als Renger-Patzsch, ist das Restaurant einer der Platzhirsche in der Schöneberger Gastroszene. Dabei punktet das immer gut besuchte, gerade frisch umgebaute Lokal nach wie vor mit seiner deutsch-elsässischen Küche. Die Flammkuchen sind vielleicht die besten der Stadt und Klassiker wie das Sauerkraut Louis de Funes mit Schäufele und Mettwurst von der ansonsten täglich wechselnden Karte nicht mehr wegzudenken.

Wartburgstraße 54, Mo–Sa 18–23 Uhr, Tel. 784 20 59, www.renger-patzsch.com
€€€

Sardinen.Bar

FISCHRESTAURANT Fisch-Restaurants sind nichts Ungewöhnliches, auch wenn es sie nicht wie Sand am Meer gibt. Ein Restaurant, das sich jedoch nur auf die Sardine spezialisiert hat, ist hierzulande wohl einmalig. Dabei kommen die kleinen Fische in bester Qualität aus der Dose, hergestellt von kleinen Familienbetrieben. Dazu gibt es frischen Salat und Baguette sowie ausgesuchte Weine.

Grunewaldstraße 79, Di–Sa 17–23 Uhr, Tel. 58 84 41 70, www.sardinenbarberlin.com
€€

Schöneberger Weltlaterne

DEUTSCH In der urigen Kneipe mit schönem Holzmobiliar wird eine bodenständige, deftige Altberliner Küche serviert, wie man sie nur noch selten findet. So gibt es jeden Mittwoch die hausgemachte Riesen-Kohlroulade mit Specksoße und jeden Donnerstag ist Hackfleischtag mit Berliner Bouletten und Hackbraten mit Pilzrahmsauce, Apfel-Rotkohl und Salzkartoffeln, dazu frisch gezapftes Pils.

Motzstraße 61, Di–So 17–0 Uhr, Küche bis 23 Uhr, Tel. 21 96 98 61, schoeneberger-weltlaterne.mycylex.de
€€

Seoul Kwan

KOREANISCH 1989 eröffnet und damit bereits drei Jahrzehnte präsent, ist das Seoul Kwan wohl das älteste koreanische Restaurant Berlins, gegründet von Herrn Lee, einem ehemaligen „Gastarbeiter". Dort wird nach Originalrezepten seiner Heimat gekocht. Unsere Empfehlung: Bibimbap, im heißen Steintopf servierter Reis mit frischem und eingelegtem Gemüse.

Schmiljanstraße 25, Di–Fr 12–15 Uhr u. 17–21 Uhr, Sa+So 12–21 Uhr, Tel. 852 62 62, www.seoul-kwan.de
€€

Sironi

2021: TOP 15 ABENDS, PLATZ 8

ITALIENISCH Alfredo Sironi ist der geborene Gastgeber. In seiner Schöneberger Location, inklusive offener Backstube, gleichen seine Pizzen keinen anderen in Berlin. Sechs Pizzen, unter anderem die Bufala mit Büffelmozzarella oder die Quattro Formaggi und die Sironi mit Safrancreme, sind aus Dinkelteig. Für acht andere wird dieser aus einer Mischung aus Weizenmehl und Hartweizenmehl geknetet, das einen ganz eigenen Geschmack mitbringt. Danach unbedingt das hausgemachte Pistazieneis probieren.

Goltzstraße 36, tgl. 12–22 Uhr, Tel. 21 00 24 02, sironi.de
€€

Sissi

ÖSTERREICHISCH Das Sissi gehört zu „den" Österreichern der Stadt. Auf zwei Etagen werden Klassiker wie Wiener Saftgulasch mit Semmelknödeln und Wiener Schnitzel mit Erdäpfeln aufgetragen. Vegetarische Schmankerl sind Südtiroler Spinatknödel und Vorarlberger Kässpätzle. Der Wein-Fokus liegt auf österreichischen Top-Winzern.

Motzstraße 34, tgl. ab 17 Uhr, Tel. 21 01 81 01, www.sissi-berlin.de
€€

Suksan

THAILÄNDISCH Unter Bambus-Dächern kann man hier landestypische Gerichte – von Muh (Schwein) über Pla (Fisch) bis Gai (Huhn) genießen. Dazu stehen fernöstliche Spezialitäten wie Rotes Curry mit Garnelen in Kokossauce oder gebratene Nudeln mit Krebsfleisch auf der Karte.

Ansbacher Straße 4, Mo–Do 12–23 Uhr, Fr 12–0 Uhr, Sa 16–0 Uhr, So 17–23 Uhr, Tel. 21 01 86 73, www.suksan.de
€€

Taverna Ousia

GRIECHISCH Einer der wohl besten Griechen der Stadt ist nicht umsonst und nicht nur wegen der stimmungsvollen Atmosphäre jeden Abend voll. Das Ousia ist nicht nur Taverne, sondern auch Mezedopolio: Es kommen vor allem die typischen schmackhaften Kleinigkeiten von Tarama über Keftedes bis Garides zum Teilen auf den Tisch. Dazu: ausgesuchte Weine.

Grunewaldstraße 54, tgl. 17–23 Uhr, Tel. 216 79 57, www.taverna-ousia.de
€€€

The Cord NEU

EUROPÄISCH Ein schnittiger Oldtimer der US-Marke Cord steht im Entrée. Gas geben in dem edlen, zeitgenössischen Grillroom Ex-Sternekoch Thomas Kammeier, Küchenchef Florian Peters und Olaf Rode als Gastgeber und Sommelier für bewährte Winzer-Tropfen. Fleisch und Fisch, Top-Produkte, die wie das 300 Gramm schwere US-Rib-Eye im extrem heißen Beefer karamellisiert werden oder vom Lavastein-Grill kommen. Dazu klassisch Sauce Bernaise oder extravagant Chimichurri. Unübertroffen im Sommer: das Al-Fresco-Dining mit Blick auf den denkmalgeschützten Gasometer.

EUREF-Campus 23/24, Mi–So 17.30–23 Uhr, Tel. 26 47 67 92, www.thecord.de
€€€€

Tianfuzius

CHINESISCH Berlins erstes vegetarisches China-Restaurant offeriert eine große kulinarische Bandbreite, die sich vom Standard-Chinesen abhebt. So kann man etwa eine Sauer-Scharf-Suppe mit Wasserkastanien oder eine klare Wintermelonensuppe wählen, findet bei den Vorspeisen warmen, scharfen Nudelsalat mit eingelegtem Gemüse und bei den Hauptgängen Fonduetopf mit Blumenkohl, Peperoni und Chili oder geräucherten Tofu mit Sellerie.

Regensburger Straße 1, Mo–Fr 12–15.30 Uhr, 17.30–23 Uhr, Sa, So, Feiert. 12–23 Uhr, Tel. 91 53 98 33, tianfu.de/tianfuzius/
€€

Trattoria a' Muntagnola

ITALIENISCH Als Pino Bianco 1991 sein eigenes Lokal eröffnet hat, holte er seine Mutter nach Berlin, um die Küche der Basilikata zu präsentieren. Seitdem kann man in Pinos Trattoria diese einfache und aromatische Küche erleben, die neben hausgemachter Pasta etwa Löwenzahnsalat mit Kapern und Sardellencreme, mit Garnelen und Minze gefüllte Zucchiniblüten mit Zitronen-Minze-Sauce oder gekochte und gedünstete Heidschnucke mit Ofenkartoffeln bietet.

Fuggerstraße 27, tgl. 17–23 Uhr, Tel. 211 66 42, www.trattoria-muntagnola.de
€€€

Tuk-Tuk

ASIATISCH Das Tuk-Tuk ist schon ein Klassiker – seit 1979 in Schöneberg und eines der wenigen Restaurants, die indonesische Küche im entsprechend dekorierten Ambiente und zu traditioneller Musik serviert. Gerichte wie Gado Gado, gedünstetes Gemüse mit Ei, Sojakäse und Erdnusssauce oder Nasi Goreng versprechen kulinarische Erlebnisse wie im Baliurlaub.

Großgörschenstraße 2, Mo–Do 12–14 u. 17–22 Uhr, Fr 12–14 u. 17–23 Uhr, Sa 17–23 Uhr, So 17–22 Uhr, Tel. 781 15 88, www.tuk-tuk.de
€€

Weinverein Rote Insel

PANEUROPÄISCH Das unkomplizierte Weinlokal hat ein einfaches, aber erfolgreiches Konzept: gute, bodenständige Weine aus Rheinhessen zum kleinen Preis und ebenso bodenständige einfache Gerichte. So kommen zum Hula Hupp, einer Cuvée aus Sauvignon Blanc, Riesling und Silvaner, etwa Flammkuchen, handgemachte Piroggen oder warme Fleischwurst auf die Holztische.

Leuthener Straße 5, tgl. 17–22 Uhr, Tel. 64 43 82 52, weinverein.berlin
€€

Zsa Zsa Burger

NORDAMERIKANISCH Bevor der Burgerladen-Hype einsetzte, gab es Zsa Zsa Burger. Im Stil einer schmucken Mountain-Lodge gehalten, geht es hier um die gehobene Burger-Kultur, die mit der Hand oder mit Messer und Gabel genossen werden kann. Die Pattys sind 200 Gramm schwer, die Buns eigens für das Restaurant gebacken.

Motzstraße 28, Mo–Fr ab 17 Uhr, Sa+So ab 16 Uhr, Tel. 21 91 34 70, www.zsazsaburger.de
€€

IMBISS

Ixthys

KOREANISCH An den Wänden hängen Tücher mit Bibelsprüchen und Alkohol wird nicht aussgeschenkt, man kann sich aber eine Dose Bier mitbringen. Inhaberin Park Park Young-Ai hat ihren kleinen, einfachen Imbiss mit dem griechischen Wort für das christliche Fisch-Symbol benannt und kocht koreanisch.

Pallasstraße 21, Mo–Sa 12–21.30 Uhr, Tel. 81 47 47 69
€€

Pascha Grill 5

MITTLERER OSTEN Fast rund um die Uhr ist das kleine türkische Grillhaus im Einsatz, um die hungrigen Großstädter mit Döner sowie Fisch und Fleisch vom Holzkohlegrill mit Reisbeilagen zu verköstigen. Das Essen ist solide, der Service freundlich. Getränke gibt's im Kühlschrank.

Potsdamer Straße 172, rund um die Uhr, Tel. 21 01 77 92
€

Schüsseldienst

PANEUROPÄISCH Als Küchenchef im Le Faubourg hatte Felix Mielke dem Hotelrestaurant 15 Gault-Millau-Punkte erkocht. Mit dem Schüsseldienst hat er seinen eigenen Laden – gerade ist er ein paar Häuser weiter in größere Räumlichkeiten gezogen – eröffnet: ein Imbisslokal im charmanten Schöneberger Akazienkiez. Dort serviert er wechselnde Varianten mit Fleisch, mit Fisch und vegan. Blumenkohl, Räucherforelle und Eigelb etwa, oder Bohne, Pistazie und italienischen Speck. Wer mag, kann dazu noch langsam gegarte, schon beim bloßen Blick vom Knochen fallende Rippchen kombinieren. Oder man bestellt eine der opulenten, klar intuitiv abgeschmeckten Stullen.

Akazienstraße 7, Mo–Sa 12–21 Uhr, Tel. 0157-34 62 87 04, schuesseldienst-berlin.de
€€

The Hummus Guys

ISRAELISCH, LIBANESISCH Das kleine Imbisslokal ist gleichzeitig Produktionsküche, hier klopft, nein stampft Frank Büchin zart gekochte Kichererbsen. Von hier aus bestückt er Marktstände. Immer wird das ganze Gemüse verarbeitet und nicht bloß ein Saft oder ein Aroma hinzugefügt. Zwölf verschiedene Sorten gibt es inzwischen. Die kann man auch vor Ort genießen, auch als gemischte Hummus-Platte.

Hohenstaufenstraße 39, Mo–Fr 11–19.30 Uhr, Tel. 0151-28 91 0181, www.thehummusguys.de
€€

BARS & KNEIPEN

Barkett

Schnell hat sich das Barkett zu einer überbezirklichen und auch von internationalen jungen Nachtschwärmern frequentierten Location gemausert. Dazu tragen die Drinks, Craftbiere vom Fass, hausgemachte Liköre, Snacks wie Wraps und Kuchen, kleine Konzerte und eine lockere Atmosphäre bei.

Czeminskistraße 10, tgl. ab 18 Uhr, Tel. 176-49 42 73 62, www.barkett.berlin
€

E. & M. Leydicke

Vor über 140 Jahren gründeten die Brüder Emil und Max Leydicke eine Likör- und Fruchtsaftfabrik und kurz darauf eine Weinprobierstube. Als gebürtiger West-Berliner hat man dort seine ersten Erfahrungen mit hausgemachten Fruchtweinen, Likören und Schnäpsen gemacht. Obwohl eine zunehmend beliebte Touri-Adresse, ist das Leydicke auch bei Einheimischen eine nach wie vor beliebte Kneipeninstitution.

Mansteinstraße 4, tgl. ab 18 Uhr, Tel. 216 29 73, www.leydicke.com
€€

Fabelei

2020: TOP 10 NACHTS, PLATZ 5

Im Sommer wird auf der Terrasse die Aperitif-Kultur gepflegt, im Winter bitten Anastasia und Filip in die gemütlich helle, rauchfreie Cocktailbar. Für die klassischen und kreativen Cocktails mit betörender Optik werden Sirupe, Espumas und andere Zutaten selbstgemacht. Dazu gibt es Popcorn, Tatar und anderes Barfood.

Kyffhäuserstraße 21, Di–Sa 17–1 Uhr, So bis 23.45 Uhr, Tel. 20 85 92 00, fabelei.com
€€

Green Door

Nach wie vor muss man an einer grünen Tür klingeln, um die exquisit gestylten Räume des zeitlosen Bar-Klassikers am Winterfeldtplatz zu betreten. Das Publikum am Tresen gibt sich entspannt und international. Hinter der Bar verstehen die Mixer ihr Handwerk und zelebrieren erstklassige Cocktails.

Winterfeldtstraße 50, So, Mi, Do 18–2 Uhr, Fr+Sa 18–3 Uhr, Tel. 215 25 15, www.greendoor.de
€€

Möve im Felsenkeller

Eine Kneipe ist eine Kneipe ist eine Kneipe. Und auf den Felsenkeller trifft das hundertprozentig zu. Die Einrichtung ist seit Jahrzehnten dieselbe und verleiht dem immer gut besuchten, schlauchförmigen Lokal ein besonderes Flair. Fassbiere, perfekt gezapft, dazu gibt es gutbürgerliche Deftigkeiten wie den Linseneintopf mit Wiener Würstchen, Bulette mit Brot oder Kartoffelsalat mit Würstchen.

Akazienstr. 2, Mo–Sa 16–1 Uhr, Tel. 781 34 47
€

Mutter

Der Name lässt es kaum vermuten, aber hier kommt thailändische Küche auf die Tische – oft vegetarisch, in durchgehend guter Qualität und stylischem Ambiente mit Marienstatue und Kronleuchtern, im Hintergrund läuft leise Musik. Und da Mutter nicht nur Restaurant, sondern auch Café und amtliche Bar ist, werden hinterm Tresen vom netten Team auch sehr ordentliche Cocktails gemixt.

Hohenstaufenstraße 4, tgl.12–2 Uhr, Tel. 21 91 51 00, mutter-berlin.de
€€

Resonanz

Ja, es gibt sie noch, die guten alten Kneipen, die an frühere Studententage erinnern. Und auch die Musik, die aus den Lautsprechern kommt, stammt aus alten Freak-Zeiten. Es werden verschiedene Biere amtlich gezapft, es gibt Kleinigkeiten wie überbackene Baguettes zu essen und im Sommer sitzt man gemütlich auf der schönen Terrasse am S-Bahnhof.

Eberstr. 66, Di–So ab 18 Uhr, Tel. 781 46 34
€

Sally Bowles

Die süße und erfrischende Sally Bowles verführt mit Lillet Blanc, Russian-Wild Berry-Limonade, einem Schuss Aperol und roter Beeren-Garnitur. Die Bar mit Livemusik heißt wie ihr Signature-Drink, inspiriert von Christopher Isherwoods Romanfigur, die Liza Minelli in „Cabaret" verkörperte.

Eisenacher Straße 2, Di–So 17–1 Uhr, Tel. 92 27 77 35, www.sally-bowles.de
€€

Salut!

In der gemütlichen Bar mit Art-Déco-Ambiente wird der gepflegten Barkultur gefrönt – und den Drinks der wilden 1920er-Jahre. Chippendale-Sofas, stoffbezogene Wandbänke, Spiegel und Lüster schaffen eine von Ort und Zeit losgelöste Atmosphäre für vergessene und moderne Barklassiker, auch in alkoholfreien Variationen.

Goltzstraße 7, So–Do 18–3 Uhr, Fr 18–4 Uhr, Sa 17–4 Uhr, Tel. 74 69 85 04, salut-berlin.de
€€

Stagger Lee

Der Name der Saloon Bar – man beachte die Schwingtür zum hinteren Raum – ist eine Hommage an einen Kleinkriminellen aus dem St. Louis des 19. Jahrhunderts, dem zahlreiche Blues-Songs gewidmet wurden. Mit ihren klassischen Cocktails und fantasievollen Eigenkreationen setzt die imposant eingerichtete Bar seit nunmehr über zehn Jahren Maßstäbe in der Berliner Bar-Szene.

Nollendorfstraße 27, tgl. ab 19 Uhr, Tel. 29 03 61 58, www.staggerlee.de
€€

Weinlobbyist NEU

Mit dem Weinlobbyisten, einer charmanten Weinbar samt Bistro und mediterranem Innenhof, hat sich Sommelier Serhat Aktas einen Traum erfüllt. Aktas Leidenschaft gilt Weinen aus Deutschland und Österreich. Wer nachhakt, bekommt ausführliche Erklärungen frei Glas geliefert. Zum Wein gesellt sich eine kleine Speisekarte, auf der sich Lachs, Zitrusfrüchte und Ponzu im Tapas-Style finden.

Kolonnenstraße 62, Do–Mo 17–23 Uhr, Tel. 30 64 07 72, www.derweinlobbyist.de
€€

Willi Mangler

Urige Eckkneipe mit gemütlicher Atmosphäre und sehr freundlichem Tresenpersonal. Das hat den Laden gut im Griff und versorgt die durstigen Kneipengänger flott mit frisch gezapften Bieren.

Hauptstr. 57, tgl. 17–0 Uhr, Tel. 173-462 39 69
€

CAFÉ

Atelier Culinário

Sabine Hueck ist in Brasilien aufgewachsen. Die auch von Einwanderern aus Japan, Italien und Deutschland geprägte Landesküche hat sich in den letzten hundert Jahren zu einer besonderen modernen brasilianischen Küche entwickelt. Charmantes Kochatelier in einem Hinterhof im Akazienkiez. Monatliches Café mit wechselnden Spezialitäten.

Kyffhäuser Str. 21, Do+Fr 18–22, Sa 12–16 Uhr, Tel. 0170-540 88 80, www.sabinehueck.de
€€

Café Komine

Dieses Schöneberger Café hat sich einem Kapitel der Backkunst verschrieben, das hierzulande nicht sehr häufig anzutreffen ist. Die Spezialität von Shin Komine sind feine französisch-japanische Kuchen und Törtchen aus eigener Produktion wie Matcha-Eclairs oder Kastaniencremetörtchen.

Welserstraße 13–15, Mi–Sa 12.30–19 Uhr, So 12.30–18 Uhr (derzeit Sa, So 12–17 Uhr), Tel. 22 47 79 55, www.cafekomine.de
€

Cupcakeladen

Saftiger Vanille- oder Schokokuchenteig, weiche Creme und essbare Deko: Im farbenfrohen, fast schon einer Puppenstube ähnelnden Cupcakeladen ist der gläsernen Tresen mit tassengroßen US-Küchlein bestückt. Es gibt auch vegane Cupcakes.

Frankenstr. 15, Di–Sa –17 Uhr, So 13–17 Uhr, Tel. 91 57 13 54, www.cupcakeladen.de
€

DoubleEye

Die sympathische Kaffeebar ist ziemlich klein und das kann schon mal zu etwas Gedränge vor dem Tresen führen. Aber für den exzellenten Kaffee lohnt eine kleine Wartezeit allemal. Gerne trinkt man im Sommer seinen Espresso auf dem Bürgersteig auf den Holzkisten sitzend und trägt danach ein Paket Bohnen nach Hause.

Akazienstr. 22, Mo–Fr 8.18–18.29 Uhr, Sa 9.05–18.29 Uhr, Tel. 0179-456 69 60, doubleeye.de
€

Frau Behrens Torten

Zum täglichen Sortiment von 14 Kuchen, acht Torten und Kleingebäck gehören Klassiker wie Schwarzwälder Kirsch, Himbeer-Joghurt- und Sachertorte sowie Gugelhupf. Letzteren backe sie gerne, so die Nordspanierin Viktoria Fernandez, weil er sie an ihre Kindheit erinnere.

Rheinstraße 65, tgl. 12–18 Uhr, Sa 11–18 Uhr, Tel. 47 01 24 67, www.gugelhupf-berlin.de
€€

Frühstück 3000

2021: TOP 5 MORGENS, PLATZ 1

Nicht, dass es dieser Stadt an pochierten Eiern fehlen würde, an Avocado-Toasts, an Pfannkuchen mit Ahornsirup. Aber dann kommen da einige zuvor im zeitgenössischen Fine Dining engagierte Leute um die Ecke und denken diese erste Mahlzeit des Tages tatsächlich noch einmal neu. Frühstück 3000 nennt sich das Projekt in diesem Sinne. Das Knäckebrot mit Aioli und einem in Sanddorn marinierten Hering ist toll. Oder der Kaiserschmarrn mit eingelegten Heidelbeeren und Tonkabohneneis. Zum wolkigen Eier-Kartoffelpüree gibt es (brandenburgischen) Kaviar. Und zu alledem auch sehr gute und frische korrespondierende Drinks.

Bülowstraße 101, Mo–Fr 8–17, Sa 9–17 Uhr, Tel. 43 66 66 59, www.fruehstueck3000.com
€€

Garten Café Eule

Vor allem im Sommer ist das lauschige Café im Park am Gleisdreieck ein beliebter Anlaufpunkt, um sich eine kleine Stärkung wie die Tagessuppe oder eine Erfrischung zu gönnen. Vor allem der selbstgebackene Kuchen und die hausgemachten Kekse werden immer wieder gelobt.

Eingang: Bülowstraße 69a, im Park am Gleisdreieck (Westpark), tgl. 10–19.30 Uhr, www.facebook.com/Cafeeuleimwestpark
€

Koriat

Die Kuchenmanufaktur kennt man bereits aus Neukölln, wo Aviv Koriat sein erstes Berliner Geschäft hatte. „Käsetorte und Schoko-Pekanuss sind Klassiker, ein Renner ist der orientalische Orangenkuchen", so Koriat über sein auch Nuss-Mandelcrèmetorte offerierendes Sortiment. In dem Café mit Backstube bietet er etwa zehn Kuchen, Tartes und Torten (ab 2,50 €/St.) an. Bäcker Nikolas Theilgaard sorgt für gefüllte Brioches.

Brunhildstraße 3, Mo–Fr 9–18 Uhr, Sa+So 9.30–18 Uhr, Tel. 23 94 84 78, www.koriat.de
€

Lula am Markt

Das hübsche Café im urbanen Landhausstil am Marktplatz vor dem Friedenauer Rathaus ist eine Gastronomie für jeden Wochentag und jede Uhrzeit. Sauerteigbrot, Kuchen und Gebäck wie die Zimtrollen sind hausgebacken. Man könnte vom Frühstück nahtlos zu den ab mittags offerierten Tapas, etwa Bruschetta mit gegrilltem Kürbis mit Rote-Bete-Hummus, übergehen.

Lauterstraße 14, Mo–Fr 8.30–18 Uhr, Sa+So 9–18 Uhr, Tel. 85 10 33 23, lula-berlin.de
€€

Winterfeldt Schokoladen

Rund 100 Schokoladen warten in den Regalen, Schränkchen und Schubladen einer ehemaligen Gründerzeitapotheke auf Genießer. Knapp zwei Dutzend Bruchschokoladen werden selber produziert. Im Cafébereich kann man geschmacksintensive Trinkschokoladen, Kuchen und Scones genießen.

Goltzstraße 23, Mo–Fr 9–20 Uhr, Sa 9–18 Uhr, So 12–19 Uhr, Tel. 23 62 32 56, www.winterfeldt-laden.de €

EISDIELE

Jones Ice Cream

Die beste Eisdiele in Berlin? Wahrscheinlich. Gabrielle Jones war in ihrer Heimat Frankreich einmal Patissier des Jahres – und hat in Berlin ihren eigenen Eisladen aufgemacht. Sogar die Eistüten werden im backsteinschlichten Ladenlokal mit der gläsernen Eiswerkstatt frisch gebacken. Das riecht man. Im Sommer empfehlen wir: Grapefruit & Earl Grey und Greek Yogurt Strawberry Jam. Und im Winter verspricht die Chefin dann Sorten wie Bratapfel oder Vanille & Laugenbrezel.

Goltzstraße 3, tgl. 12–19 Uhr, Tel. 0171-833 57 80, www.jonesicecream.com
€

TIER GARTEN

Berlin ganz bei sich. Zwischen Galerien und prunkvoller Gründerzeit, Kiezkultur und Straßenrealität. Wir essen Stullen in Künstlerkneipen und trinken Schnaps in Barlegenden. Reisen bis nach Panama und in ein Panoramarestaurant, 40 Sekunden über der Stadt. Die Potsdamer Straße war immer eine der Hauptschlagadern Berlins. Längst ist sie es auch für das kulinarische Leben.

Wir finden ja, dass jeder Berlin seine eigene Handwerksbäckerei haben sollte. Auf der Potsdamer Straße übernimmt Gragger Brot diese ehrenvolle Aufgabe. → *Gragger, S. 143*

Was hat sie sich verändert in den vergangenen Jahren, die Potsdamer Straße. Die Victoria Bar (und mit ihr die Kunst) ist indes schon 20 Jahre hier. Urgestein der der Berliner Barkultur. → *Restaurant, S. 143*

Berlin, Ecke Potsdamer; einer der schönsten, gastronomisch genutzten Innenhöfe der Stadt wird vom Panama bespielt – und von der zugehörigen Tigerbar → *Panama, S. 141*

Persische Küche und australische Brunchkultur – das soll zusammenpassen? Aber ja doch – zumindest aus der Küche der Oswald-Schwestern. → *Rocket+Basil, S. 142*

Warum in die Arminusmarkthalle? Für Pizza von Mangiare Berlin, Burger von Pound & Pence, Fisch im Lesendro, Balkanküche von Sljiva und Fritten des Poutine Kitchen → *Lesendro in der Arminiusmarkthalle, S. 141*

Fotos: GRAGGER; Victoria Bar; Clemens Niedenthal; Becca Crawford; imago images/ Jürgen Ritter

RESTAURANTS

5 – Cinco by Paco Pérez

SPANISCH 2013 eröffnet, war es das erste kulinarische Projekt des katalanischen Spitzenkochs Paco Pérez fernab seiner Heimat im Hotel Das Stue am Tiergarten. Cinco, die Fünf, steht für alle fünf Sinne, für ein ganzheitliches Geschmackserlebnis also, aber auch für die fünf Finger der Hand, die Handwerkskunst. Man könnte à la carte speisen, aber die durchkomponierten Menüs des Küchenchefs Alexander Rehberger sind durchaus eine Erfahrung wert. Seit 2013 übrigens auch mit einem Michelin-Stern ausgezeichnet.

Drakestraße 1, im Hotel SO/Berlin Das Stue, Mi–Sa 18–23 Uhr, Tel. 311 72 20, www.5-cinco.com
€€€€

Café Einstein Stammhaus

ALPENLÄNDISCH Die Mutter aller Einstein-Cafés ist zugleich das schönste und gepflegteste Wiener Kaffeehaus der Stadt. Das Einstein-Stammhaus bietet alles von der Melange über Einspänner bis zum Wiener Schnitzel, gute Weißweine, Profi-Service-Personal mit weißen Schürzen, immer mal wieder Prominenz und einen ruhigen, großen Garten hinter der Villa. Abends öffnet die noble Bar Lebensstern im ersten Obergeschoss.

Kurfürstenstraße 58, tgl. 9–22 Uhr, Tel. 263 91 90, www.cafeeinstein.com
€€€

Carl & Sophie

2020: TOP 10 MITTAGS, PLATZ 10
PANEUROPÄISCH In den ehemaligen Bolle-Höfen am Moabiter Spreeufer schmeckt uns das unkomplizierte, viergängige Lunch-Menü, mit dem Küchenchef Maico Orso – er kommt aus der Schule von Gemüsepionier Michael Hoffmann – schon einmal zeigt, wie fein er kulinarische Ambitionen in ein alltagstaugliches Format zu packen versteht. Wir kommen wieder. Am Abend, wenn Maico Orso vier regional grundierte Gänge – mit gelegentlichen Ausflügen in den östlichen Mittelmeerraum – serviert.

Alt-Moabit 99, Mo–Fr 12–22 Uhr, Sa+So 14–22 Uhr, Tel. 39 92 07 98, www.carlundsophie.de
€€€

Dachgartenrestaurant Käfer im Bundestag

DEUTSCH Mit Blick auf die Dächer Berlins kann man hier moderne deutsche Küche mit frischen, regionalen Produkten genießen. Das Alleinstellungsmerkmal dieses Restaurants: die einzigartige Lage neben Norman Forsters Reichstagskuppel.

Platz der Republik 1, Frühstück Do–So 9–13 Uhr, Abendessen Do–Sa 19–23 Uhr, Tel. 226 29 90, www.feinkost-kaefer.de/berlin
€€€

Delphin Fisch & Steak

OSTEUROPA In dem gläsernen Restaurant an der Putlitzbrücke gibt es natürlich auch Surf and Turf. Ansonsten trennt man Fisch und Fleisch strikt. Eine große Fischvitrine am Eingang und Fischernetze stehen für ein maritimes Ambiente, Lammkoteletts und Rumpsteak vom Grill für Fleischeslust. Dazu gibt es allerlei Beilagen und eine erstaunliche Auswahl an Soßen – von Honig-Dill-Senf bis zu einer Raki-geschwängerten Knoblauchsoße.

Putlitzstraße 1, tgl. 12–0 Uhr, Tel. 20 09 77 80, www.delphin-berlin.de
€€€

Ergün's Fischbude

TÜRKISCH Fisch ist gesund und schmackhaft, spätestens wenn er wie bei Ergun Cetinbas frisch auf den Tisch kommt. Dafür ist Arbeitsteilung nötig: Während der Bruder in Istanbul fürs Fischefangen zuständig ist, kümmert sich Wirt Cetinbas ums Restaurant. Wir empfehlen die gegrillte Dorade oder den Loup de Mer.

Lüneburger Straße 382, tgl. 15.30–0 Uhr, Tel. 397 57 37, www.fischbude.metro.rest
€€

Facil

PANEUROPÄISCH Im Glaspavillon in der fünften Etage des Mandala Hotels diniert es sich fast wie unter freiem Himmel. Umgeben von einem kleinen Bambuswäldchen genießen die Gäste die Künste des Sternekochs Michael Kempf, dessen intelligent-leichter Stil ihn zu einem der international bestbewerteten Küchenchefs (2 Sterne) der Stadt gemacht hat. Zum Beispiel zaubert er Skirt-Steak vom Black-Angus-Rind mit Linsen, Reiskraut und Chinakohl oder Langoustino mit Brokkoli, Algen und Earl Grey. Außerdem ist Facils Thomas Yoshida von Gault & Millau zum Patissier des Jahres 2016 gekürt worden.

Potsdamer Straße 3, im The Mandala Hotel, Lunch Mo–Fr ab 12 Uhr, Dinner Mo–Fr ab 19 Uhr, Tel. 590 05 12 34, www.facil.de
€€€€

Golvet

Das Sterne- und Gesellschaftslokal über dem Kulturforum hat die (verlängerte) Coronapause für einen Neustart genutzt. Der aus den eigenen Reihen rekrutierte und im Facil ausgebildete Küchenchef Jonas Zöllner schärft den Fokus auf eine lokal-saisonale Produktküche, ohne dabei eine vollmundige Zugänglichkeit zu vernachlässigen. Wir feiern seine Interpretation eines Stallhasen sowie die Romanaspalten, die als Snack zum Sauerteigbrot gereicht werden. Dazu passt eine Weinbegleitung, die gerne mutig und gegenwärtig, aber nie plump provokant daherkommt.

Potsdamer Straße 58, Di–Sa ab 19–22.45 Uhr (Küchenschluss), Tel. 89 06 42 22, www.golvet.de
€€€

Irma La Douce

2021: TOP 15 ABENDS, PLATZ 6
FRANZÖSISCH Zuvor bespielte die Brasserie Lumières die hohen, nun mit imposantem beleuchteten Weinkühlschrank und Piano noch charmanteren Gründerzeiträume. Die französische Küche ist geblieben. Handwerklich legt Küchenchef Michael Schulz die Messlatte hoch. Das beweisen die Saucen seiner unprätentiösen, überraschend leichten und von einer enormen Aromenvielfalt geprägten Teller. Nur ein Beispiel: die Makrele mit Sellerie, Früchtetee und Bete. In der kaminroten Sauce, in der sich Selleriemousse und Bete-Sticks spiegeln – design-großartig die kleinen goldenen Tischlampen – gehen Apfel, Holunder und Hagebutte eine lebenslange Freundschaft ein. Dazu hat Restaurantleiter und Sommelier Sascha Hammer 300 europäische Weine am Start.

Potsdamer Straße 102, tgl. 18–23.45 Uhr, Tel. 23 00 05 55, www.irmaladouce.de
€€€€

Joseph-Roth-Diele

ÖSTERREICHISCH Passend zum liebevoll zusammengesammelten Mobiliar, der Wandverkleidung und dem Geschirr gibt es Stullen, vom selbstgebackenen Brotlaib geschnitten und mit Zwiebelmett bestrichen, dazu ein paar süffige Biere vom Fass. Mittags werden zwei warme Gerichte für unter fünf Euro angeboten, und es ist zünftig voll zu dieser Zeit. Die Speisekarte hat sich mittlerweile auf ein paar Klassiker wie Rinderroulade und selbstgeschabte Spätzle eingependelt.

Potsdamer Straße 75, Mo–Fr 10–21 Uhr, Küchenschluss 19.30 Uhr, Tel. 26 36 98 84, www.joseph-roth-diele.de
€€

Kin Dee

THAILÄNDISCH Küchenchefin Dalad Kambhu, Autodidaktin am Herd, setzt auf eine zeitgemäße Thai-Küche. Gehoben, hip und fast ausschließlich mit regionalen Zutaten (statt Mango gibt es Apfel, statt Papaya gibt es Gurke). Sehr gute Weine (und Biere), eine zurückgelehnte, in jedem Detail stilsichere Atmosphäre und eine Produktküche, die sich selbst nicht zu wichtig nimmt, aber vieles richtig macht. Keine große Speisekarte, sondern ein festes Menü mit Alternativen – Teilen ist hier erwünscht. Einer der schönsten, spannendsten und, ja, besten Läden der Stadt. Und das hat auch den Guide Michelin überzeugt.

Lützowstraße 81, Di–Sa ab 18 Uhr, Tel. 215 52 94, www.kindeeberlin.com
€€€

Les Climats

FRANZÖSISCH In den bunt gestalteten Räumen dieses Weinlokals bietet Inhaber Roland Kretschmer nicht nur ein gutes Sortiment von französischen Weinen zum Verkauf an, sondern auch ein paar typische Leckerbissen vor allem kalter Natur, sprich: Käse- und Wurstteller. Regelmäßige Weinverkostungen bieten interessante Einblicke in das französische Savoir-vivre.

Pohlstraße 75, Di–Do, Sa 14–22 Uhr, Fr 9–22 Uhr, Tel. 29 00 12 12, lesclimats.com
€€

Lesendro NEU

MONTENEGRISCH Das montenegrinische Fischrestaurant ist zurück und wohnt jetzt in der Arminiusmarkthalle als niedrigschwelliger Ort für Freund:innen von mediterranem Fisch vom Grill, als Antipasti und Carpaccio.

Arminiusstraße 2–4, in der Arminiusmarkthalle, Mo–Fr 16–22 Uhr, Sa 12–22 Uhr, Tel. 0157-70 88 59 67, lesendro.eatbu.com

Midtown Grill

NORDAMERIKANISCH Klassisches amerikanisches Steakhaus. Im Reifeschrank hängen unter anderem australisches Wagyu und Black Angus aus den USA. Doch nicht nur das Ambiente spiegelt die Tradition der amerikanischen Steakhäuser, denn vom Midtown Grill kommen hervorragende Steaks. Während man auf sein Essen wartet, kann man das hektische Treiben in der offenen Showküche beobachten und dabei ganz entspannt einen Martini schlürfen.

Ebertstraße 3, im Marriott Hotel, Mo–Fr 6.30–10.30 Uhr u. 12–23 Uhr, Sa 7–11.30 u. 17–23 Uhr, So, Feiert. 7–11.30 Uhr, Tel. 220 00 64 15, www.midtown-grill.de
€€€

Naninka

PERUANISCH, AMERIKA Roher Fisch in Limettensaft mariniert – im Naninka kommt authentisches Peru, dazu auch die aus Peru und Japan kombinierte Nikkei-Küche, auf den Teller. Das auf Fisch und Meeresfrüchten basierende Nationalgericht Ceviche und der Standort Berlin wurden zum Untertitel „Cebiche" des Markthallen-Restaurants. Die passenden Getränke, allen voran der Pisco Sour, werden an der Bar mit viel Leidenschaft zubereitet.

Arminiusstraße 2–4, Mi–Sa 12–22 Uhr, Tel. 0157-84 28 66 10, www.naninka.com
€€

Panama

DEUTSCH Ludwig Cramer-Klett, der Kulinarikunternehmer hinter dem Katz Orange und dem Contemporary Food Lab, hat mit dem Panama einen Ort geschaffen, der sich selbstbewusst als Zustandsbeschreibung des kulinarischen Zeitgeists lesen lässt. Mit Sophia Rudolph stand anfangs die Aufsteigerin 2019 bei den Berliner Meisterköchen am Herd. Auch mit einem Wechsel am Herd bleibt das Panama ein überzeugend stilsicherer Ort, im Interieur, auf dem Teller und auch bei der Auswahl der oft regionalen Produzenten.

Potsdamer Straße 91, Mi–So 18–23 Uhr, Tel. 983 20 84 35, www.oh-panama.com
€€€

Paris-Moskau

DEUTSCH, FRANZÖSISCH Das Paris-Moskau kann mit Fug und Recht als der Dauerläufer unter den Berliner Fine-Dining-Adressen genannt werden. Seit mehr als 35 Jahren schon ist das Fachwerkhaus an der historischen Bahnstrecke von Paris nach Moskau ein sehr gutes Restaurant. Auch dem direkt angrenzenden Neubau des Innenministeriums musste die süddeutsch und französisch grundierte Handwerksküche nicht weichen. Zuletzt gefiel uns der Fokus auf regionale und saisonale Produkte sehr, zur Wildsaison etwa machen wir hier gerne Station.

Alt-Moabit 141, Mo–Fr 12–15 Uhr u. 18–22 Uhr, Sa 18–22 Uhr, Tel. 394 20 81, www.paris-moskau.de
€€€

Patio

PANEUROPÄISCH Soulfood auf der Spree – das Patio ist das schmuckeste Restaurantschiff. Kleine, schön eingedeckte Tische, Kerzenlicht, Blick durch die großen Fenster im Bauch des Schiffes auf den Lichtertanz an der Wasseroberfläche. Dazu servieren die Küchenchefs Thorsten Einicke und Michael Krause eine kreative und ambitionierte Küche in drei Menüs mit je fünf Gängen oder als individueller Mix daraus, dazu mit Liebe und Sachverstand zusammengestellte Weine. Im Sommer: romantisches Bootsstegdinner mit anschließender Rundfahrt auf dem restaurierten Salonschiff „Riethoen".

Kirchstraße/Helgoländer Ufer, Di–Sa 17.30–22 Uhr, Tel. 40 30 17 00, www.patio-berlin.de
€€€

Pots

2020: TOP 15 ABENDS, PLATZ 7

DEUTSCH Der noch immer junge und überragend versierte Sommelier Matthias Brandweiner ist das Gesicht des Ladens. Über die zum tischweisen Teilen gedachten Teller aber weht der Geist eines Drei-Sterne-Kochs. Dieter Müller stand nicht nur beratend Pate, er hat sein berauschendes Saucen-Handwerk höchstselbst dem Pots implantiert. Rosa und doch röstaromatisches Müritzlamm oder der verkohlte Kohl, immer kommt etwas auf den Tisch, das die Aromentiefe potenziert, kulinarische Assoziationsketten entfaltet und extravagante Noten selig auffängt. Diese Gourmetküche ist vollmundig, verständlich und einfach lecker.

Potsdamer Platz 3, im The Ritz-Carlton, Mo–Fr 12–14.30 Uhr, Di–Sa 18–22 Uhr, Terrasse (bei gutem Wetter) tgl. 12–22 Uhr, Tel. 337 77 54 02, www.potsrestaurant.com
€€€

Rocket + Basil

2021: TOP 15 ABENDS, PLATZ 16

PERSISCH, MITTLERER OSTEN Persische Küche, modern interpretiert, mit einem Schuss australischer Lässigkeit? Das gibt es an der Potsdamer Straße. Dort haben nämlich die Schwestern Sophie und Xenia von Oswald ihr Deli Rocket + Basil eröffnet. Ein luftig frisch eingerichteter Laden in kühlem Türkis, mit einer langen Terrazzotheke voller Leckereien. Wöchentlich wechselnden Lunch gibt es, persische Schmorgerichte stilecht mit fluffigem Reis und der Knusperkruste Tahdig und Gurken-Minz-Joghurt, ansonsten noch Sandwiches, Suppe, Salate und hoffentlich bald wieder vor Ort Brunch und Dinner.

Lützowstraße 22, Lunch und Abholung Di–Fr 12–15 Uhr, Brunchservice Sa+So 10–16 Uhr, Tel. 0176-61 76 78 45, www.rocketandbasil.com
€€

Sticks'n'Sushi

JAPANISCH Aus Fine Dining wird also Systemgastronomie. Nur eben auf die dänische Art. 1994 gegründet, gibt es das Sticks'n'Sushi alleine in Kopenhagen elf Mal, dazu fünf Läden in London. Und nun eben einen in Berlin. Sushi ist klar, Sticks steht für auf dem Lavastein gegrillte Fleisch- und Fischspieße. 160 Gäste passen in die zuletzt als Galerie genutzte ehemalige Tagesspiegel-Druckerei. Wie eine Galerie sieht das in rohen Beton gewandete Sticks'n'Sushi noch immer aus. Neu sind eine kühn gewendelte Treppe und ein Bartresen, an dem es neben feinen Drinks auch eine gut kuratierte Bier- und Weinauswahl gibt.

Potsdamer Straße 85, tgl. 12–21 Uhr, Tel. 26 10 36 56, www.sticksnsushi.com
€€€

The Casual by Paco Perez

PANEUROPÄISCH Roter Schnappfisch, Hühnchen „Ballotine" oder ein Spargel-Salat: Im Tagesrestaurant des Hotels Das Stue stehen leichte Sachen auf der Lunchkarte, die dennoch die Aromen des mit einem Michelin-Stern ausgezeichneten 5 – Cinco by Paco Pérez atmen und aus der gleichen Küche kommen. Die Abendkarte begeistert mit Küchenhandwerk und einer ausgezeichneten Warenqualität.

Drakestraße 1, im Hotel SO/Berlin Das Stue, Frühstück Mo–Fr 6.30–11 Uhr à la Carte, Sa, So, Feiert. 7.30–12 Uhr, Mittagessen Mo–Fr 12–15 Uhr, Sa+So 12.30–15 Uhr, Abendessen tgl. 18–23 Uhr, Tel. 311 72 20, www.das-stue.com/restaurants-bar
€€€€

The Ritz-Carlton

DEUTSCH UND FRANZÖSISCH Das 5-Sterne-Superior-Hotel bietet einzigartige Räumlichkeiten und einen außergewöhnlichen Service. Die Brasserie Pots serviert zeitgenössisches Sharing Food, während die elegante Tea Lounge ihre Gäste mit mehr als 60 Teearomen verwöhnt. Die Bars The Curtain Club und Fragrances runden das kulinarische Ensemble ab. Zum Abschalten laden ein eleganter Wellnessbereich sowie die Club-Lounge auf der zehnten Etage ein.

Potsdamer Platz 3, Curtain Club: tgl. 17–1 Uhr, Pots: Di–Sa 18–22 Uhr, Lounge tgl. 9–20 Uhr, Tee-Zeremonie Mi–So 14.30–17 Uhr, Tel. 33 77 75 42, www.ritzcarlton.com
€€€

Vox

EUROPÄISCH, JAPANISCH Wohlbefinden durch Essen bietet das Vox Restaurant. Die Gäste schauen dabei zu, wie ihr Gericht mit Ruhe gekocht und zubereitet wird. Das Küchenteam sucht stets Inspiration in den Kochtraditionen Asiens. Japanische Meisterköche bereiten in der Showküche Sushi-Spezialitäten zu. In der modernen, produktfokussierten Küche finden sich europäische und asiatische Einflüsse genauso wie regionale Produkte. Vereint werden Kreativität mit einzigartigen Produkten und authentischen, japanisches Sushi mit guten Weinen in entspannter Atmosphäre.

Marlene-Dietrich-Platz 2, Frühstück Mo–Fr 7–11 Uhr, Sa+So 7–12 Uhr, Lunch tgl. 11.30–18 Uhr, Dinner tgl. 18.30–23 Uhr, Küchenschluss 21.30 Uhr, Tel. 25 53 15 07, www.vox-restaurant.de
€€€€

Weilands Wellfood

PANEUROPÄISCH Am Potsdamer Platz freut man sich im Weilands etwa über eine Salmon Bowl mit mariniertem Lachs, Edamame und Algensalat. Und über die Thai Chicken Bowl mit gegrillter Hähnchenbrust auf Salat. Ende 2018 ist das Wellfood-Restaurant in größere Räume gezogen, viel Glas, an den Fensterplätzen hat man einen entschleunigten Blick auf den kleinen Teich mit Schilf.

Eichhornstraße 3, Atrium Tower Potsdamer Platz, Mo–Fr 8–18 Uhr, Tel. 25 89 97 17, www.weilands-wellfood.de
€€

Zollpackhof Biergarten

Zum Restaurant Zollpackhof, das deutsch-österreichisches Essen und bayerische Bierspezialitäten serviert, gehört auch – wie könnte es anders sein – ein zünftiger, großer Biergarten. Unter alten Kastanien, die Schatten spenden, sitzt man hier an heißen Tagen und lässt den Blick über die glitzernde Spree wandern. Zentral gelegen am Hauptbahnhof, gegenüber des Kanzleramts, herrscht hier bayerische Gemütlichkeit und Berliner Flair zugleich. Was gibt es Besseres zum Bier als Weißwürste, Leberkäse und Rollbraten?

Elisabeth-Abegg-Straße 1, Biergarten tgl. 11–23 Uhr, Restaurant tgl. ab 12 Uhr, Tel. 33 09 97 20, www.zollpackhof.de
€€

IMBISS

Pignut BBQ

NORDAMERIKANISCH In der Arminiusmarkthalle wird nach Rezepten aus Alabama auf Buchenholz gesmokt. Die saftigen Ribs vom Schwäbisch Hällischen Landschwein oder das Pulled Pork Sandwich haben angemessenen „Wums", dazu werden Craft Biere ausgeschenkt.

Arminiusstraße 2-4, in der Arminiusmarkthalle, Di–Sa 12–21 Uhr, Tel. 0178-180 01 01, www.pignutbbq.com/arminiusmarkthalle
€€

Pound & Pence

NORDAMERIKANISCH James Doppler könnte man noch als Koch aus dem verblichenen Habe die Ehre kennen. Nun gibt sich der Wiener mit südwestenglischen Wurzeln (so also kam er zu dem beeindruckenden Namen) als Pound & Pence die Ehre. Und macht vielleicht die besten Burger der Stadt. Das Fleisch von Freilandrindern aus Schleswig-Holstein wird dabei deutlich gröber gewolft, so kommt eine Aromatik zwischen die Buns, die nicht nur rauchig oder intensiv ist, sondern wirklich nuancenreich. Selbiges gilt auch für den Lammburger, den Doppler mit Tahine, roten Zwiebeln und Feta dezent arabisch interpretiert, ohne ihm das echte Burger-Bauchgefühl zu nehmen.

Arminiusstraße 2-4, in der Arminiusmarkthalle, Mo–Sa 12–21 Uhr, Tel. 0176-84 88 99 69, www.facebook.com/Poundandpenceberlin
€

Sljiva

SÜDOSTEUROPA Ein Ort, der nach Urlaub schmeckt, aber nie nach Pauschalreise: Das Attribut „lustvoll" beschreibt dieses Marktstandrestaurant vielleicht am treffendsten. Das geht bei den Grundprodukten (dem Käse, dem Speck, der typischen Paprikapaste Ajvar) los, die allesamt direkt aus Serbien importiert werden, und mündet im einzig im eigenen Saft gegarten vollmundigen Octopus. Wo man in Berlin denn so richtig authentisch deutsch essen könnte, werden wir oft gefragt. Einen Platz für eine authentische Balkanküche könnten wir jetzt aus tiefster Überzeugung nennen.

Arminiusstraße 2–4, in der Arminiusmarkthalle, Mo 16–20.30 Uhr, Di–Fr 16–22 Uhr, Sa 12–22 Uhr, Tel. 0174-699 28 04, www.sljiva-berlin.de
€€

The Big Dog

NORDAMERIKANISCH Die Renaissance des Hot Dogs, sie ist in vollen Zügen. Jüngstes Beispiel: The Big Dog im Erdgeschoss des Marriot am Potsdamer Platz, das eine vorzügliche Alternative zum Franchise-Einerlei der Tourimeile bietet. Im stilechten Plastikkörbchen kommt der The Straight Dog mit aromatisch angetoastetem Sauerteigbrötchen, sauren Gurken und handwerklicher Wurst daher. Üppiger belegte Varianten, wie den Surf'n'Turf-Hot-Dog Dogzilla und eine große Craftbierauswahl gibt es auch. Keine Sorge, auch Vegetarier werden froh und Kinder sowieso.

Ebertstraße 3, im Marriott Hotel, tgl. 12–19 Uhr, Tel. 220 00 54 40, www.thebigdog.de
€€

The Poutine Kitchen

NORDAMERIKANISCH Pommes mit Sauce und Quietschekäse – das soll Kanadas Nationalgericht sein? Ist es. Aber man muss es probieren, um es zu verstehen und, soviel vorweg, definitiv großartig zu finden. Wo man Poutine also probieren kann? Nun, in der Arminiushalle steht seit geraumer Zeit ein ausrangierter Bulli, der zur Küche umfunktioniert wurde. Rot-weiß angepinselt, wird im betagten Volkswagen nun das kanadische Streetfood Poutine zubereitet. Der Klassiker sind Fritten (hier in ordentlicher Fertigware-Qualität) mit Gravy und Käse. Wahlweise gibt es Poutines auch mit Korean Bacon, Pulled Pork oder Spicy Chicken als Topping. Idealer Begleiter: der feine Nova Scotia Cider vom Fass.

Arminiusstraße 2–4, in der Arminiusmarkthalle, Di–Do 17–21 Uhr, Fr 17–22 Uhr, Sa 12–22 Uhr, Tel. 0177-781 141 9, www.thepoutinekitchen.de
€

BARS & KNEIPEN

Apartment Bar

COCKTAILBAR Der Hauptbahnhof ist nicht unbedingt der Ort, an dem man weiterführende gastronomische Erlebnisse erwartet. Aber gegenüber, im 6. Stock des Amano Grand Central Hotels, wo sich die mondäne Apartment Bar verbirgt, gibt es jetzt zumindest Drinks auf besserem Niveau zu entdecken. Ein The Arrival aus Gin, Holunder, Grapefruit, Sellerie und Zitrone, und man ist etwas versöhnt mit der unwirtlichen Umgebung.

Heidestraße 62, im Amano Grand Cental, tgl. ab 17 Uhr, Tel. 40 03 00 25 30, www.amanogroup.de/eat-drink/apartment-bar
€€

Curtain Club

COCKTAILBAR Gleich neben der Lobby des Luxushotels hinter dicken Vorhängen, Curtains, gelegen, bringt die elegante Trinkstätte englisches Bar-Feeling ins Hotel – auch mit Live-Musik wie Soul, Jazz und Latino. Die erlesenen Drinks stammen vom „Meistermixologen" Arnd Heissen.

Potsdamer Platz 3, im The Ritz-Carlton, tgl. 17–1 Uhr, Tel. 337 77 61 96, www.ritzcarlton.com
€€€

Kumpelnest 3000

INSTITUTION Je später der Abend, desto wilder geht es zu in der ehemaligen Rotlichtbar voller Plüsch und Kitsch. Seit den 1980ern is das Kumpelnest ein Kneipen- Klassiker – legendär, lasziv, laut. Und das war es doch, warum man nach Berlin gezogen ist: heftige Abstürze im Morgengrauen, schräge Nachtgestalten, gefährliches Leben. In diesem Sinne: Hinein in eine der besten Absturzkneipen Berlins.

Lützowstraße 23, tgl. ab 19 Uhr, Tel. 261 69 18, www.kumpelnest3000.com
€

Lebensstern

COCKTAILBAR Im eleganten, holzgetäfelten Herrenzimmer im oberen Stockwerk des Einstein-Stammhauses werden klassischer Jazz und ebensolche Cocktails kredenzt. Das Barteam kann aber auch innovativer: Sours und Old Fashioneds werden hier gern mit selbstgemachten Likören und Sirupen aus Kräutern, Beeren oder Gewürzen aufgefrischt.

Kurfürstenstraße 58, Mo–Sa 18–1 Uhr, Tel. 26 39 19 22, www.lebens-stern.de
€€

Lützowbar

2020: TOP 10 NACHTS, PLATZ 2
Die Lützowbar ist zurück. Dabei kann die alte Bar am Lützowplatz getrost als Keimzelle der modernen Barkultur nach dem Mauerfall gelten. In Folge entstanden großartige Bars wie Green Door, Victoria und Hildegard Bar. Nun kuratiert mit Thomas Altenberger ebenfalls ein bekannter Barkeeper und herausragender Gastgeber den Tresen der Lützowbar und will ihr zu neuem Glanz verhelfen. Elegante Beleuchtung, Leder, Spiegel und Chesterfield-Sofas laden zum Verweilen ein. Fröhlich und hochmotiviert widmet sich das Barteam Klassikern der Cocktailkunst und entwickelt insbesondere kreative Longdrinks und Highballs mit selbstgemachten Zutaten.

Lützowplatz 7, Do 19–2 Uhr, Fr+Sa 19–3 Uhr, Tel. 53 67 00 94, www.luetzow-bar.de
€€

Marlene Bar

HOTELBAR Das Hotel Intercontinental hat eine der bewährtesten klassischen Hotelbars der Stadt. Von der Wand überblickt die namensgebende Filmdiva den großen Raum mit 200 Plätzen. Ihr ist der „Marlene's Barrel Aged Negroni" gewidmet: ein klassischer, sechs Monate im Eichenfass gereifter Negroni Cocktail mit Gin, Wermut und Campari. Darüber hinaus präsentiert die Barkarte die legendären Cocktails in ihrer jeweiligen Epoche.

Budapester Straße 2, im Hotel Intercontinental, tgl. 12–22 Uhr, Tel. 26 02 30 03, www.berlin.intercontinental.com/gastronomie/marlene-bar
€€

Tiergartenquelle

INSTITUTION Die urige, typische Berliner Kneipe kann auf eine mehr als 70-jährige Tradition zurückblicken. Im Biergarten kann hausgebrautes Bier genossen werden, dazu gibt es Gerichte wie eine große gutbürgerliche Portion Bandnudeln mit Schweinegeschnetzeltem, Champignonrahm und Tomatenwürfeln. An langen Tischen finden Studierende, Anwohner und Touristen aufs Harmonischste zusammen.

Bachstraße, S-Bahnbogen 482, tgl. 16–22 Uhr, Tel. 392 76 15, www.tiergartenquelle.de
€€

Tiger Bar

In einem versteckten Hinterhof mit denkmalgeschützten Fabrikgebäuden findet sich die Tigerbar, die zum Restaurant Panama gehört. In der Remise werden Highballs gemischt, frische Cocktails, angesetzt mit eigenen Infusionen, gemacht mit Kräutern aus der Restaurantküche. Es wird fermentiert, extrahiert, mazeriert. Die Ergebnisse, der Thai Cucumber Drink mit Schmorgurke etwa, sind wunderbar als Aperitif geeignet, als Einstimmung auf einen kulinarischen Abend an der so genüsslichen Potsdamer Straße.

Potsdamer Straße 91, Di–Sa ab 20 Uhr, Tel. 983 20 84 35, www.oh-panama.com/de/tiger_bar/
€€€

Victoria Bar

INSTITUTION Seit über zwanzig Jahren ist die Bar eine feste Institution im Nachtleben vieler Berliner. Wer sich hier einfindet, kommt gezielt wegen der professionell gemixten Drinks, die auch anspruchsvolle Trinker glücklich machen. In der Vortragsreihe „Die Schule der Trunkenheit" erfahren diese alles über die Kulturhistorie der Spirituosen- und Barwelt, nicht nur in Wort und Bild, sondern auch in Flüssigkeit.

Potsdamer Straße 102, tgl. ab 18 Uhr, Tel. 25 75 99 77, www.victoriabar.de
€€€

Vox Bar

HOTELBAR Die Bar im Hyatt am Potsdamer Platz taugt nicht nur zur Berlinale für einen gleichsam entspannten wie eleganten Start in die Nacht. Mit 304 verschiedenen Whiskys gehört die Vox Bar zumindest in dieser Kategorie nicht nur zu den besten Berlins, sondern des ganzen Landes. Das Knistern der Einlaufrille verweist auf das neue Musikkonzept: Schallplatten und DJs bilden eine Einheit.

Marlene-Dietrich-Platz 2, im Hotel Grand Hyatt, tgl. 18.30–23 Uhr, Tel. 25 53 17 72, www.vox-restaurant.de
€€€

CAFÉ

Buchkantine

Kaffeeschlürfend in einem Buch blättern? Für manchen Buchhändler eine Horrorvorstellung, doch hier ist das ausdrücklich erwünscht. Das literarische Angebot ist ebenso vielseitig wie die wechselnde Tageskarte – vom Kalbsragout bis zum thailändischen Curry, der Brunch heißt schon mal liebevoll „Manche mögen's kalt".

Dortmunder Str. 1, Bistro: Mo–Fr 10–22 Uhr, Sa+So 10–21 Uhr, Buchhandlung: Mo–Fr 10–18.30 Uhr, Sa 10–17 Uhr, Tel. 94 88 37 28, www.buchkantine.de
€€

Café Tietz & Cie

Gleich nebenan geht es hinein in jenen Hof, der die Potsdamer Straße vor vier, fünf Jahren zur Kunstmeile gemacht hat. Galerien, daneben das kuratierte Warenhaus des Andreas Murkudis. Standortvorteil nennt man das. Es gäbe also uncoolere Orte, an denen das Café Tietz & Cie.

Potsdamer Straße 77, Mo–Fr 8–18.30 Uhr, Sa+So 10–17 Uhr, Tel. 91 46 14 21, www.cafe-tietz.de
€€

Domberger Brot-Werk

Frank Domberger lässt seine Sauerteige mehr als 24 Stunden arbeiten. Teigführung heißt das im Fachjargon. Was dann im Sauerteig passiert, so der Quereinsteiger, sei pure Magie. Auch wir können dazu mit Sicherheit nur sagen: aus dem Stand eine der geschmackvollsten Backstuben Berlins. Das Sortiment im Domberger Brot-Werk ist übersichtlich. Vier Brotsorten, ein Brötchen, Blechkuchen mit und ohne Äpfel und neuerdings eine perfekte Laugenbrezel und schwäbische Seelen. Neun Produkte von unglaublicher Qualität.

Essener Straße 11, Mo 15–18.30 Uhr, Di–Do 8–18.30 Uhr, Fr 8–18 Uhr, Sa 8–13 Uhr, Tel. 23 56 04 71, domberger-brot-werk.com

Gragger

2021: TOP 5 MORGENS, PLATZ 3
Über diesen Brotkulturimport aus Wien freuen wir uns außerordentlich. Schon allein, weil hier ausschließlich Sauerteigbrote gebacken werden, in einem mit Brandenburger Robinien befeuerten Holzofen. Einpacken sollte man auch die saisonal (oder mit Leberwurst) belegten Stullen, die fluffigen Buchteln und Kardamomschnecken.

Potsdamer Straße 107, Mo–Fr 7–19 Uhr, Sa 8–16 Uhr, Tel. 688 32 77 01, gragger.de
€

Konditorei Buchwald

Das Rezept ist ein Familiengeheimnis, das Konditormeisterin Andrea Tönges in der fünften Generation hütet. Es gibt Baumkuchen nach Cottbuser Art mit viel Marzipan – die Baumkuchen-Bäckerei wurde 1852 in Cottbus gegründet –, traditionellen Baumkuchen mit Zuckerguss und dunklen mit Kuvertüre. Insgesamt gibt es über 60 Torten und Kuchen.

Bartningallee 29, tgl. 9–19 Uhr, Tel. 391 59 31, www.konditorei-buchwald.de
€€

Restaurant im Hamburger Bahnhof

Hier gelangt der ermattete Museumsbesucher im Hamburger Bahnhof direkt aus der Abteilung Kunst zur Kulinarik. Rote Wände, stilvolles Licht und große Spiegel. Highlights der Speisekarte: Fisch und Pulled Pork, beides selbstgeräuchert, und hausgebackenes Brot. Die Kräuter- und Blütendeko kommt aus dem eigenen Kräutergarten am Spreeufer. Verlässlich: täglich fünf und mehr wechselnde hausgebackene Kuchen sowie der Apfelstrudel aus der eigenen Backstube, im Sommer mit Vanilleeis und Sahne, im Winter mit Vanillesauce.

Invalidenstr. 50, Di–Fr 10–18, Sa+So 11–18 Uhr, Küchenschluss 17 Uhr, Tel. 70 71 36 50, www.restaurant-hamburger-bahnhof.de
€€

Teehaus im Englischen Garten

Hinter dem Schloss Bellevue versteckt sich der ideale Zwischenstopp für einen Familienausflug. Gelegen im schönsten Teil des Großen Tiergartens verzaubert das Teehaus seine Gäste durch das pure Natur-Ambiente. Auf der Terrasse lässt sich vom Frühstück bis zum Dinner alles genießen – aber auch abends im Herbst und Winter ist das Teehaus eine gute Adresse mit überzeugendem Gastro-Konzept. Im Sommer gibt es sonntags Livemusik.

Altonaer Straße 2, Mo–Sa 12–23 Uhr, Küche bis 22 Uhr, So 10–22 Uhr, Tel. 39 48 04 00, www.das-teehaus.jimdo.com
€€€

The Barn im Haus Huth

Die Berliner Kaffeeörsterei The Barn ist nun auch ins Weinhaus Huth gezogen. Wem das nun nichts sagt: Es ist das einzige verbliebene historische Gebäude auf dem Potsdamer Platz. Und wohl auch, weil dieses Weinhaus eben ein Weinhaus war, gilt die Aufmerksamkeit in diesem gewohnt klar designten Kaffeesalon nun auch den Cocktails. Spätestens jene mit dem eigenen, gemeinsam mit dem Kreuzberger Freimeisterkollektiv entwickelten Kaffeelikör spinnen dabei das The-Barn-Thema entdeckungsdurstig weiter. Eigentlich geht es hier nämlich um den perfekten Kaffee, ob aus dem Handfilter oder der Siebträgermaschine.

Alte Potsdamer Straße 5, tgl. 11–17 Uhr, www.thebarn.de
€

EISDIELE

Eisbox

Marion Schmid war eine der ersten, die bei ihrem biozertifizierten Eis auf regionale Früchte und ihre saisonale Verarbeitung geachtet hat. Im Sommer 2021 feiert sie den zehnten Geburtstag ihrer Eismanufaktur. Schokoladen- und Espressosorbet gibt es zum Glück ohne saisonale Einschränkungen. Was es außer hausgemachtem Eis noch gibt? Sehr guten Espresso – Kaffee von den Flying Roasters; Tee von Paper & Tea – und hausgemachte Cantuccini.

Elberfelder Straße 27, März, Okt. tgl. 14–18 Uhr, April, Sept. tgl. 14–19 Uhr, Mai–Aug. Mo–Fr 14–21 Uhr, Sa 12–21 Uhr, So+Feiertage 12–20 Uhr, Nov.–Feb. Mi–So 14–18 Uhr, Tel. 54 48 46 52, www.eisbox.eu
€

GÄRTEN & STRÄNDE

Café am Neuen See

Der Klassiker, an dem man einfach nicht vorbeikommt. Sobald die Sonne scheint, strömen Zwei- und Vierbeiner in das Biergarten-Café im Tiergarten am Neuen See. Der SB-Bereich ist längst zu einem eigenen Pavillon mit mehreren Kassen, Kochstationen und Getränkeausgabestellen ausgebaut worden, an denen man sich wie in einer Kantine Brezeln, Pizza, Weiß- und Bratwürste, Pastagerichte, Leberkäse, Radler und Weizenbier holen kann. Bis zum Seeufer reihen sich die langen Biergartentische mit Hunderten von Plätzen.

Lichtensteinallee 2, tgl. 9–0 Uhr, Tel. 254 49 30, www.cafeamneuensee.de
€€€

WEDDING

Kommt der Wedding nun? Kulinarisch sowieso. Und mit dem Julius und dem UUU kommen zwei Orte einer kontemplativen Produktküche hinzu. Darauf einen Döner in der Prinzenallee.

Dilek Topkaras Torten sind fast zu schön, um aufgegessen zu werden. → *Dilekerei, S. 145*

Im Ernst geht es weniger um das Zubereiten, als um die Produkte an sich. Dylan Watson-Brawn und Spencer Christenson sind die Archäologen eines unbedingten Geschmacks. → *Ernst, S. 144*

Unter dem Beton liegt der Acker: Lokale Aromen im kühnen Lobe-Block. → *Baldon, S. 144*

Taiwanesische Küche ist in Berlin selten – noch seltener so gut wie hier. → *Cozymazu, S. 144*

RESTAURANTS

Baldon

2020: TOP 10 MITTAGS, PLATZ 1

EUROPÄISCH Der Lobe Block, ein brutalistisch-betonroher Neubau des angenehm listigen Stadtraumgestalters Arno Brandlhuber, wird bereits als neue Architekturikone der Republik gehandelt. Das weckt die Erwartungen, schürt den Hype und könnte vom Wesentlichen ablenken. Wesentlich aber ist die Küche der jungen, in Wedding aufgewachsenen Köchin Caecilia Baldszus. Wobei wir unbedingt das komplette Menü empfehlen. Das liegt nicht nur an der extrem fairen Kalkulation, sondern auch an der aromatischen Klammer, zu der Baldszus jeweils zwei oder drei Teller vereint. Da die roh marinierte Makrele und eine Auswahl fermentierter Kohlgemüse – ätherisch, japanophil und überraschend frisch. Dort die gereifte Rinderhochrippe, die wunderbar mit den getrüffelten Kartoffeln und dem forschen Spitzkohlgang harmoniert. Schon die Lieferanten zeigen, dass es dieses Lokal ernst meint mit der Ethik des Essens und dem vollen, ehrlichen Geschmack. Unter der Woche gibt es die gleiche Küche in kleinen Portionen zum Lunch.

Böttgerstraße 16, im Lobe Block, Di–So 12–23 Uhr, Tel. 0176-70 16 45 33, www.baldon.berlin
€€

Bantou Village

WESTAFRIKANISCH Das afrikanische Restaurant widmet sich hauptsächlich der Küche Kameruns. Spezialitäten sind Fisch- und Lammfleischgerichte, die mit frischen Zutaten und nach traditionellen Rezepten zubereitet werden: mit Erdnusssoße und landestypischen Kochbananen, die fast jedes Hauptgericht begleiten.

Kameruner Straße 2, tgl. ab 12 Uhr, Tel. 45 79 76 36, www.bantou-village.de
€€

Café Pförtner

PANEUROPÄISCH Das Café Pförtner heißt inzwischen auch Café P: Die neuen Betreiber halten den Standard der Gründungs-Crew. Lunchgerichte wie Risotto mit Kürbis und Gorgonzola sind immer noch weit über dem Berliner Durchschnitt – und sehr bezahlbar..

Uferstraße 8-11, Mo–Fr 9–0 Uhr, Sa 11–0 Uhr, Tel. 50 36 98 54, www.pfoertner.co
€€

Cozymazu

Ursprünglich gründete Wei-En Chan ihr kleines Lokal, um die Teekultur Taiwans auch in Berlin bekannter zu machen. Doch mit der Zeit entwickelte sich die Teestube in ein Restaurant für bislang in Berlin kaum bekannte taiwanesische Spezialitäten wie Blutkuchen oder Tapiokaklöße. Am Wochenende serviert das Team taiwanesisches Frühstück mit süßem oder herzhaftem Reisbrei und hausgemachten gedämpften Sauerteigbrötchen und bei einem Nachmittagstee hilft eine Teezeremonie mit traditionellen Süßigkeiten und kleinen Gerichten.

Sprengelstraße 39, Di–Fr 12–15 Uhr + 18–22 Uhr, Sa 12–22 Uhr, So 10–22 Uhr, Tel. 0151-52 14 77 50, www.cozymazu.com
€€

Ernst

INTERNATIONAL Zen oder die Kunst, einen Aal zu grillen – tatsächlich ist Dylan Watson-Brawns inzwischen acht Plätze kleines kühn-reduziertes Restaurant auch unter den achtsamen Produktküchen dieser Stadt ein besonderer Ort: Im Ernst geht es weniger um das Zubereiten als um die Produkte an sich. Und so kann auf dem Teller schon mal eine einzige Möhre liegen. Oder ein Toffee aus dem Fett eines Mangalitza-Schweins. Die Abende an der offenen Küche haben etwas Ruhendes, auch Klösterliches. Sie sind immer auch geschmackvoller Erkenntnisgewinn. Ob das den Hype rechtfertigt, gerade innerhalb des globalen Food-JetSets? Durchaus. Denn das Michelin-besternte Ernst ist ein besonderer Ort, den es so vielleicht nur in Berlin geben kann. In einem Berlin, dass sich traut über den Tellerrand zu gucken. Dylan Watson-Brawn sein kleines Team sind Archäologen eines unbedingten Geschmacks.

Gerichtstraße 54, Mi–Sa 19.30–0 Uhr, www.ernstberlin.de
€€€€

Exrotaprint Kantine

DEUTSCH, PANEUROPÄISCH Künstler, Handwerker, Sozialarbeiter und die anderen Mitarbeiter der Einrichtungen, die in dem denkmalgeschützten 1950er-Jahre- Bau untergebracht sind, haben das Glück einer wirklich guten Kantine. Die kann man auch besuchen, wenn man hier nicht arbeitet. Vom Müsli bis zum Kaffee und Kuchen wird man wochentags rundum vorsorgt. Mittags stehen vier Gerichte zur Auswahl, darunter auch vegetarische Optionen.

Gottschedstraße 4, Mo 8.30–16 Uhr, Di–Fr 8–16 Uhr, Tel. 44 04 51 24, www.exrotaprint.de/kantine
€

Hirsch & Hase

BRITISCH Kommt nun der Wedding? Wir kommen zumindest immer gern ins Hirsch & Hase, ein waschechtes britisches Gastro-Pub. Auf der wechselnden Karte stehen zum Beispiel Haggis, der viel zarter schmeckt als er klingt, Lachs, landestypisch in Whisky gebeizt, oder knuspriges Schweineohr. Freitags gibt es günstiges Lunchmenü, schottisches Frühstück samstags und am Sonntag ein richtiges Sundaylunch, vegetarisch oder mit Rinderschulter.

Brunnenstraße 73, Do–Sa 15–0 Uhr, Küche 17–22 Uhr, So 13–22 Uhr, Küche bis 21 Uhr, Tel. 176-31 32 2073, www.hirschundhase.de
€€

Fotos: Melek Özdemir; Staffan Sundström ; Richard Pflaume; Andrea Zoltanetzky

Julius NEU

2022: TOP 5 ABENDS, PLATZ 11
EUROPÄISCH, JAPANISCH Besprechung siehe Seite 39

Gerichtstraße 31, Do–So 13–20.45 Uhr (nur mit Reservierung), Fr–So ab 17 Uhr
€€€€

Lino's Barbecue

NORDAMERIKANISCH Wo andere Restaurants ihre Küche haben, steht bei Lino Brandi der Pit, ein sechs Meter langer, buchenholzbefeuerter BBQ-Ofen, der jeden Morgen angeheizt wird. Das Ergebnis: Hinter einer tiefschwarzen Kruste kommt eine unfassbar zarte und mürbe Oberschale arizonischer Angus-Rinder zum Vorschein. Auch beim Schwäbisch-Halleschen Landschwein fällt das Fleisch lose von der Rippe. Spätestens für die Freunde einer handwerklichen Fleischkultur ist diese umfunktionierte Altberliner Eckkneipe Pflichtprogramm.

Malplaquetstraße 43, Mi–So 17 –22.30 Uhr, Tel. 55 60 29 77, www.linosbbq.com
€€€

Mars

PANEUROPÄISCH, MITTLERER OSTEN Plötzlich gab es da im Wedding diesen gemüsegrünen Planeten. Mars heißt diese Speisewirtschaft im Silent Green Kulturquartier. An den Wochenenden taugt der soulfoodige Brunch mit nahöstlichen Anleihen aus regionalen Produkten für vertrödelte Tage. Unter der Woche findet sich immer was, das auch den Kopf satt macht. Clevere Kombinationen, oft ohne Fleisch und radikal saisonal. Und sonst? Guter Kaffee, tolle Kuchen, selbstgemachte Limonaden und eine der schönsten versteckten Sommerterrassen der Stadt.

Gerichtstraße 35, silent green Kulturquartier, Mo–Fr Küche 12–15, Café 12–18 Uhr, Sa+So Küche 10–15, Café 10–17 Uhr, Tel. 120 82 21 50, www.mars-berlin.net
€€

Stranero

ITALIENISCH Der Teig, aus dem die Pizzen im Stranero sind, ist so wunderbar fluffig, weil er besonders lange ruht. Aber auch die fruchtige Tomatensauce ist nicht zu unterschätzen – ein sardisches Rezept, so munkelt man. Die rund 50 Sitzplätze der Pizzeria, die auch ein umfangreiches Angebot an Antipasti hat, sind dementsprechend meist gut gefüllt. Da scheint es, als hätte der einstige Malocherkiez mit der Pizza sein Lieblingsgericht gefunden.

Liebenwalder Straße 11, So, Di–Do 17.05–23 Uhr, Fr+Sa 17.05–23.55 Uhr, Tel. 01573-355 29 00
€€

UUU NEU

2022: TOP 20 ABENDS, PLATZ 4
CHINESISCH Besprechung siehe Seite 34

Sprengelstraße 15, Do–Sa 19.30–23 Uhr, Tel. 56 00 90 28, www.uuu-berlin.de
€€€€

IMBISS

Falafel Dream 2010

LIBANESISCH Seit 2010 versorgt Wael Thibs Imbisswagen neben der Arbeitsagentur den Wedding mit vegetarischen und veganen Snacks. In seinem Imbiss gibt es Falafel, Gemüsedöner und Valloumi aus Tofu, dazu eine große Auswahl veganer Soßen. Nach einer erfolgreichen Crowdfunding-Kampagne wurde der Foodtruck um einen englischen Bus erweitert: So können die Gäste auch drinnen sitzen. Zusätzlich bietet Wael Thib für Firmen und private Feiern Kochkurse und Caterings an.

Müllerstraße 14a, Mo–Fr 11.30–18 Uhr, Tel. 0177-250 15 85, www.falafeldream2010.de
€

Örnek

TÜRKISCH, MITTLERER OSTEN Der kleine türkische Imbiss an der Prinzenstraße ist die Reise in den Berliner Norden wert. Die Stammgäste sind sich sicher, dass es hier die beste türkische Pizza Berlins gibt. Überhaupt werden die knusperdünnen und dennoch saftigen Lahmacun hoch gelobt – und sie kosten auch nur einen Euro pro Stück.

Prinzenallee 80–82, tgl. 9–0 Uhr, Tel. 23 90 99 02
€

Rebel Room Burger

NORDAMERIKANISCH Ob scharfe Chili Cheese Burger, profane Hamburger oder der deftige Rebelburger – hier dreht sich alles um den König des American Fast Food. Die Portionen sind groß und machen satt, die Geschmacksspannweite reicht von herzhaft über deftig bis zu scharf.Dazu kommen zahlreiche Extras und Zusatzbeilagen, Vegetarier und Veganer werden ebenfalls satt. Geliefert wird auch, aber vor Ort schmeckt's natürlich am besten – und 1950er-Jahre-Flair gibt's gratis dazu.

Seestraße 93, tgl. 11–23 Uhr, Tel. 25 01 19 45, www.rebelroom.berlin
€

BARS & KNEIPEN

Analog

MUSIKBAR Digital war gestern: In der zweigeteilten Wohnzimmerkneipe kommt die Musik noch vom Band. Entsprechend schmückt das Logo in Form einer Kassette die Fassade. Freundinnen und Freunde des gepflegten Old-School-HipHop kommen auf ihre Kosten. Für eine kleine Weddinger Lokalität gibt es eine beachtliche Auswahl an regionalen und internationalen Bieren zu fairen Preisen.

Martin-Opitz-Straße 21, Mo–Mi 20–2 Uhr, Do 20–3 Uhr, Fr+Sa 20–5 Uhr, Tel. 0176-63 42 68 08
€

Brauerei Eschenbräu

In der Waschküche des ehemaligen Studentenwohnheims braut Martin Eschenbrenner das Eschenbräu. Die kühle Erfrischung wird im Sommer im hofeigenen Biergarten, in der kühlenJahreszeit im Bierkeller ausgeschenkt, oder kann in der eigenen Kanne mitgenommen werden..

Triftstraße 67, tgl. ab 15 Uhr, Tel. 0157 -8558 0393, www.eschenbraeu.de
€€

F Bar

BAR Bei der breiten Bierauswahl ist sicher für jeden das Passende dabei. Vor allem jüngere Gäste zieht es in die F Bar mit ihrer bunt zusammengewürfelten Einrichtung und der lockeren Atmosphäre.

Grüntaler Straße 9, tgl. 18–5 Uhr, Tel. 0151-67 67 67 57, foscafebar@gmail.com
€€

Kugelbahn

Die Kugelbahn, das sind alte Sofas und bequeme Sessel, Ausstellungen und Konzerte - und vor allem lange Nächte. Gespielt wird Country, Soul, Jazz, Blues und Indie – dafür kommen viele Gäste mittlerweile auch aus Kreuzkölln angereist. Das mag vielleicht auch an der Kegelbahn im Untergeschoss liegen, die das alternative Angebot gut ergänzt.

Grüntaler Straße 51, tgl. 12–23 Uhr, Tel. 0157-52 61 30 99, www.kugelbahn-wedding.com
€

Offside

Eine Kneipe mit einem Kunstwerk des tip-Cartoonisten OL, der übrigens ausführlich von vielen Besuchen in der Weddinger Whiskey-Bar (fast 1.000 Sorten!) berichten könnte, wenn hier der Platz ausreichte. Nur so viel: „Jede Menge exotische Biere, angenehme Leute aus der Nachbarschaft – und früher war's mal 'ne Arbeiterkneipe, ältester Stammgast kennt den Laden seit 1948!". Ach ja, und das noch: Insgesamt vierzig Sorten Bier, sieben vom Fass. Und Cider gibt's auch.

Jülicher Straße 4, Mo–Fr 17–0 Uhr, Sa+So 15–0 Uhr, Außenbereich bis 22 Uhr, Tel. 60 26 73 17, www.offsidewedding.de
€

Schneeeule Salon NEU

2022: TOP 5 NACHTS, PLATZ 5
BIERBAR Besprechung siehe Seite 48

Ofener Straße 1, Tel. 0176-23 22 93 35, schneeeule.berlin

Vagabund Brauerei

Matt Walthall, David Spengler und Tom Crozier haben in Wedding ihre Mikrobrauerei eröffnet, in der sie hauseigenes Craft-Bier anbieten. Ihnen fehlte die Vielfalt beim deutschen Bier. Die ist in der Vagabund Brauerei zweifellos zu haben. Im Rahmen regelmäßig stattfindender Brauereiführungen und Workshops kann man Einblick in die Herstellung gewinnen, die Biere im gemütlichen Tap Room verkosten oder ein Fass befüllen.
Für 250 Euro jährlich wird man Mitglied und darf immer wieder zum Nachfüllen kommen.

Antwerpener Straße 3, Mi–Fr 16–22 Uhr, Sa+So 15–22 Uhr, Tel. 52 66 76 68, www.vagabundbrauerei.com
€€

Wilma

Versteckt in einem Hinterhof an der Badstraße wohnt Wilma. Und Wilma ist eine Kneipe. Und so überhaupt gar nicht Wedding, wie man es hier erwartet. Die Bar ist urig und so was von alternativ, dass man sich im Kreuzberg der 1980er wähnt. Auch preistechnisch. Zu Polka und Funkmusik debattiert man hier noch über eine bessere Welt, neugegründete Parteien und die Kunst syrischer Kinder. In Planung ist zurzeit auch ein Café, es lohnt sich also, immer mal wieder vorbeizuschauen im Wedding.

Badstraße 38/39, Mo–Mi 19–2 Uhr, Do 19–3 Uhr, Fr+Sa 19–4 Uhr, So 19–1 Uhr, www.facebook.com/wilmawedding
€

CAFÉ

Coffee Circle

2020: TOP 5 MORGENS, PLATZ 4
Ein Zeichen der Zeit: Ein digitaler Distributeur von sortenreinen Kaffeeröstungen und dem zugehörigen Equipment eröffnet eine „echte" Kaffeebar. Dazu gibt es Bagels und Babka (die jüdische Variante der Zimtschnecke) von Fine Bagels aus Friedrichshain und Grilled Cheese von Alte Milch aus der Markthalle Neun. Und es gibt exzellenten Kaffee aus mindestens drei wechselnden Hausröstungen.

Lindower Straße 18, tgl. 9.30–17 Uhr, www.coffeecircle.com
€€

Dilekerei

Kekse mit zarten Malereien, Torten wie aus dem Bilderbuch: Dilek Topkaras Kreationen sind nun wirklich fast zu schön, um aufgegessen zu werden. Fast. Denn es wäre zu schade, diese mehrstöckigen, saftigen Sahnetorten mit frischen Beeren, die kleinen Törtchen mit Früchten oder Nüssen und natürlich diese geradezu unwirklichen Kekse nicht zu probieren. Topkara ist eigentlich Lebensmitteltechnologin und hat bei einem Forschungsaufenthalt in England die Liebe zur Praxis, genauer gesagt zur gehobenen Tortenkunst, entdeckt. Was für ein Glücksfall das für Berlin ist, kann man jedes Wochenende im Café neben der Backstube nachschmecken.

Eulerstraße 11b, So 12–18 Uhr, www.dilekerei.com
€

Panke

In der Panke ist viel los: Neben dem Café mit Kuchen und herzhaften vegetarischen und veganen Speisen finden Theateraufführungen, Filmvorstellungen, Live-Musik und Workshops statt. Im Sommer zieht es viele Besucher in den kleinen Garten. Außerdem ist eine Galerie angeschlossen.

Gerichtstraße 23, Hof 5, oder direkt vom Panke Radweg, ab 12 Uhr, Tel. 0171-755 00 83, www.pankeculture.com
€

GÄRTEN & STRÄNDE

Himmelbeet

Auf einer Brache am Leopoldplatz tischt ein kleines Café auf, was die urbanen Gärtner im Himmelbeet geerntet haben: Vegetarisch-vegane Küche, dazu Kaffee, Kuchen und hausgemachte Säfte und Limonaden in mehr als entspannter Atmosphäre. Das solidarische Gartenprojekt Himmelbeet ist ein Kleinod in der großen Stadt – und akut von der Schließung bedroht. Auf dem Gelände soll ein Bildungscampus entstehen.

Ruheplatzstraße 12, April bis Oktober Di–So 10–22 Uhr, Café Di–Fr 11–22 Uhr, Küche ab 12 Uhr, Tel. 0162-298 72 05, www.himmelbeet.de
€

WILMERS DORF

32 Quadratmeter ist sie klein, die älteste beste Bar dieser Stadt. Aber auch der größte kulinarische Ort Berlins liegt in Wilmersdorf, die Thaiwiese im Preußenpark, Mutter der Berliner Street Food. Lauschig, indes weltläufig, wird es am Ludwigkirchplatz. Sehen Sie das warme Licht aus der Hausnummer 3? Die Sake-Bar Nomu, unbedingt ausprobieren

Es gibt Berliner Bars, legendäre Berliner Bars, und es gibt den Rum Trader. 32 Quadratmeter klein, 45 Jahre alt und mit Fug und Recht die Keimzelle der Berliner Trinkkultur. → *Rum Trader, S. 149*

Straßenszene in Wilmersdorf. Der Kiez ist gerade kulinarisch bunter als sein Ruf.

Eine gute Nachricht: Die Zukunft der Thaiwiese im Preußenpark ist gesichert. → *Thaipark, S. 149*

Wofür The Duc Ngo sein Kantstraßen-Imperium auch mal verlässt? Für die Chance, im Hotel Provocateur das Golden Phoenix zu eröffnen. Der Slogan: „Culinary Escapism". Passt. → *Golden Phoenix, S. 147*

RESTAURANTS

Ach! Niko Ach!

GRIECHISCH Der alteingesessene Grieche am Kurfürstendamm ist nicht nur für hungrige Touristen eine gute Anlaufstelle, sondern seit über 20 Jahren auch bei Berlinern beliebt. Zu Recht, denn die hellenische Küche zeigt sich mit ihren Vorspeisen sowie den Gerichten vom Grill und aus dem Ofen grundsolide. Regelmäßig gibt es Live-Musik.

Kurfürstendamm 97–98, tgl. 12–0 Uhr, Tel. 324 97 79, www.achnikoach.de
€€

Badenscher Hof

DEUTSCH Die Jazz-Kneipe ist seit über drei Jahrzehnten bei Musikfans berüchtigt. Der „Hof" bezeichnet sich selbst als „Family Jazzbar mit Restaurant" – Live-Musik gibt es im „old fashioned"-Ambiente mehrmals wöchentlich, bei sechs Bieren vom Fass und bodenständigen Speisen.

Badensche Straße 29, Mo–Fr ab 16 Uhr, Sa ab 18 Uhr, warme Küche ab 18 Uhr, Tel. 861 00 80, www.badenscher-hof.de
€€

Bahadur

INDISCH Ansprechend eingerichtetes nordindisches Restaurant, mit tatsächlich recht authentischer, frischer Küche. Im Mittelpunkt stehen die Tandoori-Spezialitäten mit Huhn und Lamm sowie verschiedene, immer gut gewürzte Currys. Wohl einer der besten Inder Berlins.

Sigmaringer Straße 36, Di–So 12–23 Uhr, Tel. 22 47 46 10, www.restaurant-bahadur.de
€€

Bieberbau

DEUTSCH, FRANZÖSISCH Über lange Jahre hat sich der Bieberbau mit kreativer deutscher Küche und erstklassigen Produkten einen treuen Stamm an Gästen erarbeitet. Kein Wunder, dass sich das denkmalgeschützte Restaurant (sehenswerte Stuckarbeiten), das auch einen eigenen Kräuter- und Gewürzgarten unterhält, seit einigen Jahren mit einem Michelin-Stern schmücken kann.

Durlacher Straße 15, Mo–Fr 17.30–22 Uhr, Küche bis 19.30 Uhr, Tel. 853 23 90, www.bieberbau-berlin.de
€€€€

Bistro Grundschlag

FRANZÖSISCH Das angenehme Bistro ist ein Ableger des Sterne-Restaurant der Frühsammers. Etwas preisgünstiger als in Grunewald wird hier eine schmackhafte Basisküche mit bekannten Gerichten präsentiert, ohne dabei Abstriche bei der Qualität der Produkte zu machen. Dafür gab es vom Guide Michelin einen Bib Gourmand.

Flinsberger Platz 8, Di–Sa 12–14.30 u. 17.30–21.30 Uhr, Tel. 89 73 86 28, grundschlag.de
€€€

Dschunke

CHINESISCH Nach Besitzer-Aussage ist die Dschunke das älteste chinesische Restaurant Berlins und pflegt die traditionelle wie die moderne chinesische Küche. Den Köchen kann man in der offenen Küche bei der Arbeit zusehen. Spezialitäten des Hauses sind der Feuertopf, eine Fondue-Variante aus Szechuan, und die Entengerichte. Es gibt auch viele vegetarische und vegane Gerichte.

Breite Straße 15, tgl. 12–22 Uhr, Tel. 824 86 89, www.dschunke-chinarestaurant.de
€€

Francucci

ITALIENISCH Der beliebte Italiener an der Schaubühne punktet mit urigem Ambiente und flottem Service. Und natürlich mit einer klassischen Stiefelküche. Die Pasta ist hausgemacht, der Teig für die großen, gut belegten und immer wieder gelobten Pizzen stammt von Papa Franco. Und auch bei den italienischen Weinen haben die zahlreichen Stammgäste nichts zu meckern.

Kurfürstendamm 90, Mo–Sa 12–23 Uhr, So 16–22 Uhr, Tel. 323 33 18, www.francucci.de
€€€

Frühsammers Restaurant

EUROPÄISCH In dem Sterne-Restaurant in der Villa im Grunewalder Tennisclub steht mit Sonja Frühsammer Berlins erste Sterneköchin am Herd. Unterstützt wird sie von ihrem Mann Peter als Gastgeber und Sommelier. Im Lockdown wurde die Konzeption überarbeitet. Nun wird das Menu „Sonja kocht" für 135 Euro angeboten. Zudem kann man aus der Bistrokarte à la Carte wählen – so vereinen sich Fine und Casual Dining, natürlich auf gewohnt großartigem Niveau. Das Bistro Grundschlag ist dienstags bis samstags mittags und abends geöffnet.

Flinsberger Platz 8, Restaurant Mi–Sa ab 19 Uhr, Bistro ganzjährig Di–Sa ab 12 Uhr, Mo ab 17 Uhr, Tel. 89 73 86 28, www.fruehsammers.de
€€€€

Golden Phoenix

CHINESISCH „China trifft Paris", so beschreibt The Duc Ngo das Konzept seines glamourösen Restaurants im Hotel Provocateur. Dabei geht es ihm immer um das Gleichgewicht zwischen salzig, süß, bitter und sauer. So stehen Kreation wie der Salade chinoise à Nice mit Thunfisch-Tataki und Tausendjährigem Ei und das Yuzu Chicken mit gebratenen Salatherzen auf der Karte.

Brandenburgische Straße 21, tgl. 18–23 Uhr, Tel. 0151-64 62 59 45, goldenphoenix.berlin
€€€

Grüne Lampe

SÜDOSTEUROPA „Seljonaja Lampa", zu deutsch „Grüne Lampe", hieß der elitäre Club in St. Petersburg, in dem sich um das Jahr 1820 Intellektuelle wie Puschkin mit Freunden zum Essen, Trinken und Debattieren getroffen haben. Die Berliner „Grüne Lampe" wurde 2005 eröffnet. Hier kann man traditionelle russische Speisen wie Borschtsch oder Tschebureki in einer modernen Variante probieren.

Uhlandstraße 51, Mo–Fr 12.04 – ca. 23 Uhr, Sa, So, Feiert. 10– ca. 23 Uhr, Tel. 88 71 93 93, www.gruene-lampe.de
€€

Gusto

ITALIENISCH Typische Trattoria mit angenehmem Wohlfühlfaktor und den bewährten Klassikern. Wirt Camelo stammt aus Sizilien, deshalb sind seine Spezialität die warmen und kalten Kleinigkeiten aus der „Rosticceria Siciliana" wie mit Schinken, Tomaten, Salsiccia und Oliven gefüllte Cartucciate (Hefeteigtaschen) oder die typischen Cepolline (Blätterteigtaschen), die er auch außer Haus liefert.

Bregenzer Straße 1, Mo–Sa ab 10 Uhr, Tel. 883 67 22, www.gustoberlin.de
€€

Hot Spot

CHINESISCH Von der eher schlichten Einrichtung des Lokals sollte man sich nicht abschrecken lassen. Hier wird nach originalen Rezepten aus den Provinzen Sichuan, Jiangsu und Shanghai mit frischen Zutaten und garantiert ohne Glutamat gekocht. Inhaber Mr. Wu liebt zudem deutsche Weine, vor allem Riesling, und hat eine formidable Weinkarte zusammen gestellt.

Eisenzahnstraße 66, tgl. ab 12 Uhr, Küche bis 22.30 Uhr, Tel. 89 00 68 78, www.restaurant-hotspot.de
€€€

I-Ke-Su

JAPANISCH Das I-Ke-Su ist ein sogenanntes Kaiten Sushi. Dabei fahren die verschiedenen Fisch-Reis-Häppchen in kleinen Holzbooten auf einem Wasserkanal an den Sitzplätzen der Gäste vorbei und jeder bedient sich, wie er mag. Zumeist sind die Bötchen schnell leer, ein sicheres Zeichen für die Frische und gute Qualität der Zutaten. Beliebt sind auch die Tagesmenüs mit Miso Suppe und grünem Tee.

Uhlandstraße 157, tgl. 12–23 Uhr, Feiert. 14–23.30 Uhr, Tel. 88 91 09 39, www.ikesu.de
€€

Ishin

JAPANISCH „Ishin" bedeutet „von Herzen" und so begrü.t der Sushi-Laden mit mehreren Standorten bereits seit 1996 seine Gäste. Reis und Fisch sind wie überall in Japan auch hier die beiden Hauptsäulen der Küche – das Ishin bereitet über 60 Fisch- und Meeresfrüchte-Kreationen, aber auch vegetarische Varianten frisch nach traditionellen japanischen Rezepten zu.

Bundesallee 203, Mo–Sa 12–20 Uhr, Tel. 21 01 60 09, www.ishin.de
€€

Landauer

DEUTSCH Die Wurzeln des Restaurants mit seiner gutbürgerlichen deutschen Küche reichen bis in die 1920er-Jahre zurück. Gekocht wird immer frisch, Spezialitäten sind etwa das „Landauer Blutwurstpfännchen" oder die „Berliner Pfanne" mit Hüftsteak, Schweinerückensteak und Hühnerbrustfilet. Dazu gibt es acht verschiedene Biere vom Fass und eine gute Auswahl fair kalkulierter offener Weine.

Landauer Straße 8, Mo–Sa 15–23 Uhr, So 14–22 Uhr, Küchenschluss 1 Std. früher, Tel. 821 76 15, www.gasthaus-landauer.de
€€

Les 3 Veuves de Wilmersdorf

FRANZÖSISCH Der Name des Restaurants mit modernem Ambiente ist ein wenig lang und klingt für Nicht-Franzosen etwas kompliziert. Das Konzept ist hingegen denkbar einfach: bodenständige, gute, französische Küche mit Gerichten wie Kalbsbäckchenconfit in dunkler Biersauce und Coq au vin mit Gratin dauphinois. Mittags gibt es einen wechselnden Business Lunch.

Fechnerstraße 30, tgl. 11–22 Uhr, Lunch Mo–Fr 12–16 Uhr, Tel. 86 00 82 51, www.les3veuves.de
€€€

Lindwerder

EUROPÄISCH Lindwerder – eine 2,2 Hektar große Insel in der Havel sowie ein Restaurant. Eben dort gelegen und in einer kurzen, beschaulichen Fährfahrt (2 Euro) erreichbar. Klar, dass es bei der Lage unter die Rubrik Ausflugslokal fällt. Das aber ist nur teils der Anspruch der neuen Betreiber. Die haben kräftig aufgeräumt und renoviert, das große Lokal um eine Bar und einen Weinhumidor erweitert. Highlight ist und bleibt die große Terrasse mit über 300 Plätzen und Traumwasserblick. Die Alternative bei schlechtem Wetter ist der Wintergarten, ebenfalls mit Panoramablick. Ach ja, da wäre ja noch die Küche: leicht und international, von der Fischsuppe mit regional gefangenen Fischen über gratinierten Ziegenkäse bis zur Gazpacho.

Havelchaussee 43, Mi–So 12–22 Uhr, Küchenschluss 21 Uhr, Tel. 20 07 69 49, www.lindwerder.de
€€

Machiavelli

ITALIENISCH Neben italienischer Küche – riesengroße, knusprige Pizzen – werden in dem Restaurant am Roseneck, das auch noch einen Ableger in Mitte besitzt, auch alpenländische Spezialitäten wie etwa das Salzburger Hähnchen oder „Die liebe Ziege – Grüße aus der Steiermark", ein lauwarmer Ziegenkäse im Zucchinimantel, serviert. Dazu eine Auswahl guter italienischer Weine.

Clayallee 1, tgl. 10–1 Uhr, Tel. 53 15 71 76, www.machiavelli-berlin.de
€€€

Manzini

PANEUROPÄISCH Einrichtungsmäßig eine gelungene Kombination aus französischem Bistro und Wiener Kaffeehaus, ist das Manzini seit Jahren eine der beliebtesten Frühstücksadressen – auch zu späterer Stunde. Ansonsten zeigt sich die Küche modern und international. Das Wiener Schnitzel kommt ebenso auf den Tisch wie Manzinis Fischsuppe oder Safranrisotto mit Spinat und Scampis.

Ludwigkirchstraße 11, tgl. ab 8 Uhr, warme Küche bis 0 Uhr, Tel. 885 78 20, www.manzini.de
€€€

Mesa

LIBANESISCH Das kleine Restaurant im Souterrain ist seit Jahren eine zuverlässige Adresse für die gerade angesagte Küche des Mittleren Ostens – speziell für die libanesische. Mesa bedeutet soviel wie „naschen", daher werden zahlreiche verschiedene kleine, feine Speisen nach- und nebeneinander serviert. Dazu zählen Dips und Pürees ebenso wir gegrilltes Gemüse, Falafel oder kleine, würzige Fleischspieße.

Paretzer Straße 3, Mo–Sa 16–0 Uhr, Tel. 822 53 64, www.mesaberlin.de
€€€

Ojo de Agua

ARGENTINISCH Ein kleines Stück Buenos Aires in Berlin. In seinem mit viel Holz eingerichteten Restaurant bietet der bekannte Schweizer Musiker (Yello) und Künstler Dieter Meier seine biozertifizierten Weine und sein Premium Estancia Beef an. Weine und Rindfleisch stammen von seinem eigenen Weingut bzw. seiner Farm in Argentinien. Spezialitäten sind das Steak-Tatar und das gegrillte, nur mit Salz gewürzte Rinderfilet.

Ludwigkirchstraße 10a, Di–Sa 16–22 Uhr, Küche 18–22 Uhr, Tel. 88 62 56 14, www.ojodeagua.de
€€€

Parkcafé

PANEUROPÄISCH Das Parkcafé ist ein Allrounder. Es ist Café, Lounge, Restaurant und neuer Wintergarten mit Bar in einem. Entsprechend auch die Auswahl. Sie reicht vom großen Frühstücksangebot bis 18 Uhr über den günstigen Mittagstisch bis zum nächtlichen Absacker. Die solide Küche ist international aufgestellt vom Falafelteller über Pizza bis zum Wiener Schnitzel. Im Sommer locken der große, schattige Biergarten und die Terrasse.

Fehrbelliner Platz 8, tgl. ab 9 Uhr, Tel. 86 31 38 38, www.parkcafe.berlin
€€

Pastis

FRANZÖSISCH Der gemütliche Franzose mit schöner Terrasse hat sich mit seiner feinen Bistroküche unter den guten französischen Restaurants der Stadt fest etabliert. Es gibt neben der klassischen Abendkarte – Flammkuchen, Schnecken, Fisch und Fleisch – auch eine wöchentlich wechselnde, preiswerte Mittagskarte.

Rüdesheimer Straße 9, tgl. ab 12 Uhr, Tel. 81 05 57 69, www.restaurant-pastis.de
€€

Rosengarten

CHINESISCH, JAPANISCH Eine solche Kombination gibt es nicht allzu häufig. Der Rosengarten hat sich sowohl der japanischen wie der chinesischen Esskultur verschrieben. So finden sich auf der Speisekarte Wantan-Suppe mit Schweinefleisch und Hühnchen nach Sichuan Art vereint mit Nigiris und Inside-out Rolls.

Hohenzollerndamm 110A, tgl. 11.30–22 Uhr, Tel. 89 72 61 58, www.rosengarten-china.de
€€

VON DER WEIDE ZUM TELLER

Got Beef? In diesen Restaurants kennt man die Tiere manchmal persönlich, zumindest aber die Bauern und Fleischer, mit denen man direkt kooperiert

OTTO (Foto)

Wir haben schon viel über die Fermentationswerkstatt von Vadim Otto Ursus in der Schorfheide berichtet. Hinzuzufügen ist, dass er nach getaner Garten- und Frementationsarbeit ganze Tiere von dort mitbringt. Ob nun vom Jäger oder befreundeten Bauern wie dem Hof Schwalbennest.

Oderberger Straße 56, Prenzlauer Berg
www.otto-pantry.net

TO THE BONE

Giacomo Manucci sei, so heißt es, vor allem Gastronom geworden, um das exzellente Fleisch des exzentrischen toskanischen Metzgers Dario Cecchini nach Berlin zu bringen. Wer das ist? Wir empfehlen die gelungene „Chef's Table"-Folge auf Netflix.

Torstraße 96, Mitte,
www. tothebone.bonita.berlin

RUTZ RESTAURANT

Nicht um Produktbreite ginge es ihm, sondern um Produkttiefe. Diese Haltung hat der „emanzipatorischen Berliner Küche" von Marco Müller verdient den dritten Michelin-Stern gebracht. Fleisch kommt bei Müller selbstredend direkt vom Hof.

Chausseestraße 8, Mitte
www.rutz-restaurant.de

BRUDERHERZ

Sympathischer, produktengagierter Kiezitaliener mit Shortcut zur herausragenden Fleischerei Bünger. Salsiccia-Heaven.

Leonhardtstraße 6, Charlottenburg
www.bruderherz-restaurant.de

K&K SPEISEWIRTSCHAFT

Mehr Frauen im Metzgerhandwerk, der Fokus auf weniger populäre Cuts (Stichwort: Alles vom Tier) und einen direkten Draht zu den Bauern: Die Metzgerei Kumpel und Keule in der Markhalle Neun macht vieles richtig, auch im eigenen Restaurant.

Skalitzer Straße 97, Kreuzberg
www.kumpelundkeule.de

IL CALICE

Antonio Bragatos Produktverständnis lässt sich so zusammenfassen: Von den handwerklichen Produkten immer nur die besten. Wir feiern das Dry-aged Rumpsteak des kampanischen Fleischers Sabatino Cillo – samt sündiger BBQ-Sauce.

Walter-Benjamin-Platz 4, Charlottenburg
www.enoiteca-il-calice.de

GRILL ROYAL

Man könnte über die Aufenthaltsqualität der Toiletten reden, oder über den legendären Salatkopf-Gang: Tatsächlich aber ist der Grill ein exzellentes, produktachtsames Steakrestaurant. Noch einmal mehr, seit Roel Lintermans der Küche vorsteht.

Friedrichstraße 105b, Mitte
www.grillroyal.com

TANTE FICHTE

Das Aromenspektrum hat sich erweitert im tollen, neuen Nachfolger des Herz & Niere, das Fleisch aber kommt noch immer direkt vom Züchter und nur aus der Region.

Fichtestraße 31, Kreuzberg
www.tantefichte.berlin

Route 66

NORDAMERIKANISCH Gleich auf zwei Etagen bietet das Großraum-Diner im 1950er-Jahre-Stil mit blinkender Jukebox Platz für bis zu 600 Gäste. Im Sommer kommt noch eine XXL-Terrasse hinzu. Homemade Burger stehen in allen möglichen Variationen im Mittelpunkt, aber auch Sandwiches, Steaks und Ribs sowie Milchshakes und hausgemachte Limo. Beim Lunch gibt es ausgewählte Gerichte für acht Euro. Sportfans können im Route 66 regelmäßig Bundesliga, Champions League & Co. gucken.

Pariser Straße 44, So–Do 10–1 Uhr, Fr+Sa 10–3 Uhr, Tel. 883 16 02, www.route66diner.de
€€

Sabor Latino

PERUANISCH, AMERIKA Das unprätentiöse Restaurant mit Cocktailbar – Pisco Sour probieren! – bietet echtes Südamerika-Feeling. Die Küche zeigt sich traditionell peruanisch natürlich mit diversen Ceviche-Variationen, dem Nationalgericht Perus, aber auch Lomo Saltado, in Sojasauce eingelegtes und mit Zwiebeln und Tomaten gegartes Rindfleisch, bei dem der ostasiatische Einfluss in der Küche Perus zu schmecken ist.

Badensche Straße 35, Di–Fr 17–23.30 Uhr, Sa 13–23.30 Uhr, So 13–23 Uhr, Tel. 84 31 56 00, www.saborlatino.berlin
€€

Seegert's

PANDEUTSCH Das ambitionierte Weinrestaurant zeigt sich nicht nur durch die kundig zusammengestellte und fair kalkulierte Auswahl offener Weine gut aufgestellt. Auch die Küche kann mithalten. Dabei wird die Standardkarte mit Klassikern wie dem Rinder-Tatar in zwei Portionsgrößen von einer wechselnden Wochenkarte ergänzt.

Emser Straße 24, Di–Sa 18–23 Uhr, Tel. 23 39 57 23, seegerts-weinrestaurant.de
€€€

Shaniu's House of Noodles

CHINESISCH Bei Shaniu's House of Noodles kann man sowohl Nudeln als auch hausgemachte gedämpfte oder gebratene Teigtaschen und klassische Gemüse- und Fleischgerichte essen. Durch die merkwürdigen Übersetzungen auf der Speise karte darf man sich nicht entmutigen lassen – die „auf chinesische Art" zubereiteten „Spaghetti" und „Gulasch" sind beide gut und authentisch.

Pariser Straße 58, Mo, Mi–Sa 12–22 Uhr, Tel. 91 55 26 05, www.facebook.com/shaniuhouse
€€

Ta Panta Ri

GRIECHISCH Für viele Gäste ist das Ta Panta Ri einfach ein Grieche, doch genaugenommen ist es ein zypriotisches Restaurant mit griechischen Wurzeln. Und so unterscheidet sich die Küche auch nicht wirklich von der hellenischen, etwa bei den Mezes, den kleinen Vorspeisen. Das sind auch hier beispielsweise Tzatziki, Tarama, Auberginensalat, Knoblauchbrot, Oliven und gefüllte Weinblätter. Danach darf es gerne Lamm oder Gyros sein.

Düsseldorfer Straße 75, tgl. ab 17 Uhr, Tel. 873 73 46, www.tapantari.eu
€€

Foto: Robert Rieger

Thaipark

THAILÄNDISCH Der Thaipark mit seinen zahlreichen thailändischen Food-Verkäufern, die typisches asiatisches Street Food und Tiger Bier anbieten, steht in jedem Reiseführer. Er ist ebenso beliebt wie umstritten. Nun gibt es ein neues Konzept. Der Thaipark soll zu einem Streetfood-Markt werden: mit über 50 Ständen, die auf einer Fläche im Norden der Wiese aufgebaut werden dürfen – die sollen mobil sein und außerhalb der Verkaufsphasen untergestellt werden. Dafür entsteht bis 2022 für 1,5 Millionen Euro ein Multifunktionsbau, der auch Toiletten bietet und für weitere Dinge genutzt werden soll. Während der Bauarbeiten 2021 findet ein provisorischer Marktbetrieb statt.

Fehrbelliner Platz, April–Okt. Mo–Fr 12–21 Uhr, Sa+So 10–22 Uhr, thaipark.de
€

Tian Fu

CHINESISCH Unter den wirklich guten Sichuan-Lokalen Berlins ist das Tian Fu eines der besten. Und wie man ins Hot Spot eben für die Ente geht, besucht man das Tian Fu für die Dim Sum – gefüllte, kräftig gewürzte Teigtaschen.

Uhlandstraße 142, Mo–Fr 12–15.30 + 17.30–23 Uhr, Sa+So 12–23Uhr, Tel. 861 30 15, www.tianfu.de/tianfu/
€€

Weyers

DEUTSCH Das Bistrorestaurant am Ludwigkirchplatz ist ein Klassiker für alle Gelegenheiten. Es erfreut sich etwa als zuverlässige Frühstücksadresse großer Beliebtheit, in lauen Sommernächten lässt es sich auf der schönen Terrasse gepflegt speisen – neben Standards (Flammkuchen, Salate, Wiener Schnitzel, Steaks) bietet eine Zusatzkarte jeweils Saisonales.

Pariser Straße 16, tgl. 9–23 Uhr, Tel. 881 93 78, weyers-restaurant.de
€€€

BARS & KNEIPEN

Nomu NEU

2022: TOP 5 NACHTS, PLATZ 1
SAKE BAR Besprechung siehe Seite 46

Ludwigkirchstraße 3, Mi–So 18–22 Uhr, www.nomusakebar.de

Provocateur Bar

COCKTAILBAR Die mondäne Hotelbar macht ihrem Namen alle Ehre und mischt das behäbige Wilmersdorf durch laszives Ambiente auf. Die Atmosphäre und die frivolen Bilder der Karte knüpfen an die wilden 1920er-Jahre an. Die Cocktails selbst sind auf der Höhe der Zeit. Dafür garantiert das Barteam mit beeindruckenden Eigenkreationen. Der Drink „Petit Prune" mit rotem Wermut, Pflaume, Sesam und Toffee zeigt eine elegante Harmonie. Eine kleine Provokation bleibt derweil die Höhe der Rechnung.

Brandenburgische Str. 21, im Hotel Provocateur, tgl. 17–1 Uhr, Tel. 22 05 60 60, www.provocateur-hotel.com/bar
€€€

Rum Trader

COCKTAILBAR Gepflegte Kleidung sei angeraten beim Besuch der winzigen Pilgerstätte der Champagner- und Cocktailkultur. In einem der ältesten Trinktempel der Stadt verlangt der Gastgeber Gregor Scholl mit ironischer Eloquenz und kultivierter Strenge seinen Gästen einiges ab. Als Belohnung winken magische Abende und eine besondere Barkultur im „Institut für fortgeschrittenes Trinken".

Fasanenstraße 40, Mo–Fr 20.15–1 Uhr, Sa 21.30–2 Uhr, Tel. 881 14 28, bei Facebook: Rum Trader
€€

Stairs Bar

COCKTAILBAR In der Bar des talentierten Bartenders Konstantin Hennrich steht alles im Zeichen der Treppe – so man den Eingang überhaupt findet, denn ein unauffälliges Schild und eine Klingel sind die einzigen Indizien. Dunkel ist der Raum gehalten, immer wieder durch Fotografien und weitere charmante Details wie Hydrantenattrappen akzentuiert. Aber auch im Interieur dominiert die Treppe, ob als Flaschenregal, Wandtapete oder als kühne Konstruktion auf dem Rückbuffet, welche die Flaschen trägt. Ein guter Ort mit der Kompetenz, viele Geschmäcker zu treffen.

Uhlandstraße 133, Di–Sa 19–2 Uhr, Tel. 0176-70 34 43 43, stairsbar-berlin.com
€€

Vesper Bar

COCKTAILBAR Drei Teile Gordon's, ein Teil Wodka und ein halbes Teil Kina Lillet. Gut schütteln, bis es eiskalt ist und dann ein langes dünnes Stück Zitronenschale dazu – so mag James Bond seinen Cocktail. Und den „Vesper Bond Martini" nach Originalrezept gibt es auch am Kurfürstendamm – plus eine eigens für den Ort angefertigte Inneneinrichtung im 1960er-Jahre-Bond-Stil. Rauchen ist hier wie in der guten alten Zeit auch erlaubt. Vesper hieß übrigens auch in „Casino Royal" Bonds Freundin – die natürlich stirbt.

Kurfürstendamm 160, im Hotel Louisa's Place, Do 19–2 Uhr, Fr+Sa 19–3 Uhr, Tel. 85 60 63 56, www.vesper-bar.de
€€

Xantener Eck

BERLINER WIRTSHAUS Uriges Kneipen-Restaurant mit gutbürgerlicher Berliner Küche und deftigen Gerichten wie Königsberger Klopsen, Kalbsleber mit Zwiebeln und Äpfeln oder Kohlroulade mit Speckstippe. Es gibt Frühstück und einen preiswerten Mittagstisch. Zudem werden zwölf verschiedene Biere frisch gezapft.

Xantener Straße 1, tgl.12–21 Uhr, Tel. 883 90 14, www.das-xantener-eck.de
€€

CAFÉ

Benedict

Frühstück am Morgen? Das war einmal. Viele Berliner Cafés bieten schon seit Jahren frühstücken bis in den Nachmittag hinein an. Das Benedict schafft die Uhrzeit ganz ab. Egal wann, hier wird die einst erste Mahlzeit des Tages fast rund um die Uhr zelebriert. So war es jedenfalls vor Corona. Aktuell gleichen die Öffnungszeiten einem Deli. Die Philosophie jedoch wird weitergeführt und erhebt ein schnödes Frühstück zum mehrgängigen, nahöstlichen Menü: ein gerösteter Blumenkohl als Starter etwa, gefolgt von einem Brunch Burger oder dem New Yorker Klassiker Eggs Benedict, bevor ein Baubeer-Pancake das süße Finale einläutet.

Uhlandstraße 49, tgl. 8–23 Uhr, Bakery Shop Mo–Do 8–14 Uhr, Fr 8–15 Uhr, Sa+So 9–16 Uhr, Tel. 994 04 09 97, www.benedict-breakfast.de
€€€

Hamlet

Café, Restaurant und Bar – und eine Institution in Wilmersdorf, immer noch mit Raucher-Lounge. Im Hamlet gibt es neue deutsch-französische Küche mit orientalischen Akzenten sowie Klassiker wie Wiener Schnitzel, außerdem Frühstück und Lunch.

Ludwigkirchstraße 6, tgl. 8–23 Uhr, Lunch ab 11 Uhr, Tel. 882 13 61, www.restaurant-hamlet.de
€€€

Happiness-Heart Café

Das spirituelle Café bietet vegane und vegetarische Küche mit täglich wechselnden Gerichten. Während man eine Dhal-Linsensuppe schlürft, kann man der Meditationsmusik lauschen.

Güntzelstraße 22, Mo–Sa 10–17 Uhr, Tel. 0160-545 77 08, www.happiness-heart-cafe.de
€

Ottenthal Kaffeehaus

Der Ableger des sehr guten Österreichers in der Kantstraße macht als Kaffeehaus (der Strudel!, die Mehlspeisen!) und Weinhandlung eine gute Figur. Es gibt auch herzhafte Mittags- und Vorabendgerichte. Und frühstücken kann man bis 18.30 (!) Uhr.

Ludwigkirchstraße 9, tgl. 10–19 Uhr, Frühstück 10–18.30 Uhr, Tel. 88 77 66 83, www.ottenthal-kaffeehaus.de
€€

Sets NEU

Das Sets ist eine wunderschöne Anlaufstelle für ein sonniges Frühstück in Charlottenburg: Das moderne, urbane Kaffeehaus ist zugleich eine kleine Pension, in der man auch übernachten kann. Nach dem Frühstück direkt ins Bett? Geht im Sets bestens, denn die wichtigste Mahlzeit des Tages kann man hier den ganzen Tag über bestellen. Club-Sandwiches, Acai-Bowls, frisch gebackenes Sauerteigbrot mit Thunfischcreme und Kapern – mehr müssen wir nicht sagen, oder? Serviert wird das Meiste in kleinen Schälchen, zum Teilen und gemeinsamen Genießen.

Schlüterstraße 36, Mo–Sa 8–21 Uhr, So 9.30–19 Uhr, Tel. 56 73 87 97, www.setsberlin.de
€€

Wiener Conditorei Caffeehaus Am Roseneck

Über 200 unterschiedliche Torten stellt die Konditorei her. Unbedingt probieren sollte man die Luisentorte mit Baumkuchenfüllung und Pistazienmarzipan, eins der vielen Früchte-Tortelettes oder den Klassiker, die Sachertorte.

Hohenzollerndamm 92, Mo–Sa 7.30–19.30 Uhr, So+Feiert. 8.30–19.30 Uhr, Küche bis 19 Uhr, Außerhausverkauf: Mo–Sa 7–19 Uhr, So+Feiert. 8–19 Uhr, Tel. 89 59 69 22, www.wiener-conditorei.de
€€€

DRUM HERUM

Draußen vor der Stadt? Nein, mittendrin am Rand. Nicht nur in den Innenstadtbezirken wird Genuss groß geschrieben – im Gegenteil, immer mehr Kulinarikunternehmer:innen ziehen an die Ränder von Berlin. Oder auch mitten hinein, je nach Perspektive. Und treffen auf alteingesessene Platzhirsche und leidenschaftliche Genießer:innen. Auf die Nachbarschaft!

Da ist Kultur drin – und gutes Essen auch. Wie wäre es mit Pizza am Wasser bei Zola? Oder doch lieber österreichisch-italienischer Mittagstisch im alten Funkhaus-Kantinensaal? → *Milchbar, S. 152*

Ein innovativer Biovorreiter, in dem man vom Frühstück bis zum Kaffeeklatsch mit Kuchen in gemütlicher Atmosphäre den Tag vertrödeln kann. → *Frau Lüske, S. 155*

Schon allein für den Blick über Berlin wäre die Panoramaetage des Andel's jeden Besuch wert. Aber da ist ja auch noch Alexander Koppes lässige Sterneküche. → *Skykitchen, S. 152*

Wachstum und Nachhaltigkeit gehen nicht zusammen? Das Spandauer Traditionsunternehmen Florida Eis beweist genussvoll, dass beides gemeinsam geht. → *Florida Eis, S. 151*

Fotos: Funkhaus Nalepastraße; Michael Ebert-Hanke; Georg Roske; F. Anthea Schaap

Nordwesten

RESTAURANTS

Brauhaus in Spandau

DEUTSCH Der rote Klinkerbau war einst eine Dampfwäscherei. Seit mehr als 20 Jahren wird dort nun Bier gebraut. Kupferne Braukessel vermitteln urige Atmosphäre. Zum zünftigen Brauhaus gehört deftiges Essen: von der Bulette über Schweineschinken in Braunbier bis Hirschragout, Ente oder Rinderrouladen. Kasseler oder Leberkäse können nach Gewicht geordert werden. Ein großer Biergarten am Wröhmännerpark bietet Platz für 650 Gäste.

Neuendorfer Straße 1, Spandau, tgl. 10–23 Uhr, Tel. 353 90 70, www.brauhaus-spandau.de
€€ ♿

Cafeteria Klinik Havelhöhe

DEUTSCH Ungewöhnliche Kulisse für gehobene Gastronomie: Patrick Wodni, der schon im Nobelhart & Schmutzig kochte, hat die Krankenhausküche des anthroposophischen Klinikums auf einen saisonal-regionalen Wareneinkauf umgestellt. Fleisch gibt es seltener, dafür wird das Gemüse bissfest serviert. Zu den Lieferanten gehören der Erdhof Seewalde oder die kollektive Landwirtschaft Speisegut in der Nachbarschaft. Und weil niemand gern im Krankenhaus liegt, bekommen alle den Mittagstisch für faire 5,50 Euro.

Kladower Damm 221, Haus 28, Spandau, Mo–Fr 12–17 Uhr, Tel. 36 50 10, www.havelhoehe.de
€

Der Gaideck

EUROPÄISCH, JAPANISCH Mit Lachsräuchern hat es Anfang der 1990er-Jahre begonnen. Daraus ist Werner Mario Gaidecks vermeintlich „beste Fischbude südwärts von List" erwachsen. Jedenfalls ein Top-Fachgeschäft mit Restaurant und Sushibar samt großer Auswahl von Bismarckhering, geräucherten Aalen und Makrelen über Heilbutt und Garnelen bis zu hausgemachten Fischbuletten.

Heinsestraße 53, Reinickendorf, Mo–Sa 9–22 Uhr, So, Feiert. 12–22 Uhr, Küche ab 11 Uhr, So, Feiert. ab 12 Uhr, Tel. 404 80 17, www.der-gaideck.de
€€€

Emil's

DEUTSCH, PANEUROPÄISCH Essen mit Blick auf den Spandauer See, benannt in Erinnerung an Emil Leue, den Begründer dieser ehemaligen Brauerei. Im Emil's erwartet die Gäste eine frische und unkonventionelle Küche mit regionalen und saisonalen Produkten, kombiniert gerne mit zeitgeistigeren Garmethoden wie etwa Sous Vide oder Espuma. Zudem schlagen sich in der Speisekarte auch die Auslandsaufenthalte von Küchenchef Oliver Cramer nieder, der unter anderem in der Schweiz, in Dubai und den USA gekocht hat.

Neuendorfer Straße 25, Spandau, Frühstück: Mo–Fr 6.30–10.30 Uhr, Sa+So, Feiert. 7–10.30 Uhr, Restaurant: tgl. 12–22 Uhr, Küchenschluss 21 Uhr, Tel. 81 87 52 45, www.centrovital-berlin.de
€€

Vogelweide

FRANZÖSISCH Seit bald 40 Jahren steht Patron Dieter Schmid am Herd und zaubert im Norden Berlins französische Spezialitäten mit tollen Saucen für seine Gäste. Die Karte liest sich herrlich klassisch: Fischsuppe, Schnecken, Entenbrust, Hasenrückenfilet und Mousse au Chocolat in wechselnden Drei-Gang-Menüs zum sehr fairen Preis.

Schulstraße 2, Reinickendorf, Mi–Sa 18–0 Uhr, Tel. 433 96 02, www.vogelweide.net
€€€

CAFÉ

Domberger Brotwerk NEU

2022: TOP 5 MORGENS, PLATZ 5
Besprechung siehe Seite 21

Ziekowstraße 112–114, Tegel, Di–Fr 13–16 Uhr, Sa 10–13 Uhr, www.domberger-brot-werk.com
€

Florida Eiscafé

Das Eis der Manufaktur mit 50 verschiedenen Sorten ist Spandaus berühmtes kulinarisches Aushängeschild. Das Team stellt das Eis und Zutaten eigenhändig her, das Fruchteis ist frei von Laktose, Gluten und künstlichen Farbstoffen. Außerdem engagiert sich das Traditionsunternehmen im Sachen Klimaschutz und produziert CO2-neutral. Apropos: Unsere Lieblingssorten sind Himbeer und Zitrone, in genau dieser Kombination. Die Gäste schätzen die außergewöhnliche Qualität, was zu langen Warteschlangen führt.

Altstädter Ring 1, Spandau, tgl. 8–18 Uhr, Tel. 36 40 35 50, www.florida-eiscafe.de
€ ♿

Kaffeehaus Zeltinger

Die Kaffeehaus-Institution mit Sofa-Ecke und Terrasse bietet ganztägig Frühstück, Kuchen sowie kalte und warme Speisen. Wer es eilig hat, trinkt den guten Kaffee auf der Terrasse. Dazu schmecken frische Belgische Waffeln oder Eiskreationen. Auf der wöchentlich wechselnden, empfehlenswerten Mittagskarte (Mo–Fr 12–15.30 Uhr) steht zumeist Herzhaftes von Clubsandwich bis Käsespätzle.

Zeltinger Platz 1a, Reinickendorf, Mo–Fr 8.30–18.30 Uhr, Sa+So 9–18.30 Uhr, Tel. 401 10 17, www.kaffeehaus-zeltinger.de
€€

GÄRTEN & STRÄNDE

Motel Beer & Coffee

Der Name Motel Beer & Coffee verweist auf die Zeit, als diese umtriebige Mikrobrauerei noch keine eigene Braustätte hatte. Seit 2019 ist das Team nun in Reinickendorf zu Hause – und produziert dort unter anderem aromatisches Kellerbier.

Waldstraße 11a, Haus 9, EG, Reinickendorf, Mo–Fr 10–16 Uhr, Tel. 0175-509 77 67, www.motelminibar.com
€

Wirtshaus im Alten Fritz

Die vielleicht älteste Gaststätte Berlins (eine Urkunde spricht von der Eröffnung als Gasthaus im Jahr 1410) wurde früher als Brauerei genutzt. Nachdem das Gebäude entkernt und zu einem urigen Restaurant mit Biergarten umgebaut wurde, gibt es hier zünftig-moderne Landhausküche mit Gerichten wie Himmel & Erde, Kalbsleber, Rinderroulade, Landente oder Spare-Ribs, donnerstags zudem gepökeltes Riesen-Eisbein mit Erbspüree und Sauerkraut für günstige 13,90 Euro.

Karolinenstraße 12, Reinickendorf, Mi–Fr 17–22 Uhr, Sa+So 12–22 Uhr, Tel. 433 50 10, www.restaurant-alter-fritz.de
€€

Nordosten

RESTAURANTS

Neue Liebe Mirbach

DEUTSCH In dem hellen Café-Restaurant mit Alt-Berliner Ambiente und großem Biergarten kann man zu jeder Tageszeit hervorragend essen. Während sich der Mittagstisch eher der regionalen Küche widmet, werden ab 17 Uhr moderne und saisonale Gerichte angeboten. Die Speisekarte variiert, die Küche hat vom Neustart der Lokalität in 2018 merklich profitiert. Verlässliche Kiezeinkehr.

Behaimstraße 64, Weißensee, Mi–Mo 9–17 Uhr, Tel. 92 04 56 12, www.neueliebemirbach.de
€€ ♿

BARS & KNEIPEN

Prager Frühling 1986

KIEZINSTITUTION Im Florakiez in Pankow ist das Prager Frühling 1968 eine Kiezkneipe – für alle, die gerne fundiert gezapftes Bier trinken. Das kommt von großen, kleinen und ganz kleinen böhmischen Brauereien, dazu findet man einen Karel-Gott-Altar – und es läuft tschechisches Rockradio.

Florastraße 62, Pankow, tgl. 17–0 Uhr, Tel. 67 95 74 49
€

CAFÉ

Auszeit

Als Frühstücksangebote gibt es sechs Bio-Varianten, darunter orientalisches, englisches und vegetarisches Frühstück. Auf der Wochenkarte stehen Lieblingsgerichte wie Minestrone, Kürbisquiche oder gebratener Lachs mit Kürbisrisotto.

Hermann-Hesse-Straße 15, Pankow, tgl. ab 9 Uhr, Tel. 70 71 10 00, www.auszeitberlin.de
€ ♿

Café Nord

Das Café hat viel zu bieten: eine gute Küche, eine schöne Terrasse am Park. Und eine Karte mit deutschen Gerichten und mediterranem Einfluss, zum Beispiel gebackene Maispoulardenbrust oder handgemachte Finferli in Rote-Bete-Sauce mit Ziegenkäse. Viel mehr als nur ein Café.

Grunowstraße 21, Pankow, Mo–Fr 12–22 Uhr, Sa, So, Feiert. 10–22 Uhr, Tel. 49 40 09 17, www.cafe-nord.de
€€

Café Paula

Lecker muss ja nicht ungesund sein. Auch die Nachfolgerin der Cafégründerin Rhea Ried, Caroline Borges, legt Wert darauf, dass die Torten nicht zu süß und zu gehaltvoll sind. Also landen bevorzugt Quark oder Joghurt statt Sahne im Rührbecher. Das Café serviert täglich Torten, Tartes und Kuchen und im Sommer Eis. Gegen etwas größeren Hunger helfen Suppen sowie frisch gebackene Gemüse-Quiches, Waffeln und Crêpes.

Florastraße 14, Pankow, Mo–Fr 8.30–19 Uhr, Sa+So 10–19 Uhr, Tel. 0170-340 16 16, bei Facebook: Café Paula
€ ♿

Café Rosenrot

Frühstücken in Wohnzimmeratmosphäre auf alten Stühlen, an alten Tischen und Obstkisten als Regale an der Wand. Inhaberin Anne Schmidt hat im sich zunehmend zum Familienkiez wandelnden Pankow einen Wohlfühlort geschaffen. Unbedingt probieren: den Käsekuchen.

Ossietzkystraße 2a, Pankow, tgl. 9–18 Uhr, Tel. 54 73 67 59
€€

Chinesisches Teehaus

Stilechter kann man Tee kaum trinken: Mitten im chinesischen Garten im Erholungspark Marzahn liegt das „Berghaus zum Osmanthussaft", in dem aus mehr als 30 Sorten chinesischen Tees gewählt werden kann. Nach Vereinbarung und wenn mindestens sechs Teilnehmer zusammenkommen, finden besondere Vorführungen zur Teekunst, so genannte Teezeremonien, statt (Teilnahmegebühr 18 Euro).

Eisenacher Straße 99, im Erholungspark, Marzahn, Apr.–Okt. tgl. 10.30–18 Uhr, bei gutem Wetter und an Wochenenden länger, Nov.–März an Wochenenden bei schönem Wetter geöffnet, Tel. 0179-394 55 64, www.china-teehaus.de
€ ♿

Nadia + Kosta

Das gemütliche kleine Kiezcafé mit Ornamenttapete und Vintage-Möbeln bietet Bagels, Brownies und Panini an. Die Snacks sind gut, der Kaffee fast noch besser, und zur Mittagszeit gibt es immer auch etwas Herzhaftes. Das unbedingte Wohlfühlcafé im bei jungen Familien beliebten Kaskelkiez.

Türrschmidtstraße 31, Lichtenberg, Mo–Fr 8–18 Uhr, Sa 11–19 Uhr, So 11–18 Uhr, Tel. 0178-289 50 49
€

Vilja Café

Alte Schulstühle, lange Holztische und Industrieleuchten bilden das Ambiente für ein kleines, feines Sortiment vom Frühstück bis in die Abendstunden. Neben den originell belegten Panini sind die selbst gebackenen Kuchen der Blickfang. Am Wochenende gibt es Burger, die man auch auf der Sonnenterrasse essen kann.

Maximilianstraße 1, Pankow, So–Do 10–18 Uhr, Fr+Sa 10–23 Uhr, Tel. 54 77 72 57, www.vilja-cafe.de
€

EISDIELE

SchokoLadenEis Manufaktur

Natürlich gibt es hier Eis. Aber wer glaubt, dass es das schon war, der irrt. Die Eisdiele ist ganzjährig geöffnet und bietet in der kälteren Jahreszeit 56 verschiedene selbstgemachte Pralinen- und Trüffelsorten an. Außerdem werden im Backofen, der im Hof steht, jeden Donnerstag ab 12 Uhr hausgemachte Brote aus frischem Sauerteig gebacken und verkauft.

Kaskelstraße 15, Lichtenberg, Mo–Fr 12–19 Uhr, Sa, So, Feiertage 13–19 Uhr, Tel. 74 39 37 21, s.winkel@gmx.de
€

GÄRTEN & STRÄNDE

Milchhäuschen

Am Weißen See gab es einst ein Milchhäuschen, in dem Milch und Milchprodukte verkauft wurden. Vom historischen Ort ist nichts mehr zu erkennen, an seiner Stelle steht jetzt ein ostmoderner 1970er-Bau mit Café und Restaurant, großer Terrasse und Fensterfront. Ruhig und entspannt geht es zu beim Frühstück von 10 bis 11.30 Uhr. Den restlichen Tag wird Herzhaftes wie Entenkeule, Rinder- oder Zanderfilet angeboten, daneben Kuchen.

Parkstraße 33a, Weißensee, Februar bis Dezember, tgl. 10–21 Uhr, Küche bis 20 Uhr, So bis 19 Uhr, Tel. 927 11 44, www.milch-haeuschen-berlin.de
€€

Südosten

RESTAURANTS

Domaines

FRANZÖSISCH Saisonale Gerichte und feine französische Küche gibt es im dezentstilvollen Lokal oder auf der Terrasse unter Bäumen. Die Lage am Müggelsee ist traumhaft. Genießer kommen bei einer raffinierten Küche und der sehr guten Getränkekarte mit Weinen aus dem eigenen Fachhandel auf ihre Kosten. Auf der Karte stehen Spezialitäten wie Jakobsmuscheln, Wolfsbarsch, Bouillabaisse, Lammkeule, Kalbsnierchen und Kalbsbries. In der Sommerlounge gibt es Drinks, Snacks und hausgemachten Kuchen – auch zum Mitnehmen an den Strand.

Josef-Nawrocki-Straße 22, im Müggelpark, Köpenick, Mo–Do 12–18.30 Uhr, Fr 12–19 Uhr, Sa 11–14 Uhr, Tel. 64 09 18 79, www.domaines-berlin.de
€€€

Mani Mogo

KOREANISCH Das Kimchi Princess in Kreuzberg wird wegen seiner Atmosphäre geschätzt. In der Dependance im Technologiepark Adlershof finden die Gäste nicht nur das bewährt coole Ambiente vor, sondern auch koreanisches Soulfood von Bibimbap über Kimchi-Burger bis zu frittierten Hähnchenteilen, die man aus dem ebenfalls zur Familie gehörenden „Angry Chicken" am Heinrichplatz kennt.

Erich-Thilo-Straße 3, Köpenick, Mo–Fr 7–22.30 Uhr, Tel. 55 51 74 71, www.mani-mogo.com
€

Manifattura del Gusto

ITALIENISCH Der Teig, aus dem die echt neapolitanische Pizza ist, kommt mit nur sechs Zutaten aus: Mehl, Hefe, Wasser, Öl, Salz und ganz viel Amore. Nach der Pizza sollte man unbedingt einen Dessert-Gang einplanen. Viele der aus Italien importierten Zutaten können auch erworben werden. Verlässlich guter Italiener in einer in kulinarischen Dingen noch immer öden Nachbarschaft. Im Sommer wird auch italienisches Eis angeboten. Mittlerweile gibt es einen zweiten Standort, die Manifattura del Gusto in Friedrichshagen (Müggelseedamm 162, Do–So 17–21 Uhr). Dort kommen hausgemachte Pasta und Pizza auf den Tisch.

Rathenaustraße 23, Köpenick, Di–So 12–21 Uhr, Tel. 54 89 37 52, www.manifatturadelgusto.de
€€

Mavericks

NORDAMERIKANISCH Kalifornisches Restaurant mit lässigem Surf- und Skateboard-Dekor im Erdgeschoss des Hotelhochhauses an der Landsberger Allee. Hoch oben im Andel's wird zeitgenössische Sterneküche zubereitet. Im Deli im Erdgeschoss geht es erdverbundener, aber nicht minder zeitgenössisch zu. Amerikanische Spezialitäten werden um asiatische, mexikanische und pazifische Einflüsse erweitert. Kurz: Es ist die Küche aller Anrainerstaaten des Pazifischen Ozeans, die hier – gerne zum tischweisen Teilen – aufgetragen wird.

Landsberger Allee 106, im Vienna House Andel's Berlin, Lichtenberg, tgl. 12–23.30 Uhr, Tel. 45 30 53 26 10, www.mavericks.berlin
€€€

Milchbar im Funkhaus

DEUTSCH Früher verbrachten hier die Mitarbeiter des Rundfunks der DDR ihre Pausen. Inzwischen hat das Team des alpinen Schneeweiß aus Friedrichshain die Milchbar übernommen – und glücklicherweise nur die Küche modernisiert. Die bietet jetzt hervorragende Schnitzel (von Schwein oder Kalb) zu hervorragenden Preisen und einige, immer auch vegetarische Tagesgerichte. Im Winter gefällt die urig-ostalgische Atmosphäre, im Sommer sitzt man wunderschön draußen an der Spree.

Nalepastr. 18, Köpenick, Mo–Fr 10.30–17 Uhr, Sa+So 11–16 Uhr, Tel. 0176-24 17 87 04, www.funkhaus-berlin.net
€

Mom's Creation

PANASIATISCH Der Treptower Norden hat sich längst als urbane Ausgehlandschaft etabliert. So ist auch das Mom's Creation an der Elsenstraße zu einer festen Adresse geworden. Vegan und panasiatisch wird hier gekocht, auch Sushi steht auf der Karte. Zugegeben, so schmeckt der Zeitgeist.

Elsenstraße 27, Treptow, Mo–Fr 11–23 Uhr, Sa+So 12–23 Uhr, Tel. 34 50 88 98, www.moms-restaurant.de
€€

Pier36eins

DEUTSCH Der Gastraum, garniert mit maritimen Zutaten, bietet einen wunderbaren Blick auf die Dahme. Die Küche ist bodenständig, außer einer reichen Tortenauswahl gibt es etwa Wirsingeintopf mit Pökelfleisch, Seelachsfilet im Bierteig oder Schweinegulasch mit Klößen.

Wassersportallee 2, Köpenick, Quicklunch Mo–Fr 11.30–13.30 Uhr, Brunch So 11–15 Uhr, Tel. 677 88 01 10, www.pier36eins.de
€€

Quasi Quasi NEU

Dort ein edles Grün, da die unverputze Ziegelwand und über allem mit Bedacht gesetztes Licht – dennoch kommt ein Abend im Quasi Quasi nicht teurer als beim Kiezitaliener um die Ecke. Die Speisekarte variiert wöchentlich, aber wir können die Lasagne getrost empfehlen, mit sonnengetrockneten Tomaten, Zucchini oder Waldpilzen und einer dekadenten Portion Käse. Fisch und Meeresfrüchte kommen vom zu Recht gelobten Fish Klub. Beispielhaft der Seeteufel an Zitronen-Zucchini-Sauce und knusprigem Speck. Ein gut gemachter Spritz wiederum kommt für ehrliche vier Euro ins Glas. Lieblingsladenpotenzial!

Bouchéstraße 15, Treptow, Mi–So 18–23 Uhr, Tel. 64 47 97 32, www.quasiquasiberlin.com
€€

Skykitchen

PANEUROPÄISCH, FRANZÖSISCH Seinen Michelin-Stern hatte sich Alexander Koppe in der 1. Etage des Lichtenberger Kongresshotels Andel's erkocht. Längst residiert sein lässig- schickes Restaurant Skykitchen in der Panorama-Etage des Andel's Hotel. Alleine der Ausblick ist einen Besuch wert. Koppes kulinarische Handschrift steht für ein „Crossover aus Fine Dining und Berliner Schisslaweng", dargeboten in zwei Menüs, eines davon vegetarisch. Außerordentlich gut ist Koppes Risotto, zudem begeistert sein Faible und mehr noch sein Händchen für Innereien. Sehr gute Getränkebegleitung, die auch mal einen Cocktail reicht..

Landsberger Allee 106, im Vienna House Andel's Berlin, Di+Mi, Sa 18–23 Uhr, Tel. 45 30 53 26 20, www.skykitchen.berlin
€€€€

Zola im Funkhaus

ITALIENISCH Die neapolitanische Kuppelofenpizza ist so gut wie im beliebten Zola-Stammhaus am Kreuzberger Paul-Lincke-Ufer. Aber hier am Schöneweider Spreeufer sind die Schlangen kürzer, die Preise günstiger und das Personal freundlicher. Diese Pizza-Dependance im Funkhaus ist ein Geschenk für Konzertgänger oder Ausflügler. Wir radeln hier immer wieder gerne für ein Feierabendbier und eine Feierabend-Margherita vorbei.

Nalepastraße 10, Köpenick, Mo–Fr 12–19 Uhr, Sa+So 15–21 Uhr, bei schlechtem Wetter ab 19 Uhr, Tel. 0176-31 01 09 78, zolafunkhaus@gmail.com
€

IMBISS

Goodies Treptow NEU

Picknick im Park oder ein gesunder Snack im Vorgarten? Das Treptower Deli-Café Goodies liegt direkt am Treptower Park und bietet seinen Gästen auch einen eigenen Outdoor-Bereich an. Kulinarisch gilt auch hier das Goodie-Konzept: vegetarisch, vegan und clean eating mit glutenfreien Kuchen, Smoothies, Wraps und Salaten. Zudem ist Goodies eine gute Adresse für Kaffee, etwa Espresso aus 100 Prozent Arabicabohnen.

Am Treptower Park 51, Treptow, Sa+So 10–18 Uhr, goodies-deli.com
€

BARS & KNEIPEN

Kranbar

Das Künstlerpaar, das die Bar mit Blick auf einen Kran am Kaisersteg betreibt, hat ein Ganztagsprogramm: vom Frühstück über Mittagssuppen bis zum Vorabenddrink. Kurzum: ein umsorgendes Kiezcafé.

Wilhelminenhofstraße 80, Köpenick, Mo–Mi, Fr 10–18 Uhr, Sa+So 9–18 Uhr, Tel. 01514-073 08 73, www.facebook.com/kranbar.berlin
€

Loft14

HOTELBAR Aus der ehemaligen SkyBar ist das Loft14 geworden. Geblieben ist die Panoramablick-Lage hoch über der Stadt und das kompetente Barteam rund um den erfahrenen Mixologen Fabian Buhtz. Der versteht sich auf lokale Berliner Spirituosen und auf eine elegant-weltläufige Barkultur. Bei der Zubereitung seiner Drinks bekommt er regelmäßig Hilfe aus der Sterneküche des SkyKitchen eine Etage tiefer, etwa wenn es um das Fermentieren oder Dehydrieren geht.

Landsberger Allee 106, im Vienna House Andel's Berlin, Lichtenberg, Fr 18–2 Uhr, Tel. 45 30 53 26 14, loft14.berlin
€€

CAFÉ

Altstadtcafé Cöpenick

Frühstück, Torten und deftige Snacks gibt es seit 1998 im klassischen Kaffeehaus mit Klavier und Garten am Ufer der Dahme. „Café mit dem Häubchen" – so wird es liebevoll von seinen Stammgästen genannt, denn die Kellnerinnen servieren Kuchen und Torten stilvoll in traditioneller Bekleidung mit Häubchen. Zu den besonders beliebten Torten gehören die „Altstadttorte", „Grünschnabel", „Kardinal", „Teufelsbraten" oder „Wonneproppen".

Alt-Köpenick 16, Köpenick, tgl. 10–18.30 Uhr, Tel. 65 47 40 69, www.altstadtcafe.de
€

Café Schoeneweile

Inmitten der inzwischen etwa von der Hochschule für Technik und Wirtschaft genutzten, riesigen Fabrikbauten residiert dieses wunderbare Café in einem alten Pförtnerhäuschen aus gelbem Klinker. Hier bekommt man ausgesuchte regionale Produkte, Kaffee und leckeren Kuchen. Hin und wieder finden Lesungen, Konzerte und Flohmärkte statt.

Reinbeckstraße 9, Köpenick, Mo–Fr 9–18 Uhr, Sa+So 13–18 Uhr, Tel. 54 90 55 22, www.cafe-schoeneweile.de
€

Chocolaterie Catherine

„Ich arbeite ohne Konservierungsstoffe", sagt Chocolatière Kathrin Weimar. Deshalb bietet sie ihre Spekulatius-Pralinen auch erst zur Adventszeit ab Anfang Dezember an. 25 Pralinensorten, darunter auch Walnuss-Marzipan oder Weichkrokant, sorgen für Winterstimmung. Ebenfalls hausgemacht sind die edlen Tafelschokoladen, die etwa mit Chili, Nüssen, Cranberries oder Himbeeren bestückt werden. Heiß, dick und ohne Stärke zubereitet wird die Trinkschokolade in dem Zwölf-Plätze-Café.

Grünstraße 17, Köpenick, Di–Fr 10–18 Uhr, Sa 10–14 Uhr, Tel. 68 32 76 28, chocolaterie-catherine.de
€€

Kranhaus Café

Der große Industriekran mit dem zweigeschossigen, gemauerten Unterbau ist ein sehr eindrückliches Gebäude. Umso schöner, dass sein Erdgeschoss inzwischen wieder als Café bespielt wird. Ja mehr noch, die Öffnungszeiten wurden in den Abend erweitert und es gibt, auch schon am Mittag, herzhafte und warme Speisen.

Paul-Tropp-Straße 11, Köpenick, Mi 11–20 Uhr, Do 11–18 Uhr, Fr 11–22 Uhr, Sa+So 10–22 Uhr, Tel. 63 96 76 80, www.kranhaus.berlin
€

EISDIELE

Eiskultur Berlin

Auch Schöneweide kann Eis – und wie! Die 2015 eröffnete Manufaktur-Eisdiele Eiskultur sieht nach purer Nostalgie aus, trumpft aber mit ausgefallenen, aber nie verrückten Sorten auf. Wie wäre es zum Beispiel mit Apfel-Buttersteusel? Oder Zitrone mit Zimt? Oder dem beliebten Aufeinandertreffen von Lavendel und Wildblaubeeren? Klassiker in der Erdbeerzeit ist der Erdbeerbecher. Täglich finden sich 18 Sorten in der Vitrine.

Schnellerstraße 118, Oberschöneweide, tgl. 12–19 Uhr (bis Sept.), Tel. 0171-289 40 03, eiskultur-berlin.de
€

GÄRTEN & STRÄNDE

Hafenküche

Nach umfänglichen Umbauten ist nun auch das Restaurant der Hafenküche mit dem wunderschönen Blick auf die Spree wieder geöffnet. Ein Sommertraum ist der Biergarten, der einem schicken Schiffsdeck gleicht. Frederik Grieb, Kapitän der Küche, sammelte seine Erfahrungen sowohl auf Hoher See als auch an Land im Restaurant Pots des Berliner Ritz Carltons. Gekocht wird mit marktfrischen Zutaten, die Weine stammen überwiegend aus Frankreich und Deutschland.

Zur Alten Flussbadeanstalt 5, Lichtenberg, Kantine Mo–Fr 9–16 Uhr (Selbstbedienung), Biergarten Mo–Fr ab 16 Uhr, Sa+So, Feiert. ab 12 Uhr, Restaurant Do–Mo ab 18 Uhr, Sa+So, Feiert. ab 12 Uhr, Tel. 42 21 99 26, www.hafenkueche.de
€€

Restaurant und Café Krokodil

Das Wirtshaus mit Terrasse liegt in der Köpenicker Altstadt direkt am Wasser und bietet wechselnde deutsche Gerichte mit saisonalen Akzenten sowie einen Sonntagsbrunch. Ein Ausschnitt aus der Karte: Schollenfilet, Rumpsteak, Linsen-Bananen-Suppe, Spaghetti mit Kürbis-Carbonara oder Kastaniensuppe.

Gartenstraße 46-48, Köpenick, Mo–Fr 16–22 Uhr, Sa 15–23 Uhr, So 12–22 Uhr, Tel. 65 88 00 94, www.der-coepenicker.de
€€

Strandbad Wendenschloss

Seit Mitte Mai 2019 hat das Strandbad Wendenschloss wieder seine Türen geöffnet – nur, dass die Badeanstalt nun auch noch ein lauschiger Biergarten ist. Wer nur kommt, um ein Bier zu trinken, Flammkuchen, Pommes oder frisch gebackenen Kuchen zu essen, zahlt keinen Eintritt. Ein nonchalanter kulinarischer Betrieb mit ehrlichen Gerichten und einer toller Lage mit Blick auf die Dahme.

Möllhausenufer 30, Köpenick, In der Saison Strandbad Fr–Mo 10–22 Uhr, Di–Do 15–22 Uhr, Tel. 0176-66 88 42 56, www.strandbad-wendenschloss.berlin
€

Zenner

2022: TOP 20 ABENDS, PLATZ 20
DEUTSCH Besprechung siehe Seite 45

Alt-Treptow 14-17, Treptow, Mo–Fr 12–22 Uhr, Sa+So 10–22 Uhr, Tel. 533 73 70, www.zenner.berlin
€€

Südwesten

RESTAURANTS

Akiko Sushi

JAPANISCH Beliebtes kleines Restaurant mit vielen frischen Sushi-Menüs. Selbst Besucher aus Hamburg und London zeigten sich in der Vergangenheit begeistert von der Sushi-Qualität. Sehr zu empfehlen: Wakame (eingelegter Seetangsalat), frittierte Futomaki und Sushi-Variationen mit Chili. Dazu schmeckt ein Genmai-Cha, ein grüner japanischer Tee, oder ein Kirin, Sapporo oder Asahi Bier.

Ahornstraße 32, Steglitz, Mo–Do 12–21 Uhr, Fr+Sa 12–22 Uhr, Tel. 79 74 45 64, www.akikosushi.de
€€

Blockhaus Nikolskoe

DEUTSCH Auf einer Anhöhe am Wannsee gelegen, bietet die Terrasse der historischen Gaststätte im Stil eines russischen Bauernhauses einen schönen Ausblick auf die Havel. In diesem Blockhaus am Rande von Berlin werden regional-saisonale Spezialitäten rustikal, aber durchaus geschmackvoll serviert. Im Sommer lockt ein eindrucksvoller Biergarten.

Nikolskoer Weg 15, Zehlendorf, Mo–Fr 12–18 Uhr, Küchenschluss 17.30 Uhr, Sa+So 12–20 Uhr, Küchenschluss 19.30 Uhr, Tel. 805 29 14, www.blockhaus-nikolskoe.de
€€

Brewdog DogTap Berlin

NORDAMERIKANISCH, DEUTSCH Greg Koch und seine Stone Brewing Company haben die Übernahme des deutschen Biergeschmacks bis auf Weiteres vertagt. Das dem Vernehmen nach für 40 Millionen Euro umgebaute Gelände am alten Gasometer in Mariendorf hat nun der schottische Mitbewerber Brewdog übernommen: Der majestätische rote Backsteinbau aus dem Jahr 1901 beherbergt die Brauerei samt Restaurant, umgeben von einem traumhaften Biergarten. Bis zu 800 Gäste können hier gleichzeitig auf den Geschmack von Craft Beer kommen. Das kulinarische Angebot kommt jetzt deutlich hemdsärmeliger daher. Es gibt Pizza, Burger und Chicken Wings. Beer-Food eben, aber in verlässlich guter Qualität.

Im Marienpark 23, Tempelhof, Mo–Do 16–23 Uhr, Fr 12–0 Uhr, Sa 12–23 Uhr, So 10–22 Uhr, Tel. 212 34 31 00, brewdog.com
€€

Chalet Suisse

ALPENLÄNDISCH, DEUTSCH Speisen in einem edel-urigen Holzhaus – mitten im Grunewald. Das zum Restaurant Diekmann gehörende Chalet Suisse steht für eine gehobene Alpenküche und eine klassische Weinauswahl, vor allem aus Frankreich. Beides wird im Winter am Kaminfeuer und im Sommer unter schattigen Bäumen im Garten serviert. Dort gibt es zudem Neuland-Fleisch und Geflügel vom Grill, eine Bühne für Sommergastspiele, Berliner Theater und Jazz-Konzerte. Natürlich gehört zur Wintersaison auch ein zünftiges Käsefondue zum Angebot. Sonntags öffnet zudem das Chäs Hüsli, ein rustikales Holzhaus mit Bullerjan-Ofen.

Clayallee 99, Im Jagen 5, Zehlendorf, Fr 17–0 Uhr, Sa+So 12–0 Uhr, Tel. 832 63 62, www.chalet-suisse.de
€€€

Die Fischerhütte am Schlachtensee

DEUTSCH Die Fischerhütte ist ein historisches Gasthaus von 1723, direkt am Schlachtensee. Für die idyllische Atmosphäre auf der Sonnenterrasse oder im Biergarten kommen die Gäste aus allen Teilen der Stadt. Die Küche wartet mit Klassikern wie Wiener Schnitzel oder Bratwurst auf. Und wie es sich für eine Fischerhütte gehört, findet sich auch ein Fisch-Angebot auf der Karte. Da gibt es eine Bouillabaisse, gebratenen Zander oder Lachssteak vom Grill. Das größte Pfund der Fischerhütte ist der Biergarten am Seeufer.

Fischerhüttenweg 136, Zehlendorf, Biergarten tgl. ab 9 Uhr, Restaurant tgl. ab 10 Uhr, So Brunch 10–14 Uhr, Tel. 80 49 83 10, www.fischerhuette-berlin.de
€€

Englers NEU

PANEUROPÄISCH Ein Besuch im Englers sollte man mit einem Besuch des Botanischen Gartens kombinieren, der sich gleich gegenüber befindet. Die Pflanzenwelt kann man wahlweise nach dem Lunch oder vor dem Dinner erkunden – beides wird im Englers serviert, das sich schon früh um geeignete Coronaschutzmaßnahmen kümmerte. Das Speisenangebot reicht von Weinbergschnecken aus dem Ofen als Vorspeise über "Englers Klassiker" wie Tafelspitz vom Wiesenkalb, Wiener Schnitzel und Kalbsleber Berliner Art als Hauptgang bis hin zu Bowls und Flammkuchen-Variationen für den kleinen Hunger. Schöne Auswahl an u. a. deutschen und österreichischen Weinen.

Englerallee 42, Zehlendorf, Di–Do, So 12–22 Uhr, Fr+Sa 12–23 Uhr Tel. 30 36 42 36, www.restaurant-englers.de

Haus Sanssouci

DEUTSCH Das 1917 errichtete Gebäude war das erste Holzfertighaus der Welt. In dem stilvollen Restaurant mit Kamin und Wintergarten mit Blick auf den Wannsee wird gehobene deutsche Küche angeboten. Da gibt es Delikatessen wie Steinbutt-Filet, Lammkarree oder Rehrücken. Jeden Mittwoch wird als Special ab 17 Uhr „Champagner Meets Tatar" für zwei Personen angeboten.

Am Großen Wannsee 60, Zehlendorf, Mi–So ab 12 Uhr, Tel. 805 30 34, www.haussanssouci.com
€€€

Jungbluth

DEUTSCH Zwei junge Berliner Köche überraschen im Jungbluth mit frischen und hochwertigen Zutaten und kreieren eine neue, unverbrauchte Küche. Verschiedene Weltregionen streifend, liegt der Fokus auf regionalen Zutaten, am liebsten frisch vom Wochenmarkt. Beim Menü mit mindestens drei Gängen lassen sich Vorspeise, Fisch, Fleisch und Dessert kombinieren. So gibt es etwa krossen Adlerfisch mit Perlgraupenrisotto, bretonische Makrele mit Stachelbeere oder Steak vom irischen Ochsen mit gegrillter Avocado. Der Gastraum ist schlicht, aber gemütlich. Unser kulinarischer Lieblingsort im Südwesten der Stadt.

Lepsiusstraße 63, Steglitz, Di–Fr 17–0 Uhr, Sa+So 12–0 Uhr, Tel. 79 78 96 05, www.jungbluth-restaurant.de
€€€

Kang Feng

CHINESISCH Das Restaurant für anspruchsvolle chinesische Küche ist reduziert und nach dem Feng-Shui-Prinzip eingerichtet. Nach einem Aquarium wird der Gast vergeblich suchen, dieses chinesische Restaurant setzt auf modernes Ambiente. Das ist durchaus angenehm. So kommen die angebotenen Speisen wie „Kanton Ente", „Zweifach gekochter Schweinebauch" oder der Klassiker „Nasi Goreng" noch besser zur Geltung.

Manfred-von-Richthofen-Straße 6, Tempelhof, tgl. 12–23.30 Uhr, Tel. 77 00 85 18, kang-feng-restaurant.business.site
€€

La Casserole

FRANZÖSISCH In gemütlicher Atmosphäre bietet das „La Casserole" mediterrane Küche aus Spanien, Frankreich, Italien und Nordafrika. Der in Südfrankreich ausgebildete Küchenchef hantiert souverän mit erlesenen Produkten wie Wildgeflügel, Krustentieren, Edelfischen, Wild, Pilzen, Fleisch von Büffel, Kalb, Rind, Lamm und Ziege. Zu den angebotenen Gerichten zählen etwa das Lammrückenfilet in Olivenkruste, Fischsuppe oder die flambierte Großgarnele.

Schützenstraße 54, Steglitz, Mo–Sa 17–0 Uhr, Tel. 79 70 55 06, www.la-casserole.de
€€€

Luise

DEUTSCH, ITALIENISCH Im Restaurant Luise wird auf Berliner Küche gesetzt und auf den einnehmenden Reiz eines historischen Gastraums und eines ebensolchen Biergartens. Gerichte wie Kartoffelsuppe, Bulette, Currywurst, Eisbeinsülze, Leber sowie hausgemachte Königsberger Klopse oder die Rinderroulade sind die beliebten Standards der Karte. Die überzeugende Burger-Karte, samt regionalem Büffel- fleisch, richtet sich (nicht nur) an die vielen Studierenden der FU.

Königin-Luise-Straße 40-42, Zehlendorf, Mo–Do 11–23 Uhr, Fr 11–0 Uhr, Sa 10–0 Uhr, So 10–23 Uhr, Tel. 841 88 80, www.luise-dahlem.de
€€

Lutter & Wegner im Schloss Glienicke

DEUTSCH, ÖSTERREICHISCH An geschichtsträchtiger Stelle, unmittelbar an der Glienicker Brücke, die Berlin mit Potsdam verbindet, gibt es in der Schloss-Remise einen Ableger des traditionsreichen Lutter & Wegner. Das Angebot orientiert sich mit seiner österreichischen und regionalen Ausrichtung an den Speisekarte der gleichnamigen Berliner Restaurants. Da dürfen natürlich das Wiener Schnitzel vom Kalb oder der Vogerlsalat nicht fehlen. Andere Gaumenkitzel wären die gebratene Wachtelbrust, gebratene Blutwurst oder Filet vom Kabeljau auf Schmorgurken. Ein guter Grund, so kurz vor Potsdam noch einmal anzuhalten.

Königstraße 36, im Schloss Glienicke, Zehlendorf, Di–So 12–22 Uhr, Küche bis 21 Uhr, Tel. 805 40 00, www.schloss-glienicke.de
€€€

Miss Wu

CHINESISCH Das feine, familiäre Restaurant in Dahlem setzt auf eine kleine Karte und prägnante Aromen seiner Küche nach chinesischer Hausfrauenart. Uns gefielen ein nicht zu scharfer Rindfleischsalat, Ährenfische mit schwarzen Bohnen und die sehr guten Dim Sum. Einen Asiaten auf einem derart hohen und gleichzeitig authentischen Niveau würde man eher in Charlottenburg oder Mitte erwarten.

Königin-Luise-Straße 71, Zehlendorf, tgl. 12–23 Uhr, Tel. 89 54 00 01, www.misswu.de
€€

Pikilia

GRIECHISCH Die Taverne in Zehlendorf stellt sich in den Dienst der gehobenen griechischen Küche. Neben Erzeugnissen von ausgewählten landwirtschaftlichen Betrieben in Griechenland werden ausschließlich frische Zutaten aus dem Umland verwendet. Namengebend ist Pikilia, der gemischte Vorspeisen-Teller zum Teilen mit Freunden. Danach kann Wildschweinfilet, Keule vom Zicklein oder Oktopus vom Grill beim freundlichen Service geordert werden.

Spanische Allee 72, Zehlendorf, Mo–Fr 16–0 Uhr, Sa,So, Feiert. 12–0 Uhr, Tel. 80 58 82 07, www.pikilia.de
€€

Rice and more

ASIATISCH Panasiatische Küche in eher schlichtem Ambiente. Weil Inhaber Ly Viet Quoc Le versucht, die chinesische, japanische, vietnamesische und thailändische Küche harmonisch zu verbinden, sollte man kein allzu authentisches Restauranterlebnis erwarten. Zu fairen Preisen wirklich lecker ist es im Rice and more allemal.

Großbeerenstraße 51, Tempelhof, Mo–Fr 11–21 Uhr, So, Feiert 13–21 Uhr, Tel. 20 83 15 59, www.rice-and-more.metro.rest
€€

Sale e Pane

ITALIENISCH Das Sale e Pane ist ein großer, gemütlicher Italiener mit einer Terrasse voller Olivenbäume. Die Karte deckt ganz Italien ab, von Büffelmozzarella-Caprese über Pasta bis zum frisch gegrillten Fisch. Auf der Tageskarte finden sich kreative Spielereien. Verlässlicher Familienitaliener im Südwesten der Stadt.

Markelstraße 52, Steglitz, tgl. 16–22 Uhr, Tel. 79 74 79 11, www.salepane.berlin
€€

Schmidt Z & KO

DEUTSCH Sehr lebendiger Hybrid aus Pop-up-Restaurant, Weinbar und Kochschule. Ausgedacht haben sich das die beiden aus Funk und Fernsehen ebenso wie aus der Berliner Gastrokultur bekannten Köche Ralf Zacherl und Mario Kotaska gemeinsam mit dem alteingesessenen Weinladen Schmidt. Das erklärt den Namen und auch die Sorgfalt, mit der man im industrieschicken Ladenlokal zu einer Tageszeit umsorgt wird, zu der es schon mal hektisch zugehen kann. Der Mittagstisch wird an der Theke geordert und am Küchentresen abgeholt.

Rheinstraße 45-46, Steglitz, Mittagstisch: Di–Sa 12–15 Uhr, Weinhandel: Di–Fr 12–22 Uhr, Sa 10–22 Uhr, Restaurant und Weinbar: Di–Sa ab 17.30–22 Uhr, Küchenschluss 20.30 Uhr, Tel. 200 03 95 70, www.schmidt-z-ko.de
€€

Sichuan Gourmet

CHINESISCH Die Sichuan-Küche zählt zu den vier bekanntesten Küchen Chinas. Sie legt großen Wert auf Farbe, Vollmundigkeit, Aroma und Form. Die erfahrenen Köche im Sichuan Gourmet beherrschen ihr Handwerk und verwenden für raffinierte Gerichte wie „Betrunkener Lachs" oder „Feuerdrache" direkt aus China importierte Gewürze wie den typischen Blütenpfeffer.

Osdorfer Str. 124, Steglitz, Di–So 12–22 Uhr, Tel. 712 66 14, www.sichuangourmet.de
€€

Speisewerkstatt

DEUTSCH Die Küche von Markus Kößler ist bodenständig und verzichtet auf allzu Extravagantes. Zwar schwimmt hier in der heißen (!) Gazpacho schon mal eine angenehm fleischige Riesengarnele, darüber hinaus aber kommen aus der Küche vor allem veritable Klassiker. Mittwochs ist „Flammkuchenwerkstatt", donnerstags „Schnitzelwerkstatt" – auch vegetarisch aus Steckrübe.

Hohenzollernplatz 4, Zehlendorf, Mi–Sa 17–23 Uhr, So 12–23 Uhr, Tel. 53 15 78 97, www.speisewerkstatt-berlin.de
€€

Udagawa

JAPANISCH In dem kleinen, schlicht gehaltene Restaurant werden japanische Sushi-, Tempura- und Sukiyaki-Spezialitäten serviert. Das Essen wird auf dem Boden an niedrigen Holztischen eingenommen. Außer Sushi und Tempura werden auch frische Eintöpfe mit Fisch und Gemüse angeboten. Wenn der Gast sich niederlässt und den Dampf aus den köchelnden Töpfen einatmet, ist er dem fernen Japan ein Stück näher.

Feuerbachstraße 24, Steglitz, Mi–Mo 17.30–22.30 Uhr, Tel. 792 23 73, www.restaurant-udagawa.jimdo.com
€€€

Waldhaus Zehlendorf

DEUTSCH Seit 1902 ist das Waldhaus ein Ort für gutes Essen in gemütlicher Atmosphäre. Die bodenständige deutsche Küche zeichnet sich durch frische, regionale Produkte aus. Erfreulich sind etwa die Angebote der Wildkarte mit Knacker, Gulasch, Hirschbraten oder Frischlingsrückensteak. Zu den Klassikern gehören Gerichte wie Rahmgeschnetzeltes oder Wiener Schnitzel.

Onkel-Tom-Straße 50, Zehlendorf, Mo–Fr 17–22 Uhr, Sa, So, Feiert. 12–22 Uhr, Tel. 813 75 75, www.waldhaus-zehlendorf.de
€€

Wannseeterrassen

DEUTSCH, PANEUROPÄISCH Der schicke Neubau mit Restaurant, Terrasse, Café, und Biergarten lässt den Ausflugs-gastronomie- Klassiker auferstehen. Im weitläufigen Lokal mit Blick über den Wannsee werden Kaffee, Torten und internationale Speisen angeboten. Auf der Speisekarte stehen Gerichte wie Wiener Schnitzel, Kabeljaufilet oder Thunfischsteak. Ein besonderes Angebot ist „Ralphs Burger" mit 200 Gramm Black Angus Beef.

Wannseebadweg 35, Zehlendorf, tgl. 12–22 Uhr, Biergarten bei schönem Wetter Mo–Fr ab 15 Uhr, Wochenende ab 12 Uhr, Tel. 80 90 82 18, wannseeterrassen.berlin
€€€

Wein Bar Châteauneuf

FRANZÖSISCH Die Weinbar Châteauneuf mit angeschlossenem Ladengeschäft ist bereits seit einem Jahrzehnt Treffpunkt für Kenner und Freunde gehobener französischer Weinkultur. Zu einem guten französischen Wein passt das delikate Imbiss-Angebot mit Gänseleber, Wildpastete, Schnecken in Knoblauchbutter, luftgetrocknetem Bayonner Schinken und Rohmilchkäse. Zudem gibt es eine kleine Auswahl gut schmeckender Flammkuchen.

Curtiusstraße 12, Steglitz, Di–Sa ab 17 Uhr, Tel. 84 31 22 65, www.chateauneuf-berlin.de
€€

Weisses Röss'l

ALPENLÄNDISCH In dem rustikal eingerichteten bayerischen Wirtshaus werden deftige Gerichte der alpinen Küche von traditionell gekleidetem Personal serviert. Besonders erwähnenswert sind die „Schmor Ripperl", „Allgäuer Kasschnitzel" oder die hausgemachte „Surhaxn-Sulz". Außerdem gibt es täglich wechselnde Spezialitäten wie Flammkuchen, Salzburger Nockerln, hausgebackener Leberkas oder der Rössl Burger im Laugenbrötchen.

Heinersdorfer Straße 15, Steglitz, tgl. ab 12 Uhr, Küche Mo–Sa bis 22 Uhr, So bis 21 Uhr, Tel. 772 30 30, www.weissesroessl-berlin.de
€€

Wirtshaus Halali

ÖSTERREICHISCH In dem Restaurant mit fünf urigen Bauernstuben werden Gerichte der alpinen Küche wie Wiener Schnitzel und Tafelspitz angeboten. Ergänzt werden die Klassiker durch Angebote wie Hirschkalbskeule aus märkischen Wäldern, Zwiebelrostbraten vom Simmentaler Rind, Kalbsrahmgulasch, Haxe vom Tiroler Kaiserkalb oder dem vegetarischen Kürbis-Erdäpfel-Gulasch. Verlässliche Adresse für ein ehrliches Wildgericht.

Königstraße 24, Zehlendorf, Abholung: Do–Sa 14–20 Uhr, So 12–18 Uhr, Tel. 805 31 25, www.halali.de
€€

IMBISS

Goodies Steglitz NEU

Eine der bekanntesten Adressen für gesunde und ausgefallene Smoothies in Berlin ist eindeutig das Goodies. Die mittlerweile zur kleinen Kette angewachsene Berliner Deli-Marke macht sowohl beim Geschmack als auch bei den Zutaten keine Abstriche: Da trifft Drachenfrucht auf Mango und Chiasamen, Matcha und Spinat auf Mango, Datteln und Kokonuss oder Blaubeeren auf Hanfsamen, Zimt und Banane – immer lecker und immer frisch. In Steglitz im zweiten Stock beim Outdoor-Ausstatter Globetrotter. Eine weitere Filiale gibt es in unmittelbarer Nähe des Schlachtensees (Breisgauer Straße 2a, Zehlendorf, Mo–Fr 8–19 Uhr, Sa+So 9–19 Uhr, goodies-deli.com).

Schlossstraße 20, Steglitz, Mo–Sa 10–20 Uhr, goodies-deli.com
€

Zur Bratpfanne

DEUTSCH „B wie Berlin, B wie Bratpfanne!" Seit 1949 ist einer der ältesten Imbisse Berlins allseits bekannt. Für die Currywurst wird dem Vernehmen nach schon mal durch die halbe Stadt gereist. Ein Laden mit Tradition und Schnauze.

Kieler Straße, Ecke Schloßstraße, Steglitz, Mo–Sa 10–22 Uhr, So+Feiert. 12–22 Uhr, Tel. 79 78 83 60, www.zurbratpfanne.de
€

BARS & KNEIPEN

Foersters Feine Biere

BIERBAR Dass Bier nicht gleich Bier ist, weiß Biersommelier Sven Förster schon lange. Viele Jahre lang arbeitete er in der Bier- und Weinabteilung auf der Gourmet-Etage des KaDeWe. Im Alt-Steglitzer Restaurant befinden sich etwa 100 verschiedene Biere im Ausschank, davon sechs vom Fass. Für das Fundament im Magen sorgen Landjäger oder Bergische Pferdewurst mit hausgemachtem Kartoffelsalat. Kreuzehrlicher Laden mit Seele und Kompetenz.

Bornstraße 20, Steglitz, Di–Sa 17–22 Uhr, www.foerstersfeinebiere.de
€€

Loch Ness

WHISKEYBAR Ein geselliger Pub mit Kaminzimmer und Ledercouches sowie über 800 Malt-Whiskys, schottischen Ales und Haggis im Ausschank. Auswahl und Beratung sind tadellos. Die Gastgeber leben leidenschaftlich ihre schottische Mission und holen vor Ort immer wieder Whiskys, aber auch Fässer von schottischen Brauereien ab. Als kleine Gerichte werden diverse Burger, Fish & Chips oder Haggis mit Kartoffel- und Steckrübenpüree angeboten. Haggis ist eine Spezialität aus der schottischen Küche und besteht aus Schafsmagen, der mit Herz, Leber, Lunge, Nierenfett vom Schaf, Zwiebeln und Hafermehl gefüllt wird. Ist richtig lecker, ehrlich.

Roonstraße 31a, Steglitz, Mi–Sa 17–24 Uhr, Terrasse bis 22 Uhr, Tel. 83 21 02 89, www.loch-ness-pub.de
€€

CAFÉ

Alte Backstube

Die Alte Backstube ist ein modernes Café mit großen Fenstern und begrünter Terrasse, in dem hausgemachter Kuchen, Eis und warme Snacks angeboten werden. Täglich sind sieben Kuchen in der großen Vitrine ausgestellt, vom Nusskuchen ohne Mehl bis zur Stachelbeer-Baiser-Torte. Besonders beliebt ist der Kalte Hund aus hauseigener Produktion nach der Originalrezeptur der Berliner Manufaktur Rose.

Martin-Buber-Straße 18, Zehlendorf, Mo–Sa 9–18 Uhr, So 10–18 Uhr, Tel. 80 58 58 91, www.alte-backstube-berlin.de

€

Aux Delices Normands

Leckere Croissants und Tartes sind die Spezialität der Bäckerei-Filialen von Aux Delices Normands. Frisches Brot wird in der hauseigenen Holzofenbäckerei gebacken. Die Sauerteige werden klassisch hausgemacht. Für ein leichtes Mittagessen bieten sich die Quiches an. Eine kleine Auswahl an Wein und Cidre ergänzt die Angebote aus Frankreich.

Berliner Str. 49, Zehlendorf, Mo–Fr 6–18 Uhr, Sa 6–14 Uhr, So 8–14 Uhr, Tel. 811 40 17, www.auxdelicesnormands.de

€

Café Max in der Liebermann-Villa

Das Café Max versorgt die Besucher der Liebermann-Villa mit Getränken und Kuchen auf der Terrasse mit Blick auf den Wannsee oder im Café mit Ausblick auf Garten und See. Wer Appetit auf etwas Herzhaftes hat, für den gibt es Quiches, Knusperstangen oder Brötchen. In einer Vitrine werden diverse Torten und Blechkuchen präsentiert – alles vom Bio-Konditor. Ein veganer oder glutenfreier Kuchen ist meist auch dabei.

Colomierstraße 3, in der Liebermann-Villa am Wannsee, Zehlendorf, April–Sept Mi–Mo 10–18 Uhr, Okt–März Mi–Mo 11–17 Uhr, Tel. 80 49 84 33, cafe-max-liebermann.de

€

Frau Lüske Kaffeehaus

Café in gemütlicher Wohnzimmeratmosphäre mit Produkten aus eigenem Lebensmittelladen mit Sitzfenstern und Kamin. Das Kaffeehaus von Biolüske, den gut bestückten Biosupermarkt findet man ums Eck, hat viel von der neuen urbanen Esskultur gelernt, ohne dabei den bürgerlichen Charme der Vorstadt zu verleugnen. Kulinarisch wie atmosphärisch spricht einiges dafür, nach dem Frühstück den Rest des Tages dort zu vertrödeln. Die hausgebackenen Kuchen, das Eis (von Rosa Canina), die Spiegeleier, die Pancakes, hach … wunderbar.

Baseler Straße 46, Steglitz, Mo–Sa 9–22 Uhr, Küche bis 21.30 Uhr, So 9–18 Uhr, Tel. 86 20 04 80, www.fraulueske.de

€€

Hofcafé bei Mutter Fourage

In einem ehemaligen Futtermittelspeicher befindet sich das Hofcafé Mutter Fourage. Im grünen Innenhof kann man bei hausgemachter Limonade und überwiegend vegetarischen Kleinigkeiten Sommernachmittage genießen, im Winter gemütlich im kleinen Innenraum sitzen. Der angrenzende Hofladen führt regionale Bio-Produkte zum Mitnehmen. Neu ist die Spendenaktion „Suppe mit Sinn". Dabei wird von jeder georderten Suppe ein Euro für die Lebensmittelsammlung für Notunterkünfte und den Kältebus gespendet.

Chausseestraße 15a, Zehlendorf, Mai bis Sept tgl. 9–19 Uhr, Okt bis April 10–18 Uhr, Frühstück bis 14 Uhr, Sa 12–17 Uhr, Tel. 80 58 32 83, www.hofcafe-berlin.de

€€

Pane al Caffè

Hier gibt es nicht nur frisch zubereiteten Kaffee, Tee und Kuchen, sondern auch regionale sizilianische Mittagsgerichte: beispielsweise Spaghetti mit Safran-Kartoffeln, Linsensuppe mit Salsiccia oder Gemüseeintopf. Im Sommer sitzen die Gäste im versteckten Hinterhof – und dürfen sich fühlen wie in Italien.

Rheinstraße 61, Steglitz, Mo–Fr 9–17 Uhr, Sa 9–16 Uhr, Tel. 60 40 64 79, panealcaffe@gmail.com

€€

Walter's Coffey

Das gemütliche Café mit 1960er-Jahre-Möbeln eignet sich sowohl für den schnellen Snack als auch für ein ausgedehntes Frühstück. Immer im Angebot sind Croissants, belegte Brötchen und Bagels mit Ziegenkäse, Guacamole oder Halloumi. Am Wochenende gibt es besondere Frühstücksangebote, aber auch Lachs oder selbstgemixtes Müsli. Backwaren und Milchprodukte sind bio, der Kaffee stammt von der Rösterei Supremo.

Machnower Straße 6, Zehlendorf, tgl. 10–18 Uhr, Tel. 47 01 97 71, walters-coffey.de

€

GÄRTEN & STRÄNDE

Café in der Königlichen Gartenakademie

Dieser Ort ist wunderbar. Grün natürlich, weil in einer der tollsten Gärtnereien Berlins gelegen, aber auch im besten Sinne gediegen: eine Mischung aus Gutsgehöft und englischem Teehaus. Und in den Gewächshäusern sitzend lassen sich auch bei schlechtem Wetter der gute Kuchen und die kleinen Gerichte der wechselnden Wochenkarte zwischen blühenden Stauden genießen.

Altensteinstraße 15a, Steglitz, Di–Sa 8.30–18.30 Uhr, So, Feiert. 9–16.30 Uhr, Tel. 832 20 90 29, dascafeindergartenakademie.de

€

Café Schwartzsche Villa

Der große Biergarten an der Südwestseite der denkmalgeschützten Schwartzschen Villa sei eine „Oase abseits vom Großstadttrubel", so Caféleiter Lutz Richter. Im Angebot sind kleine süße und herzhafte Snacks, bei deren Herstellung auf Frische geachtet wird. Es gibt diverse Frühstücks-Angebote und zur Mittagszeit Suppen, Salate, belegte Baguettes, Rinderroulade, Tortelloni oder Grünkern-Medaillons.

Grunewaldstraße 54/55, Steglitz, tgl. ab 10 Uhr, ab April bis 0 Uhr, ab Nov. bis 23 Uhr, Tel. 793 79 70, cafe-schwartzsche-villa.de

€€

Loretta am Wannsee

Kinderfreundliches, helles Restaurant mit deutscher Küche und großem Biergarten mit Liegestühlen und Seeblick. Zum Augustiner Hell oder dem Erdinger Urweizen vom Fass passen hervorragend deftige Gerichte wie gebratene Blutwurst, ofenfrischer Schweinebraten oder die Oldenburger Bauernente.

Kronprinzessinnenweg 260, Zehlendorf, Di–So ab 12 Uhr, Küche Di–Sa bis 22 Uhr, So bis 21 Uhr, Tel. 80 10 53 33, www.loretta-berlin.de

€€

Wirtshaus Moorlake

Das Forsthaus im bayrischen Stil baute einst der Schinkel-Schüler Ludwig Persius. Seit mehr als 35 Jahren sorgt die Familie Roeder mit gepflegter Küche und literarischen Veranstaltungen für das leibliche und kulturelle Wohl ihrer Gäste. Die besondere Architektur des Hauses und der Biergarten unter Kastanien mit Havelblick sind gute Gründe für einen Besuch. Und natürlich die gutbürgerliche Küche. Die bietet etwa Tranchen von der Hirschkeule, Kalbstafelspitz oder Lausitzer Schusterpfanne mit Pökelfleisch und Sauerkraut an.

Moorlakeweg 6, Zehlendorf, Mi–So 11–17 Uhr, Tel. 805 58 09, www.moorlake.de

€€

Index

Afrikanisch

Alpenländisch

Bars & Kneipen

Britisch

Café

Chinesisch

Desserts

Deutsch

Eisdiele

Fine Dining

Fisch

Französisch

Gärten & Strände

Georgisch

Geschäfte

Griechisch

Hawaianisch

Indisch

Indonesisch

International

Israelisch

Italienisch

Japanisch

Vietnamesisch

Wein

0...9

A

B

C

D

E

F

G

Impressum

HERAUSGEBER
Tip Berlin Media Group GmbH
Salzufer 11, 10587 Berlin
Tel. 030-233 269-600
Amtsgericht Berlin-Charlottenburg:
HRB 150855 B
UST-ID-Nr. DE 290376398

GESCHÄFTSFÜHRUNG
Robert Rischke

CHEFREDAKTION
Stefanie Dörre (V.i.S.d.P.)

CHEFIN VOM DIENST
Natalie Moritz

REDAKTION
Clemens Niedenthal (Ltg.),
Aida Baghernejad, Peter Eichhorn
E-Mail: redaktion@tip-berlin.de

ARTDIREKTION
Jonas Schulte

BILDREDAKTION
F. Anthea Schaap

ANZEIGENLEITUNG
Robert Rischke

ANZEIGENVERKAUF
Michelle Thiede (Ltg.), Sophie Blenn,
Iris Karlinski, Sibylle Reinhardt,
Christian Reither, Klaus Gennrich
Tel. 030-233 269-610

ANZEIGENDISPOSITION
Bianca Haas (Ltg.), Heike Korge,
Peter Redetzki, Sigune Sachweh

ANZEIGEN NATIONAL
Metropolen Connection
Juliane Naßhan-Kunert (Ltg.),
Robert Dunst, Arno Meyer zu Küingdorf
Tel. 030-233 269-674
E-Mail: metrocon@gcmberlin.de

MARKETING UND VERTRIEB
Stefan Sauerbrey (Ltg.),
Melanie Bötticher, Jolanda Roskosch
Tel. 030-233 269-670
E-Mail: marketingkontakt@gcmberlin.de

DRUCK
MÖLLER PRO MEDIA® GmbH

REDAKTIONSSCHLUSS
27.9.2021

ISBN
9-783-946631-42-2

www.tip-berlin.de